Der neue
BILDATLAS
DER
HOCHKULTUREN

PAUL G. BAHN (HG.)

Chronik
VERLAG

Projektleitung Susan Kennedy
Leiter der Kartographie Richard Watts
Künstlerischer Leiter Frankie Wood
Redaktion Susann Kennedy, Peter Lewis
Kartographie Tim Williams
Layout (Leitung) Martin Anderson
Layout (verantwortlich) Ayala Kingsley
Bildredaktion (Leitung) Claire Turner
Bildredaktion (verantwortlich)
 Deborah Pownall, David Pratt
Register Ann Barrett

© 2003 Andromeda Oxford Limited
Devised and produced by Andromeda Oxford Ltd.
Kimber House, 1 Kimber Road, Abingdon, Oxfordshire OX14 1BZ, England

© 2003 für die deutschsprachige Erstausgabe
Chronik Verlag im Wissen Media Verlag GmbH, Gütersloh/München

Projektmanagement und Redaktion der deutschen Ausgabe Katja Rauschenberg
Übersetzung aus dem Englischen Dr. Marion Pausch
Layout der deutschen Ausgabe Parfactory, Denise Parfitt, Dortmund
Kartenredaktion der deutschen Ausgabe Dr. Matthias Herkt
Kartenbearbeitung der deutschen Ausgabe Gecko Lingua, Nane Samira Goth, Freiburg
Umschlaggestaltung INIT, Büro für Gestaltung, Bielefeld
Druck Hongkong Graphics and Printing, Hongkong

ISBN 3-577-14622-2

Abbildungen auf dem Schutzumschlag:

Vorderseite v.l.n.r.: *Pyramiden von Gizeh* (aisa, Barcelona), *Kolossalkopf von Nemrut Dagi* (aisa, Barcelona), *Ischtartor von Babylon* (Archiv für Kunst und Geschichte, Berlin); Hintergrund: *Hieroglyphen am Hathortempel von Dendera* (Document-Vortragsring e.V., München – Utzerath)

Rückseite v.l.n.r.: *Prozessionsstraße von Babylon* (aisa, Barcelona), *Statue von San Augustin* (Document-Vortragsring e.V., München – Matthäi-Latocha); Hintergrund: *Stein von Rosette* (Archiv für Kunst und Geschichte, Berlin)

Rücken: o.: *Olmekische Figur von La Venta* (Picture Press, Hamburg – Lehmann/Corbis), u.: *Ägyptische Hieroglyphen* (aisa, Barcelona)

INHALT

SCHMUTZTITEL Bronzeornament in Schlangenform. Späte Bronzezeit, Jütland, Dänemark.

HAUPTTITEL Terrakotta-Kamelkopf, Induskultur.

INHALTSVERZEICHNIS Schmuckstück aus Nong Nor, Thailand, Bronzezeit (oben links); Marmorfigurine von den Kykladen, Südägäis, um 2800 v. Chr. (unten rechts).

NEBENSTEHEND Elfenbeinplatte mit Figur und Lotusblüte; phönizische Arbeit aus dem 8. Jahrhundert v. Chr., Palast in Nimrud (rechts); Tonvotivobjekt in Form eines Wagens mit Schwänen, Bronzezeit, aus Serbien (unten rechts).

VORWORT

VON BARRY CUNLIFFE *Professor für europäische Archäologie, Universität Oxford*

In den letzten hundert Jahren haben unsere Kenntnisse der Vergangenheit sich auf spektakuläre Weise verändert. Überlegen Sie einmal, was Archäologen zu Beginn des 20. Jahrhunderts wussten und vor allem, was sie nicht wussten. In Europa lagen die großen Paläste Kretas noch unter der Erde, und die Minoische Kultur harrte ihrer Entdeckung. In Afrika bewunderte man zwar die majestätischen Ruinen von Groß-Zimbabwe, doch hielt man sie für ägyptische Bauwerke und leugnete somit die Existenz einer der bedeutendsten Kulturen südlich der Sahara. Trotz des reichen historischen Befundes machte man sich von den komplexen Ursprüngen der chinesischen Kultur nicht die geringsten Vorstellungen. Natürlich gab es schon allerhand Literatur über Griechen und Römer, auch begann man sich mit Azteken und Inkas zu befassen und begeisterte sich nach wie vor für Ägypten. Wissenschaft und Öffentlichkeit waren fasziniert von den wenigen archäologischen Funden, die sich als kleiner Vorgeschmack weitaus größerer und bahnbrechender Entdeckungen entpuppen sollten.

Vieles blieb vorerst noch unbekannt, nicht zuletzt, weil die Menschen erst einen Blick für die zeitliche Dimension ihrer eigenen Vergangenheit entwickeln mussten. Dass die Evolution des Menschen gut vier Mio. Jahre gedauert hatte, wäre damals wohl niemandem in den Sinn gekommen. Die meisten glaubten, dass die Geschichte nicht wesentlich vor der Entwicklung der großen europäischen Kulturen begonnen hatte. Dass wir all dies heute besser wissen, verdanken wir wesentlich der Archäologie. Ehemals weiße Flecken auf der Landkarte füllen sich mit Material und Informationen, und noch vor kurzem unbekannte Gemeinschaften schreiben Geschichte.

Die Entwicklung neuer Datierungsmethoden in den 1950er Jahren war vielleicht der wichtigste Meilenstein auf dem Weg zur Erforschung der Vorgeschichte. Zwar stießen diese Techniken zunächst auf Ablehnung, doch setzten sie sich bald durch, denn zum ersten Mal konnte man nicht miteinander verbundene Stätten und Schichten in aller Welt absolut datieren. Nach wie vor erleben Wissenschaftler hierbei Überraschungen. Südamerika und Australien wurden anscheinend deutlich früher besiedelt, als bislang angenommen, und noch weiß man nicht, welche Entdeckungen gerade in diesen Gebieten noch auf uns warten.

In jenen Teilen der Erde, für die eine überprüfbare und relativ gesicherte Chronologie vorliegt, können wir die Beziehungen zwischen verschiedenen Völkern und Gruppen untersuchen. Als die ersten Gemeinschaften sesshaft wurden und komplexere soziale Strukturen ausbildeten, wollten die Angehörigen der neuen Oberschichten ihre Macht mit Hilfe von Statussymbolen zur Schau stellen. Bald schon entstanden Handelswege, über die seltene Luxusgüter zum Tausch in ferne Gegenden gelangten. Die Gemeinschaften, die damals über weite Gebiete verstreut lebten, knüpften Kontakte und gaben Ideen und Wissen weiter. Betrachtet man z. B. die Karte auf Seite 71, die Westasien im 3. und 2. Jahrtausend v. Chr. zeigt, so lässt sich die Komplexität der Handelsrouten, die den östlichen Mittelmeerraum mit dem Industal verbanden, leicht nachvollziehen. Und auf Seite 75 kann man sehen, in welch enger Beziehung die europäischen Gruppen, die zwischen dem Schwarzen Meer und Irland lebten, zueinander standen.

In komplexen Systemen wie diesem erwiesen sich einige Regionen als besonders innovativ. Sie entwickelten sich zu Kerngebieten mit einer weiträumigen Peripherie, die die Nachfrage des rasch wachsenden Zentrums befriedigte. Beziehungen dieser Art stellten aber keineswegs Einbahnstraßen dar. Vielmehr stiegen Siedlungen in der Peripherie häufig ebenfalls zu bedeutenden Stätten auf. Dank des oftmals reichen archäologischen Befundes lassen sich diese faszinierenden Strukturen heute nachzeichnen und untersuchen.

Bislang ungeklärt ist, bis zu welchem Grad größere Gruppen sich von einem Ort zu einem anderen bewegten. Von Völkerwanderungen kann man aus heutiger Sicht nicht mehr sprechen, doch in einem geringeren Maßstab müssen diese Migrationen stattgefunden haben. Bis vor kurzem existierte keine objektive wissenschaftliche Methode, um derartige Hypothesen zu überprüfen. Heute eröffnen DNA-Untersuchungen jedoch völlig neue Perspektiven.

Die Archäologie als Wissenschaft ist stetig im Fluss. Der vorliegende Bildatlas fasst die Bemühungen und Ergebnisse von gut hundert Jahren Archäologie anschaulich zusammen und gibt einen fundierten und ausgewogenen Überblick über den derzeitigen Kenntnisstand, nicht ohne Lust auf weitere Entdeckungen zu machen ◆

EINLEITUNG

VON PAUL G. BAHN

Stets haben Menschen gewusst, dass andere lange vor ihnen existierten – tatsächlich scheint das, was der Brite William Camden im 16. Jahrhundert als „rückwärts gerichtete Neugier" bezeichnete, zu den grundlegenden Eigenschaften zu gehören, die den Menschen vom Tier unterscheiden. Bevor jedoch die Archäologie entstand, erfuhren die Menschen von ihrer Vergangenheit nur aus Schriften, mündlichen Überlieferungen, durch Riten und Legenden. Im 17. und 18. Jahrhundert begann man sich vor allem in Europa, erstmals ernsthaft mit der Geschichte zu befassen. Vor allem Kleriker, Juristen und Ärzte betätigten sich als Altertumskundler, untersuchten Monumente wie Hügelgräber und Menhire und stellten fest, dass Spuren in der Landschaft und Überreste im Boden eine Fülle von Informationen enthielten. Zur gleichen Zeit entfachte die Entdeckung von griechischen und römischen Skulpturen eine nie da gewesene Begeisterung für die klassische Welt, genau wie Napoleons Ägyptenfeldzug das Auge der Öffentlichkeit auf die Bauwerke am Nil lenkte und die Bibel vielen Menschen den Blick für Stätten und Kulturen im Nahen Osten öffnete. Amateurarchäologen fingen in Großbritannien, Frankreich und Skandinavien an, alte Hügelgräber freizulegen. Aus dieser Schatzsuche entwickelte sich eine fundierte Wissenschaft – die Archäologie.

Erste Schritte

Als sich Anfang des 19. Jahrhunderts die Stratigraphie als gängige Untersuchungsmethode durchsetzte, begann man auch die geologische Geschichte der Erde besser zu verstehen. Man entdeckte menschliche Fossilien in tiefen Schichten und erkannte, dass der Mensch viel älter war, als bislang angenommen. Damit setzte jedoch eine Debatte um die Vereinbarkeit von biblischer Schöpfungsgeschichte und der Entwicklung des Menschen ein, die sich häufig als hinderlich für die Wissenschaft erwies. Zu einer entscheidenden Wende kam es Mitte des 19. Jahrhunderts, als Jacques Boucher de Perthes (1788–1868) in St.-Acheul bei Amiens Steinwerkzeuge in einer Kiesschicht entdeckte, in der sich auch Knochen ausgestorbener Mammuts und Wollnashörner befanden. Nur wenige Jahre später schuf Charles Darwin (1809–82) mit seinem bahnbrechenden Werk *Über die Entstehung der Arten* die Grundlage für die wissenschaftliche Betrachtung der Evolution. Bald schon war die Erforschung der Vergangenheit nicht mehr Zeitvertreib von Amateuren, sondern entwickelte sich zu einer Disziplin mit klar definierten Techniken und Begriffen. In der zweiten Hälfte des Jahrhunderts gründete man überall in Europa Museen, und viele „große Nationen" richteten archäologische Schulen in fremden Ländern ein, die dort Grabungen vornahmen.

Man erkannte, dass archäologische Funde ihre Bedeutung nur entfalteten, wenn man sie in ihrem Kontext betrachtete. Dadurch veränderten sich die Standards bei Grabungen, man schenkte Bodenschichten, in denen Knochen oder Objekte lagerten, mehr Beachtung und versuchte mit ihrer Hilfe einen chronologischen Rahmen zu erarbeiten. Außerdem wurden Artefakte zu Typen zusammengefasst, die ihrerseits eine relative Datierung ermöglichten.

Wege zu einer globalen Archäologie

Im Laufe des 20. Jahrhunderts trugen Grabungen in aller Welt zur Vervollständigung eines riesigen Puzzles bei, das ein neues Bild von der Vergangenheit des Menschen zeigte. Überall entdeckten Archäologen Gräber, Schätze, Städte, ja ganze Kulturen. Von weitaus größerer Bedeutung waren jedoch Fortschritte auf anderen Gebieten. Luftaufnahmen – zuerst von Fesselballons, dann von Flugzeugen aus fotografiert – verbanden zwei revolutionäre Techniken, Luftfahrt und Fotografie, die damals zwar noch in den Kinderschuhen steckten, sich aber hervorragend eigneten, um archäologische Stätten in ihrer Gesamtheit aus einer völlig neuen Perspektive zu erfassen. Gräben und andere Bodenveränderungen, die man von der Erde aus kaum erkennen konnte, waren nun durch Farb- oder Schattenspiele sichtbar. Aus der Luft konnte man Stätten wie Stonehenge oder die in Peru entdeckten Nazca-Scharrbilder aus einem ganz neuen Blickwinkel betrachten und kartographieren.

Mitte des 20. Jahrhunderts begann man, die Umwelt stärker in die Erforschung archäologischer Stätten einzubeziehen. Eine wichtige Rolle spielte dabei die Pollenanalyse. Spezialisten untersuchten zum Beispiel die Verteilung von Pollen in Sedimenten von Seen und Mooren und schlossen daraus auf die Vegetation früherer Zeiten und auf natürliche oder von Menschen vorgenommene Veränderungen. Gerade die Anfänge der Landwirtschaft erschienen dadurch in einem völlig neuen Licht. Umweltuntersuchungen umfassten bald detaillierte Analysen der Überreste von Pflanzen und Tieren und rundeten das Bild der Vergangenheit ab, das bis zu diesem Zeitpunkt vor allem auf Artefakten, Typologien und Sequenzen beruht hatte.

Die Dendrochronologie brachte die Wissenschaft abermals ein gutes Stück voran. Sie beruht auf dem einfachen Prinzip, dass ein Baum jedes Jahr einen neuen Wachstumsring ausbildet, dessen Größe und Zusammensetzung auf klimatischen Gegebenheiten

RECHTS Farbtafel aus Johann Georg Ramsauers Pionierarbeit über seine Grabungen in der früheisenzeitlichen Nekropole in Hallstatt, Österreich, in den 1850er Jahren. Jedes Grab (insgesamt über tausend) wurde genau abgezeichnet und beschrieben.

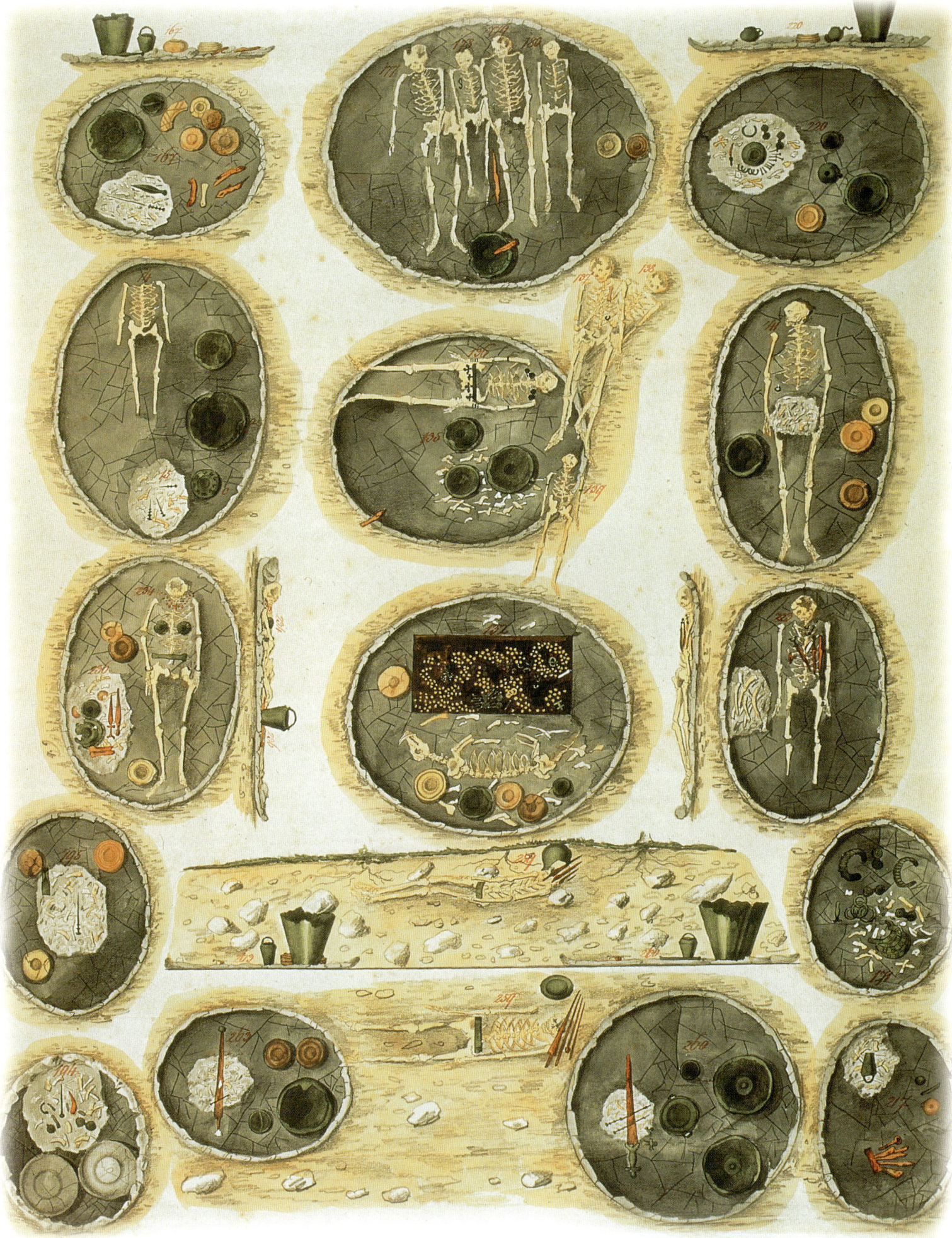

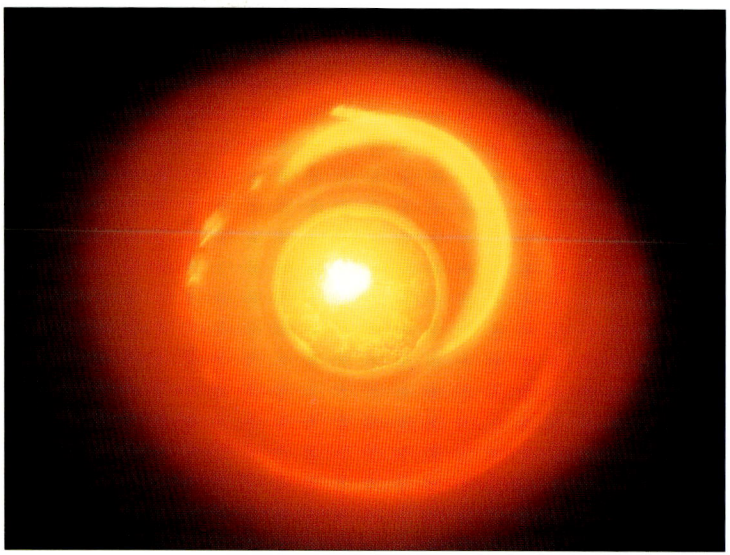

OBEN Ein winziger Knochensplitter wird mit Sauerstoff behandelt. Wenn der im Knochen enthaltene Kohlenstoff zu Kohlendioxid reagiert ist, lässt sich über Verhältnis zwischen dem radioaktiven C-14-Isotop und dem C-12-Isotop das Alter der Probe bestimmen.

OBEN Heute kann man dank neuer innovativer Labortechniken wesentlich größere Mengen organischen Materials lagern als früher. Hier wird ein Stück feuchtes Holz von einer archäologischen Grabung gefriergetrocknet, um einen möglichen Verfall aufzuhalten.

RECHTS Ein deutscher Archäologe untersucht und reinigt mit Hilfe eines Mikroskops ein Gefäß aus einem eisenzeitlichen Grab in Glauberg bei Frankfurt am Main. Große Teile der archäologischen Arbeit werden heute fernab von der Fundstätte geleistet.

beruht. Da das Klima sich Jahr für Jahr leicht ändert, besitzt jeder Baum Ringe in unterschiedlichen Größen. Durch einander überlappende Jahresringmuster kann man eine Modellreihe erstellen, die weit in die Vergangenheit zurückreicht. Dann kann man die Ringe von Fundstücken aus Holz mit dieser Mastersequenz vergleichen. Die längste Sequenz, die auf der Grannenkiefer im Westen Amerikas basiert, umfasst 9000 Jahre. Die Dendrochronologie als Datierungsmethode eignet sich nur für Gebiete, in denen die Menschen häufig Holz verwendeten und/ oder in denen Holz aufgrund besonderer Klimabedingungen gut erhalten blieb. Dies gilt vor allem für den Südwesten Amerikas und für Skandinavien.

Die Entwicklung der Radiokarbonmethode, die Williard Frank Libby (1908–80) 1947 vorstellte, veränderte die Archäologie in der Zeit nach dem Zweiten Weltkrieg stark. Diese absolute Datierungsmethode macht sich die vergleichsweise geringe Halbwertzeit von etwa 5730 Jahren des radioaktiven Kohlenstoffisotops C 14 zunutze. Dieses ist in allen organischen Stoffen (z. B. Holz- und Pflanzenreste, Knochen, Torf und Muscheln) enthalten und ermöglicht die präzise Datierung von 50 000 bis 75 000 Jahre alten Stoffen. Traditionalistische Schulen insbesondere in Mittel- und Osteuropa lehnten dieses Verfahren zur Altersbestimmung zunächst ab, doch nachdem man anfängliche Ungenauigkeiten und Fehlerquellen ausgeschaltet hatte, setzte sich die C-14-Methode als eines der grundlegenden Verfahren in der modernen Archäologie durch.

In den 1960er Jahren hatte sich die Archäologie zu einer starken, interessanten und weltumspannenden Disziplin entwickelt. Die Fülle des zu analysierenden Materials wuchs, neue Techniken standen zur Verfügung. Bis zu diesem Zeitpunkt hatten in erster Linie europäische und amerikanische Archäologen Grabungen auf allen Kontinenten durchgeführt, denn nur ihre Regierungen und Institutionen verfügten über die Mittel, um Kampagnen zu finanzieren und über wissenschaftlich geschultes Personal. Nach und nach bildeten aber auch andere Länder Experten aus. Heute unterhalten die westlichen Nationen zwar immer noch „Schulen" im Ausland und führen weltweit Projekte durch, doch werden die meisten von ihnen heute in Zusammenarbeit mit Behörden und Fachleuten der jeweiligen Länder umgesetzt.

Veränderungen

Inzwischen lassen sich die unterschiedlichsten Materialien aus ganz verschiedenen Zeiten mit Hilfe einer großen Bandbreite von Techniken datieren. Satellitenbilder und geophysische Oberflächenanalysemethoden helfen bei der Lokalisierung und Kartographie von Stätten. Dank der Unterwasserarchäologie kann man inzwischen auch Schätze aus Meeren und Flüssen bergen, und Computertechniken eignen sich hervorragend,

LINKS Archäologen haben einen Felsblock mit einem Gitternetz überzogen, um die genaue Position von Petroglyphen auf einem Stein im Petrified Forest National Park, Arizona, zu untersuchen. In der Vergangenheit wurden solche Bilder durch Abgüsse oder einfache Zeichnungen festgehalten. Heute macht man Fotos und vermeidet es weitestgehend, die Fundstücke zu berühren. Archäologen können durch sorgfältige Untersuchungen der jahrtausendealten Petroglyphen interessante Informationen über den Ort, über Maltechniken und Veränderungen von Umwelt und Stil gewinnen. Die Interpretation derartiger Zeichen und Symbole bleibt jedoch spekulativ.

um Daten zu verarbeiten und zu untersuchen. Elektronenmikroskope geben Einblick in Knochenstrukturen und -zusammensetzung, durch DNA-Untersuchungen kann man Rückschlüsse auf urzeitliche Tiere und Volksgruppen ziehen – die Liste ist endlos. Mittlerweile hat sich die Archäologie als Disziplin so stark ausdifferenziert, dass ungezählte Spezialisten auf allen denkbaren Gebieten an einem Bild der Vergangenheit arbeiten.

Die Grabungsbedingungen haben sich dadurch ebenfalls verändert. Während in den Anfängen selbst ernannte Altertumskundler mit Hacke, Spaten und manchmal sogar Dynamit Stätten freilegten, um möglichst viele Objekte für ihre Privatsammlungen nach Hause zu tragen, ist heute eher das andere Extrem gang und gäbe. Heute sind Grabungen äußerst zeitaufwändig und mühevoll, immer wieder hält man inne, um Erdreich abzubürsten oder den Boden zu sieben. Jeder Fund wird exakt dokumentiert. Da bei Grabungen sowohl Materialien als auch die Umwelt zerstört werden, müssen die Verantwortlichen heute genauestens Buch führen. Große Kampagnen haben sich zu multidisziplinären Unternehmen mit hohem Zeit- und Kostenfaktor entwickelt. Immer mehr Archäologen wenden sich daher weniger teuren Methoden zu oder arbeiten in Museen und Archiven.

Zu den grundlegenden Anliegen der Archäologie gehörte stets der Schutz und Erhalt von Objekten und Monumenten. Doch heute vermag man die Fülle vorhandener Materialien kaum noch zu überblicken. Früher bewahrten die Forscher lediglich die „besten" oder „bedeutendsten" Fundstücke auf und vernichteten viele Knochen oder Tonscherben. Heute will und muss man alles aufheben und katalogisieren, weshalb viele Museen aus allen Nähten platzen und keine Artefakte mehr akzeptieren. In ihren Kellern schlummern riesige Mengen ungesichteter Objekte, die Konservierung bereitet immer mehr Kopfzerbrechen. An einigen Orten

haben Archäologen Funde bereits wieder eingegraben und überlassen es späteren Generationen, sie „neu" zu entdecken.

Viele archäologische Stätten sind vom Verfall bedroht. Der zunehmende Tourismus, aber auch Klima, Vandalismus und Kriege stellen weitere Gefahren dar. Am schlimmsten aber sind die Plünderer, die Jahr für Jahr größere Schäden anrichten, wenn sie für den blühenden Schwarzmarkt Kunstwerke, Knochen oder Mumien stehlen. Der illegale Handel mit Altertümern nimmt zu und lebt davon, dass Diebe in großem Maßstab die letztlich endlichen Stätten eines Kulturerbes berauben, das der gesamten Menschheit gehört. Bei den Plünderungen wird nicht nur der archäologische Kontext zerstört, sondern auch Material vernichtet, das für Archäologen von unschätzbarem Wert ist. Dies gilt im Übrigen nicht nur für „professionelle Diebe", die Kunstschätze aus etruskischen Gräbern oder Skulpturen von kambodschanischen Tempeln entwenden, sondern auch für Schatzsucher, die sich am Wochenende mit Metalldetektoren auf den Weg zu Fundstätten machen.

Gegenwart und Zukunft

Heute hat die Archäologie in gewissem Sinne „ihre Unschuld verloren". Zum Teil liegt das an den Archäologen selbst, die irgendwann erkannten, dass sie ihre Ansätze und Methoden überdenken mussten, zum Teil trugen hierfür auch kleine Gruppen innerhalb und außerhalb des Fachbereichs die Verantwortung, weil sie Hypothesen hinterfragten und eigene Positionen vertraten. Nach über einem Jahrhundert technischer und inhaltlicher Entwicklung war der Zeitpunkt gekommen, sich mit der Geschichte der Archäologie als Wissenschaft auseinander zu setzen und die eigene Vorgehensweise kritisch zu beleuchten. Ein Jahrhundert lang kümmerten sich Archäologen bei Grabungen nur selten um ethische Fragen, doch heute würde kein Wissenschaftler mehr eine Kampagne durch-

OBEN Plünderer haben dieses 500 Jahre alte Mumienbündel an einem Felsen in den Anden auf der Suche nach Schätzen beschädigt und das Grab zerstört.

führen, ohne zuvor die Behörden vor Ort, die in dem Gebiet lebenden Volksgruppen oder die traditionellen Eigentümer einer Stätte um Erlaubnis zu fragen und in die Arbeit einzubeziehen. Auch die Form der Darstellung von Forschungsergebnissen in Zeitungen, Büchern und Museen galt es zu verändern.

Nicht zuletzt durch die Medien ist die Archäologie aber auch ein Stück weit Opfer ihres eigenen Erfolges geworden. Mehr und mehr junge Menschen entscheiden sich für das Studienfach Archäologie, und mit ihnen steigt die Zahl der Absolventen und hoch spezialisierten Fachleute. Dies gilt aber leider nicht für die zur Verfügung stehenden Arbeitsplätze, zumal immer weniger Institutionen und Regierungen die Mittel aufbringen können, um große Grabungskampagnen zu finanzieren. Außerhalb der akademischen Disziplin, wie sie in den Universitäten gelehrt wird, ist die moderne Archäologie heute vor allem ein Geschäft, um nicht zu sagen ein Hightech-Unternehmen. In den USA zeichnet z. B. das *Cultural Resource Management* (CRM), eine überwiegend privat finanzierte Einrichtung, die für die Erfassung, Verwaltung und den Erhalt aller

von Bautätigkeiten betroffenen archäologischen Stätten zuständig ist, für 90 % aller Arbeiten im archäologischen Sektor verantwortlich. In Europa und anderen Teilen der Welt sind ebenfalls immer mehr Archäologen mit dem Erhalt von Stätten, Untersuchungen zum Kulturerbe oder in Museen beschäftigt. Auch die Tourismusbranche und der Kampf gegen Vandalismus und Plünderungen gewinnen zunehmend an Bedeutung. Die Zahl der Grabungen zu Forschungszwecken wird weiter abnehmen, denn wir kennen schon mehr Stätten und verfügen über mehr Material, als alle Archäologen der Welt im Laufe vieler Jahrzehnte auswerten können. Vielleicht sollten die Forscher die meisten noch unberührten Stätten tatsächlich späteren Generationen überlassen, die sie mit besseren Techniken analysieren können.

Der Bildatlas

Archäologen, die Feldforschungen durchführen, erhalten neue Informationen in der Regel entweder durch Oberflächenuntersuchungen oder durch Grabungen. Im zuerst genannten Fall erhebt man den Bestand der Überreste vergangener Zeiten, die sich an der Erdoberfläche befinden – hierzu gehören auch die Analyse der Größe und Lage einer Stätte und Studien zu Siedlungsmustern oder der Vergleich mehrerer Stätten zu unterschiedlichen Zeiten. Grabungen umfassen den gesamten unter der Erde liegenden Bereich, wobei die Relikte der Vergangenheit mühsam freigelegt werden. Meist handelt es sich um eine Mischung aus vertikalen und horizontalen Grabungen – „vertikal", um Sequenzen und Schichten nacheinander zutage zu fördern, so, wie sie sich im Laufe der Zeit überlagert haben, und „horizontal", um eine bestimmte Schicht in einem größeren Gebiet zu untersuchen und festzustellen, was sich zu einer genauer eingegrenzten Zeit zugetragen hat. Der vorliegende Bildatlas kombiniert diese beiden Aspekte, um Informationen in beiden Richtungen zu verbinden. Einerseits geht es darum, die Geschichte des Menschen auf globaler und regionaler Ebene darzustellen und zu erklären, wie sich der Mensch und seine Umwelt entwickelt haben. Andererseits dient umfangreiches Kartenmaterial dazu, Schauplätze zu bestimmten Zeiten näher zu betrachten. Die Karten sollen auch einen Eindruck davon vermitteln, wie sich die Dinge im Laufe der Zeit veränderten, und Informationen vermitteln, die nur selten in dieser kompakten und vergleichenden Form zusammengefasst werden.

Natürlich ist es schwierig, viele Aspekte in eine einzige Karte aufzunehmen, ohne dass diese zu kompliziert und dadurch unbrauchbar wird. Es ging den Autorinnen und Autoren aber gerade darum, mehr als nur ein Set von Karten mit Grabungsorten zu erstellen, die wenig über die eigentlich interessanten Aspekte der Vergangenheit aussagen. Alle archäologischen Karten bieten ohnehin ein Bild von der Realität, das nur auf bereits interpretierten Informationen unterschiedlicher Qualität beruht, die verschiedene Forscher mit unterschiedlichen Interessen und Denkansätzen im Laufe eines Jahrhunderts zusammengetragen haben. Diese Karten zeigen vor allem, wo bereits am intensivsten geforscht wurde, und nicht, wo sich einst tatsächlich die meisten Stätten befanden. Bei der Wahl einer Stätte für eine solche Untersuchung spielen viele Faktoren eine Rolle. Unterschiedliche Forscher befassen sich mit jeweils anderen Fragen und finden in der Regel bestenfalls das, wonach sie suchen, lassen andere Aspekte aber häufig außer Acht.

Karten geben daher höchstens Aufschluss über das, was bereits gefunden wurde, und dies ist meistens nur ein kleiner Teil dessen, was die Zeiten überdauert hat und ein noch viel winzigerer Ausschnitt dessen, was einst existierte und die Realität ausmachte. Für die meisten Perioden der Vergangenheit sind unsere Datierungstechniken noch nicht so präzise, dass wir mit Gewissheit sagen können, ob auch nur zwei Stätten tatsächlich zeitgleich besiedelt waren. Entsprechend wissen wir auch nicht, wie viele Punkte auf unseren Karten tatsächlich zur gleichen Zeit existierten. Dies müssen wir stets im Hinterkopf behalten, wenn wir die Karten im Bildatlas betrachten. Sie beruhen auf den neuesten Daten und vermitteln einen Eindruck davon, wie Gemeinschaften und Gesellschaften sich entwickelt und wie sie im Laufe der Zeit miteinander in Kontakt getreten sind. Dennoch darf man das Kartenmaterial nicht als endgültig betrachten: in fünf oder zehn Jahren stehen wieder neue Informa-

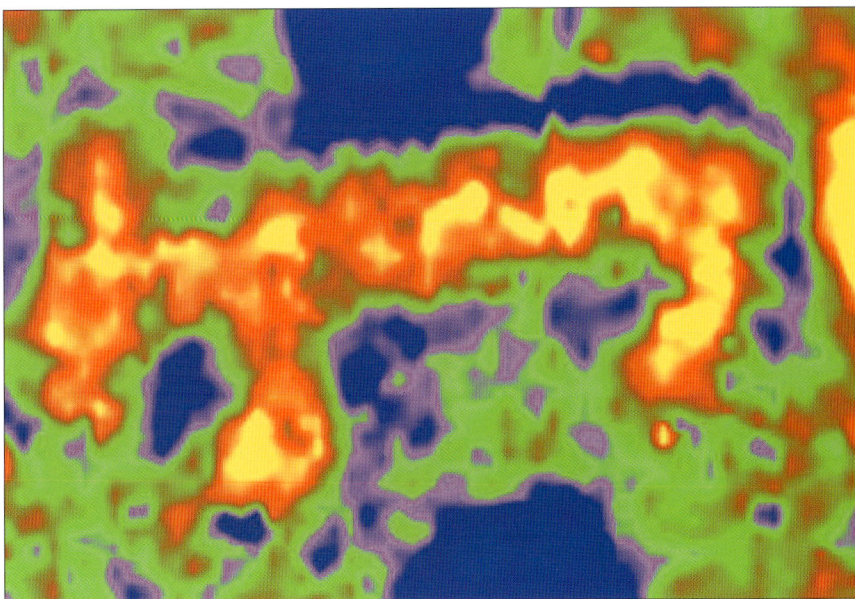

OBEN Mit magnetischen Daten erstellte Tiefenprofilkarte des Little Bear Mound in Iowa. Geophysische Oberflächenuntersuchungen, die den Boden mit Magnetometern untersuchen oder Radar einsetzen, spielen heute eine zunehmend wichtigere Rolle. ◆

tionen zur Verfügung, und in hundert Jahren wird unser Wissen sich vermutlich durch neue Entdeckungen und heute kaum vorstellbare Techniken abermals grundlegend gewandelt haben.

Der Bildatlas umfasst drei Teile. Der erste betrachtet die Ursprünge des Menschen von den frühesten Hominiden bis zum Ende der letzten Eiszeit. Der zweite stellt die wesentlichen Fortschritte und Errungenschaften der Menschheit in den darauf folgenden 10 000 Jahren dar. Das dritte Kapitel gliedert die Welt in fünf große Regionen und untersucht diese genauer. Das größte Problem bei der Zusammenstellung ergab sich aus dem Platzmangel. Die Autorinnen und Autoren mussten Entscheidungen treffen, was die Themen und den Umfang der betrachteten Zeitabschnitte betraf. Die Namen, die wir Kulturen und Perioden geben, sind ohnehin willkürlich, und da sie überdies unterschiedlich lange währten, macht es wenig Sinn, für alle Teile der Welt den gleichen zeitlichen Maßstab anzusetzen. Die Kapitel über die Alte Welt (Europa und Asien) enden etwa im 6. Jahrhundert, in Afrika, Amerika, Australien und im Südpazifik wird die Entwicklung dagegen bis zur Ankunft der Europäer vor 200 oder 300 Jahren verfolgt ◆

ANMERKUNGEN ZUM BILDATLAS

Fett gedruckte Angaben auf den Karten verweisen auf entsprechende Passagen im Begleittext.

Daten werden als Jahresangaben, evtl. ergänzt durch v. Chr. (vor dem Jahr 0), geschrieben. Bei Angaben vor 8000 v. Chr., wurde Mio. J.v.h. (Millionen Jahre vor heute) bzw. v.h. (vor heute) gewählt.

Teil Eins

DIE ERSTEN MENSCHEN

*Bilder von Auerochsen, Pferden und Hirschen
aus der „Halle der Stiere", Lascaux, Frankreich.*

Die ersten Hominiden

Hominiden nennt man Mitglieder einer Gruppe oder Familie aufrecht gehender Säuger mit verhältnismäßig großen Gehirnen; die Menschen sind die einzige heute lebende Art. Knochenfunde und genetische Untersuchungen zeigen, dass Hominiden und afrikanische Menschenaffen einen gemeinsamen Vorfahren hatten, von dem sie sich vor 6 bis 8 Mio. Jahren wegentwickelten. Das Aussehen von Menschenaffen und Menschen unterscheidet sich grundlegend, obgleich die Affen die engsten lebenden Verwandten des modernen Menschen sind: Schimpansen und Menschen haben zu 98,4 % dasselbe Erbmaterial, das von Gorillas und Menschen weicht nur in 2,3 % voneinander ab. Dieser hohe Ähnlichkeitsgrad legt nahe, dass es sich bei dem letzten gemeinsamen Vorfahren von Menschen und Menschenaffen um eine schimpansenähnliche Kreatur handelte, und dass die Veränderungen bei den genetischen Regulierungsmechanismen eine wichtige Rolle bei der Entwicklung einer getrennten Linie spielten, die zur Entstehung des Menschen führte. Offensichtlich nahm dieser Prozess seinen Ausgang in Afrika, dem einzigen Kontinent, auf dem man Fossilien der ältesten bekannten Hominiden entdeckte. 1924 fand Raymond Dart einen Hominidenschädel und gab ihm später den Namen *Australopithecus africanus* (Südaffe aus Afrika). Die Bezeichnung Australopithecus wird heute gemeinhin für die ersten Hominiden verwendet. Darts Behauptung, der Schädel (bekannt als „Taung-Kind") markiere eine Übergangsphase zwischen Affen und Menschen, löste zu seiner Zeit heftige Debatten aus, hatte sich aber wenig später durchgesetzt. Fundstätten früher Hominiden-Fossilien finden sich im Ostafrikanischen Grabenbruch; eine einzelne liegt in Bahr el-Ghazal im Tschad.

Der Ostafrikanische Grabenbruch ist ein natürlicher, aus einer Reihe von Rissen in der Erdkruste gebildeter Graben, der sich in Ostafrika über eine Länge von rund 3000 km von Norden nach Süden zieht. Er liefert zahlreiche Informationen über die Ursprünge des Menschen, weil hier viele Überreste von Hominiden in Vulkanablagerungen konserviert wurden. 1959 entdeckte Mary Leakey in der Olduwai-Schlucht, einer tiefen Spalte im Grabenbruch, ein robust gebautes Australopithecus-Skelett, das zunächst den wissenschaftlichen Namen *Zinjanthropus boisei* erhielt, heute jedoch als *Australopithecus* oder *Paranthropus boisei* bekannt ist. Daraufhin begann man in dieser Region intensiver zu forschen und legte damit die Basis für die Wissenschaft der Paläoanthropologie, die sich mit den Ursprüngen des Menschen befasst. Es folgte eine regelrechte Jagd auf Fossilien, bei der man unter anderem 1974 im äthiopischen Hadar „Lucy", das 3,18 Mio. Jahre alte Teilskelett einer kleinen, aufrecht gehenden Frau, freilegte. Dieser Fund führte zur wissenschaftlichen Beschreibung des *A. afarensis* (s. S. 18).

Die ältesten Funde

Dass Fossilien früher Hominiden erhalten blieben und gefunden wurden, grenzt an ein Wunder. Bis vor einigen Jahren besaß man nur wenige Knochen, die älter als 4 Mio. Jahre waren. Ältestes Fundstück ist das Oberkieferfragment eines Hominiden aus Lothagam im nördlichen Kenia, das auf 6 bis 5 Mio. Jahre

OBEN Die Olduwai-Schlucht, eine 40 km lange und bis zu 100 m tiefe Spalte im Ostafrikanischen Grabenbruch, birgt viele Informationen zur Evolution des Menschen. Dank ihrer geologischen Geschichte, die Vulkanausbrüche, Gesteinsaufschichtungen und Erosion umfasst, herrschen hier ideale Bedingungen für die Konservierung von Fossilien. Als Louis und Mary Leaky hier in den 1950er und 1960er Jahren ihre Entdeckungen machten, konnten sie die Lavaschichten, welche die Fossilien einschlossen, erstmals mithilfe der Kalium-Argon-Methode datieren, die später durch die Argon-Argon-Methode ersetzt wurde. Die Feststellung, dass vor 1,9 bis 1,3 Mio. Jahren Hominiden an einem See in der Olduwai-Schlucht gelebt hatten, warf ein völlig neues Licht auf die Entwicklung des Menschen, dessen Ursprünge man bislang in Asien oder Europa vermutet hatte. Zwar fand man seit der Pionierarbeit der Leakeys noch wesentlich ältere Hominidenfossilien in Ost- und Südafrika, doch die Olduwai-Schlucht spielt nach wie vor eine Schlüsselrolle.

geschätzt wird. Weitere Einblicke in diese entfernte Phase der menschlichen Evolution erhielt man, als ein Team der Universität von Kalifornien unter der Leitung von Tim White an einer 4,4 Mio. Jahre alten Stätte in Aramis in der mittleren Awash-Region (Äthiopien) Knochen entdeckte. Zu ihnen gehörte ein fast vollständiges Skelett des affenähnlichsten und vermutlich ältesten bis dahin bekannten Hominiden. Der zunächst als *A. ramidus* beschriebene Fund wurde nach eingehender Untersuchung der neuen Gattung *Ardipithecus* zugeordnet. Ob es sich tatsächlich um den ältesten bekannten aufrecht gehenden Hominiden handelt, ist noch ungeklärt.

1995 stießen Meave Leakey und ihr Team an zwei Stätten, Kanapoi und Allia Bay am Turkanasee in Nordkenia, auf 4,2 bis 3,9 Mio. Jahre alte Fossilien. Aufgrund ihrer ähnlichen, jedoch im Vergleich zum *A. afarensis* primitiveren Anatomie klassifizierte man sie als *A. anamensis*, eine neue – und die bislang ältesten – Art von Australopithecinen.

Moderne Labortechniken geben Wissenschaftlern immer detailliertere Informationen über die frühen Hominiden. Zu diesen Methoden gehört die radiometrische Altersbestimmung, mit der man den Zustand radioaktiver Isotope in fossilhaltigem Vulkangestein bestimmen und Veränderungen, die für die Evolution von Bedeutung waren, genau datieren kann (Kalium-Argon- und Argon-Argon-Methode). Auch lässt sich der Anteil von Kalzium und Strontium in Knochen messen und gibt Auskunft darüber, ob die Hominiden Pflanzen, Fleisch oder Mischkost aßen. CAT-Scans (Computerised Axial Tomography Scan) machen auf der Basis von Röntgenbildern sogar die innere Struktur von Knochen sichtbar.

Erscheinungsformen des Australopithecus

Derweil geht die Suche nach Fossilien weiter, denn nach wie vor hat unser Wissen große Lücken. Der *A. afarensis* (4–3 Mio. J.v.h.), die leicht gebaute Art, zu der Lucy gehört, ist unter den Australopithecus-Funden am häufigsten vertreten. Man kennt sie von Stätten in Äthiopien, Kenia und Tansania, darunter Laetoli, wo 3,7 Mio. Jahre alte Fußabdrücke von Hominiden im Vulkangestein beweisen, dass die Art auf zwei Beinen lief, allerdings nicht genauso wie der moderne Mensch. Der 2,5 Mio. Jahre alte *A. garhi* wurde 1999 in Äthiopien gefunden, er stammt vermutlich von *A. afarensis* ab. Eine ebenfalls leicht gebaute Australopithecus-Art, *A. africanus* (über 2 Mio. J.v.h.), wurde an Stätten in Südafrika entdeckt. *A. bahrelghazali* (3,5–3 J.v.h.) aus dem nördlichen Tschad ähnelt *A. afarensis* und erweitert das

UNTEN In einer Kalksteinhöhle in Sterkfontein, Südafrika, entdeckte Robert Broom diesen versteinerten Schädel eines *Australopithecus africanus*. Broom hatte 1936 mit seiner Suche begonnen und ein Schädelfragment gefunden, das er *Plesianthropus transvaalensis* („Fastmensch aus Transvaal") nannte. Die Kalksteinspalte war so schmal, das man sie sprengen musste, um einen in zwei Teile zerbrochenen Schädel freizulegen. Nach der Säuberung erkannte man, dass es sich um den fast vollständig erhaltenen, 2,5 Mio. Jahre alten Schädel eines Erwachsenen handelte. Man hielt ihn für den einer Frau und nannte ihn „Mrs. Ples", doch heute glauben Forscher, er könnte einem Mann gehört haben. Mit diesem und anderen Funden erwachsener Australopithecinen untermauerte Raymond Dart seine These, dass es sich bei dem Taung-Kind lediglich um einen jungen Menschenaffen handelte, während die Australopithecinen frühe Vorfahren des Menschen waren.

bekannte Verbreitungsgebiet der Australopithecinen bis 2500 km westlich des Grabensystems.

Stätten in Süd- und Ostafrika bargen auch Fossilien schwerer gebauter Australopithecinen, u. a. *A.* oder *Paranthropus robustus* (2–1 Mio. J.v.h.), *A.* oder *P. aethiopicus* (2,7–1,9 Mio. J.v.h.) und *A.* oder *P. boisei* (2,3–1,4 Mio. J.v.h.). Einige Forscher glauben, dass die Lebensweise dieser Arten sich von jener der grazileren Australopithecinen unterschied, da ihre Backenzähne große Mahlflächen besaßen, mit denen sie zähe, faserhaltige Kost zerkauen konnten. Vermutlich gehörten sie einer anderen Linie an als der moderne Mensch und starben vor rund einer Mio. Jahren aus.

Kleine, aufrecht gehende Affen

Die Australopithecinen und vermutlich auch ihre Vorgänger, die Ardipithecinen, lebten wahrscheinlich in einem größeren Teil Afrikas, als die Funde dies vermuten lassen. Sie gehören zur Familie des Menschen, weil sie aufrecht gingen, unterscheiden sich aber von ihren Nachfahren durch ihr relativ kleines Gehirn. Früher ging man davon aus, dass die ersten Menschen große Gehirne besaßen. Doch von einigen Ausnahmen abge-

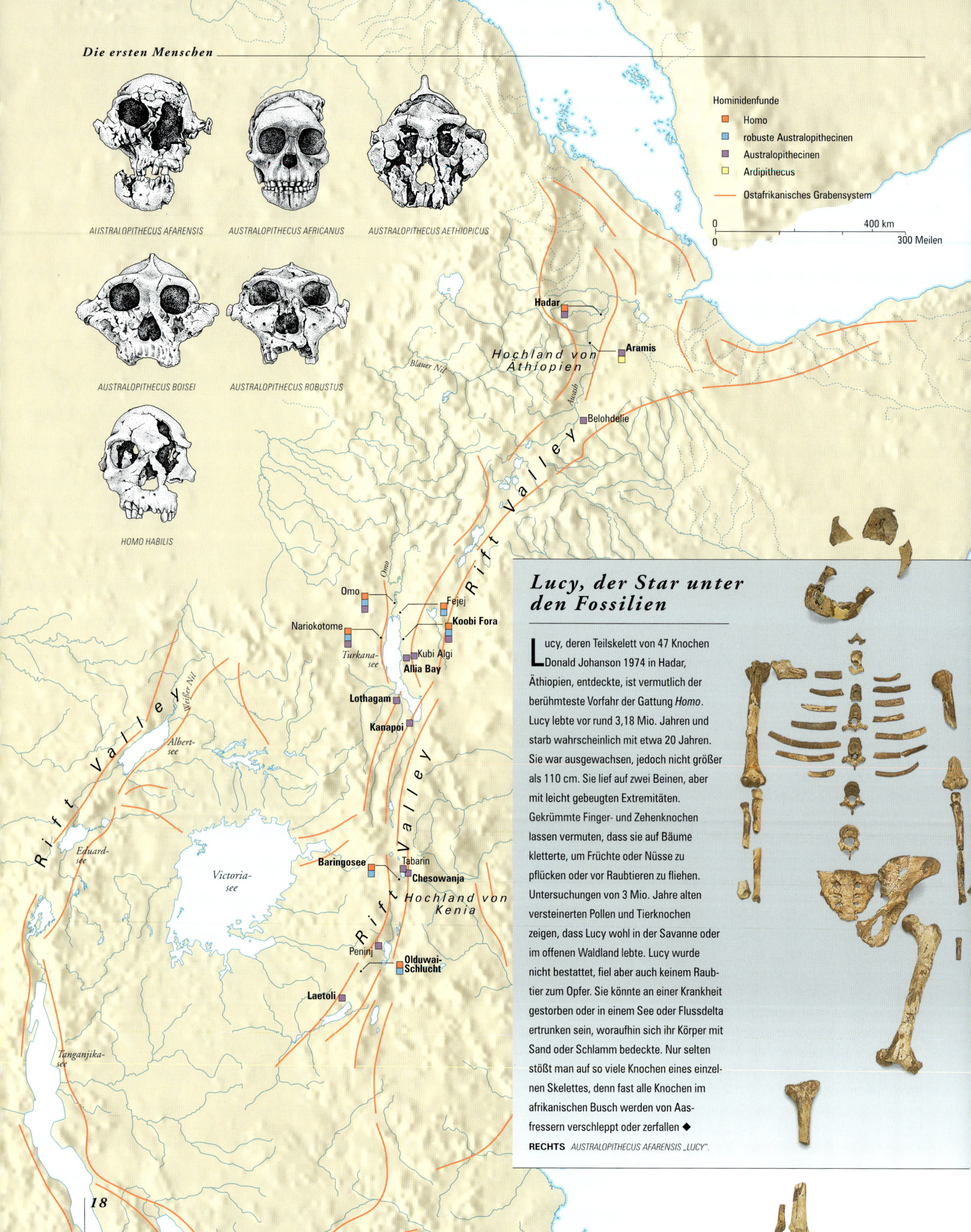

AUSTRALOPITHECUS AFARENSIS

AUSTRALOPITHECUS AFRICANUS

AUSTRALOPITHECUS AETHIOPICUS

AUSTRALOPITHECUS BOISEI

AUSTRALOPITHECUS ROBUSTUS

HOMO HABILIS

Hominidenfunde

■ Homo
■ robuste Australopithecinen
■ Australopithecinen
■ Ardipithecus
— Ostafrikanisches Grabensystem

0   400 km
0   300 Meilen

Hadar

Aramis

Hochland von Äthiopien

Belohdelie

Blauer Nil

Awash

Rift Valley

Omo

Omo

Fejej

Koobi Fora

Nariokotome

Kubi Algi

Turkana-see

Allia Bay

Lothagam

Kanapoi

Weißer Nil

Albert-see

Rift Valley

Eduard-see

Victoria-see

Baringosee

Tabarin

Chesowanja

Hochland von Kenia

Rift Valley

Peninj

Olduwai-Schlucht

Laetoli

Tanganjika-see

Lucy, der Star unter den Fossilien

Lucy, deren Teilskelett von 47 Knochen Donald Johanson 1974 in Hadar, Äthiopien, entdeckte, ist vermutlich der berühmteste Vorfahr der Gattung *Homo*. Lucy lebte vor rund 3,18 Mio. Jahren und starb wahrscheinlich mit etwa 20 Jahren. Sie war ausgewachsen, jedoch nicht größer als 110 cm. Sie lief auf zwei Beinen, aber mit leicht gebeugten Extremitäten. Gekrümmte Finger- und Zehenknochen lassen vermuten, dass sie auf Bäume kletterte, um Früchte oder Nüsse zu pflücken oder vor Raubtieren zu fliehen. Untersuchungen von 3 Mio. Jahre alten versteinerten Pollen und Tierknochen zeigen, dass Lucy wohl in der Savanne oder im offenen Waldland lebte. Lucy wurde nicht bestattet, fiel aber auch keinem Raubtier zum Opfer. Sie könnte an einer Krankheit gestorben oder in einem See oder Flussdelta ertrunken sein, woraufhin sich ihr Körper mit Sand oder Schlamm bedeckte. Nur selten stößt man auf so viele Knochen eines einzelnen Skelettes, denn fast alle Knochen im afrikanischen Busch werden von Aasfressern verschleppt oder zerfallen ◆

RECHTS *AUSTRALOPITHECUS AFARENSIS „LUCY".*

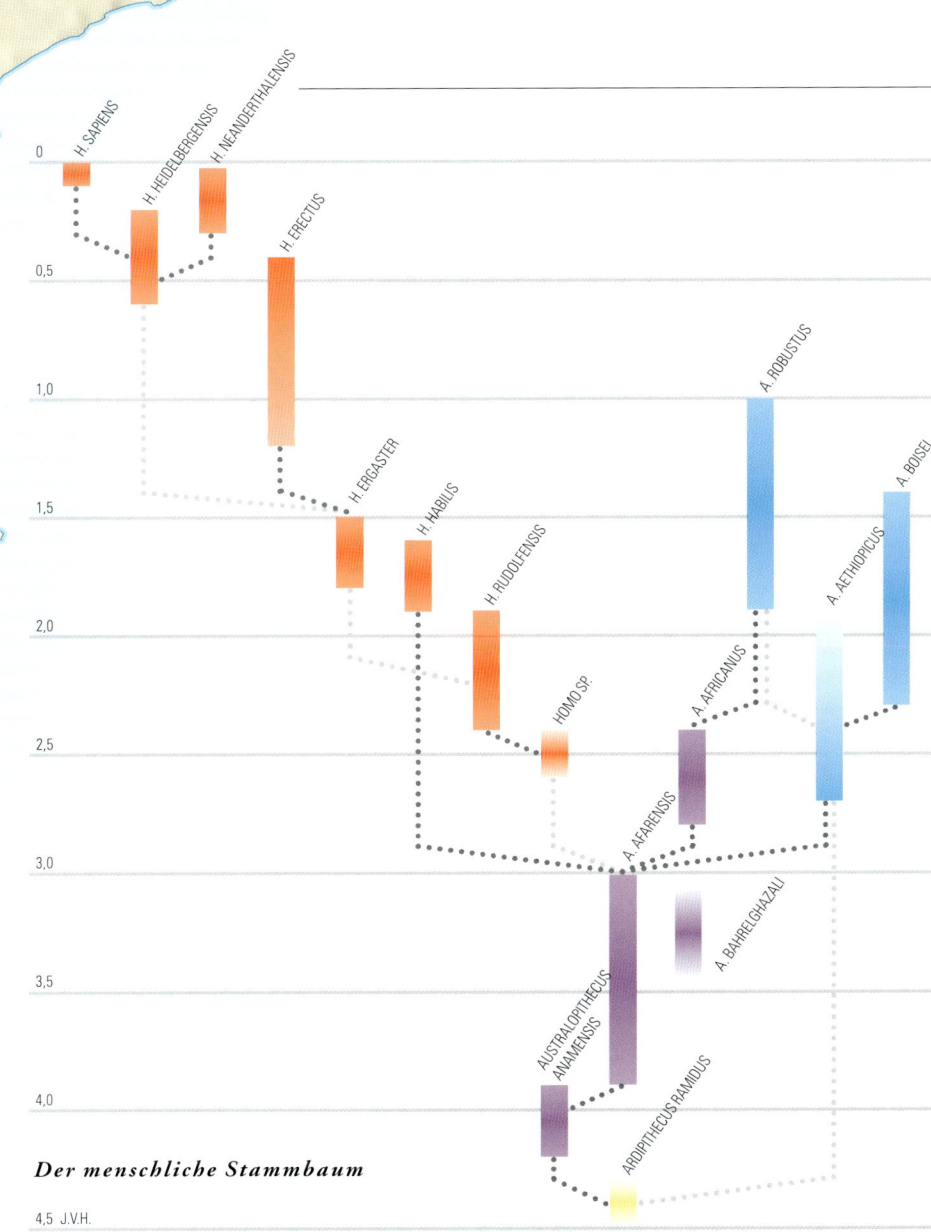

Der menschliche Stammbaum

0
0,5
1,0
1,5
2,0
2,5
3,0
3,5
4,0
4,5 J.V.H.

H. SAPIENS
H. HEIDELBERGENSIS
H. NEANDERTHALENSIS
H. ERECTUS
H. ERGASTER
H. HABILIS
H. RUDOLFENSIS
HOMO SP.
A. ROBUSTUS
A. BOISEI
A. AETHIOPICUS
A. AFRICANUS
A. AFARENSIS
A. BAHRELGHAZALI
AUSTRALOPITHECUS ANAMENSIS
ARDIPITHECUS RAMIDUS

Die ersten Menschen

Bis vor kurzer Zeit hielt man *Homo erectus* für den ältesten Vertreter der Gattung *Homo*. Ältestes Fundstück war ein 500 000 Jahre alter Teilschädel, den man 1891 auf Java entdeckt hatte. Auch nachdem man im 20. Jahrhundert in Afrika auf Knochen von Australopithecinen gestoßen war, galt Asien noch als die Wiege der Menschheit. 1959 fand man in der Olduwai-Schlucht 2 Mio. Jahre alte Zähne. Lange beachtete man diese Verbindung nicht weiter. Als 1964 weitere Knochen aus der Olduwai-Schlucht auf 1,75 Mio. Jahre datiert wurden, begriff man, dass man einer bis dahin unbekannten Art der Gattung *Homo* auf die Spur gekommen war. Weil sie vermutlich in der Lage war, Werkzeug zu gebrauchen, nannte man sie *H. habilis*, den „Geschickten Menschen".

Nun entbrannte ein heftiger Streit in der Wissenschaft. Das Hirnvolumen von *H. habilis* war mit 680 cm³ deutlich größer als jenes der Australopithecinen. Einige Forscher wollten ihn dennoch entweder der einen oder der anderen existierenden Kategorie zuordnen. Andere betonten, dass die aufgefundenen Werkzeuge auch zu Australopithecinen, die man in den gleichen Gesteinsschichten entdeckt hatte, gehören könnten. Dass die Gattung *Homo* aus Afrika stammte und *H. erectus* ihr als eigene Spezies angehörte, wurde erst akzeptiert, nachdem man in der Olduwai-Schlucht, in Koobi Fora in Nordkenia sowie in Südafrika auf weitere Vertreter stieß. 1986 fand Tim White in der Olduwai-Schlucht ein 1,8 Mio. Jahre altes Skelettfragment, dessen Gestalt an einen Menschenaffen erinnerte, das jedoch im Verhältnis zu den Beinen relativ lange Arme besaß. *H. habilis* gilt heute als Verbindungsglied zwischen Australopithecinen und *H. erectus,* doch steht auch fest, dass die Entwicklung der Gattung *Homo* deutlich komplexer verlief als man ursprünglich angenommen hatte und sich in verschiedenen Stufen vollzog.

Die ältesten Werkzeugbauer

Mehrere, rund 2,5 Mio. Jahre alte Fossilien werden der Gattung *Homo* zugerechnet, darunter ein Schädelfragment vom Baringosee (Kenia), ein Kiefer aus Uraha (Malawi) und ein Teilschädel aus Sterkfontein (Südafrika). Älteste Überreste der Gattung *Homo* sind ein 2,3 Mio. Jahre alter Oberkiefer und Zähne (Nr. AL 666-1) aus Hadar, Äthiopien. Bis wir mehr über diese sehr fragmentarischen Fossilien wissen, gelten sie provisorisch als der Gattung *Homo, H. sp.,* zugehörig. Etwa 20 einfache Basalt- und Feuersteinabschläge und -kerne lagen bei den Knochen. Es handelt sich um die ältesten Steinwerkzeuge, die direkt bei Hominidenfossilien entdeckt wurden.

sehen waren die Gehirne der Australopithecinen höchstens 500 cm³ groß.

Die Australopithecinen waren vermutlich dunkelhäutig, behaart und wiesen deutliche Geschlechtsunterschiede auf: das Körpergewicht der Männer lag bei rund 40 bis 50 kg, das der Frauen zwischen 27 und 35 kg. Männer waren 130 bis 150 cm groß, Frauen kaum über einen Meter. Der zweifüßige Gang (Bipedie) hatte wahrscheinlich völlig neue Formen der Nahrungsbeschaffung, Revierverteidigung, Paarung und des Zusammenlebens zur Folge. Vermutlich nahm der Australopithecus bereits eine große Bandbreite von Nahrungsmitteln zu sich, darunter Fleisch, Insekten und pflanzliche Kost. Wissenschaftler glauben, dass Australopithecinen einfache Steinwerkzeuge herstellen konnten, da die ältesten Funde dieser Art 0,3 Mio. Jahre älter sind als die frühesten Überreste von *Homo erectus*. Man weiß nicht, ob der Australopithecus mit Feuer umgehen konnte, Behausungen baute, Kunstwerke schuf oder seine Toten bestattete, doch die Verständigung mit Lauten in bestimmten sozialen Zusammenhängen könnte zur späteren Entwicklung der Sprache geführt haben ◆

OBEN Dieser vereinfachte Stammbaum (nach Johanson und Edgar, 1996) zeigt nur einen mutmaßlichen Evolutionsweg. Die Datierung von Hominidenfossilien ist schwierig, und häufig streiten Paläoanthropologen über die Verwandtschaftsverhältnisse einzelner Arten, die Zuordnung von Funden zu einer Art oder darüber, ob es sich um Australopithecus- oder *Homo*-Knochen handelt. Einige Australopithecus-Fossilien fallen in die gleiche Zeit wie frühe *Homo*-Funde. Die Entwicklung der Bipedie bei den Australopithecinen führte sicherlich nicht in einer einzigen Linie zum modernen Menschen, vielmehr entstanden verschiedene zweibeinige Wesen, die über einen bestimmten Zeitraum existierten, jedoch, mit Ausnahme von *Homo sapiens*, früher oder später ausstarben.

Wertvolle Fundstücke

Koobi Fora, eine kleine Landzunge am Ostufer des Turkanasees (ehemals Rudolfsee), gehört zu den weltweit reichsten Fundstätten früher Hominidenfossilien und der ihnen zugeordneten Steinwerkzeuge. Da die Überreste in Sedimenten von See- und Flussschlamm zwischen Schichten von Vulkanasche eingeschlossen sind, kann man durch radioaktive Isotopen einen relativ genauen Zeitrahmen für sie bestimmen. Die Sammlung von Fossilien aus Koobi Fora umfasst mehrere Beispiele von Australopithecinen und mindestens zwei frühe *Homo*-Arten. Im ersten Fall handelt es sich um einen fast vollständigen Schädel (KNM-ER 1470), den Louis und Mary Leakeys Sohn Richard 1972 entdeckte. Das relativ große Hirnvolumen von rund 775 cm³ rechtfertigte die Klassifizierung als *Homo*, doch Leakey beschloss, die Spezies zunächst nicht festzulegen, weil erste Altersschätzungen das Fundstück auf 2,9 Mio. Jahre datierten, 1 Mio. Jahre älter als die *H. habilis*-Fossilien aus der Olduwai-Schlucht. Später stellte man fest, dass man zur Berechnung kontaminierte Proben herangezogen hatte und setzte 1,8 Mio. Jahre an. Neueren Schätzungen zufolge ist der Fund mit Sicherheit jünger als 3,31, wahrscheinlich jünger als 2,5 und garantiert älter als 1,9 Mio. Jahre. 1986 gab man der Spezies den Namen *H. rudolfensis* und belegte mit ihr, dass *H. sapiens* in Afrika bereits vor 2 Mio. Jahren lebte.

Der Arbeiter

Eine andere frühe *Homo*-Spezies, *H. ergaster*, wurde ebenfalls in Koobi Fora entdeckt. Die 1,8 bis 1,5 Mio. Jahre alten Fundstücke umfassen mehrere gut erhaltene Fossilien. Das erste Stück, ein Kiefer mit kleinen Backenzähnen, wurde in der gleichen Schicht wie eine Sammlung von Steinwerkzeugen gefunden, die der Spezies den Namen *ergaster* (von griech. „Arbeiter") eintrug. Zu

LINKS Ein junger Schimpanse holt mit einem Ast Termiten aus ihrem Bau. Australopithecinen, die wie Menschen greifen konnten, produzierten und benutzten vermutlich einfache Werkzeuge dieser Art. Schrammen an Antilopenknochen, die man bei Australopithecus-Fossilien fand, legen nahe, dass man mit ihnen Wurzeln und Knollen aus dem felsigen Boden grub. Australopithecinen besaßen vielleicht auch schon erste Steinwerkzeuge.

UNTEN Ein Steinwerkzeug aus der Olduwai-Schlucht zeigt, dass einfache Werkzeuge in dieser Gegend bereits vor 2 Mio. Jahren von den ersten Menschen hergestellt wurden, indem man Steine gegeneinander schlug, um scharfkantige Abschläge zu erzeugen. Viele dieser Werkzeuge weisen daher deutliche Gebrauchsspuren auf und dienten vermutlich unterschiedlichen Zwecken. Man bezeichnet sie als Geröllgeräte oder Abschläge.

den besten Exemplaren von *H. ergaster* und am besten erhaltenen Hominiden-Skeletten überhaupt gehört das eines Jungen, das von 1984 bis 1988 aus 1,5 Mio. Jahre alten Sedimenten am Westufer des Turkanasees freigelegt wurde. Der Körper des zunächst als *H. erectus* klassifizierten „Turkana-Jungen" entsprach dem eines modernen 11-Jährigen. Hätte der Junge das Erwachsenenalter erreicht, so hätte sein Hirnvolumen bei einer Größe von etwa 1,82 m und einem Gewicht von 68 kg ca. 900 cm³ betragen. Möglicherweise waren die Urmenschen deutlich größer, als man lange Zeit glaubte.

Viele Puzzleteile

Obgleich unsere Kenntnisse über die frühe Evolution des Menschen stetig zunehmen, ist unser Wissen insgesamt spärlich und lückenhaft. Die Klassifizierung von Fossilien gestaltet sich wie ein besonders schwieriges Puzzlespiel. Gleichwohl gilt es als wahrscheinlich, dass unter den frühen *Homo*-Arten, die vor 2,3 bis 1,5 Mio. Jahren in Afrika lebten, *H. rudolfensis* der älteste ist, gefolgt von *H. habilis* und *H. ergaster*. Von diesen Spezies scheint *H. ergaster*, was Hirnvolumen, Knochenbau und Bewegungsabläufe anbetrifft, späteren *Homo*-Arten am nächsten zu sein. Auch gilt als gesichert, dass *H. ergaster* in einer Linie mit dem modernen Menschen steht ◆

Die ersten Werkzeugmacher

Untersuchungen zur Entwicklung von Werkzeugtechniken liefern wichtige Erkenntnisse über die Geschichte der frühen Hominiden. Die ältesten Steinwerkzeuge gehören zum Oldowan-Typ (Mary Leakey entdeckte in den 1960er Jahren in der Olduwai-Schlucht eine große Sammlung von Werkzeugen in 1,9 bis 1,5 Mio. Jahre alten Schichten). Sie wurden mithilfe einer einfachen Abschlagtechnik hergestellt; man benutzte einen weichen, abgerundeten Stein als Schlagwerkzeug und trennte mit ihm kleine, scharfkantige Abschläge von einem anderen Stein ab. Experimente mit Kopien dieser meist aus Quarz oder Basalt bestehenden Abschläge zeigen, dass die frühen Hominiden damit Tierkörper öffnen sowie Sehnen und Knochen durchtrennen konnten.

Zahlreiche Funde an ostafrikanischen Stätten belegen, dass Werkzeuge vom Oldowan-Typ bereits vor über 2,3 Mio. Jahren angefertigt wurden. Zurzeit handelt es sich bei den ältesten Objekten um 2,6 bis 2,5 Mio. Jahre alte, einfache Schneide-, Kratz- oder Schlagwerkzeuge von Stätten bei Hadar, Äthiopien. In der Shungura-Formation bei Omo im südlichen Äthiopien entdeckte man 2,4 bis 2,3 Mio. Jahre altes Geröllgerät und Abschläge aus Quarz. Ebenfalls aus Hadar stammt der Kieferknochen eines ca. 2,3 Mio. Jahre alten *Homo*-Fossils. Bei ihm fand man eine kleine Sammlung von Artefakten aus Basalt und Feuerstein – die früheste bekannte Verbindung zwischen Steinwerkzeugen und Hominiden. *H. habilis* galt lange Zeit als der erste Werkzeughersteller, doch mittlerweile gehen Wissenschaftler davon aus, dass auch andere *Homo*-Arten wie *H. rudolfensis* Werkzeuge aus Stein fertigten.

Vermutlich jagten und töteten frühe Hominiden Tiere nicht selbst, sondern waren Aasesser. Scharfkantige Abschläge, die an einigen Steinwerkzeugen gefunden wurden, eigneten sich hervorragend, um Fell, Knochen und Sehnen zu durchtrennen. Einige Tierknochen an Oldowan-Stätten weisen Scharten auf, die durch solche Werkzeuge entstanden sein könnten. Werkzeuge vom Oldowan-Typ wurden über eine Mio. Jahre verwendet, bevor vor 1,4 bis 1,3 Mio. Jahren die komplexer gestalteten Geräte vom Acheuléen-Typ aufkamen (s. S. 25).

Der Gebrauch des Feuers

Der gezielte Einsatz von Feuer gehört zu den Meilensteinen in der Entwicklung des Menschen. Feuer spendet Wärme, Licht und Schutz vor Raubtieren, es räuchert und trocknet Fleisch und trug wesentlich zur Ausformung der Sozialstruktur bei. Auch ermöglichte es den Menschen, sich bis in kalte Regionen der

Swartkrans: frühe Hominiden

Swartkrans ist einer von mehreren Steinbrüchen im Tal des Bloubank River in der südafrikanischen Provinz Gauten. Hier entdeckte man mindestens 126 Australopithecus-Fossilien – mehr als an irgendeiner anderen Stätte. Forscher stellten fest, dass viele dieser Hominiden Raubtieren wie Leoparden und Säbelzahntigern zum Opfer fielen, die ihre Beute auf Bäume am Höhlenrand schleppten, um sie vor Hyänen zu schützen. Von dort fielen die Knochen dann in die Höhle hinunter. Löcher im Schädelfragment eines jungen Australopithecus aus Swartkrans scheinen exakt zu den Eckzähnen eines Leopardenschädels zu passen, den man in der gleichen Schicht fand. Umstrittener ist die Entdeckung einer Sammlung von 279 verbrannten Knochen. Sie sind mindestens eine Mio. Jahre alt und dienen einigen Wissenschaftlern als Beweis für den kontrollierten Einsatz von Feuer. Chemische Experimente und Mikroskopanalysen belegen, dass die Knochen Temperaturen ausgesetzt waren, die eher einem Lagerfeuer als einem natürlichen Buschfeuer entsprechen. Allerdings fand man keine Feuerstelle, und niemand vermag zu sagen, ob das Feuer von frühen Hominiden entfacht wurde oder ob ein Blitzschlag es zufällig entzündete. Auch weiß man natürlich nicht, ob es zum Kochen, Wärmen oder Vertreiben von Raubtieren diente ◆

OBEN RADIOMIKROGRAPHIE VOM FRAGMENT EINES VERBRANNTEN KNOCHENS AUS SWARTKRANS, SÜDAFRIKA.

Erde vorzuwagen. Die Wissenschaft streitet darüber, wann Feuer erstmals benutzt wurde. Kleine Klumpen gebrannter Tonerde (1,4 Mio. J.v.h.), die man in Chesowanja (Kenia) bei Tierknochen und Steinwerkzeugen fand, dient einigen Forschern als Beleg für den kontrollierten Umgang mit Feuer, da sich ein natürliches Feuer als Erklärung ausschließen ließ. Die gebrannte Tonerde könnte aber durch einen brennenden Baumstamm, Blitzeinschlag oder sogar einen Vulkan entstanden sein. An der Stätte Swartkrans (s. Kasten) ist der Einsatz von Feuer wahrscheinlicher, aber auch nicht sicher. Auf der Grundlage von 400 000 Jahre alten Ascheschichten aus Zhoukoudian (China) erklärte man *H. erectus* zum ersten Herrscher über das Feuer, doch auch diese Festlegung scheint fraglich. Mit Sicherheit konnte man den Gebrauch von Feuer an europäischen Stätten wie Vértesszöllös (Ungarn) und Menez-Dregan (Frankreich) bereits vor rund 350 000 Jahren nachweisen. Herdfeuer fanden allerdings erst vor rund 100 000 Jahren Verbreitung ◆

Afrikanische Ursprünge

Vor 1,8 bis 0,8 Mio. Jahren lebten in der afrikanischen Savanne Hominiden, die mit den modernen Menschen nicht identisch waren, ihnen jedoch ähnelten. Sie besaßen kräftige Schädel und große Augenbrauenwülste, doch war ihr Hirnvolumen mehr als zweimal so groß wie das der Australopithecinen und etwa drei Viertel so groß wie das des modernen Menschen. Lange Zeit glaubte man, dass sich der *H. erectus* als erster Hominide über Afrika hinaus verbreitete und vor etwa 1 Mio. Jahren in Ostasien auftauchte. Afrikanische Fossilien, die man ursprünglich als *H. erectus* klassifiziert hatte, gehören aus heutiger Sicht jedoch zur Spezies *H. ergaster,* dem vermutlich direkten Vorfahren des modernen Menschen.

Früher glaubte man, dass die ältesten afrikanischen Hominiden begabte Jäger waren. Rekonstruktionen zeigen sie oft, wie sie Elefanten, Rhinozerosse oder Büffel in Sümpfe treiben, wo man sie leichter erlegen konnte. In neueren Studien fand man dagegen heraus, dass die meisten bei Steinwerkzeugen gefundenen Knochen nicht von Tieren stammten, die gejagt wurden, sondern von Aas, deren Fleisch die Hominiden von den Knochen entfernten. Vermutlich machte pflanzliche Kost den größeren Teil der Nahrung aus. Bei Fossilien von *H. erectus* und frühen afrikanischen *Homo*-Spezies wie *H. ergaster* entdeckte man keine Verzierungen oder Kunstgegenstände, auch weiß man nicht, ob sie ihre Toten bestatteten.

Zweiseitige Werkzeuge

Abgesehen von wenigen Holzwerkzeugen gehören fast alle kulturellen Überbleibsel aus jener Zeit zum so genannten Acheuléen-Typus. Diese waren zwei- oder doppelseitige Faustkeile von birnenartiger, spitz zulaufender Form mit einem scharfen Rand, der sich um das gesamte Werkzeug oder einen Teil von ihm zog. Es gab auch welche mit einer breiten, axtartigen Schneide, so genannte Spaltkeile. Die ältesten Werkzeuge dieses Typs fand man in Konso-Gardula in Äthiopien, sie sind rund 1,4 Mio. Jahre alt. Diese in Afrika bis vor ca. 150 000 Jahren hergestellten Keile gehören zu den am längsten gebräuchlichen Technologien der Menschheitsgeschichte. Die ältesten Zweiseiter entstanden, indem man mit einem Stein Stücke von beiden Seiten eines anderen abschlug. Später stellte man mit Schlagwerkzeugen aus Knochen oder Holz dünnere Zweiseiter her. Manchmal bearbeitete man einen Kern, um daraus einen Abschlag von bestimmter Größe oder Form herzustellen.

Fast immer hielt man die Werkzeuge vom Acheuléen-Typ mit den Händen, doch einige Funde sind so groß, dass man sich kaum vorstellen kann, wie sie eingesetzt wurden. Mikroskopuntersuchungen von Kratzern und Abschleifungen an der Oberfläche von Faustkeilen zeigen, dass man mit ihnen eine Vielzahl von Materialien bearbeitete. Vermutlich dienten sie als Allzweckwerkzeuge. Einige Forscher glauben, dass man einige Werkzeuge ähnlich wie einen Diskus zum Werfen benutzte.

Jenseits von Afrika

Früher ging man davon aus, dass die Hominiden die afrikanische Savanne erst verlassen und neue Lebensräume besiedeln konnten, nachdem sie Techniken entwickelt hatten, um Werkzeuge vom Acheuléen-Typ zu schaffen. Die ältesten Faustkeile, die man außerhalb von Afrika im israelischen El Ubeidiya entdeckte, sind mindestens 1 Mio. Jahre alt. Im Nahen Osten, Arabien und Teilen Indiens gab es solche Werkzeuge ebenfalls, in Europa kamen sie vor ca. 500 000 Jahren auf. In Ostasien benutzte man keine Werkzeuge dieses Typs, sondern scharfkantige Chopper (Haumesser) und kleine Abschläge vom Oldowan-Typ. In jüngerer Zeit kam die These auf, dass ein primitiverer Hominide als *H. erectus* als erster Ostasien erreichte. Dies könnte erklären, warum in diesem Gebiet keine zweiseitigen Werkzeuge existieren. Fossilien von Hominiden aus Indonesien und China würden diese Annahme untermauern. Funde aus der Longgupo-Höhle in Südostchina werden auf 1,96 bis 1,78 Mio. Jahre datiert und weisen Ähnlichkeiten mit ca. 1,6 Mio. Jahre alten afrikanischen Fossilien auf ◆

UNTEN Diese Schädeldecke des Trinil 2 oder Java-Menschen (18,5 cm) wurde Anfang der 1890er Jahre entdeckt und zunächst als *Pithecanthropus erectus* klassifiziert. Zusammen mit anderen Fossilien aus Java und China, darunter dem Peking-Menschen, ordnete man sie später der Spezies *H. erectus* zu. Trinil 2 galt lange als ältestes Hominiden-Fossil der Welt und führte zur Annahme, der Mensch stamme aus Asien. Ältere Fossilien aus Afrika widerlegten diese These.

Die Ausbreitung der Hominiden

Man weiß nicht, wann die frühen Hominiden sich über Afrika hinaus verbreiteten, auch über die Gründe kann man nur spekulieren. Mit Sicherheit spielten das größere Hirnvolumen von *H. ergaster* und verbesserte Werkzeugtechniken eine wichtige Rolle. Zu Beginn des letzten Interglazials vor 130 000 bis 125 000 Jahren (einer wärmeren Phase, die der letzten großen Kältephase der Eiszeit vorausging) hatten die Menschen weite Teile der Alten Welt erobert. Die erste Ausbreitungsphase dauerte über 1 Mio. Jahre. Paläoanthropologen bezeichnen diese Zeit auch als „Jenseits von Afrika 1", um sie von der späteren und rascheren Verbreitung des modernen Menschen (s. S. 28f.) zu unterscheiden. Die Vorfahren des modernen Menschen vermochten sich neuen Lebensräumen weniger gut anzupassen als *H. sapiens*. Es ist daher unwahrscheinlich, dass sie auch in die kälteren Regionen Nordasiens vordrangen. Der erste Exodus aus Afrika vergrößerte die biologische und nicht, wie später beim modernen Menschen, die kulturelle Vielfalt. Vor etwa 500 000 Jahren tauchten verschiedene *Homo*-Spezies in Eurasien auf. Paläoanthropologen klassifizierten sie zunächst als archaische Formen von *H. sapiens,* doch zeigt sich immer deutlicher, dass es zwischen afrikanischen, asiatischen und europäischen Spezies zu unterscheiden gilt.

Während man über die Datierung der ältesten ostasiatischen Stätten (die bis zu 1,9 Mio. Jahre alt sein könnten) noch kontrovers diskutiert, gilt es angesichts von Funden wie den El Ubeidiya-Faustkeilen als gesichert, dass die Vorfahren des modernen Menschen sich vor 1,5 bis 1 Mio. Jahren über Afrika hinaus verbreiteten. Zunächst eroberten sie die südlichen Regionen Eurasiens, wo ihr Lebensraum sich aufgrund des tropischen und subtropischen Klimas kaum von ihrem Ursprungsort unterschied.

Konservative Entwicklung

Fossilienfunde aus Asien belegen, dass der Körperbau der frühen Vorfahren des modernen Menschen sich nur sehr langsam veränderte. Stätten aus der Zeit vor 500 000 bis 200 000 Jahren bargen Überreste von Menschen, die sich nicht wesentlich von *Homo*-Populationen unterschieden, welche 1 Mio. Jahre früher in Afrika gelebt hatten. Ein 230 000 bis 180 000 Jahre alter Schädel aus Dali in Nordchina weist deutlich archaische Züge, etwa große Augenbrauenwülste und eine geringe Schädelwölbung, auf; *Homo*-Fossilien aus Ngangdong in Indonesien könnten sogar nur 100 000 Jahre alt sein. Allerdings besaßen jüngere Funde ein deutlich größeres Hirnvolumen. Die meisten asiatischen Fossilien, welche dem Erscheinen des modernen Menschen vorausgehen, wurden als *H. erectus* klassifiziert.

LINKS In Olorgesailie, einer 700 000 Jahre alten Stätte in Kenia, die Mary Leakey 1944 entdeckte, können Besucher den archäologischen Ausgrabungsort, an dem noch unzählige Kleinfunde liegen, von einem erhöhten Wandelgang aus betrachten. Die verschiedenen Artefakte wurden sichtbar, nachdem Wasser die darüber liegenden Erdschichten nach und nach fortgewaschen hatte. Der errichtete Unterstand schützt einen nicht erodierten Teil der Stätte, der durch vorsichtiges Graben freigelegt wurde.

UNTEN RECHTS Forscher glauben, dass frühe Formen der Gattung *Homo* vor rund 1,5 Mio. Jahren vom Gebiet südlich der Sahara aufbrachen und sich in den folgenden Jahrmillionen über weite Teile von Eurasien verbreiteten. In Afrika und im Nahen Osten entdeckte man rund 100 000 Jahre alte Fossilien moderner Menschen.

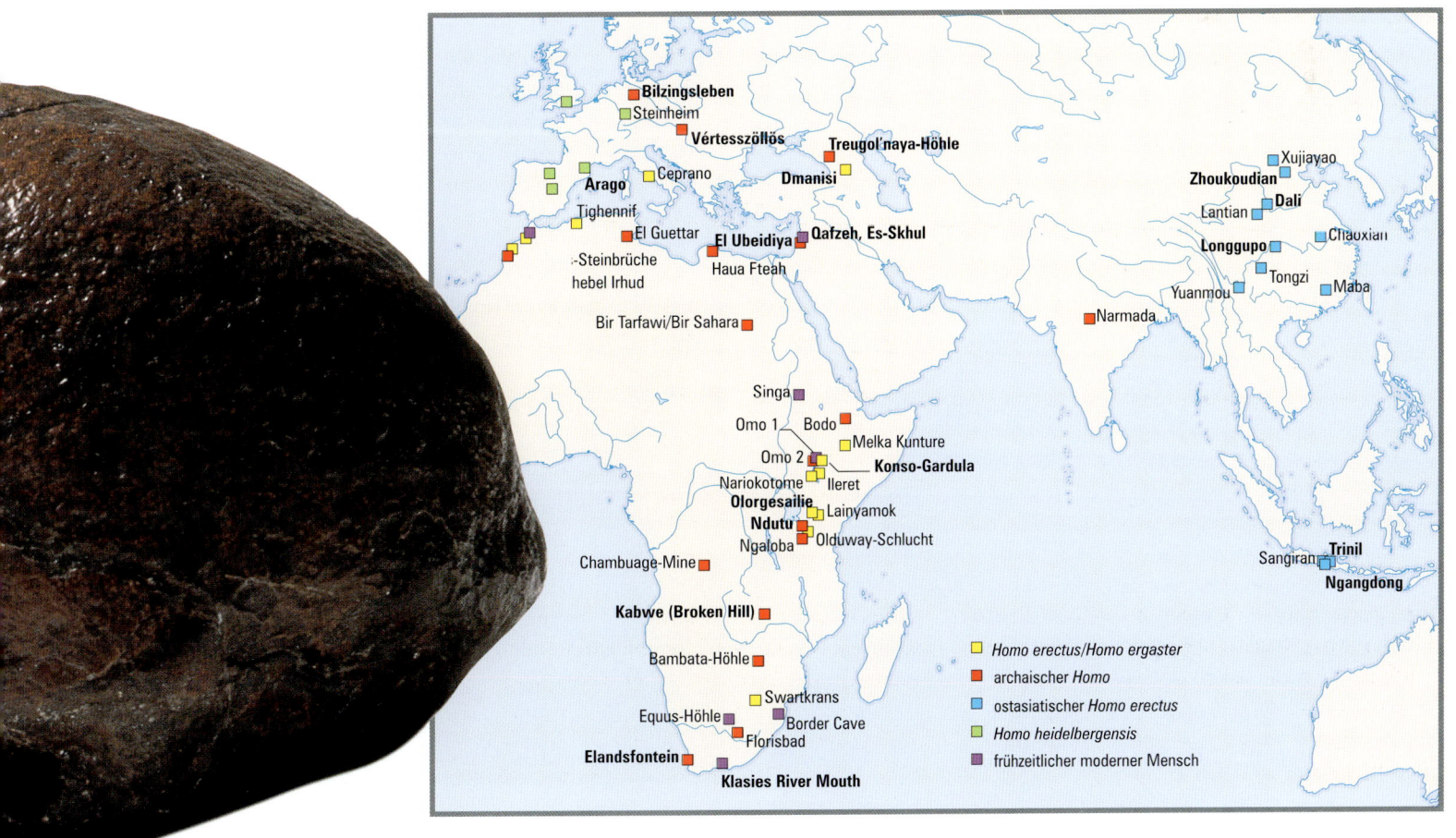

Homo erectus/Homo ergaster
archaischer Homo
ostasiatischer Homo erectus
Homo heidelbergensis
frühzeitlicher moderner Mensch

Wir wissen nur wenig über Ernährung und Lebensform der frühen Menschen. Sie besaßen eine begrenzte Bandbreite von Werkzeugen, etwa einfache Chopper und Abschläge. 400 000 Jahre alte Ascheschichten in der Zhoukoudian-Höhle im Norden Chinas belegen den kontrollierten Gebrauch von Feuer am Nordrand des Verbreitungsgebietes von *H. erectus*. Allerdings steht nicht fest, ob es sich tatsächlich um Herdfeuer handelte (s. Tabelle rechts).

Nordeurasien

Es sollten mehrere 100 000 Jahre vergehen, bis die Menschen nach ihrer Verbreitung über Afrika hinaus auch den Norden Eurasiens besiedelten. Nördlich des 40. Breitengrades lebten vermutlich frühestens vor 750 000 Jahren Menschen. Allerdings fand man in der heutigen Georgischen Republik einen Kiefer-

LINKS Im Höhlensystem von Zhoukoudian 46 km südwestlich von Peking fand man eine der größten Sammlungen von ca. 400 000 Jahre alten *H.-erectus*-Fossilien. Die bei den Knochen entdeckten Werkzeuge umfassten schlichte Abschläge und einige grobe Chopper; Faustkeile, wie sie in Afrika und Westeuropa zu jener Zeit üblich waren, fehlten dagegen ganz. Vier Ascheschichten weisen auf den frühen kontrollierten Einsatz von Feuer an der Stätte hin. Lange galten sie als ältester Beleg für Feuergebrauch überhaupt, doch die Funde in Swartkrans könnten noch älter sein (s. S. 21). Mittlerweile zweifeln einige Forscher überhaupt daran, dass es sich in Zhoukoudian um echte Asche handelt. Die Höhlen waren über 200 000 Jahre lang bewohnt. In dieser Zeit kam es zu erheblichen Klimaschwankungen. Hyänen und andere Raubtiere suchten in den Höhlen Schutz, und Tausende von Tierknochen belegen unstreitig, dass die Menschen sich von ihrem Fleisch ernährten. Einige Knochen tragen Spuren von Steinwerkzeugen oder waren Feuer ausgesetzt.

knochen, der bis zu 1 Mio. Jahre alt sein könnte. Die Besiedlung von Gebieten, die höher im Norden lagen, stellte die Menschen vor bislang unbekannte Aufgaben, denn sie mussten sich kühleren Temperaturen und einem ausgeprägten jahreszeitlichen Rhythmus anpassen. In vielen Regionen gab es vermutlich jene Pflanzen, von denen die Menschen sich bis dahin ihrer Gebiss- und Zahnform zufolge überwiegend ernährt hatten, in geringeren Mengen. Allerdings dürfte die frühe Besiedlung Europas in eine wärmere Periode gefallen sein, andere Orte eroberte der Mensch später während kälteren Phasen.

Die ältesten europäischen *Homo*-Fossilien stammen aus der Gran-Dolina-Höhle in Atapuerca im Norden Spaniens. Es handelt sich um drei Dutzend etwa 800 000 Jahre alter Knochen, die vermutlich zu vier Menschen gehörten, darunter mindestens ein Kind und ein Jugendlicher. In Boxgrove, England, entdeckte man 500 000 Jahre alte Skelettreste und Faustkeile als frühesten Beleg für eine Besiedlung nördlich des 50. Breitengrades. Artefakte aus der Treugol'naya-Höhle (Russland) beweisen, dass zur gleichen Zeit auch in Osteuropa Menschen lebten. Vor ca. 500 000 Jahren starben in Europa mehrere große Raubtiere aus. Vielleicht konnte man dadurch besser Fleisch jagen und/oder erbeuten.

Die frühen Atapuerca-Fossilien unterscheiden sich deutlich von ihren afrikanischen Zeitgenossen. Neuere Molekularuntersuchungen legen nahe, dass sich vor ca. 500 000 Jahren die Spezies *Homo* in zwei Zweige spaltete. Nach einem Fundort in Mauer, Deutschland, bezeichnen Paläoanthropologen den europäischen Vorfahren von *Homo sapiens* als *H. erectus heidelbergensis*. Die Fossilien aus Atapuerca könnten zu einem seiner Vorfahren gehört haben.

Über Jahrtausende entwickelte *H. sapiens* in Europa typische Züge der Neandertaler, die in vielen

Atapuerca: älteste Begräbnisstätte?

Aus dem Sima de los Huesos, einem 15,25 m tiefen Schacht am Ende einer großen Kalksteinhöhle bei Atapuerca in Nordspanien, wurden seit Beginn der Ausgrabungen 1983 riesige Mengen von *Homo*-Knochen geborgen. Darunter sind ca. 2500 zwischen 300 000 und 200 000 Jahre alte Knochen von mindestens 32 Individuen. Vermutlich gehören die Hominiden zu den Vorläufern der Neandertaler. Die Menschen waren robust und ziemlich groß, ihre Zähne waren abgewetzt, vermutlich vom Zerkauen der Pflanzen. Drei gut erhaltene Schädel

zeichnen sich durch Augenbrauenwülste und längliche Gesichter aus. Man entdeckte eine identische Zahl von Männern und Frauen zwischen 4 und 35 Jahren, vor allem aber Jugendliche zwischen 13 und 22 Jahren. Die Höhle bleibt ein Rätsel. Es gab dort keine Tierknochen oder Steinwerkzeuge, weshalb sie vermutlich nicht bewohnt war, auch weisen die Knochen keine Spuren von Raubtierbissen auf. Da sie völlig durchmischt waren, glaubt man, dass über mehrere Generationen Tote in die Höhle gebracht und in einer Art archaischem Bestattungsritual in die Grube geworfen wurden ◆

RECHTS SCHÄDEL, KIEFER UND GLIEDMASSEN IM SIMA DE LOS HUESOS IN NORDSPANIEN.

	Industrie	Werkzeuge	Verbreitung	Benutzer
ALTPALÄO-LITHIKUM	2,4–1,5 J.v.h. Oldowan	Einfache Chopper und Schaber	Afrika	Früher *Homo sp.*
	1,4–200000 J.v.h. Acheuléen	Spitze Faustkeile, flachrandige Keile	Afrika, Naher Osten, Europa	Archaische Menschen
MITTELPALÄO-LITHIKUM	200000–40000 J.v.h. Mittlere Steinzeit	Schaber und Spitzen	Afrika südlich der Sahara, Indien	Arch. Menschen u. früher mod. Mensch
	Moustérien	Schaber, Spitzen und kleine Zweiseiter	Europa, Naher Osten	Neandertaler u. früher mod. Mensch
JUNGPALÄOLITHIKUM	40000–34000 J.v.h. Chatelperronien	Schaber, Spitzen und Meißel	Frankreich, Spanien	Neandertaler
	40000–28000 J.v.h. Aurignacien	Knochenspitzen, Klingen, Schaber, Meißel	Europa, Naher Osten	Moderner Mensch
	28000–22000 J.v.h. Gravettien	Schaber, Knochenspitzen, Knochenwerkzeug	Europa	
	21000–19000 J.v.h. Solutréen	Zweiseitige, blattförmige Spitzen	Frankreich, Spanien	
	18000–12000 J.v.h. Magdalénien	Knochenharpunen, Meißel, Mikrolithe	Europa	
	50000–10000 J.v.h. Jungsteinzeit	Schaber und Knochenwerkzeug	Afrika	

OBEN UND RECHTS Anhand von Techniken und Fertigkeiten unterscheiden Archäologen eine Reihe altsteinzeitlicher Geräteindustrien. Faustkeile sind typisch für das Acheuléen (vor 1,4–0,2 Mio. Jahren), in dem verschiedene Spezies der Gattung *Homo* in Afrika und Eurasien lebten. Faustkeile waren in Mittel- und Osteuropa und in Ostasien selten, schwere Steinwerkzeuge bestanden dort aus Choppern und Schlagwerkzeugen. Ihre weite Verbreitung und die Untersuchung ihrer Ränder unter dem Mikroskop zeigen, dass sie in unterschiedlichen Lebensräumen und für verschiedene Zwecke verwendet wurden, weshalb man sie auch als „Schweizer Messer der Altsteinzeit" bezeichnet hat. Rechts ein 250 000 Jahre alter Faustkeil aus dem späten Acheuléen. Nach dieser Zeit verbesserten sich die Fertigungstechniken, die Werkzeuge wurden kleiner; Stücke einer Gattung ähnelten sich stärker. Um diese Zeit verschwanden Faustkeile weitgehend. Mit der Ausbreitung des modernen Menschen vor etwa 50 000 Jahren entstanden neue Werkzeuge, auch schuf man nun Geräte für spezielle Zwecke aus Knochen, Geweih und Mammutelfenbein (s. S. 28f.).

Fällen auf eine Anpassung an das kältere Klima hindeuten (s. S. 26f.). Verschiedene Übergangsfunde, darunter ein 400 000 Jahre alter Schädel aus Arago, Frankreich, und ein 350 000 Jahre alter Schädel aus Vértesszöllös, Ungarn, weisen Merkmale des Neandertalers auf. Letzterer wurde in Ablagerungen gefunden, die zahlreiche verbrannte Knochen enthielten und auf die bislang älteste Feuerstelle in Europa hindeuten. Der kontrollierte Gebrauch von Feuer war für die Besiedlung Nordeurasiens von hoher Bedeutung. Eine weitere, ca. 300 000 Jahre alte Feuerstelle legte man in Bilzingsleben (Deutschland) frei. Eigentlich waren die frühen Menschen technisch nicht sehr innovativ. Ihre Faustkeile ähnelten jenen, die in Afrika 1 Mio. Jahre zuvor entstanden waren, wenngleich die Produktionstechniken vor über 250 000 Jahren eine gewisse Verbesserung erfuhren.

Die Bewohner der nördlichen Regionen aßen vermutlich mehr Fleisch als ihre Vorfahren im Süden, weil sie mehr Kalorien verbrannten. Außerdem gab es Pflanzen in geringerer Menge und Auswahl. Es steht nicht fest, ob die Menschen zeitgleich mit der Ausbreitung in den Norden Eurasiens verstärkt zu jagen begannen. Die Knochen großer Säuger an einigen Stätten weisen Spuren von Steinwerkzeugen auf, doch diese könnten auch entstanden sein, als die Menschen das Fleisch von bereits toten Tieren abzogen. Werkzeug und Feuer nutzte man vielleicht, um im Winter gefrorene Kadaver zuzubereiten, wenn weniger Aas fressende Räuber unterwegs waren. Erst vor ca. 250 000 Jahren machten die in Nordeurasien lebenden Menschen Jagd auf große Säuger.

Veränderungen in Afrika

Genau wie in Europa, jedoch anders als in den asiatischen Tropen und Subtropen, kam es bei den afrikanischen Spezies der Gattung *Homo* in jener Zeit zu einem signifikanten Evolutionsschub. Deutlich vergrößerte sich das Hirnvolumen, was man an den breiten, hohen Hirnschalen von den etwa 500 000 bis 200 000 Jahre alten Fossilien aus Elandsfontein (Südafrika), Ndutu (Tansania) und Broken Hill/ Kabwe (Sambia) erkennen kann. Während diese Schädel sich deutlich von jenen zeitgenössischer Hominidenfossilien aus Eurasien unterscheiden, deuten die steinernen Faustkeile und einfachen Abschläge nicht auf ein verändertes Verhalten hin. Wahrscheinlich entwickelte sich der moderne Mensch *(H. sapiens)*, der vor etwa 200 000 Jahren auftauchte, aus der afrikanischen Form von *Homo* (s. S. 28f.) ◆

Die Neandertaler

D ie Bezeichnung Neandertaler bezieht sich auf die gleichnamige Stätte bei Düsseldorf, an der man im 19. Jahrhundert erstmals Knochen von Neandertalern, einer Unterart des urzeitlichen *H. sapiens*, fand. Als der moderne Mensch sich vor rund 100 000 Jahren von Afrika nach Eurasien ausbreitete, lebten Neandertaler in Europa, Zentralasien und im Nahen Osten. Genetische Untersuchungen lassen vermuten, dass sie sich unabhängig von *H. sapiens sapiens* aus der Gattung *Homo* entwickelten und dem Leben in kühleren Regionen besonders gut angepasst waren.

I n einem breiten Streifen zwischen Gibraltar im Süden und Belgien im Norden, der sich im Osten bis nach Südsibirien zieht und an einigen Stellen fast bis zum Nahen Osten reicht, fand man Hunderte von Neandertaler-Fossilien. Die ältesten Funde mit den charakteristischen Merkmalen der Neandertaler sind bis zu 300 000 Jahre alt; im Westen ihres Verbreitungsgebietes lebten sie bis vor rund 30 000 Jahren.

Dass die Neandertaler sich kühlen Temperaturen gut anzupassen wussten, erkennt man an ihrem Körperbau. Mit ihrem stämmigen Rumpf, den kurzen Extremitäten und dem großen Kopf ähnelten sie heutigen Arktisbewohnern. Typisch waren auch die flache Stirn, das fliehende Kinn und die großen Schneidezähne. Die Größe des Gehirns entsprach in etwa dem des modernen Menschen; es könnte aber anders strukturiert gewesen sein. Die Knochen der Gliedmaßen deuten auf eine kräftige Muskulatur hin, vermutlich konnten die Neandertaler schwere Arbeiten verrichten und waren sehr ausdauernd. Viele tragen Spuren von Verletzungen, was auf ein gefahrenreiches Leben schließen lässt. Neandertaler wurden im Durchschnitt 40 Jahre alt.

Geringe technische Begabung

Die Neandertaler vermochten sich zwar den klimatischen Gegebenheiten in kälteren Regionen anzupassen, doch ging damit kein technischer Fortschritt einher. Während der meisten Zeit und fast überall in ihrem Verbreitungsgebiet verwendeten die Neandertaler Werkzeug vom Moustérien-Typ (dasselbe galt für die frühen modernen Menschen im nahen Osten), nur die letzten Neandertaler in Westeuropa setzten Werkzeuge vom Chatelperronien-Typ ein. Im Bereich der Steinbearbeitung besaßen sie also ähnliche Fähigkeiten wie der moderne Mensch, doch Rohstoffe vermochten sie weniger effizient zu nutzen. Vor allem aber kannten sie keine Geräte, die nicht aus Steinen bestanden. Ohne Knochenahlen und Nadeln waren sie aber nicht in der Lage, Felle von Tieren zu Kleidung zusammenzunähen. Die Vorderzähne sind bei Neander-

taler-Schädeln häufig bis auf die Wurzeln abgewetzt. Da eine derartig starke Abnutzung nicht allein auf den Verzehr von Nahrung zurückzuführen ist, verwendeten die Neandertaler ihre Zähne und Kiefer vermutlich bei bestimmten Verrichtungen zum Festhalten und Ziehen.

Jäger oder Aasesser?

In ihrem Verbreitungsgebiet lebten die Neandertaler in Höhlen und unter Felsvorsprüngen. Gab es diese nicht, rasteten sie in offenem Gelände. Ihre Lagerstätten waren nicht so stark strukturiert wie jene der modernen Menschen. Selbst in den kältesten Regionen fand man wenige bis keine Spuren von künstlichen Behausungen oder Hütten. Aufgrund ihrer geringen Fertigkeiten hielt man die Neandertaler lange Zeit für schlechte Jäger, besonders was große, gefährlichere Säuger anbetraf. Vielleicht ernährten sie sich überwiegend von Tierkadavern und von pflanzlicher Kost. Allerdings deuten neuere Untersuchungen darauf hin, dass sie doch regelmäßig mittelgroße bis große Tiere jagten. Die großen, stämmigen Neandertaler lebten in kalten Gegenden und besaßen keine genähte Fellkleidung, ihr Kalorienbedarf war demnach vermutlich sehr hoch, so dass Pflanzen alleine nicht ausreichten.

UNTEN 1908 entdeckte man in einer Höhle in La Chapelle-aux-Saints in Frankreich Schädel und Knochen eines Neandertalers. Oberschenkelknochen und Wirbel waren stark deformiert. Die frühesten Skelettstudien, die bereits vor dem Ersten Weltkrieg entstanden, prägten das grundlegend falsche Bild vom gekrümmt gehenden, viehischen Neandertaler, der eher einem Affen als einem Menschen glich. Fast ein halbes Jahrhundert lang hatte dieses Bild in der öffentlichen Meinung Bestand. Erst als man das Skelett in den 1950er Jahren erneut untersuchte, stellte man fest, dass die Deformationen aus Brüchen und Knochenarthritis resultierten. Man hatte die Überreste eines alten, fast zahnlosen Mannes analysiert.

La Ferrassie
Lezetxi
Atapuerca
Duero
Lagar Velho
Tajo
Columbeira
Zafarraya
Gorham's Höhle

PRE NEANDERTALER/
HOMO HEIDELBERGENSIS
(ARAGO)

NEANDERTALER
(LA FERRASSIE)

VORFAHRE DES MOD. MENSCHEN
HOMO SAPIENS
(KABWE/BROKEN HILL)

FRÜHER MOD. MENSCH
(QAFZEH)

Denisowa-Höhle

bury
Biache-
St. Vaast Neandertal
de Engis
Spy
Houppeville Ochtendung
du Rocher Schulerloch Kulna-Höhle Šipka
-sur-Cure Bockstein Predmosti
Cesaire Ehringsdorf Šal'a Tata Molodowa
Le Moustier Velika Pecina KARPATEN Ripiceni-
La Chapelle-aux- Krapina Iswor
Saints Quinzano Ohaba-Ponor Starosele Kiik-Koba
Bruniquel La Masque Mesmaiskaja-
NÄEN Rigabe Höhle
Bañolas Dschruchula KAUKASUS
Saccopastore Tsona
Monte Circeo Tsopi
Leuca Asych-Höhle
Asprokhaliko

Wolgograd

Teschik-Tasch

Shanidar

Bisutun

Amrit
Yabrud
Tabun Amud
Kebara

ALPEN
Naab
Donau
Po
Save
Donau
Dnjestr
Dnjepr
Don
Elbe
Oder
Weichsel
Bug
Schwarzes Meer
Kaspisches Meer
Aral-
see
Syrdarja
Amudarja
KARPATEN
Tigris
Euphrat
Mittelmeer

◼ Neandertaler-Begräbnisstätte
◼ andere Neandertaler-
    Skelettfunde
◼ Werkzeug-Assemblage
    oder andere Fundstücke

    Ausdehnung der Eiskappe
    einstiger Küstenverlauf

0   800 km
0   600 Meilen

OBEN Oben Neandertaler lebten in einem großen Gebiet in Europa, Sibirien und dem Nahen Osten. Die ältesten Fossilien wurden alle in Westeuropa gefunden, wo das Klima aufgrund des Atlantikeinflusses relativ mild war. In Atapuerca (Spanien) und Biache-St. Vaast (Frankreich) entdeckte man 300 000 bis 150 000 Jahre alte Stätten. Den Osten, wo kälteres und trockeneres Klima herrschte, erreichten die Neandertaler vor etwa 130 000 Jahren. Einzelne Zähne aus der Denisowa-Höhle weisen auf die östliche Verbreitungsgrenze der Neandertaler hin. Als vor ca. 70 000 Jahren am Ende der letzten Zwischeneiszeit die Temperaturen deutlich sanken, zogen die Neandertaler vielleicht in den Nahen Osten, wenn sie sich nicht schon vorher dort aufhielten.

Kommunikation und Verhalten

Wir wissen nicht, wie sich die Neandertaler verständigten, doch lässt ihre Anatomie nicht darauf schließen, dass sie über eine große Bandbreite an Ausdrucksmöglichkeiten verfügten. Da es keine Belege für künstlerische Betätigung oder Ornamente bei ihnen gibt, verwendeten sie wahrscheinlich keine Symbole, was für die Entwicklung der menschlichen Sprache von zentraler Bedeutung war. Allerdings spielten Glaube und Rituale wohl doch eine gewisse Rolle in ihrem Alltag. An vielen Stätten und in vielen Regionen existieren Hinweise darauf, dass die Neandertaler ihre Toten bestatteten. Ob sie aber Steinwerkzeuge, Knochen und (wie für die Stätte Shanidar, Irak, behauptet) sogar Blumen als Beigaben in Gräber legten, steht keineswegs fest. Diese Gegenstände könnten auch zufällig bei den Toten gelandet sein.

Die letzten Neandertaler

Als die Temperaturen am Ende der letzten Zwischeneiszeit vor ungefähr 70 000 Jahren fielen, verließen die Neandertaler die kältesten Regionen Mittel- und Osteuropas. Sie verschwanden jedoch erst vor 30 000

Jahren, wahrscheinlich sogar noch später, aus Europa. Zu jener Zeit hatte sich der moderne Mensch bereits in ganz Nordeurasien verbreitet.

Einige Paläoanthropologen glauben, dass die heute im westlichen Eurasien lebenden Menschen noch Erbgut der Neandertaler in sich tragen. Diese Ansicht ist jedoch stark umstritten. Zwar fand man 1998 in einem Grab in Lagar Velho, Portugal, das 25 000 Jahre alte Skelett eines männlichen Kindes (die Neandertaler waren um diese Zeit angeblich bereits 5000 Jahre ausgestorben), das Merkmale von Neandertalern und von modernen Menschen aufwies, doch sind nicht alle Paläoanthropologen der Meinung, dass beide Formen sich miteinander mischten. Mitochondriale DNA-Analysen legen nahe, dass alle lebenden Menschen von einer relativ homogenen Population abstammen, die sich in den letzten 100 000 Jahren von Afrika aus verbreitete. 1997 isolierten und entschlüsselten Forscher ein mitochondriales DNA-Stück eines Neandertalers. Es wies deutliche Unterschiede zu allen lebenden Menschen auf. Vermutlich trennten sich die beiden Linien bereits vor über 500 000 Jahren ◆

Die Ausbreitung des modernen Menschen

Es gilt als gesichert, dass sich der moderne Mensch *(H. sapiens)* in Afrika entwickelte und von dort aus die Erde bevölkerte, die Gründe dafür sind jedoch umstritten. Die meisten Paläoanthropologen glauben, dass der moderne Mensch bereits existierende archaische Populationen vollständig verdrängte. Andere sind hingegen der Meinung, dass Urmenschen und moderne Menschen sich mischten und ihre Gene daher im Erbgut der heutigen Menschen fortleben. Die Ausbreitung gestaltete sich komplex und führte zu Verschiebungen von Menschen und genetischem Material. Zu den wichtigsten Fortschritten gehört mit Sicherheit die Entstehung einer echten Sprache.

Etwa 150 000 bis 100 000 Jahre alte Schädel aus Omo (Äthiopien), Laetoli (Tansania), aus der Border Cave und Klasies River Mouth (beide Südafrika) lassen sich eindeutig dem modernen Menschen *(H. sapiens)* zuordnen, wenngleich sie einige archaische Züge aufweisen. Genetische Untersuchungen stützen die These, nach der die Ursprünge des modernen Menschen in Afrika liegen. Überreste moderner Menschen, die den afrikanischen Funden ähneln, entdeckte man in Höhlen in Qafzeh und Es-Skhul (Israel). Die 100 000 bis 90 000 Jahre alten Stücke bilden den frühesten Beleg für die Verbreitung des modernen Menschen über Afrika hinaus. Hier wie bei den afrikanischen Fossilien fand man jedoch nur Werkzeuge des einfachsten Typs.

Revolutionäre Veränderungen

Die Ausbreitung des modernen Menschen über Eurasien begann vor 60 000 bis 50 000 Jahren und fiel mit der Zeit zusammen, als die Menschen sprachliche Ausdrucksformen und neue technische Fertigkeiten entwickelten. Diese revolutionären Neuerungen stellten die zweite Phase in der Entwicklung des moder-

nen Menschen dar, die nach Meinung vieler Paläoanthropologen noch wichtiger war als die erste.

Wann dies geschah, ist nach wie vor umstritten. Einige Wissenschaftler glauben, dass der Prozess vor rund 100 000 Jahren begann und sich Schritt für Schritt vollzog, während andere für eine später einsetzende, abruptere Veränderung votieren. Über den frühesten Zeitpunkt kann man nur spekulieren. Etwa 90 000 Jahre alte knöcherne Speerspitzen aus Katanda (Republik Kongo) lassen auf hoch entwickelte Fertigungstechniken schließen. Größere Mengen von Objekten dieser Art stammen jedoch aus der Zeit vor rund 50 000 Jahren.

Die Anatomie der Fossilien lässt keine gesicherten Rückschlüsse auf den Erwerb von Sprache zu. Vielmehr leitet sich die Existenz einer Sprache aus den Ornamenten, Gravuren, Skulpturen und anderen symbolischen Formen bei archäologischen Fundstücken ab. Einige Forscher behaupten, dass sich bei den Überresten in Qafzeh und Es-Skhul Grabbeigaben befanden, doch die ältesten gesicherten Belege für Bestattungsrituale dieser Art sind 46 000 Jahre alte Straußeneier aus Enkapune ya Muto (Kenia).

OBEN Die Höhle Klasies River Mouth an der Küste der Westlichen Kapprovinz (Südafrika) barg über 100 000 Jahre alte Skelettreste früher moderner Menschen *(H. sapiens)*. Die dazugehörigen Artefakte deuten noch nicht auf die bahnbrechenden Veränderungen hin, die mit der Ausbreitung des modernen Menschen vor rund 50 000 Jahren einhergingen.

RECHTS Obgleich die Vorfahren von *H. sapiens* wie auch die Neandertaler ihre Toten manchmal bestatteten, lässt nur wenig auf Rituale oder Grabbeigaben schließen. Vor 50 000 Jahren bestreute der moderne Mensch Gräber dagegen häufig mit rotem Ocker und legte persönliche Habe auf den Körper. Manchmal begruben sie die Toten auch mit Werkzeugen, Waffen oder Kunstgegenständen. Dieser moderne Mensch aus den Grimaldi-Höhlen in Norditalien wurde bei der Bestattung mit rotem Ocker, Muscheln und Tierzähnen verziert.

Afrika	**ca. 150000–100000 J.v.h.** Ursprünge von *H. sapiens* in Afrika	**ca. 90000 J.v.h.** Verzierte Knochenspeerspitzen aus Katanda (Datierung schwierig)	**ca. 46000 J.v.h.** Perlen in einem Grab in Enkapune ya Muto (Kenia)
Naher Osten		**ca. 90000 J.v.h.** Gräber moderner Menschen in Es-Skhul und Qafzeh (Israel)	**ca. 45000 J.v.h.** Übergangssteinwerkzeuge in Boker Tachtit (Israel)
Nordeurasien			
Ostasien			
Australien			**ca. 60000 J.v.h.** Moderne Menschen erreichen Australien (unsicher)
	100000 J.v.h.	75000 J.v.h.	50000 J.v.h.

Weltweite Kolonisierung

Die Verwendung von Symbolen scheint Hand in Hand mit der grundlegenden Verbesserung der technischen Fertigkeiten gegangen zu sein. Ohne diese beiden Faktoren hätte der moderne Mensch sich vor 50 000 Jahren mit Sicherheit nicht so rasch und so weit verbreiten können. Auf ihrem schnellen Siegeszug verdrängten sie bereits existierende archaische Populationen in weiten Teilen Eurasiens; Australien erreichten sie vor ca. 35 000 Jahren. Dank ihrer Fähigkeit, neue Techniken zu entwickeln und sich den örtlichen Gegebenheiten anzupassen, konnten sie nahezu die gesamte Erde erobern. Nur die extrem niedrigen Temperaturen im nördlichen Asien verhinderten während der letzten Eiszeit das Vordringen der Menschen bis nach Nordamerika (s. S. 36f.).

Die ältesten Spuren moderner Menschen in Südostasien sind ca. 40 000 Jahre alt. Auch in Australien fand man Stätten aus dieser Zeit. Bei einigen australischen Fundorten gehen die Forscher sogar von 60 000 Jahren aus (s. S. 184f.). Vermutlich gelangte der moderne Mensch vor etwa 50 000 Jahren über das Afrikanische Horn nach Südasien. Australien, das damals eine einzige Landmasse mit Neuguinea bildete, konnten die Menschen nur erreichen, indem sie Boote bauten, die eine kurze Überfahrt von einer Insel zur nächsten ermöglichten.

Vor rund 40 000 Jahren stießen die modernen Menschen ins nördliche Eurasien vor; sehr alte Stätten fand man in Bacho Kiro (Bulgarien) und Kostienki (Russland). Von hier aus breiteten sich die Menschen westwärts aus, wobei sie vor ca. 30 000 Jahren die Neandertaler verdrängten. Überreste moderner Menschen entdeckte man in Willendorf (Österreich), Vogelherd (Deutschland), Cro-Magnon (Frankreich) und Paviland (England). Vor 40 000 bis 35 000 Jahren folgte die Kolonisierung Sibiriens. Skelettfunde weisen typische Züge der aus tropischen Regionen stammenden Populationen auf, Artefakte wie Knochennadeln und primitive Behausungen zeigen, dass die Menschen Techniken entwickelten, um in den kalten Gegenden zu überleben ◆

	ca. 27500 J.v.h. Felsenbilder in der Apollo-11-Höhle (Namibia)			
	ca. 30000 J.v.h. Kunstobjekte mit Gravuren in den Hayonim-Höhlen (Israel)			
ca. 40000–35000 J.v.h. Moderne Menschen in Europa und Südsibirien	**ca. 30000 J.v.h.** Höhlenkunst in Chauvet (Frankreich), Objekte in Vogelherd (Dtl.)	**ca. 25000 J.v.h.** Grabkunst in Sungir' (Russland)		**ca. 15000 J.v.h.** Höhlenbilder (Tiere u. abstrakte Zeichen) in Altamira (Spanien)
ca. 40000 J.v.h. Schädel eines mod. Menschen in der Niah-Höhle (Borneo)	**ca. 29000 J.v.h.** Mod. Menschen und Werkzeuge in der Badadomba-lena-Höhle (Sri Lanka)			
ca. 40000 J.v.h. Axt mit Griff auf der Huon-Halbinsel (Neuguinea)		**ca. 26000 J.v.h.** Rituelle Bestattung am Lake Mungo (Neusüdwales)		**ca. 13000 J.v.h.** Größter bekannter Eiszeitfriedhof in Kow Swamp (Victoria)
40000 J.v.h.	30000 J.v.h.	25000 J.v.h.	20000 J.v.h.	15000 J.v.h.

Spezialisierte Jäger

Die letzte Eiszeit begann vor etwa 1,5 Mio. Jahren. Vor rund 10 000 Jahren zogen sich die Eismassen aus Europa und Nordamerika zurück. In dieser Periode, Jungpaläolithikum oder Späte Altsteinzeit genannt, besiedelten Menschen weite Teile der Erde. Nomadische Jäger und Sammler eroberten neue Lebensräume, vom tropischen Urwald über Savannen und Wüsten bis hin zu gemäßigten Wäldern und kalten Steppen. Im Unterschied zu früheren Menschen stellten sie sich auf die besonderen Anforderungen des jeweiligen Ortes ein, passten sich aber körperlich nur langsam den klimatischen Gegebenheiten an. Die Jäger- und Sammlergruppen, mit denen sich die Paläoanthropologie befasst, schufen die Basis für die sprachliche, kulturelle und rassische Vielfalt der modernen Welt.

GANZ RECHTS Der moderne Mensch entwickelte sich vor etwa 150 000 Jahren in Afrika und verbreitete sich vor 50 000 bis 35 000 Jahren in der ganzen Welt. Dabei verdrängte er vermutlich frühere *H.-sapiens*-Populationen wie den Neandertaler. Vor rund 35 000 Jahren entstanden auch erste regionale Kulturen. Vor ca. 18 000 Jahren erreichte die letzte Eiszeit mit maximaler Ausdehnung der Eisflächen, minimalen Temperaturen und einem sehr niedrigen Meeresspiegel ihren Höhepunkt. Diese klimatischen Bedingungen förderten die Entwicklung bestimmter Jagdtechniken und Überlebensstrategien, wodurch die Erschließung neuer Lebensräume, besonders im Norden Eurasiens, gelang.

Die letzte große Kältephase der Eiszeit erreichte ihren Höhepunkt vor ca. 20 000 bis 18 000 Jahren. Zu jener Zeit bedeckten riesige Gletscher die nördliche Hemisphäre. Im gesamten nördlichen Teil von Eurasien entwickelten die Menschen Strategien, um in der extremen Kälte zu überleben. Da bei den niedrigen Temperaturen nur wenige Pflanzen gediehen, die Menschen aber andererseits wegen der Kälte sehr viele Kalorien verbrauchten, spezialisierten sie sich schon bald auf die Jagd nach besonders großen Säugern.

Die schwierigsten Bedingungen herrschten in den kalten, trockenen, baumlosen Ebenen im Norden Eurasiens (s. Kasten). Man jagte große Grasfresser wie Mammuts, Büffel und Pferde wegen ihres Fleisches und ihrer Felle und fing Polarfüchse wegen ihrer wärmenden Pelze. In den borealen Nadelwäldern der südsibirischen Taiga gab es genügend Holz, das als Baumaterial und Brennstoff diente. Hier jagten die Menschen Rentiere. Zwar passte sich *H. sapiens sapiens* dem kalten Klima erstaunlich gut an, doch blieben die arktischen Regionen ihm als Lebensraum weitgehend verschlossen. Während des Kältehöhepunktes waren weite Teile von Sibirien nicht besiedelt, vor rund 18 000 Jahren ließen sich dann erneut Menschen dort nieder. Gebiete nördlich des 60. Breitengrades blieben unbewohnt, bis die Temperaturen vor etwa 14 000 Jahren deutlich anstiegen.

Im Westen Europas herrschten günstigere Voraussetzungen. Säuger aus der arktischen Tundra, etwa Rentiere, zogen bis nach Spanien und Italien. Dort jagte man sie zusammen mit Hirschen, Steinböcken und Pferden, um Fleisch zu gewinnen.

Neue Technologien

Besonderen Einfallsreichtum bewiesen die Menschen, wenn es darum ging, neue Techniken zur Herstellung von Jagdwaffen zu entwickeln. Gesteinskundliche Analysen von Werkzeugen zeigen, dass Rohstoffe wie Feuerstein oder Obsidian oft in einem sehr großen Gebiet gesammelt wurden. Aus Geweihen, Elfenbein und Knochen schnitzte man zum Teil aufwändig verzierte Harpunen, Ahlen oder Nadeln, mit denen man Fellkleidung zusammennähen konnte. Auch höhlte man die Röhrenknochen von Vögeln aus und fertigte daraus einfache Instrumente. Höhlen und Felsvorsprünge wurden mit Bildern von Tieren verziert, die im Leben der eiszeitlichen Jäger eine wichtige Rolle spielten (s. S. 32f.).

Wärmere Gegenden

In der südlichen Hemisphäre spürten die Menschen wenig von den Auswirkungen der Eiszeit. In einigen Teilen Afrikas und Südasiens kam es auf ihrem Höhepunkt zu Trockenperioden und Waldschwund, doch

---

Mesiritsch: Hütten aus Mammutknochen

Mesiritsch (Ukraine) ist ein interessantes Beispiel dafür, wie Menschen sich gegen Ende der letzten Eiszeit einem der kargsten Lebensräume der Erde anpassten. Als vor ca. 15 000 Jahren die Kälte ihren Höhepunkt gerade überschritten hatte und baumlose Steppe das Bild bestimmte, errichteten Jäger ein Lager an einem Nebenfluss des Dnjepr. Aus Hunderten von Mammutknochen und Stoßzähnen, die sie rund um eine zentrale Feuerstelle anordneten, bauten sie mindestens vier große Häuser mit 20 bis 32 m Durchmesser. Mit Sicherheit kostete es große Anstrengung, so viele Knochen zusammenzutragen, auch wenn diese wohl von „Mammutfriedhöfen" stammten, die häufig an Flussmündungen lagen. Rund um die Häuser grub man große Löcher, die vermutlich bis zum Dauerfrostboden reichten, und konservierte darin Nahrung und Mammutknochen. Letztere dienten als Brennstoff, wenn es kein Holz gab, mussten hierfür aber frisch gehalten werden. Auch Essensreste – die Nahrung bestand überwiegend aus Pferde- und Büffelfleisch – verbrannte man in der Regel. Die Kleidung der Menschen ähnelte wahrscheinlich jener, die heutige Arktisbewohner tragen. Trotz ihres harten Alltags fanden die Jäger von Mesiritsch Zeit, viele Knochen zu beschnitzen und entwickelten eigene Ornamente und Ausdrucksformen ◆

UNTEN ARCHÄOLOGISCHE REKONSTRUKTION EINES HAUSES AUS MAMMUTKNOCHEN.

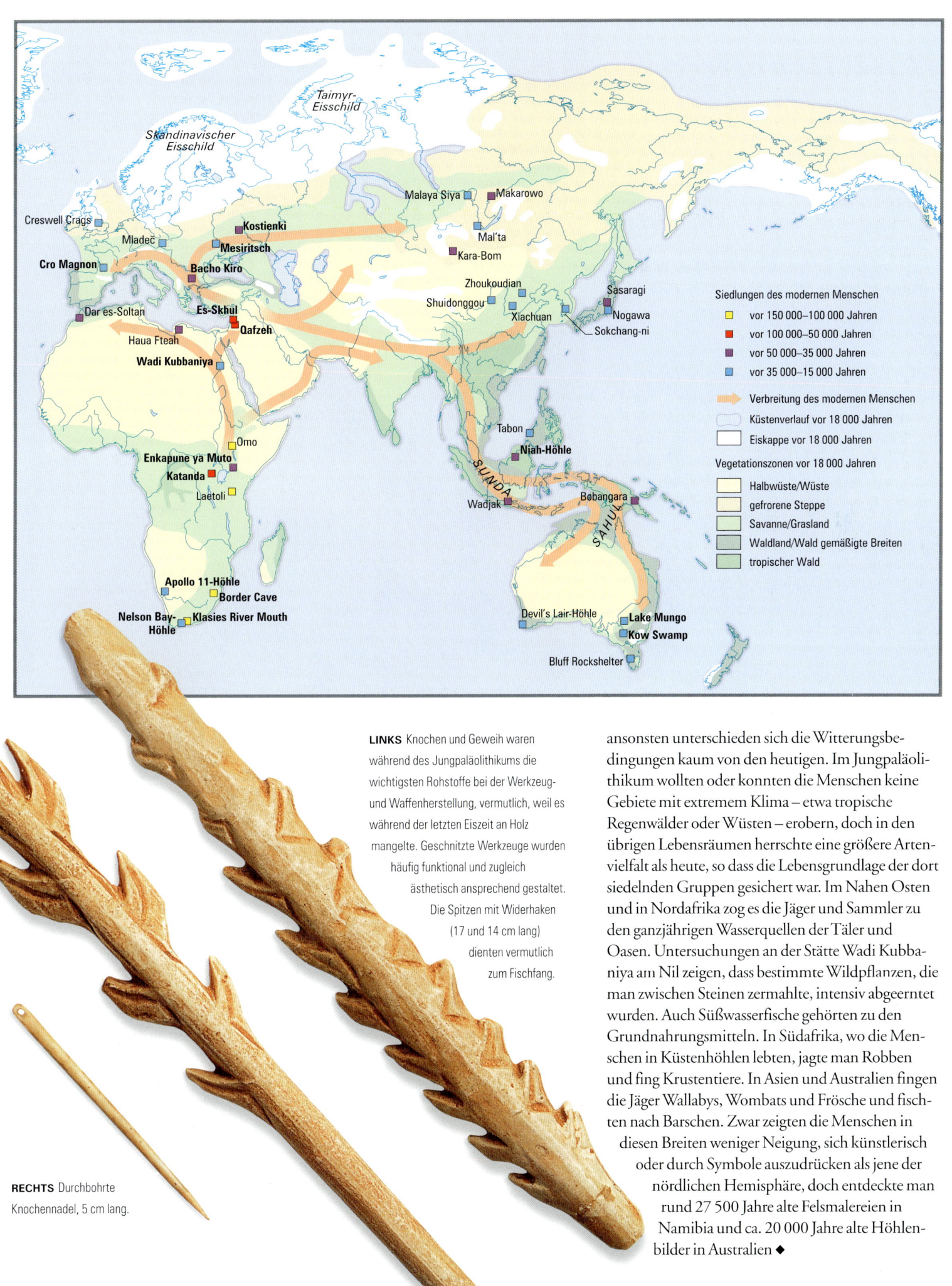

Skandinavischer Eisschild

Taimyr-Eisschild

Creswell Crags

Mladeč

Kostienki

Malaya Siya · Makarowo

Cro Magnon

Mesiritsch

Bacho Kiro

Mal'ta

Kara-Bom

Dar es-Soltan

Es-Skhul

Qafzeh

Zhoukoudian

Shuidonggou

Xiachuan

Sasaragi

Nogawa

Sokchang-ni

Haua Fteah

Wadi Kubbaniya

Omo

Enkapune ya Muto

Katanda

Laetoli

Tabon

Niah-Höhle

SUNDA

Wadjak

Bobangara

SAHUL

Apollo 11-Höhle

Border Cave

Nelson Bay-Höhle

Klasies River Mouth

Devil's Lair-Höhle

Lake Mungo

Kow Swamp

Bluff Rockshelter

Siedlungen des modernen Menschen

☐ vor 150 000–100 000 Jahren

☐ vor 100 000–50 000 Jahren

☐ vor 50 000–35 000 Jahren

☐ vor 35 000–15 000 Jahren

➔ Verbreitung des modernen Menschen

Küstenverlauf vor 18 000 Jahren

Eiskappe vor 18 000 Jahren

Vegetationszonen vor 18 000 Jahren

Halbwüste/Wüste

gefrorene Steppe

Savanne/Grasland

Waldland/Wald gemäßigte Breiten

tropischer Wald

LINKS Knochen und Geweih waren während des Jungpaläolithikums die wichtigsten Rohstoffe bei der Werkzeug- und Waffenherstellung, vermutlich, weil es während der letzten Eiszeit an Holz mangelte. Geschnitzte Werkzeuge wurden häufig funktional und zugleich ästhetisch ansprechend gestaltet. Die Spitzen mit Widerhaken (17 und 14 cm lang) dienten vermutlich zum Fischfang.

RECHTS Durchbohrte Knochennadel, 5 cm lang.

ansonsten unterschieden sich die Witterungsbedingungen kaum von den heutigen. Im Jungpaläolithikum wollten oder konnten die Menschen keine Gebiete mit extremem Klima – etwa tropische Regenwälder oder Wüsten – erobern, doch in den übrigen Lebensräumen herrschte eine größere Artenvielfalt als heute, so dass die Lebensgrundlage der dort siedelnden Gruppen gesichert war. Im Nahen Osten und in Nordafrika zog es die Jäger und Sammler zu den ganzjährigen Wasserquellen der Täler und Oasen. Untersuchungen an der Stätte Wadi Kubbaniya am Nil zeigen, dass bestimmte Wildpflanzen, die man zwischen Steinen zermahlte, intensiv abgeerntet wurden. Auch Süßwasserfische gehörten zu den Grundnahrungsmitteln. In Südafrika, wo die Menschen in Küstenhöhlen lebten, jagte man Robben und fing Krustentiere. In Asien und Australien fingen die Jäger Wallabys, Wombats und Frösche und fischten nach Barschen. Zwar zeigten die Menschen in diesen Breiten weniger Neigung, sich künstlerisch oder durch Symbole auszudrücken als jene der nördlichen Hemisphäre, doch entdeckte man rund 27 500 Jahre alte Felsmalereien in Namibia und ca. 20 000 Jahre alte Höhlenbilder in Australien ◆

Eiszeitkunst

Gegenstände, die eindeutig nicht einer bestimmten Funktion dienten und damit als reine Kunstobjekte gelten, entstanden bereits vor der Zeit der Neandertaler. Doch erst während der letzten Eiszeit (vor 37000–11000 Jahren) erfolgte der eigentliche Durchbruch. Die modernen Menschen des Jungpaläolithikums bearbeiteten Steine, Knochen und Elfenbein und verzierten ihre Umwelt mit auffälligen Bildern. Belege finden sich auf allen Kontinenten, die meisten und best erforschten Beispiele bietet Eurasien.

Bilder von Tieren und Menschen zieren die Höhlenwände von Gibraltar bis zum Ural, besonders häufig die in Nodwestspanien und Südfrankreich. Ende des 19. Jahrhunderts erregte diese Kunstform erstmals Aufmerksamkeit, nachdem man 1879 im spanischen Altamira auf Höhlenbilder gestoßen war, die zu den ältesten und bemerkenswertesten überhaupt gehören. Seit dieser Zeit entdeckte man rund 300 verzierte Höhlen und Unterstände, und fast jährlich kommt ein neuer Fundort hinzu. In Portugal, Spanien und Frankreich gibt es auch an frei stehenden Steinen Beispiele für den jungpaläolithischen Kunststil. Mobile Kunst – vor allem behauene bzw. beschnitzte oder gravierte Steine, Geweihknochen und Elfenbein – spielte während der Eiszeit eine wichtige Rolle. Man fand derartige Objekte an vielen Orten zwischen Nordafrika und Sibirien, besonders häufig aber in Nordwestspanien, Südwestfrankreich und im europäischen Teil Russlands.

Verschiedene Techniken

Meist bestand Höhlenkunst aus Einritzungen oder gezeichneten Linien. Andere Techniken wie zwei- oder mehrfarbige Bilder, Reliefbilder oder Lehmarbeiten sind seltener. Die Menschen ritzten mit Feuersteinklingen Linien in den Stein und trugen mit Fingern, Händen, Zweigen oder Tierhaarpinseln Farbe auf. Manchmal entstanden Umrisse von Händen oder kleinen Tieren, indem Pigmente auf den Fels gesprüht wurden. Es gab „öffentliche" Bilder an Höhleneingängen, aber auch gut versteckte tief im Höhleninnern.

RECHTS Dieses 10,5 cm lange Geweihstück mit Einritzungen aus La Madeleine, Frankreich, zeigt einen Büffel, der seine Flanken leckt. Während der Eiszeit entstanden unzählige Objekte dieser Art; viele stammen aus dem Magdalénien (17 000–11 000 J.v.h.).

OBEN Einige der Bilder aus der französischen Höhle Chauvet sollen laut Radiokarbondatierungen über 30 000 Jahre alt sein. Die außergewöhnlich hohe Kunstfertigkeit, die zu ihrer Herstellung nötig war, lässt manche Forscher aber an dem frühen Datum zweifeln.

Bei Grabungen in Höhlen wie etwa Tito Bustillo (Nordspanien) fand man heraus, welche Farbgrundstoffe verwendet wurden. Einige Bilder zeichnete man im Experiment nach und stellte fest, dass begabte Künstler sie wohl in sehr kurzer Zeit anfertigten. Untersuchungen von Gemälden aus den französischen Pyrenäen belegen, dass die Farben nach unterschiedlichen Rezepturen aus Mineralien hergestellt wurden. Die rote Farbe bestand aus Eisenoxid, die schwarze nach neueren Erkenntnissen überwiegend aus Holzkohle (und nicht, wie früher angenommen, aus Mangan). Dank der Holzkohle ließen sich die Bilder in bislang zwölf Höhlen mithilfe der Radiokarbonmethode datieren. Bei den meisten bestätigte sich das anhand des Stils geschätzte Alter. Tierfiguren aus Chauvet (Frankreich), die man wegen ihres Stils, der Schattierungen, dargestellten Bewegungen und der Perspektive für 20 000 bis 15 000 Jahre alt gehalten hatte, könnten allerdings über 30 000 Jahre alt sein. Diese Stätte und die vermutlich über

bezogen. Neben den figürlichen Darstellungen entdeckte man auch eine Fülle abstrakter Motive aus Ornamenten und Zeichen. Sie reichen von schlichten Punkten und Linien bis hin zu komplexen Mustern. Fundort und Alter legen nahe, dass sie zur Identifikation bestimmter Gruppen dienten.

Technik und Menge der Darstellungen schwanken von Stätte zu Stätte. An einigen Orten entdeckte man nur wenige mobile Objekte oder Wandbilder, an anderen Hunderte. Außerhalb der französischen Pyrenäen fand man bislang keine Lehmarbeiten; Flachreliefs beschränken sich auf einige Teile Frankreichs wie das Périgord. Und während man auf Tonfiguren stets nur tief im Innern von Höhlen stieß, sind Skulpturen ein typisches Merkmal von Felsvorsprüngen und gut beleuchteten Teilen von Höhlen.

Untersuchungen in verschiedenen Höhlen lassen eine Art dekoratives Schema erkennen. So wählte man bestimmte Bereiche für Einritzungen oder Malereien, einige Teile waren offensichtlich wichtiger als andere. Wo welcher Dekor angebracht wurde, blieb keineswegs dem Zufall überlassen. Manchmal spielte vermutlich die Akustik eine Rolle. Studien in mehreren Höhlen zeigen, dass sich Höhlenbilder häufig dort befinden, wo die menschliche Stimme am vollsten klingt. Die Künstler wussten die Beschaffenheit der Höhle und bestimmter Felsen optimal zu nutzen, mithilfe von Fackeln oder Steinlampen ließen sie Bilder auftauchen und verschwinden oder verliehen ihnen Bewegung und schöpften vermutlich auch die akustischen Möglichkeiten des Raumes aus.

Die Bedeutung der Kunst

Unser Wissen über die Kunst der Eiszeit ist lückenhaft; alle Erklärungen enthalten wahrscheinlich einen wahren Kern. Man muss sich vor Augen halten, dass jede Interpretation den Geist ihrer Zeit widerspiegelt. Zu Beginn des 20. Jahrhunderts bevorzugte man schlichte ethnographische Modelle, die um Jagd- und Fruchtbarkeitsriten kreisen; dann gewann der französische Strukturalismus die Oberhand, der behauptete, die dargestellten Tiere veranschaulichten die sexuelle Dualität (männlich/weiblich). In der Ära der Weltraumforschung spielte die Astronomie eine Rolle, im Computerzeitalter betrachtet man die Darstellungen als codierte Informationen, während esoterische Strömungen von Tranceerfahrungen früher Schamanen sprechen. Jedenfalls umfasst die Eiszeitkunst einen Zeitraum von mindestens 35 000 Jahren und eine Vielzahl von Techniken und Formen, von Perlen bis hin zu Statuetten, von schlichten Punkten bis zu mehrfarbigen Tieren und von tiefen Höhlen bis zu frei stehenden Steinen. Einfache Erklärungsansätze reichen meist nicht aus, um die Fülle der hoch komplexen und differenzierten Ausdrucksformen vollständig zu verstehen ◆

UNTEN Graviertes „Stierklangrohr" (18 mal 4 cm) mit geometrischen Motiven und rotem Ockerüberzug aus La Roche bei Lalinde (Dordogne, Frankreich). Mit Instrumenten dieser Art konnte man ein lautes, summendes Geräusch erzeugen, wenn man sie an einer Schnur durch die Luft wirbelte. Die Menschen der Eiszeit besaßen auch Knochenflöten und Lithophone aus Stalaktiten.

32 000 Jahre alte Elfenbeinfigurine aus Vogelherd (Südwestdeutschland) weisen darauf hin, dass die Eiszeitkunst sich nicht, wie bislang vermutet, linear von groben, archaischen Werken zu den Meisterwerken von Lascaux und Altamira entwickelte, sondern viele Anfänge und Blütezeiten erlebte und vermutlich mehr als einen Ursprung besaß.

Themen und Rätsel

Am häufigsten zeigen Bilder und Objekte Tiere. Es existieren aber auch einige Darstellungen von Menschen, etwa auf gravierten Steintafeln aus La Marche (Frankreich), sowie über 100 Figurinen, die vorwiegend Frauen („Venusfiguren") zeigen. Pferde und Rinder gehören zu den am meisten abgebildeten Tieren, gefolgt von Hirschen und Steinböcken. Vögel und Fische finden sich häufiger auf mobilen Objekten als in Höhlen, und Raubtierdarstellungen sind eher selten, wenngleich Großkatzen, Bären, Wollnashörner und Mammuts in der frühen Kunst eine gewisse Rolle spielten. In allen Phasen zeigte man die meist erwachsenen Tiere im Profil, Landschaften, Kulissen, Vegetation und Grundlinien sind rar oder fehlen gänzlich. Konturen, Spalten und natürliche Vorsprünge wurden häufig geschickt in das Bild ein-

Die Nacheiszeit

Vor ca. 18 000 Jahren begannen sich die Eismassen in Skandinavien und Nordamerika zurückzuziehen, die Landschaft veränderte sich und bot nun neue Möglichkeiten für die Menschen. Gleiches galt für Europa, wo Dauerfrostböden und periglaziale Tundra Richtung Norden wichen, gefolgt von Rentierherden, die nun in ehedem zu kalten Gebieten Nahrung fanden. Kleine Gruppen von Jägern, die gelernt hatten, diese Tiere zu fangen, zu töten und zu verwenden, zogen mit ihnen nord- und ostwärts bis nach Sibirien. Über die breite Landbrücke an der heutigen Beringstraße gelangten die ersten Jäger und Sammler nach Alaska und besiedelten die Neue Welt, die größte noch unbewohnte Landmasse der Erde.

Die Gletscher hinterließen bei ihrem Rückzug in Europa lange, tunnelförmige Täler, die das unter dem Eis fließende Schmelzwasser geschaffen hatte. Diesen Pfaden folgten die Rentierherden. Jägergruppen fanden heraus, dass sie lediglich am Ein- oder Ausgang solcher Täler warten mussten, um Tiere in großer Zahl zu erlegen. An mehreren spätpaläolithischen Stätten in der Gegend von Hamburg entdeckte man bei Grabungen dicke Schichten von Rentierknochen, die offensichtlich bei solchen jahreszeitlichen Jagdzügen angefallen waren.

Die nahe gelegene Ostsee war zu jener Zeit ein reines Binnengewässer, während der südliche Teil der Nordsee überwiegend aus Sümpfen bestand, welche die südliche Hälfte Britanniens mit dem übrigen Europa verbanden. Die Menschen konnten sich also trockenen Fußes zwischen den heute getrennten Landmassen bewegen. 1931 fand die Mannschaft des Fischdampfers *Colinda* am Grund der Nordsee eine 12 000 Jahre alte Geweihspitze.

Waldland

Mit zunehmender Erwärmung eroberten Büsche und Bäume wie die Zwergbirke die morastigen Weiten mit schmelzenden Dauerfrostböden. Im Wald heimische Hirsche und wilde Rinder ersetzten die Rentierherden. Die Temperaturen stiegen allerdings nicht stetig, vielmehr sorgten einige Einbrüche erneut für periglaziale Bedingungen, doch vor etwa 10 000 Jahren glich die Landschaft in Nordeuropa bereits eher der heutigen als jener, die 5000 Jahre zuvor das Bild bestimmt hatte.

Weiter südlich spürte man die Erwärmung ebenfalls. Vor ca. 18 000 Jahren beschränkten sich die Menschen an der Mittelmeerküste und im Nahen Osten nicht mehr auf eine begrenzte Auswahl an Wild, sondern begannen viele verschiedene Nah-

rungsquellen zu nutzen. Die Jägerstämme der Levante (Palästina und Syrien) gingen dazu über, wilden Weizen und Gerste zu sammeln (s. S. 56). Wie die Rentierjäger im Norden fingen sie Gazellen, indem sie sie an den Migrationskorridoren abpassten.

Die Landbrücke am Beringmeer

Als am Ende der letzten Eiszeit die Temperaturen stiegen, folgten Jäger den riesigen Moschusochsen-, Mammut- und Rentierherden, die in der Trundra grasten, durch die weiten baumlosen Steppen Sibiriens. Immer weiter führte der Weg nach Osten, denn zum ersten Mal erlaubten die klimatischen Bedingungen es den Menschen, so tief ins nördliche Eurasien vorzudringen. Schließlich erreichten sie Beringia, eine etwa 1600 Kilometer breite Landbrücke, die heute zwischen Beringmeer, Beringstraße und Tschuktschensee unter Wasser liegt. Hier zog sich die eurasische Steppe bis nach Alaska hinein, bevor die schmelzenden Eismassen den Meeresspiegel ansteigen ließen und die beiden Kontinente trennte.

Wann erstmals Menschen Beringia durchquerten und Nordamerika besiedelten, ist bis heute umstrit-

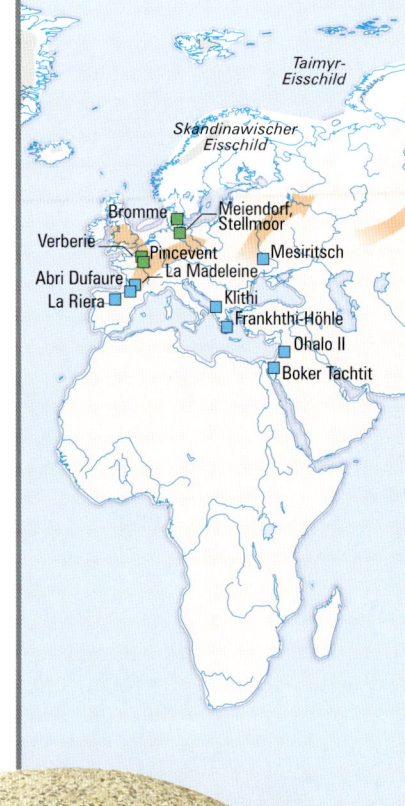

RECHTS UND UNTEN Etwa 12 500 Jahre alte Steinbola, Chopper und Pfeilspitzen aus Monte Verde II im Süden Chiles. Die Stätte barg nicht nur Steinwerkzeuge, sondern auch gut erhaltene Artefakte aus Holz, Fasern, Knochen und Häuten sowie Überreste von Behausungen. Das nahe gelegene Monte Verde I dürfte deutlich älter sein.

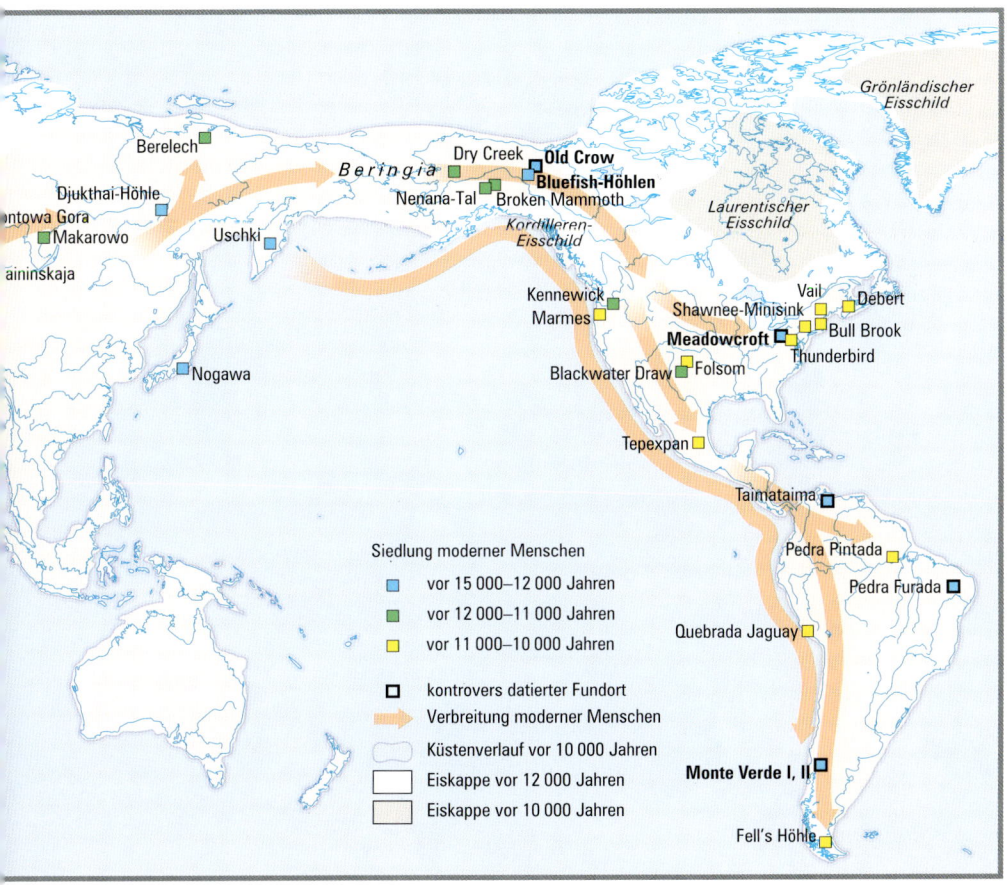

ten Rest Kanadas. Um weiter nach Süden ins Landesinnere Nordamerikas vorzudringen, mussten die Menschen einen eisfreien Korridor zwischen dem Kanadischen Schild im Osten und den Nordamerikanischen Kordilleren finden. Wissenschaftler gehen davon aus, dass die Eismassen sich erst vor ca. 13 000 Jahren weit genug zurückzogen, um einen solchen Korridor zu bilden. An Stätten südlich der Eisgrenze, etwa im Meadowcroft Rockshelter in Pennsylvania (s. Kasten), lebten bereits deutlich früher Menschen als an den am zuverlässigsten datierten Orten im Yukon-Gebiet, möglicherweise bereits vor 17 000 Jahren. Stätten im freien Gelände in Pedra Furada (Brasilien) und Monte Verde I (Chile) wurden sogar auf bis zu 33 000 Jahre datiert. Diese Funde wecken Zweifel an der bislang gültigen Chronologie der Eroberung der Neuen Welt, doch bis weitere Erkenntnisse die Wissenslücken füllen, kann man über den Zeitrahmen nur spekulieren.

Die ersten Amerikaner

Als gesichert gilt, dass Gruppen von Jägern sich rasch ausbreiteten, sobald das Eis es zuließ, und vor rund 11 500 Jahren bereits weite Teile Nord- und Südamerikas erobert hatten. Sie folgten den großen Tierherden, die über die Great Plains zogen, und entdeckten dort reiche Nahrungsquellen. Studien belegen, dass die ersten Amerikaner nicht vorrangig von der Großwildjagd lebten, sondern viele Tiere und Pflanzen kannten und nutzten. Glaubte man früher, dass die paläoindianischen Stämme wesentlich zum Aussterben großer eiszeitlicher Säuger wie Mastodonten und Mammuts beigetragen hatten, so nimmt man heute an, dass diese Tiere sich dem wärmeren, vom Rhythmus der Jahreszeiten geprägten Klima nicht anzupassen vermochten und die Jäger ihren Untergang deutlich beschleunigten ◆

OBEN Über die Frage, wann und wie die ersten Menschen nach Nordamerika gelangten, wird unter Wissenschaftlern viel gestritten. Einer gängigen These zufolge fanden sie vor rund 13 000 Jahren einen Korridor, der durch die Eismassen ins Landesinnere führte. Als eher unwahrscheinlich gilt die Auffassung, Menschen könnten vor dem Rückzug des Eises in Booten der Westküste gefolgt sein.

ten. Einige Forscher datieren Knochenartefakte von einer Stätte bei Old Crow im Yukon-Gebiet in Nordwestkanada auf 30 000 bis 25 000 Jahre, doch mit gutem Gewissen kann man erst die Bluefish-Höhlen am nordamerikanischen Ende von Beringia, ebenfalls im Yukon-Gebiet, heranziehen, die vermutlich etwa 13 000 Jahre alt sind.

Zu dieser Zeit hatte sich das Eis aus weiten Teilen Alaskas und dem Yukontal in Nordwestkanada zurückgezogen, bedeckte aber noch fast den gesam-

---

Meadowcroft: eine frühe Siedlung

Der Meadowcroft Rockshelter liegt ca. 48 km südlich von Pittsburgh, Pennsylvania. Elf Schichten wurden bislang freigelegt, und Radiokarbonmessungen zeigen, dass die Stätte erstmals vor 14 000 Jahren (vielleicht sogar bereits vor 17 000 Jahren) und letztmals vor 250 Jahren besiedelt war. Nach James M. Adovasio, der von 1973 bis 1978 die Ausgrabungen in Meadowcroft leitete, beweist das frühe Datum der untersten Schichten, dass die Kolonisierung der Neuen Welt südlich der nördlichen Eismassen deutlich früher erfolgte, als Forscher bislang glaubten. Skeptiker behaupten allerdings, die untersuchten Holzkohlestücke seien durch ältere Kohlereste kontaminiert gewesen. Ungeachtet dieser Kontroverse hat Meadowcroft neue Erkenntnisse zur frühen Steinwerkzeugherstellung und zu Veränderungen von Vegetation, Klima und Nahrung gebracht. Die Werkzeuge, überwiegend kleine Klingen, unterscheiden sich deutlich von jenen, welche die nordamerikanischen Großwildjäger in der Regel verwendeten. Aufgrund der entdeckten Tier- und Pflanzenreste gilt Meadowcroft als Schutzraum, den kleine Jägergruppen aufsuchten, wenn sie zu bestimmten Jahreszeiten benachbarte Täler durchstreiften ◆

OBEN MEADOWCROFT ROCKSHELTER IST DIE AM LÄNGSTEN BEWOHNTE STÄTTE DER NEUEN WELT.

Teil Zwei

Postglaziale Revolutionen

Auf dieser Szene der „Standarte von Ur"
werden Schafe und Rinder zu einem Bankett geführt.

Die Anfänge der Landwirtschaft

Der berühmte Prähistoriker V. Gordon Childe beschrieb die Anfänge der Landwirtschaft als „neolithische Revolution" und wies auf ihre grundlegende Bedeutung für die Geschichte der Menschheit hin. Über Hunderttausende von Jahren sammelten Menschen essbare Wildpflanzen, jagten Tiere (oder schlachteten die Beute von Raubtieren aus) und fingen Fische und Meeresfrüchte. Die Jäger waren Nomaden, die von jahreszeitlich bedingten Vorkommen profitierten. In den meisten Lebensräumen benötigte eine kleine Gruppe von Jägern ein großes Streifgebiet, um genügend Fleisch für den Stamm zu erlegen. Die vorhandene Nahrungsmenge begrenzte das Bevölkerungswachstum; an Eigentum besaßen die Menschen nur mobile Güter. Der Ackerbau band sie erstmals an ein Stück Land und an Kornspeicher, mit denen sie karge Zeiten überdauerten. Feste Dörfer entstanden und mit ihnen größere und dichtere Gemeinschaften. Die sesshaften Gruppen häuften mehr Eigentum an, darunter auch Dinge, die sich nicht ohne Weiteres wegtragen ließen. In dem Maße, wie Bauern und Hirten die Natur zu ihrem Vorteil formten, veränderte die „neolithische Revolution" das Verhältnis zwischen Mensch und Natur.

Wir alle kennen die Vorteile der Landwirtschaft, doch gerade in der Anfangszeit war sie auch mit erheblichen Nachteilen verbunden. Die Menschen in bäuerlichen Gemeinschaften mussten härter arbeiten als nomadische Wildbeuter: das Säen, Ernten, Worfeln und Mahlen erforderte erhebliche physische Kräfte. Außerdem sind Bauern stets von der Natur abhängig. Wenn Trockenheit oder Nässe ihre Ernte vernichtet, bleiben die Speicher leer. Skelettuntersuchungen zeigen, dass viele frühe Bauern weniger zu essen bekamen als Jägergruppen, die weiterwanderten, wenn ihre Nahrungsressourcen zur Neige gingen.

Die Ursprünge der Nahrungsproduktion

Die aufgezeigten Nachteile legen nahe, dass die Menschen nicht einfach als Bauern arbeiteten, nachdem sie die Prinzipien der Reproduktion von Pflanzen und Tieren einmal begriffen hatten. Wahrscheinlich bauten die Jäger und Sammler Nahrung erst an, als ihnen keine andere Wahl mehr blieb. Bis heute streiten die Vorgeschichtler darüber, was letztlich zu diesem Wandel führte. Viele Theorien gehen davon aus, dass klimatische Veränderungen und höhere Bevölkerungszahlen die Jäger und Sammler weltweit zum Landbau trieben, weil sie nur so ihre Nahrungsversorgung sichern und erweitern konnten. Diese Erklärung wirkt einleuchtend, doch die Umstände, die zur Entwicklung früher bäuerlicher Kulturen rund um die Welt führten, sind so vielfältig, dass man im Grunde jeden Fall gesondert betrachten muss.

In verschiedenen Epochen der Vor- und Frühgeschichte formten sich überall auf der Welt unabhängig voneinander erste bäuerliche Kulturen, die Pflanzen sammelten, kultivierten und sie schließlich domestizierten, indem sie durch Selektion und Züchtung leichter zu erntende Sorten schufen. Viele früh domestizierte Kulturpflanzen und Tiere spielen heute auch noch eine

LINKS Diese neolithische Tonstatuette (Ungarn, 4./3. Jahrtausend v. Chr.) belegt die zentrale Rolle der Landwirtschaft in frühen Gemeinschaften. Die Figur könnte eine Gottheit darstellen, die über der rechten Schulter eine Sichel trägt. Um 8500 v. Chr. begann die Geschichte der Landwirtschaft im Nahen Osten; im 6. Jahrtausend v. Chr. verbreitete sich der Landbau in Osteuropa. Zur Entstehungszeit der Statuette kultivierte man auf weiten Teilen des Kontinents Pflanzen wie Hafer und Roggen.

Afrika

Naher Osten — **ca. 13000–10500 J.v.h.** Kulturpflanzen durch Veränderung von wildem Weizen, Gerste und Linsen

Europa

Asien

Amerika — **ca. 10000 J.v.h.** Kürbisanbau in Mexiko

11000 J.v.h. · 10000 J.v.h.

Eiszeit das verstärkte Wachstum von Wildgetreide begünstigte. Jäger und Sammler, die von diesem natürlichen Reichtum profitierten, lernten, dass man Korn lagern konnte. In der Folge gründeten sie Dörfer, und um 8500 v. Chr. hatten sich einige dieser sesshaften Gruppen zu Bauern entwickelt, die einen Teil der Ernte für die nächste Aussaat aufbewahrten. Weitere 2000 Jahre vergingen, bis die Menschen gelernt hatten, Getreide zu domestizieren und zu züchten. Andere Wildpflanzen, etwa Hülsenfrüchte (Linsen, Kichererbsen), erfuhren ähnliche Veränderungen. Die Domestikation sollte in erster Linie die Ernte erleichtern. Die Steigerung des Ertrags spielte eine eher untergeordnete Rolle.

In Mexiko entwickelte sich die Landwirtschaft anders. Noch weit über das Ende der Eiszeit hinaus blieben die Wildbeuter Nomaden und zogen den Herden hinterher. Die wilden Vorfahren jener Pflanzen, welche die Bauern später kultivierten, spielten damals kaum eine Rolle. Vor rund 7000 Jahren mutierte dann eine eher unbedeutende Pflanze, Teosinte, spontan zu einer primitiven und sehr kleinen Form von Mais. Nun erst nahmen die Wildbeuter die Pflanze in ihren Speiseplan auf. Der älteste bekannte Maiskolben aus Mexiko ist ca. 3600 Jahre alt, doch auch nachdem man den Mais als Zuchtpflanze entdeckt hatte, verging viel Zeit, bis er zum Hauptnahrungsmittel aufstieg. Noch mehrere Jahrhunderte lang blieben die Wildbeuter Nomaden, dann erst war die Landwirtschaft so ertragreich, dass es sich lohnte, Dörfer zu errichten.

Vermutlich kam jede Form der frühen Domestikation durch eine historisch einzigartige Kombination bedeutender Faktoren – Klimawandel, Erreichbarkeit und Art der Pflanze oder des Tieres, jahreszeitliche Aktivitäten der Wildbeuter usw. – zustande, die stets von den örtlichen Gegebenheiten abhingen. Trotz aller Unterschiede führte die Landwirtschaft jedoch weltweit dazu, dass die Bevölkerung wuchs und dauerhafte Siedlungen entstanden. Diese Anfänge prägten die weitere soziale und politische Entwicklung aller Kulturen der Erde ◆

wichtige Rolle, andere gerieten in Vergessenheit. Ein Vergleich der Regionen und Pflanzen lässt die einstige Vielfalt erahnen: im Nahen Osten züchtete man Weizen, Gerste und Gemüse, Schafe, Schweine und Kühe, in Mexiko Mais, Bohnen und Kürbis, in China Reis, Hirse und Schweine, in Peru Kartoffeln, Quinoa, Lamas, Alpakas und Meerschweinchen, südlich der Sahara Sorghum, Teff, Rispenhirse und Yams, in Neuguinea Yams und Taro und in Nordamerika Sonnenblumen, Gänsefuß und Holunder.

Verschiedene Wege

Es waren nicht einzelne Gründe, die Menschen überall auf der Welt zu Bauern machten. In Mexiko gestaltete die Situation sich zum Beispiel völlig anders als im Nahen Osten, wo der Klimawandel am Ende der

---

ca. 8000 J.v.h. Erste Viehherden in der Sahara

ca. 6500 J.v.h. Weizen- und Gersteanbau im Niltal

ca. 5500 J.v.h. Evtl. Anbau von Sorghum, Hirse und Teff (gesichert ab 3500 J.v.h.)

ca. 10500–9000 J.v.h. Domestikation von Wildschafen und Schweineherden

ca. 7000 J.v.h. Bewässerungskanäle in Mesopotamien

ca. 9000 J.v.h. Weizen, Gerste, Rinder, Schafe und Schweine auf dem Balkan

ca. 7000 J.v.h. Ackerbau in Mitteleuropa

ca. 6300 J.v.h. Ackerbau in Großbritannien

ca. 9000 J.v.h. Hirseanbau in Nordchina

ca. 8500 J.v.h. Erstmals Reisanbau in Südchina

ca. 8000 J.v.h. Ackerbau und Domestikation von Tieren im Industal

ca. 6000 J.v.h. Yams und Taro in Neuguinea (ab 4500 J.v.h. Verbreitung auf Inseln SO-Asiens)

ca. 5600 J.v.h. Mais- und Bohnenanbau in Mexiko

ca. 5000–4500 J.v.h. Quinoa u. Kartoffeln in den Anden; Sonnenblumen, Gänsefuß u. Holunder in Nordamerika

9000 J.v.h.   8000 J.v.h.   7000 J.v.h.   6000 J.v.h.   5000 J.v.h.   4000 J.v.h.

Feuertechnik: Ton und Metall

Die Fähigkeit, sehr heiße Feuer zu erzeugen, bereitete den Weg für zwei bedeutende technische Errungenschaften – die Töpferei und die Metallverarbeitung. Solange die Menschen Steine, Holz, Knochen und Geweihe bearbeiteten, veränderten sie die Form der Rohstoffe, nicht aber ihre Natur. Tonerde und Erze verändern sich jedoch unter dem Einfluss starker Hitze grundlegend und dauerhaft. Immer häufiger nutzte man Feuer zu solchen Zwecken.

Der gezielte Einsatz von Feuer hatte weit reichende Konsequenzen. Aus gebranntem Ton fertigten die Menschen Behälter, die Feuchtigkeit und Schädlinge von Speisen fern hielten, so dass man sie konservieren und überdies bequemer transportieren konnte. Erze schmolzen unter dem Einfluss von Hitze und ließen sich formen; aus der Verbindung verschiedener Metalle entstanden Legierungen, die in der freien Natur nicht vorkamen. Aus Kupfer (dem ersten häufig genutzten Metall) und Zinn schuf man zum Beispiel mit Bronze ein wesentlich haltbareres Material.

Die Anfänge der Töpferei

Bereits vor ca. 30 000 Jahren brannten Menschen Tonerde. In Moravia (Tschechische Republik) fand man gebrannte Tonstücke, die zum Teil Figurinen ähneln und mit Sicherheit nicht zufällig entstanden, etwa weil sie in oder nahe bei einem Feuer lagen. In Japan und auf dem ostasiatischen Festland entstanden vor ca. 12 000 Jahren in der Jomon-Zeit erste Gebrauchsstücke aus gebranntem Ton. In den darauf folgenden Jahrtausenden schufen Töpfer im Nahen Osten, in Afrika, Europa und Amerika unabhängig voneinander Gefäße zum Aufbewahren und Zubereiten von Nahrung. Da Keramiken schwer sind und leicht brechen, eignen sie sich kaum für Nomadenvölker. Ein gewisser Grad an Sesshaftigkeit ist für die Entwicklung der Töpferei daher nötig gewesen.

Weil Ton sich leicht formen ließ und durch verschiedene Brenntechniken sein Aussehen veränderte, eignete er sich gut als künstlerische Ausdrucksform. Die Menschen entwickelten Methoden zum Verzieren, von einfachen Ritz- und Drucktechniken bis hin zu kunstvoller Bemalung. Auch gab man dem Ton immer neue Gestalt. Verschiedene Völker erfanden eigene Methoden der Keramikherstellung und -verzierung, welche die Historiker heute bestimmten „Kulturen" zuordnen, wenngleich die Grenzen zwischen den Verbreitungsgebieten eines Stils wohl nicht mit denen einzelner Volksgruppen übereinstimmten.

Vom Kupfer zur Bronze

Ehe sich die Metallbearbeitung entwickeln konnte, mussten die Menschen zunächst Metalle im Reinzustand oder als Erz entdecken und abbauen. Zuerst bearbeitete man Reinmetalle, vor allem Kupfer. Dann fanden Töpfer heraus, wie man sehr heiße Feuer erzeugt. In der Folge gelang es, Metalle aus Erzen zu

RECHTS Dieses Wandbild (ca. 1300 v. Chr.) zeigt altägyptische Goldschmiede bei der Arbeit. Die Metallkunst entwickelte sich weiter und bot den herrschenden Schichten die Möglichkeit, spezialisierten Werkstätten Aufträge für Objekte aus Kupfer, Gold und Bronze zu erteilen. Die Handwerker schufen Gegenstände, die dazu dienten, Status und Ansehen der Kunden widerzuspiegeln. Die Goldschmiedekunst gelangte in Ägypten zu hoher Vollendung, wie zahlreiche Beigaben in Gräbern zeigen.

UNTEN Einige der ältesten Keramiken der Welt stammen aus frühen Bauernkulturen im Nahen Osten. Diese bemalte Schale aus der Zeit um 4500 v. Chr. wurde bei Grabungen in der archäologischen Stätte Tell Abr in Syrien gefunden.

	10000 J.v.h.	9000 J.v.h.	8000 J.v.h.	7000 J.v.h.
Afrika		**ca. 9500–8500 J.v.h.** Erste Tongefäße in Nordafrika		
Naher Osten		**ca. 9000–7500 J.v.h.** Töpferei gebräuchlich; erste Kupferarbeiten in Çatal Hüyük (Anatolien)		
Europa		**ca. 9000–7500 J.v.h.** Verbreitung der Töpferei in Südosteuropa		**ca. 7500–6500 J.v.h.** Kupferbearbeitung auf dem Balkan
Asien	**ca. 12 000 J.v.h.** Erste Tongefäße in der Jomon-Kultur		**ca. 8000 J.v.h.** Tongefäße in Mehrgarh (Pakistan)	
Amerika			**ca. 7500–6500 J.v.h.** Keramik im Amazonasbecken	

schmelzen, wozu hohe Temperaturen nötig waren. In vielen Teilen der Alten Welt und im südamerikanischen Andenraum nahm in unterschiedlichen Epochen die Kunst der Metallbearbeitung ihren Lauf, nachdem man schließlich den Schmelzpunkt von Kupfer (1093 °C) erreicht hatte. Rund um den Oberen See (Nordamerika) verwendeten die Menschen dagegen stets nur Kupfer in reiner Form, weil es hier keine Töpfer gab, die den entscheidenden Durchbruch erzielten.

Da Kupfer sehr weich ist, fertigte man daraus in erster Linie Schmuckstücke wie Perlen und Anhänger. Kupfererz enthält häufig Verunreinigungen, etwa Arsen, und gewinnt durch das Schmelzen deutlich an Härte. Gleiches gilt für Legierungen aus Kupfer und anderen Metallen – durch Verschmelzen mit Zinn entsteht zum Beispiel Bronze. Kupfer- und Zinnerze kommen in der Natur nicht gemeinsam vor, um Bronze zu schaffen, mussten die Handwerker deshalb die Eigenschaften von Metallen sehr genau kennen und über umfangreiche Handelsbeziehungen verfügen, die ihnen den Austausch von Metallen ermöglichten.

UNTEN Da Bronze härter ist als Kupfer und weniger schnell bricht, konnte man sie gut für Schwerter, Äxte, Speerspitzen und Schaufeln verwenden. Geschmolzen lässt sich Bronze gut in Formen gießen (hier eine Axtklinge aus Thailand) oder mit dem Wachsausschmelzverfahren bearbeiten. Dabei wird ein Objekt aus Wachs modelliert und mit einem Gussmantel umgeben. Das Wachs wird herausgeschmolzen, an seiner Stelle fließt Bronze in den Hohlraum.

Eisen und Gold

Bereits zu einem sehr frühen Zeitpunkt bearbeiteten Menschen Stücke von meteorischem Eisen, doch erst im 2. Jahrtausend v. Chr. gelang es im heutigen Anatolien, den hohen Schmelzpunkt von Eisen zu erreichen und Metall aus Erzen zu schmelzen. Schnell erkannte man, dass Eisen sich wesentlich besser für die Herstellung von Alltagsgegenständen eignete als Bronze, die man allerdings weiter für Schmuckstücke bevorzugte. Südlich der Sahara begann die Eisenzeit im 1. Jahrtausend v. Chr., eine gesonderte Bronzezeit gab es hier nicht. Im präkolumbischen Amerika war Eisen hingegen unbekannt.

Gold, Silber und Blei spielten in der Antike eine wichtige Rolle, doch Gold faszinierte Archäologen von jeher am meisten, weil es heute am wertvollsten ist und zu den Beigaben besonders reich ausgestatteter Gräber (Tutanchamun, Mykene, Sipán) gehörte. Gräber und Schätze belegen, dass auch in Nordeuropa Handwerker in der späten Vorgeschichte erlesene Arm- und Halsringe aus Gold herstellten. In der Neuen Welt erreichte die Goldschmiedekunst im nördlichen Südamerika und in Mittelamerika mithilfe des Wachsausschmelzverfahrens ein besonders hohes Niveau ◆

			ca. 3500 J.v.h. Bronzekunst in Ägypten	ca. 3000–2000 J.v.h. Eisenbearbeitung südlich der Sahara
ca. 6500 J.v.h. Komplexe Metallarbeiten in der Levante	ca. 5500–4500 J.v.h. Erste Bronzearbeiten		ca. 3500–3000 J.v.h. Eisenbearbeitung in Anatolien	
ca. 6500–5500 J.v.h. Töpferhandwerk in Ertebølle (Dänemark)	ca. 5000 J.v.h. Goldarbeiten in Warna (Bulgarien)	ca. 4500–4000 J.v.h. Bronzebearbeitung gebräuchlich	ca. 3000–2000 J.v.h. Eisen weit verbreitet	
		ca. 4000 J.v.h. Bronzearbeiten in Erlitou (China)	ca. 3500 J.v.h. Bronzearbeiten in SO-Asien (Thailand)	ca. 2500 J.v.h. Eisen in China gebräuchlich
ca. 6500–5500 J.v.h. Keramik in Nordkolumbien	ca. 5500–4000 J.v.h. Keramik an der Küste Ecuadors und in Panama	ca. 4000–3500 J.v.h. Keramik in O-Nordamerika und Mesoamerika		ca. 2000–1000 J.v.h. Kupfer und Gold in Peru; Kupfer in Nordamerika
6000 J.v.h.	5000 J.v.h.	4000 J.v.h.	3000 J.v.h.	2000 J.v.h. · 1000 J.v.h.

Fortschritte der Landwirtschaft

Die Domestikation von Tieren stellte in den Anfängen der Landwirtschaft einen weiteren bedeutenden Fortschritt dar. Für Wildbeuter waren nur tote Tiere bzw. deren Fleisch, Häute, Knochen und Geweihe von Nutzen. Auch nachdem man Schafe, Ziegen und Rinder zu Haustieren gemacht hatte, hielt man sie jahrtausendelang nur zu diesem Zweck. Nur langsam lernten die Menschen auch den Wert von Produkten lebender Tiere zu schätzen, wodurch sich die Landwirtschaft und der Handel grundlegend veränderten.

Die Domestikation von Weidetieren, die nun Herden unter menschlicher Kontrolle bildeten, hatte den Vorteil, dass Fleisch ohne aufwändiges Jagen stets in der benötigten Menge zur Verfügung stand. Die Menschen erkannten den Wert dieser Ressource, doch das Halten von Tieren brachte nicht nur Vorteile, galt es doch, die domestizierten Herden beständig zu neuen Weidegründen zu treiben. In dieser Phase war der Energieaufwand von Jägern und Hirten vermutlich durchaus vergleichbar. Rund 3000 Jahre vergingen nach der Domestikation der ersten Schafe, Ziegen und Rinder, bis die Bauern ihren Wert als Lieferanten erneuerbarer Produkte wie Milch und Wolle erkannten und sie als Zug- und Lasttiere einsetzten. Man bezeichnet diese Erzeugnisse heute als „Sekundärprodukte", um sie von den primären Funktionen der Tiere (Lieferanten von Fleisch und Häuten) zu unterscheiden.

Die Entwicklung der Milchwirtschaft

Wann genau Bauern Haustiere erstmals nicht mehr in erster Linie ihres Fleisches wegen hielten, lässt sich heute nur schwer sagen. Man nimmt jedoch an, dass sesshafte Gemeinschaften in Mitteleuropa Kuhmilch mindestens ab dem 5. Jahrtausend v. Chr. verarbeiteten. Hierauf deuten mehrere Funde von Tongefäßen

OBEN Diese Petroglyphe (Steinritzung) aus der südschwedischen Provinz Bohuslän zeigt einen pflügenden Bauern mit zwei Ochsen. Die ältesten Darstellungen dieser Art stammen aus dem 4. Jahrtausend v. Chr. Die primitiven Pflüge vermochten zunächst lediglich den Boden zu lockern, doch nach und nach entstanden mit der Erfindung des Rades und der Entwicklung eiserner Pflugscharen bessere Geräte. Je nachdem, wie schwer der Boden zu bearbeiten war, spannten die Bauern zwei, vier oder sogar acht Ochsen vor den Pflug. Pferde zog man erst ab dem Mittelalter zur Feldarbeit heran. Durch den Einsatz von Zugtieren konnten die Bauern immer größere Flächen bearbeiten und Böden nutzen, die sich sonst nicht zur Aussaat geeignet hätten.

mit Löchern hin. Archäologen gehen davon aus, dass diese Artefakte keinesfalls zur Aufbewahrung von Flüssigkeiten geeignet waren, sondern vielmehr zur Trennung von Milch und Quark bei der Herstellung von Käse dienten. Bis vor kurzer Zeit nutzte man ähnliche Keramiksiebe in vielen Teilen der Welt für genau diesen Zweck.

Bis zu dieser Entdeckung glaubten die Vor- und Frühgeschichtler, dass die Milchwirtschaft sich erst relativ spät entwickelte, weil sie wussten, dass die meisten Völker die in Rohmilch enthaltene Laktose nicht vertragen und darauf mit Durchfall und Blähungen reagieren. Erst in den letzten Jahrtausenden entwickelte sich bei einigen wenigen Völkern das Gen für Laktosetoleranz. Allerdings ließen die Wissenschaftler außer Acht, dass frühe Kulturen Milch in verarbeiteter Form verwendet haben könnten. Beim Verzehr von Käse etwa tritt das Problem nicht auf, außerdem ist er deutlich länger haltbar.

Nachdem die Forscher erkannt hatten, dass Milchwirtschaft bereits in der Vorgeschichte eine wichtige Rolle spielte, konnten sie auch erklären, warum mitteleuropäische Bauern erstaunlich große

	7000 J.v.h.	6000 J.v.h.	5000 J.v.h.
Afrika		ca. 5800 J.v.h. Esel als Lasttiere im Niltal	
Naher Osten		ca. 6000 J.v.h. Wildesel und Esel als Zug- und Lasttiere	ca. 5000 J.v.h. Dromedare als Zugtiere Arabien; Pferde als Reittiere
Europa	ca. 7000 J.v.h. Keramiksiebe verweisen auf Milchwirtschaft in Mitteleuropa	ca. 6200 J.v.h. Einsatz von Rindern zum Pflügen; Wagen in Mitteleuropa	ca. 5200 J.v.h. Wolle ersetzt pflanzliche Fasern; Pferde als Reittiere
Asien		ca. 6000 J.v.h. Pferde in eurasischen Steppen domestiziert	ca. 5000 J.v.h. Wagen in Steppen; Ochs und Wasserbüffel als Zugtiere in Südasien
Amerika		ca. 5600 J.v.h. Lamas und Alpakas in der Andenregion domestiziert	

Kuhherden hielten. Große Mengen von Weidetieren auf Waldlichtungen hätten in wirtschaftlicher Hinsicht keinen Sinn gemacht, hätte man sie nur ihres Fleisches wegen gehalten.

Zugtiere

Von großer Bedeutung waren Haustiere wegen ihrer Zugkraft. Auch in diesem Fall weiß man nicht, wann genau die Bauern sie erstmals zu diesem Zweck einsetzten (mit Sicherheit zogen Rentiere bereits vor dem 5. Jahrtausend v. Chr. in Nordeuropa Schlitten), doch archäologische Funde lassen vermuten, dass Pflüge und Wagen im gemäßigten Teil Europas bereits ab dem 4. Jahrtausend v. Chr. von Haustieren gezogen wurden. Wahrscheinlich dienten zu jener Zeit einfache Astgabeln als Pflug, mit denen man den Boden lediglich aufbrach, ohne ihn umzuwenden. Wissenschaftler entdeckten Kratzspuren solcher Pflüge auf Bodenoberflächen zwischen Grabhügeln, die in vielen Teilen Nordeuropas jahrtausendelang erhalten blieben. Aus einer etwas späteren Phase stammen südskandinavische Felsenbilder von Ochsen unter dem Joch, die einen Pflug ziehen. Bekannt ist auch ein aus Kupfer gefertigtes Ochsenpaar mit Joch aus Bytyň (Polen), das ebenfalls auf den Gebrauch von Zugtieren hinweist.

Bauern, die ihre Äcker pflügten, konnten größere Landflächen bestellen, ohne wesentlich mehr Arbeit aufzuwenden. Wagen, die wir von Tonmodellen – etwa aus Budakalász, Ungarn – kennen, machten die Feldarbeit ebenfalls effizienter. Zu diesem frühen Zeitpunkt verwendete man Wagen jedoch noch nicht für den Transport über weite Strecken. Vielmehr ging es darum, Getreide, Holz, Tierkörper und andere schwere Lasten über kurze Distanzen zu bewegen. Ab dem 3. Jahrtausend v. Chr. nutzte man zunehmend auch Pferde als Zugtiere, zunächst in der russischen Steppe, von dort ausgehend auch in vielen Teilen des Nahen Osten. Später setzte man Lasttiere auch für Langstreckentransporte ein.

UNTEN Diese bemalte weibliche Terrakottastatue (Kupferzeit, frühes 4. Jahrtausend v. Chr., Gilat, Israel) diente vermutlich als Milchkanne. Die bäuerlichen Gemeinschaften im Nahen Osten bezogen Milch wahrscheinlich vor allem von Ziegen.

Wollene Kleidung

Funde von Knochennadeln aus dem Pleistozän belegen, dass die Menschen bereits früh Tierhäute und Felle zusammennähten. Erst verhältnismäßig spät erlernten sie zu spinnen (also Fasern bzw. Schaf- oder Ziegenwolle zu zupfen und zu Garn zu verdrehen) und Stoffe zu weben. An Alpenseen gelegene Stätten zeigen, dass Textilien aus Flachs während des 3. Jahrtausends v. Chr. verschwanden, während zeitgleich in den Sümpfen Nordeuropas erstmals Wollstoffe auftauchten. Offensichtlich vollzog sich damals in weiten Teilen Europas der Übergang von pflanzlichen zu tierischen Fasern als Hauptrohstoff für Kleidung. In anderen Teilen der Alten Welt lässt sich dieser Prozess nicht genau datieren, doch im 1. Jahrtausend v. Chr. verwendete man fast überall in Eurasien Wolle.

Tiere als Symbol von Wohlstand

Als die Menschen in dieser zweiten Phase der Domestikation des Viehs den Wert lebender Tiere erkannten, veränderte dies die gesamte gesellschaftliche Ordnung. Vieh galt nun als Kapital, und je mehr Tiere ein Haushalt besaß, desto wohlhabender war er. Schafe, Rinder und Ziegen vermehrten sich zusehends und dienten als Zugtiere in der expandierenden Landwirtschaft, während gleichzeitig der verbreitete Gebrauch von Sekundärprodukten dazu führte, dass der Besitz ihrer Eigentümer sich mehrte und die Kluft zwischen jenen, die viel und denen, die nichts hatten, sich vergrößerte. Auch in frühen bäuerlichen Gesellschaften gab es bereits eine Form des Wettbewerbs, die sich jedoch nun, da einige Familien immer größere Herden hielten, immer mehr verschärfte und schließlich dazu führte, dass Menschen in Abhängigkeit von anderen gerieten. Ohne Viehhaltung konnte es bestenfalls kurzzeitig zu einem Ungleichgewicht innerhalb einer Gemeinschaft kommen. Durch den neuen Wohlstand aber blieben Besitzverhältnisse über Generation bestehen ◆

ca. 4000 J.v.h. Wagen im Niltal; Nomadenhirten in Ostafrika

ca. 4200 J.v.h. Verwendung von Wagen

ca. 4000 J.v.h. Wagen in Osteuropa

ca. 4200 J.v.h. Pferde in Südasien; Nomadenhirten in den Steppen

ca. 3800 J.v.h. Lamas als Lasttiere im Andenraum; Alpakas als Wolllieferanten

ca. 3000 J.v.h. Nomadenhirten auf zentralasiatischen Hochebenen

ca. 2200 J.v.h. Viehhaltung in Südafrika; Dromedare in der Sahara

ca. 2000 J.v.h. Wasserbüffel als Zugtiere in Südostasien

4000 J.v.h.

3000 J.v.h.

2000 J.v.h.

Frühe Städte und Staaten

Die Struktur früher Städte lässt sich nicht allgemeinverbindlich definieren. Der verkürzte und bei Archäologen nicht übermäßig beliebte Begriff „Kultur" bezeichnet häufig zugleich das kulturelle Umfeld und die Sozialordnung städtischer Gesellschaften. In diesem Sinn waren Städte jene Orte, an denen komplexe, hierarchisch geordnete Gesellschaften mit Hilfe bestimmter Institutionen ihre Macht konzentrierten. Das Erscheinungsbild der Städte aber war genauso vielfältig wie Organisation und Charakter der frühen Kulturen und Gesellschaften.

Am einfachsten lassen sich Städte wohl als Orte definieren, an denen viele Menschen dicht beieinander leben. Ab welcher Größe und Einwohnerzahl aber spricht man von einer Stadt? Archäologen setzen zuweilen etwas willkürlich 5000 Bewohner als unterste Grenze an. Dadurch gelten aber viele Orte als Dörfer oder Kleinstädte, obwohl sie nach anderen Kriterien durchaus zu den Städten gehören müssten. Eine allein auf Zahlen beruhende Definition würde auch dazu führen, dass in manchen Gegenden sehr viele, in anderen nur wenige Städte auf der Landkarte erscheinen, obgleich urbane Gesellschaften beide Regionen prägten.

Auch der Kontakt zu anderen Städten in der weiteren Umgebung gehört zu den Definitionskriterien für urbane Strukturen. In der Regel waren und sind Städte nicht autark, sondern auf Nahrungsmittellieferungen von Dörfern aus dem Umland angewiesen. Andererseits konzentrieren sich Handwerk und Handel so stark auf Städte, dass die Menschen im Umland bestimmte Güter und Dienstleistungen nur dort erhalten. Städte zeichnen sich zudem dadurch aus, dass politische und religiöse Institutionen in ihnen mehr Aktivitäten entfalten als in den kleineren benachbarten Niederlassungen. Die tatsächliche Größe einer Stadt spielt nach Meinung vieler Wissenschaftler daher eine geringere Rolle als die ökonomischen und politischen Beziehungen zu Siedlungen in ihrem näheren Umkreis. Die Städte beherrschen diese, sind aber zugleich von ihnen abhängig.

Ein dritter Ansatz definiert Städte als Kulturzentren, als Orte, in denen soziale Eliten „Hochkulturen" schaffen und erhalten und damit den Grundstein für das politische Leben eines Staates legen. Die meisten Städte verbinden alle drei Aspekte: hohe Bevölkerungszahlen, die Konzentration von Wirtschaft und Politik und kulturelle Überlegenheit – jedoch in unterschiedlichen Proportionen.

Unterschiedliche Stadtmuster

In Sumer im südlichen Mesopotamien waren Staat und Kultur untrennbar mit dem städtischen Leben verbunden. Staat und Stadt nahmen während des 4. Jahrtausends v. Chr. Gestalt an. Um 3000 v. Chr. zählte Warka (Uruk), die größte Stadt der Region, rund 80 000 Einwohner. 500 Jahre später lebten ca. 80 Prozent der Menschen in der Region in Städten. In sumerischen Städten verbanden sich die zur Bildung von Staaten nötigen politischen und wirtschaftlichen Institutionen. Tempel, Paläste, öffentliche Bauten, Schulen, Handwerksbetriebe und Läden entstanden und schufen jenes Maß an Kultur, das die dort lebenden Menschen von den

UNTEN Dieses Detail eines ägyptischen Papyrus aus der Dritten Zwischenzeit (ca. 1000 v. Chr.) zeigt einen Aufseher sowie drei Arbeiter beim Transport von Steinen. Viele frühe Staaten verpflichteten ihre Bewohner zu bestimmten Zeiten im Laufe eines Jahres zu öffentlichen Arbeiten, die dem Gemeinwohl dienten (dazu gehörten zum Beispiel das Anlegen von Bewässerungskanälen oder der Bau von Straßen) oder zwangen sie, monumentale Bauwerke zu errichten die oft Jahrtausende lang existierten. Die Einwohner mussten auch Militärdienst leisten und Abgaben zahlen, was wiederum zur Entstehung einer vielköpfigen Beamtenschicht führte, die die Verwaltungsarbeiten überwachte.

	ca. 5700 J.v.h.	ca. 5000 J.v.h.		
Afrika	ca. 5700 J.v.h. Erste Städte in Ägypten	ca. 5000 J.v.h. Staatliche Strukturen (Altes Reich) in Ägypten		
Naher Osten	ca. 9000 J.v.h. Erste Dörfer und kleine Städte	ca. 5000 J.v.h. Städte und staatliche Institutionen in Südmesopotamien	ca. 4300 J.v.h. Sumer beherrscht Nahen Osten, erste Großmacht	
Europa				ca. 4000 J.v.h. Palastkulturen in der Ägäis
Asien			ca. 4600 J.v.h. Städte und Staatsgebilde im Industal	ca. 3800 J.v.h. Städte und Staatsgebilde in China
Amerika				
	5500 J.v.h.	5000 J.v.h.	4500 J.v.h.	4000 J.v.h.

OBEN Teotihuacán unweit dem heutigen Mexico City wurde um 200 v. Chr. gegründet. Mächtige Bauwerke entstanden in der Stadt, die ein 20 Quadratkilometer großes Areal bedeckte und während ihrer Blütezeit zu den wichtigsten Handels- und Kulturzentren Mesoamerikas zählte.

Barbaren unterschied. In anderen Teilen der Welt – etwa in Mexiko – wuchsen ähnliche Städte empor. Während der Blütezeit von Teotihuacán im 7. Jahrhundert lebten in der mittelamerikanischen Metropole bereits bis zu 200 000 Menschen in dicht bebauten Bezirken rund um ein Zeremonialzentrum.

Ganz anders sahen die ersten Städte in anderen Teilen der Welt aus. Die Maya errichteten Ritualzentren, in denen eine politische Eliteschicht residierte. Gärten und Felder verbanden den Kernbereich mit den Wohngebieten der weniger privilegierten Schichten. Im Unterschied zu den sumerischen Städten besaßen jene der Maya keine klare Grenze und umfassten auch landwirtschaftlich genutzte Flächen. Die Städte im frühen Ägypten wirkten vermutlich ähnlich. Hierakonpolis, ein frühes ägyptisches Zentrum, bestand zunächst aus einer Ansammlung von Dörfern. Einige von ihnen besaßen politische Macht, in anderen gab es viele Handwerker, die meisten waren Bauernsiedlungen. Bei den chinesischen Städten der frühen Shang-Zeit (um 1700 v. Chr.) umschlossen dicke Mauern große Flächen mit verstreuten Palästen und Hütten, Gräben und Gärten. Die Vielfalt der Stadtbilder spiegelt die unterschiedlichen Strukturen der frühen Staaten und Kulturen in aller Welt wider.

Städtische Gesellschaften

Die Entstehung von Städten schuf völlig neue – vor allem organisatorische und soziale – Probleme, die in den kleineren benachbarten Siedlungen in diesem Maße nicht auftraten. Manche betrafen die Logistik: Wie konnte man genügend Nahrung und Rohstoffe aus dem Hinterland heranschaffen, um die Menschen und städtischen Handwerksbetriebe zu versorgen? Hinzu kamen soziale Fragen. In den Dörfern kannte jeder jeden, die Menschen fühlten sich füreinander verantwortlich, arbeiteten zusammen, halfen einander und wahrten dadurch ein gewisses soziales Gleichgewicht. In größeren Siedlungen schwand die Solidarität. Um Streit und Konflikte zu vermeiden, benötigte man in städtischen Gesellschaften neue Verhaltensregeln und Strukturen.

Frühe Städte lösten diese Probleme, indem sie Institutionen schufen, welche die wirtschaftliche Integration und die soziale Harmonie förderten. Hierzu gehörten Tempel und Rituale, welche das Identitätsgefühl der Gemeinschaft stärkten oder die soziale Hierarchie zum natürlichen Bestandteil der Weltordnung erklärten, etwa weltliche Herrscher, Verwaltungsapparate, Gilden, Kaufmanns- und Nachbarschaftsverbände. Diese Institutionen kennzeichneten alle städtischen Gesellschaften, in denen Menschen unterschiedlichen ökonomischen und sozialen Klassen angehörten, verschiedenen Beschäftigungen nachgingen und unterschiedlich intensiv an der politischen und sozialen Macht teil hatten, zugleich aber durch ein komplexes Netz sozialer und wirtschaftlicher Bezüge, Traditionen und Glaubensformen miteinander verbunden waren. Äußere Zwänge, politische, religiöse oder wirtschaftliche Motive verbanden Familien und Interessengruppen, jene Keimzellen, durch die Städte entstanden und wuchsen ◆

ca. **3500 J.v.h.** Städte und Reiche am oberen Nil

ca. **2500 J.v.h.** Erste Städte in der westlichen Sahelzone

ca. **1000 J.v.h.** Frühe Staaten in Südafrika

ca. **2700 J.v.h.** Griechische und etruskische Stadtstaaten

ca. **2500 J.v.h.** Erste Stadtstrukturen nördlich der Alpen in der La-Tène-Kultur

ca. **2800 J.v.h.** Frühe Staaten an der peruanischen Küste

ca. **2200 J.v.h.** Teotihuacán beherrscht Zentralmexiko

ca. **1800–1200 J.v.h.** Klassische Periode der Maya-Stadtstaaten in Mesoamerika

3500 J.v.h.   3000 J.v.h.   2500 J.v.h.   2000 J.v.h.   1500 J.v.h.

Die Entwicklung der Schrift

Seit der altsteinzeitlichen Höhlenkunst verwendeten die Menschen in Europa abstrakte Symbole. In Gefäße oder andere Artefakte eingeritzte Zeichen gehörten zu den Ausdrucksmitteln vieler prähistorischer Kulturen. Sie verwiesen auf den Hersteller, Besitzer oder Inhalt des Objektes, doch existierte zu jener Zeit noch kein kohärentes System, um Aussagen zu fixieren. Die Schrift unterscheidet sich von einzelnen Zeichen, weil sie umfassender und systematischer angelegt ist und man mit ihr auch komplexe Inhalte ausdrücken und festhalten kann. Die ältesten Schriftsysteme wurden in frühstaatlichen Gesellschaften entwickelt, etwa nach 3500 v. Chr. in Mesopotamien oder um 1500 v. Chr. in der chinesischen Shang-Zeit. Je nachdem, in welchem sozialen Kontext sie entstanden, nahmen sie sehr unterschiedliche Formen an.

UNTEN Die sumerische Sprache in Mesopotamien ist in einer von der Bilder- zur Silbenschrift sich entwickelnden Keilschrift überliefert. Die elf Zentimeter große Tontafel (um 3100 v. Chr.) aus Dschemdet Nasr (Irak) listet Gebrauchsgüter auf. Kreis, Halbmond und umgekehrtes „D" stehen für Zahlen. Die Bilderschrift der Sumerer umfasste um 3300 v. Chr. rund 2000 Piktogramme, häufig in komplexen Kombinationen. Nach und nach ersetzten die Schreiber die Symbole durch keilförmige Zeichen, die sie mit Hilfe eines Stabes leichter in den feuchten Ton drücken konnten. Auf ihrer höchsten Entwicklungsstufe standen Wortzeichen für Laute. Im Akkadischen, Assyrischen und Babylonischen wurde das System weiterentwickelt. Sumerisch diente bis kurz vor der christlichen Zeitrechnung als Gelehrtensprache in Vorderasien.

Die frühesten bekannten Beispiele für Schrift finden sich auf Tontafeln, die man in Warka (Uruk) ausgrub und auf 3300 v. Chr. datierte. Um diese Zeit nahmen die ersten staatlichen Institutionen in den auf Landwirtschaft basierenden Städten der Region (s. S. 60f.) Gestalt an. Die Schrift entwickelte sich aus der Notwendigkeit, Waren zu verwalten und Transaktionen festzuhalten. Frühere jungsteinzeitliche Gesellschaften im Nahen Osten hatten zunächst kleine Tonobjekte unterschiedlicher Formen und Größen (Kegel, Scheiben, Zylinder usw.) verwendet, um bestimmte Mengen oder Gebrauchsgegenstände darzustellen. Auch drückten sie mit Steinstempeln einfache Bildsymbole in Tonobjekte, die auf den Besitzer verwiesen. Um 3500 v. Chr. kombinierten mesopotamische Verwaltungsbeamte beide Methoden, indem sie kleine Objekte in eine hohle Tonkugel einschlossen und außen ein Siegel und ein Bild des Gegenstandes aufdruckten. Wenig später ersetzte man die Kugel durch eine flache Tafel und versah diese mit Zeichen für die Anzahl und Bildsymbolen für bestimmte Gegenstände (Ochsenköpfe für Vieh, eine Ähre für Korn, ein Gefäß für Nahrungsmittel) oder Handlungen (ein Bein bedeutete „gehen"). Bald schon waren Hunderte solcher Symbole im Umlauf, und um sie zu systematisieren, erstellten Schreiber thematische Listen für Berufe, Ortsnamen, Pflanzen, Tiere etc. In Verbindung mit Silbenzeichen konnten sie nun die Grammatik der menschlichen Sprache durch Schriftzeichen ausdrücken. Um 2500 v. Chr. konnte man in Mesopotamien mit diesem System Geschichten niederschreiben und offizielle Dokumente verfassen.

Rituale und Politik

Über die Entwicklung der Schrift in Ägypten weiß man weniger, doch ging es hier wohl nicht in erster Linie um verwaltungstechnische Belange. Manche Archäologen glauben, dass sich die Hieroglyphen aus älteren Symbolen, die bestimmte soziale Gruppen repräsentierten, entwickelten. Die frühes-

	5000 J.v.h.	4500 J.v.h.	4000 J.v.h.	3500 J.v.h.
Afrika	ca. **5300 J.v.h.** Anfänge der Hieroglyphenschrift in Ägypten			
Naher Osten	ca. **5300–4800 J.v.h.** Keilschrift statt Piktogrammen in Mesopotamien			ca. **3500 J.v.h.** Nordwestsemitisches Alphabet
Europa			ca. **3900 J.v.h.** Entwicklung der Minoischen Schrift (Linear A und B)	
Asien		ca. **4600–4000 J.v.h.** Indusschrift		ca. **3500 J.v.h.** Entwicklung chinesischer Schriftzeichen
Amerika				

v. Chr.) kannten die Chinesen rund 3000 Zeichen, welche die Grundlage des Schriftsystems bildeten.

Etwa 3000 Jahre nach den Ägyptern erfanden die mesoamerikanischen Zapoteken eine Bilderschrift (Glyphen), die zum Beispiel steinerne Stelen zierte. Die ältesten Glyphen bezeichneten vermutlich einfach das auf der Stele dargestellte Volk. Im 3. Jahrhundert entwickelten die Maya sowohl die dargestellten Gegenstände als auch die Glyphen selbst weiter, wahrten jedoch die enge Verbindung zwischen Bildern und Wörtern. Kunst und Schrift bezogen sich stets auf die Geschichte herrschender Familien und ihre rituelle Verbindung zu den Göttern und dem zyklischen Kalender.

Alphabete und Literalität

Da die frühen Schriftsysteme sehr komplex waren und meist im politischen Kontext standen, konnten nur wenige Menschen schreiben und lesen. Dies änderte sich erst mit der Einführung von Alphabeten. Im östlichen Mittelmeerraum entstanden zwischen 1500 und 1200 v. Chr. gleich mehrere Alphabete. In den nachfolgenden Jahrtausenden ließen sich Griechen, Römer, Araber und Inder vom phönizischen oder aramäischen Alphabet inspirieren. Da diese Systeme nur aus 20 bis 30 einzelnen Zeichen bestanden, konnte man sie leichter lernen und verwenden als die älteren Silbenzeichen und Bildsymbole. Judentum, Christentum und Islam verdanken ihre rasche Verbreitung nicht zuletzt der Tatsache, dass die Lehren dieser drei Religionen in einem heiligen Buch schriftlich fixiert und damit für jedermann jederzeit abrufbar wurden ◆

ten Hieroglyphen entdeckte man auf kleinen Elfenbeintafeln in Fürstengräbern aus der Zeit um 3300 v. Chr. Kurze Inschriften mit Namen von Einzelpersonen oder Verwandtschaftsgruppen fanden sich auch auf rituellen Kunstobjekten wie Opfermessern oder Zeptern und besonders wertvollen Handwerksprodukten wie Steinkrügen.

Im Alten Reich spielten Hieroglyphen bei der Monumentalkunst eine wichtige Rolle: man malte sie auf Grabwände oder fügte sie Basreliefs als Kommentar und Erklärung bei. Im Laufe der Zeit entwickelten ägyptische Schreiber auch eine kursive Gebrauchsschrift für Dokumente und Buchhaltung, doch eigentlich stand die Schrift stets in engem Zusammenhang mit Politik und Macht.

Ähnliches galt für China, wo Schamanen ab dem 3. Jahrtausend v. Chr. Sprünge in verbrannten Knochen und Schildkrötenpanzern als Antwort der Ahnen auf bestimmte Fragen interpretierten. Um 1600 v. Chr. fixierte man Fragen und Antworten durch Zeichen auf Knochen, Bronze und anderen Ritualobjekten. In der späten Shang-Zeit (um 1200

OBEN Ägyptische Hieroglyphen zieren ein Wandbild im Grab von Königin Nefertari (19. Dynastie). Die Hieroglyphenschrift kombinierte Begriffs- und Lautzeichen. Inschriften waren ein wichtiger Bestandteil der politischen und rituellen Kunst im alten Ägypten. Texte auf Grabwänden dienten zur Verherrlichung des Verstorbenen, damit dieser im Totenreich wohlwollend aufgenommen wurde.

RECHTS Chinesischer Orakelknochen aus der Shang-Dynastie (um 1500 v. Chr.). Viele dieser Zeichen ähneln Markierungen, die man bereits über 1000 Jahre zuvor auf Tongefäßen anbrachte. Vermutlich griffen die Schreiber auf bereits existierende frühschriftliche Ausdrucksformen zurück.

	ca. 2600 J.v.h. Südarabisches Alphabet in Äthiopien übernommen			
ca. 3500–2700 J.v.h. Hethitische Schrift gebräuchlich	**ca. 3000 J.v.h.** Hebräisches, phönizisches, aramäisches und südarabisches Alphabet gebräuchlich			
	ca. 2800 J.v.h. Griechisches Alphabet (später von Etruskern und Römern adaptiert)		**ca. 1700 J.v.h.** Runenalphabet (evtl. vom etruskischen abgeleitet) bei Germanenstämmen	
	ca. 2600 J.v.h. Aramäisches Alphabet im Iran; Ursprung vieler süd- und südostasiatischer Schriften		**ca. 1600 J.v.h.** Einführung chinesischer Schriftzeichen in Korea und Japan	
		ca. 2200–2100 J.v.h. Bilderschrift in Mexiko; Glyphenschrift der Maya		
3000 J.v.h.	2500 J.v.h.	2000 J.v.h.	1500 J.v.h.	1000 J.v.h.

Teil Drei

ANTIKE KULTUREN

*Sarsensteine im inneren Kreis
von Stonehenge, Südengland.*

EUROPA & WESTASIEN

IN EUROPA und Westasien blickt die Archäologie auf eine sehr lange Geschichte zurück. Von den Anfängen in der Renaissance führte der Weg über erste Ausgrabungen im 19. Jahrhundert sowie frühe Klassifizierungsversuche Anfang des 20. Jahrhunderts zur wissenschaftlichen Disziplin, die sich nach dem Zweiten Weltkrieg weiter formte. Neben Feldarbeiten existieren heute vielfältige wissenschaftliche Methoden und Paradigmen, um die faszinierende Entwicklung der Menschheit bis in ihre Anfänge zurückzuverfolgen.

Man könnte die Freilegung der Hadriansvilla in Tivoli im 16. Jahrhundert an den Beginn der Geschichte der europäischen Archäologie stellen. Damals, während der Renaissance, erwachte das Interesse an den Skulpturen und Monumenten der klassischen Antike. Etwa zur gleichen Zeit brachten Entdeckungsreisen nach Asien und in die Neue Welt die Europäer in Kontakt mit Völkern, deren Sitten und Gebräuche sich stark von den eigenen unterschieden. Einige Kulturen kannten zum Beispiel keine Metallwerkzeuge. In Europa zogen geheimnisvolle Hinterlassenschaften wie Stonehenge und Artefakte wie Graburnen oder Faustkeile aus Feuerstein die Aufmerksamkeit der Altertumsforscher auf sich. Allerdings begrenzte der damals noch unumstößliche Glaube an die biblische Schöpfungsgeschichte den Horizont der Menschen. Die ältesten Fundstücke konnten bestenfalls aus der Zeit Adams stammen, der, wie James Ussher, Erzbischof von Armagh (Irland), 1650 errechnete, im Jahre 4004 v. Chr. zur Welt gekommen sein musste.

Im 18. Jahrhundert stieß man immer häufiger auch auf Spuren der Vergangenheit, und nicht selten betätigten sich Laien mit Axt und Schaufel an verheißungsvollen Orten als Ausgräber. Da man noch nicht über wissenschaftliche Methoden verfügte, ging man nach dem Zufallsprinzip vor. In Nordwesteuropa öffnete man künstlich wirkende Hügel *(Barrows)* und fand darin tatsächlich alte Grabstätten. In Herculanäum und Pompeji trieb man Tunnel in die versteinerte Lava und förderte Überreste der römischen Städte zutage, die der Ausbruch des Vesuvs 79 v. Chr. zerstört hatte. Auf dem Höhepunkt der Begeisterung für die Antike entdeckten (und plünderten) Europäer antike Stätten in Griechenland und Italien. Reisende durchquerten das Osmanische Reich, kopierten Keilschrifttafeln und stießen auf vergessene Städte wie Petra, die genau in die Vorstellungswelt der Romantik passten. Anfang des 19. Jahrhunderts zeigte sich immer deutlicher, dass Teile der Menschheitsgeschichte nicht schriftlich fixiert waren. Auch existierten Dokumente in völlig unverständlichen Sprachen. Vieles deutete darauf hin, dass die Vergangenheit, zumindest was Westasien und Europa betraf, wesentlich komplexer und verwirrender verlaufen war, als man bislang angenommen hatte. Überall tauchten Werkzeuge und Tongefäße in allen möglichen Größen und Formen auf. Mit Sicherheit hatten die Menschen bereits Werkzeuge aus Feuerstein verwendet, bevor Metall in Gebrauch kam. Geologen und Archäologen erkannten, dass man durch eine genaue Analyse von Bodenschichten Rückschlüsse auf das Alter darin eingeschlossener Materialien ziehen konnte, denn tiefer liegende Schichten mussten älter sein als weiter oben liegende. Die Stratigraphie stellte daher einen wichtigen Schlüssel zur Erforschung alter Kulturen dar.

Das Dreiperiodensystem

1817 erzielte Christian Jürgensen Thomsen (1788–1865) einen wichtigen Durchbruch, als er die Objekte der Altertümersammlung Kopenhagens den drei Kategorien Stein, Bronze und Eisen zuordnete. Die Theorie von drei aufeinander folgenden Zeitaltern, der Stein-, Bronze- und Eisenzeit, hatte bereits Anhänger, doch Thomson nutzte sie als Erster, um damit die Verbindung der Altertümer untereinander zu bestimmen. Man erkannte nun, dass die Menschen der Steinzeit bestimmte Gefäßtypen hergestellt hatten, die sich von jenen der Eisen- und Bronzezeit deutlich unterschieden. Artefakte aus Glas etwa konnten demzufolge frühestens aus der

Regionaler Zeitstrahl

ca. 400 000 J.v.h. *H. erectus* in Zhoukoudian, China

ca. 30 000 J.v.h. Panaramittee-Felsenbilder in Australien

ca. 800 000 J.v.h. Vormenschen in Atapuerca (Spanien)

ca. 200 000–30 000 J.v.h. Neandertaler in Europa

ca. 30 000–10 000 J.v.h. Felsen- und Höhlenkunst

ca. 9 000–7 500 J.v.h. Töpferei im Nahen Osten u. Balkan; Kupfer in Çatal Hüyük (Türkei)

ca. 1,8–1,4 Mio. J.v.h. Vormenschen in Dmanisi (Georgien) und El Ubeidiyah (Israel)

ca. 90 000 J.v.h. Moderne Menschen in Es-Skhul und Qafzeh (Israel)

ca. 13 000–10 000 J.v.h. Domestikation v. Wildgetreide im Nahen Osten

200000 J.v.h.

10000 J.v.h.

Eisenzeit stammen. Das Prinzip der Assoziation, demzufolge Funde aus einer Kulturschicht aus derselben Zeit stammen müssen, führte zur Entstehung einer noch sehr groben relativen Chronologie der europäischen Vor- und Frühgeschichte.

Die Stratigraphische Methode und das Assoziationsprinzip ließen sich indes nur anwenden, wenn man Funde vorsichtig freilegte. Bei Zufallsgrabungen gingen wichtige Informationen unwiderruflich verloren. Im Laufe des 19. Jahrhunderts entwickelte man neue Grabungstechniken und Methoden, um die Zugehörigkeit von Stücken zu bestimmen. Als Johann Georg Ramsauer (1797 bis 1876) zum Beispiel in den 1850er Jahren am früheisenzeitlichen Friedhof in Hallstatt (Österreich) arbeitete, wurde jedes Grab sorgfältig gereinigt und dokumentiert (s. S. 9). Noch heute sind diese Aufzeichnungen für Archäologen von unschätzbarem Wert.

Die Entdeckung vergangener Kulturen

Im Nahen Osten rückten die Kulturen Mesopotamiens, Ägyptens und Palästinas ins Blickfeld. Grabungen in Ninive und Nimrud förderten Friese und Dokumente des assyrischen Reiches zutage,

OBEN Der britische Archäologe Mortimer Wheeler (1890–1976) teilte bei der Ausgrabung von Maiden Castle (1926) die Stätte in quadratische Abschnitte mit Trennmauern zur Verdeutlichung der Schichten.

GANZ LINKS Goldene Totenmaske aus einem Grab in Mykene (16. Jh. v. Chr.).

während Henry Rawlinson (s. S. 106) die akkadische Keilschrift entschlüsselte, so dass man alte Tontafeln entziffern konnte. Man entdeckte, dass Siedlungshügel *(Tell)* im Nahen Osten Überreste antiker Städte bargen, ja aus im Laufe von Jahrtausenden übereinander geschichteten Lehmziegelbauten bestanden. Indem sie sich durch die einzelnen Schichten frühzeitlicher Besiedlung gruben, entdeckten die Archäologen Spuren der ältesten urbanen Zentren von Babylon und Sumer.

In den letzten Jahrzehnten des 19. Jahrhunderts war die Klassifizierung und zeitliche Ordnung von Artefakttypen so weit vorangeschritten, dass man neue Funde zu bereits vorhandenen in zeitliche Relation setzen konnte. So gelang es immerhin, eine relative Chronologie für Artefakttypen von der Stein- bis zur Eisenzeit zu definieren. Dort, wo eisenzeitliche Funde Völkern mit schriftlich fixier-

ca. 4000 J.v.h. Induskultur

ca. 7500–6500 J.v.h. Landwirtschaft in Mitteleuropa

ca. 5000 J.v.h. Bronze im Nahen Osten; Gold in Warna (Bulgarien)

ca. 3900–3250 J.v.h. Minoische und Mykenische Kultur

ca. 2800–2400 J.v.h. Etruskische Kultur

2335–2323 J.v.h. Feldzüge Alexanders des Großen

ca. 4900–3650 J.v.h. Entstehung von Stonehenge

ca. 4600–4500 J.v.h. Königsgräber von Ur

ca. 3500–3000 J.v.h. Eisenbearbeitung in Anatolien

ca. 2500 J.v.h. Klassisches Griechenland: Parthenon

ca. 1900 J.v.h. Blüte des Römischen Reiches

6000 J.v.h.

4000 J.v.h.

2000 J.v.h.

51

ter Chronologie wie Römern und Griechen zugeordnet werden konnten, ließ sich die relative Chronologie sogar mit konkreten Daten verbinden. Je weiter entfernt Ort und Zeit lagen, desto zufälliger und unsicherer gestaltete sich die Rekonstruktion historischer Zusammenhänge. Dennoch begann man Altertümersammlungen erstmals so zu ordnen, dass die Ausstellungsstücke die Menschheitsgeschichte chronologisch beleuchteten.

In den 1870er Jahren begann der deutsche Kaufmann Heinrich Schliemann (1822–1890) in Hissarlik in der Türkei zu graben, weil man dort das antike Troja vermutete. Schliemann wollte unbedingt die berühmte Stadt finden, von der Homer erzählt hatte. Zwar war Schliemann Amateur und ging nicht sehr wissenschaftlich vor, doch entdeckte er tatsächlich eine Stätte mit zahlreichen Schichten. Ein Feuer hatte die zweite Schicht zerstört, und in den Ruinen fand Schliemann eine gewaltige Fülle an Gold- und Silbergefäßen. Triumphierend (leider jedoch fälschlich) behauptete Schliemann, hierbei könne es sich nur um das Ilion Homers handeln. Danach richtete sich sein Augenmerk auf Mykene in Griechenland, wo er Königsgräber mit goldenen Totenmasken freilegte und damit den Beweis erbrachte, dass hier bereits 1000 Jahre vor der klassischen Epoche Griechenlands eine Kultur existiert hatte. Die Beschreibung und Ausstellung der Funde beflügelte die Fantasie der Öffentlichkeit mehr als viele andere Entdeckungen und machte die Archäologie in Europa und im Nahen Osten populär. 20 Jahre später stieß Arthur Evans (1851–1941) in Knossos (Kreta) auf Überreste der Minoer, der ältesten europäischen Kultur.

Anfang des 20. Jahrhunderts endete die Zeit der Amateurgräber. Nun organisierten europäische und amerikanische Museen und Universitäten Grabungskampagnen in den Ländern der klassischen Antike, in Ägypten und im Nahen Osten. In den 1920er und 1930er Jahren legte Leonard Woolley (1880–1960) die frühsumerischen Königsgräber von Ur frei, auch grub man in Mari und Megiddo im Nahen Osten und an der Agora in Athen.

Der Diffusionismus

In Nord- und Mitteleuropa erweiterten Grabungen an großen Stätten wie der bandkeramischen Bauernsiedlung von Köln-Lindenthal (Deutschland), am Seedorf Biskupin (Polen) und an der Festung Maiden Castle (England) das Wissen über die europäische Vorgeschichte, lösten aber auch Debatten über die Verbreitung von Kulturen aus. Lange schon hatte man erkannt, dass die geographische Verbreitung und auch die Form von Objekten sich im Laufe der Zeit änderten. Bestimmte Werkzeug-, Gefäß- und Ornamenttypen, die gemeinsam auftraten, fasste man nun unter dem Begriff „Kultur" zusammen. Anhänger des Diffusionismus gingen davon aus, dass die Ausbreitung (Diffusion) und Veränderung von Kulturen stets durch Wanderung von Völkern oder durch den Transfer von Ideen zustande gekommen waren.

UNTEN Die Moorleiche des Mannes von Tollund (Dänemark) entdeckte man in den 1950er Jahren. In einer der ersten paläobotanischen Untersuchungen des Mageninhaltes prähistorischer Menschen fand man heraus, was er zuletzt gegessen hatte.

Allerdings behaupteten die Diffusionisten, dass sich Kulturen stets von einem gemeinsamen Zentrum aus verbreiteten und Völker, die einer Kultur angehörten, sich gleich verhielten, was nicht unbedingt den Tatsachen entsprach. Hieraus entwickelte sich in der Ethnologie die Lehrmeinung, dass die Kulturen als frühe Vorläufer heute existierender ethnischer und nationaler Gruppen zu betrachten seien. Im politischen und sozialen Klima der 1920er und 1930er Jahre trieb nationalistisches Gedankengut dann auch in der Archäologie zum Teil bedenkliche Blüten.

Die Archäologen erkannten aber auch, dass es prähistorische Stätten in einem größeren Kontext zu betrachten galt, wenn man verstehen wollte, wie Menschen in der Vergangenheit gelebt hatten. Im Jahr 1931 verfing sich beispielsweise ein Stück Torf in den Netzen des Nordseeschleppers *Colinda*. Darin entdeckte man eine später auf 11 000 Jahre datierte Harpune aus Geweih. Offensichtlich hatte der Fundort einst auf dem trockenen Land gelegen – das Klima der Steinzeit musste sich daher deutlich von dem des 20. Jahrhunderts unterschieden haben. Mithilfe der damals noch neuen Technik der Pollenanalyse rekonstruierte man vor allem in Europa Pflanzen der Vergangenheit und damit Lebensraum und Umfeld historischer Stätten.

Kohlenstoff-14 und neuere Ansätze

Ende der 1940er Jahre gelang es erstmals, das Alter von Artefakten mit radioaktivem Kohlenstoff zu bestimmen. Archäologen in Europa und im Nahen Osten verfügten nun über eine verhältnismäßig leicht anwendbare, absolute Datierungsmethode, die es erstmals ermöglichte, geschichtliche Ereignisse anhand archäologischer Fundstücke chronologisch zu ordnen. In der Folge erkannte man, dass die Theorie des Diffusionismus zu vielen Fehlinterpretationen geführt hatte. 1952 entschlüsselte Michael Ventris (1922 bis 1956) die Linear-B-Schrift und revolutionierte dadurch die Archäologie im ägäischen Raum. Die Zahl der Berufsarchäologen nahm zu, und die Disziplin hielt Einzug an vielen neuen Universitäten und Forschungsinstituten. Gleichzeitig arbeitete man enger mit Botanikern, Zoologen und anderen Wissenschaftlern zusammen, um die Lebensweise vorgeschichtlicher Gesellschaften so umfassend wie möglich zu ergründen.

In den 1960er und 1970er Jahren formulierte man die Ziele der prähistorischen Archäologie neu. Detailfragen zur Chronologie und Typologisierung sowie die Geschichte einzelner Kulturen traten nun etwas in den Hintergrund, stattdessen befasste man sich stärker mit sozialem Wandel und großräumigen Entwicklungen. Zwei große Problemfelder beschäftigten die Wissenschaft, nämlich die Ursprünge und Verbreitung der Landwirtschaft und die Entstehung und Ausformung komplexer Gesellschaften, besonders jener von Städten und Stadtstaaten. In beiden Fällen betrieb man Ursachenforschung. Bei der Landwirtschaft schienen Klimawandel und Bevölkerungswachstum eine wichtige Rolle zu spielen, bei den Städten und Staaten machte man Handel, Religion und Kriege als entscheidende Faktoren aus. Die zielgerichtete Suche hatte eine

OBEN In Arslantepe (*Tepe* bedeutet „Hügel") in Anatolien dauern die Grabungsarbeiten an. Im 4. Jahrtausend v. Chr. stand hier eine Stadt. Bauern, die Tongefäße verwendeten, siedelten dort jedoch bereits vor etwa 8000 Jahren.

Fülle neuer Grabungen zur Folge, die sehr systematisch durchgeführt, dokumentiert und veröffentlicht wurden. Dennoch konnte man in den meisten Fällen bestenfalls ein Bündel von Gründen für soziale Veränderungen und deren Konsequenzen ausmachen.

Neue Modelle

Während der letzten beiden Jahrzehnte wurden in Eurasien neue Paradigmen entwickelt. In der Literatur- und Sozialtheorie wurzelnde Ansätze betrachten archäologische Funde zum Beispiel als „Texte", die zahlreiche Interpretationsmöglichkeiten bieten. Etwas gemäßigtere Schulen gehen davon aus, dass zahlreiche unterschiedliche Faktoren zur Veränderung prähistorischer Kulturen führten, wobei individuelle Entscheidungen von Einzelpersonen und Gruppen im Rahmen bestimmter, auf den Lebensraum beruhender Vorgaben eine entscheidende Rolle spielten. Die kontinuierliche Entwicklung und Verfeinerung archäometrischer Techniken brachte neue Erkenntnisse in Bezug auf die Entwicklung der Menschheit und bewirkte, dass man alte Positionen überdachte. Auch auf dem gut erforschten archäologischen Terrain Europas und Westasiens gibt es aber noch vieles zu entdecken ◆

Wildbeuter des Mesolithikums

Das europäische Mesolithikum, die Zeit zwischen dem Rückzug der Eismassen vor etwa 10 000 Jahren und der Verbreitung der Landwirtschaft, gilt unter Archäologen heute als Zeit des produktiven Wandels, in der Gruppen von Jägern, Sammlern und Fischern bequem von dem leben konnten, was die Natur ihnen bot. Als die Temperaturen stiegen, entstanden an der Stelle von Tundra und Steppe dichte Wälder. Rentierherden zogen nordwärts, in ihren ursprünglichen Streifgebieten lebten nun Hirsche und Wildschweine. Die Wildbeuter mussten den Herden nun nicht mehr während des ganzen Jahres über weite Strecken folgen.

UNTEN Das Skelett einer 50-jährigen Frau aus Vedbæk, Dänemark, ruht auf einem Rothirschgeweih. Es gehört zu 22 Körpern, die man in 17 Gräbern eines Wildbeuterfriedhofs der Ertebølle-Kultur fand. Diese Gruppen siedelten vor ca. 6000 Jahren an den Küsten Südskandinaviens. Knochenuntersuchungen zeigen, dass sich diese Menschen vornehmlich von Fisch und Meeresfrüchten ernährten. An einigen Orten gab es so viel Nahrung, dass die Wildbeuter lange Zeit dort blieben und ihre Toten auf Friedhöfen bestatteten. Bei den bestatteten Skeletten in Vedbæk fand man Geweihstücke, Muscheln, Feuersteinklingen, Tierknochen und -zähne.

Die neuen Waldgebiete ließen sich auf vielerlei Weisen nutzen. Analysen von Pollen aus Mooren und Ablagerungen an Seen dieser Zeit zeigen, dass nacheiszeitliche Jäger in den Waldgebieten durch Brandrodung Lichtungen schufen. Dort wuchsen Büsche, die Kleinwild anzogen. Auch essbare Wildpflanzen wie Nüsse, Beeren, Pilze, Wurzeln und Knollen standen auf dem Speiseplan. Sie wurden von Mitgliedern der Gemeinschaft gesammelt, die zuvor nicht zur Nahrungsmittelversorgung beitragen konnten, etwa von Kindern.

Harpunen, Netze und Fallen

Die Steinwerkzeuge hatten sich auf winzige Feuersteinsplitter reduziert, die man als Speerspitzen oder Messerklingen in Griffe aus Holz und Geweih einfügte. Auch fertigten die Jäger Harpunen, die aus zwei gebogenen, an einem Griff befestigten Geweihstücken bestanden und sich über den Rücken eines Fisches legten, um ihn zu greifen. Bäume und Büsche dienten als Material für größere Konstruktionen. So verwendete man nun Einbäume und flocht konische Fischfallen aus Weiden- und Haselsträuchern. Diese legte man in Flüssen und Mündungsgebieten aus, um Lachse auf ihrer jährlichen Wanderung zu fangen. Die Fische wurden durch Räuchern konserviert. Bei archäologischen Unterwasseruntersuchungen, die während des Baus der Brücke über den Großen Belt (Dänemark) durchgeführt wurden, fand man so große Mengen solcher Fallen im Mündungsschlamm, dass man von einer regelrechten Fischfangindustrie sprechen kann.

Die Funde weisen auch darauf hin, dass die Eigentumsrechte bereits klar geregelt waren. Eine Gemeinschaft – oder ein einzelner Haushalt – hätte keine Zeit oder Mühe darauf verwendet, Fallen an einem Ort aufzustellen, den auch andere für sich beanspruchen konnten. Verschiedene, in den letzten Jahrzehnten entdeckte mesolithische Gräber lassen ebenfalls auf Ordnungsstrukturen größerer Gemeinschaften schließen. An Stätten wie Vedbæk (Dänemark), Skateholm (Schweden) und Oleneostrowskij Mogilnik (Russland) scheinen Bestattungsrituale stattgefunden zu haben, auch existierten möglicherweise bereits soziale Unterschiede. Dort, wo Ressourcen ständig zur Verfügung standen, gab es bereits dauerhafte Siedlungen.

Vielfältige Ressourcen

In Mittel- und Südeuropa bildeten sich an den Ausläufern der Alpen Jägergemeinschaften rund um Seen, die die zahlreichen Ressourcen der Bergregion nutzten: Fische und Wasservögel von Seen und Flüssen, Kleinwild, Nüsse und Beeren von bewalde-

Ferriter
Cov

Duero

Cabeço da
Arruda
Muge
Cabeço do Pez

Tajo

Hoyo de la Mina

Nord-see

Ostsee

Onega-see

Oleneostrowskij Mogilnik · Weretje · Nischneje Weretje · Suhoje · Popowo

Jönjas · Kunda · Narwa · *Ladoga-see* · Sändermocha

Viste-Höhle · Øvre Storvatnet · Tørkop

Pulli · Swejnieki · *Peipus-see* · Abora

Ulva · Oronsay · Bolsay Farm · ount Sandel · Lussa Bay · Morton · Rough Island

Aggersund · Erteblle · Ringkloster · Mejlgård · Ageröd V · Tybrind Vig · Saltbæk Vig · **Vedbæk** · Halsskov · **Skateholm** · Strøby Egede

Swidse · Zedmar · Dudka

Iwanowskoje III · Samostje II

Muschelhaufen · Begräbnisplatz · Einbaum-Fundort · Fischfallen-Fundort · anderer Fundort des Mesolithikums

Nordgrenze der bewaldeten Steppe um 10 000 v. Chr.

y Island · Star Carr

Møllegabet II · Lille Knabstrup · Dąbki

Aveline's Hole · Vestward Ho · Farnham · Peacock's Farm · Broxbourne · Hengistbury Head

Bergumermeer · Pesse · Herdinxveld-Giessendam · Düvensee · Friesack

Posen-Stråroleka · Konin · Janisławice · Chwalim · Ostrów

Zedmar · Dudka

Vegetationszonen um 7000 v. Chr.
Wald nördlicher Breiten · Mischwald · Steppe · Halbwüste

Küstenverlauf um 7000 v. Chr.

Fère-en-Tardenois · Henauhof-Nord · Lautereck · Seréd · Zátyní

K A R P A T E N

Téviec · Hoëdic

Villar-sous-Dampjoux · Baulmes · Birsmatten · Schötz · Sous-Balme · Rouffignac · Col du Coq · Romagnano · Mezzocorona · Monderal de Sora · Colli Berici · Kraske Spilje · Sauveterre-la-Lémance

A L P E N

D I N A R S C H E A L P E N

Soroki · Wasil'ewka, Woloschski

Mirnoe · Laspi

Riera · ntimamine · Le Mas-d'Azil · Balma Abeurador · Châteauneuf-les-Martigues · La Crouzade · Arene Candide

P Y R E N Ä E N

A P P E N N I N

BALKAN-GEBIRGE

Eisernes Tor-Schlucht · **Lepenski Vir** · Vlasac · Padina

Donau

0   600 km
0   400 Meilen

Cogull · Perelló · Clotilde · Cueva Remigia · Llatas · Parpalló · ranco de los Grajos

Grotta Maritza · Crvena Stijena · Grotta de Le Mura · Cipolliane di Novaghie · Sidhari

Korsika · Riparo Blanc · Positano · *Sardinien* · Grotta della Madonna

Balearen

M i t t e l m e e r

Grotta dell'Uzzo · Termini Imerese · *Sizilien* · Grotta Corruggi

Kreta

OBEN Am Ende der letzten Eiszeit machten Landbrücken im Süden die Ostsee zu einem Binnengewässer. Der Süden Großbritanniens war mit dem europäischen Festland verbunden. Vom Schwarzen Meer gab es keinen Zugang zum Mittelmeer. Als die Eismassen schmolzen, stieg der Meeresspiegel und überschwemmte die Landbrücken. Land, das unter Millionen Tonnen schwerem Eis gelegen hatte, löste sich. Einstmals trockene Flächen lagen nun unter Wasser, Küstenorte im Landesinnern.

ten Hängen sowie Wildziegen von Almen oberhalb der Baumgrenze. Kalksteinhöhlen an Mittelmeer und Adria eigneten sich gut als Unterstände. Jägergruppen nutzten zum Beispiel die Frankhthi-Höhle in Südgriechenland zu bestimmten Jahreszeiten als Lager. Als gegen Ende der Eiszeit der Meeresspiegel stieg, rückte die Höhle näher an die Küste – vor ca. 8500 Jahren war sie nur noch rund einen Kilometer vom Wasser entfernt –, weshalb man neben zahlreichen Pflanzenarten auch Überreste von Fischen und Meerestieren an der Stätte entdeckte.

Viele mesolithische Fundorte wurden im Eisernen Tor, dem Durchbruchstal der Donau zwischen Karpaten und Serbischem Erzgebirge, untersucht. In den dortigen Wäldern gab es Wild im Überfluss und

der Fluss bot eine Vielzahl an Fischarten, weshalb Jäger sich hier dauerhaft niederließen. Lepenski Vir, die am besten bekannte und erforschte Siedlung, entstand um 6000 v. Chr. und umfasste mehrere Dutzend Häuser mit festem Boden und zentralem Herdfeuer an einer niedrigen Flussterrasse. Zu fast jedem Haus gehörte eine Kalksteinskulptur, oft in Form eines Fisch- oder Menschenkopfes.

Als die Landwirtschaft vor etwa 8000 Jahren in Südosteuropa Einzug hielt, gaben viele Wildbeuter ihre Lebensweise nur zögernd auf. Nach einiger Zeit nahmen sie jedoch selbst angebaute Feldfrüchte und Produkte von Haustieren, die sie in ihren Siedlungen züchteten, in ihren Speiseplan auf oder gingen in Bauerngesellschaften auf (s. S. 58f.) ◆

Erste Bauern im Nahen Osten

Bis vor ca. 13 000 Jahren lebten kleine Wildbeutergruppen im Nahen Osten. Sie zogen in regelmäßigen Zyklen durch das Land und rasteten dort, wo ihnen die Natur genügend Nahrung bereitstellte. Die Jahrmillionen alte Lebensweise änderte sich zusehends, als die Temperaturen am Ende der Eiszeit stiegen und es feuchter wurde. Eichen- und Pistazienwälder breiteten sich zusammen mit wildem Getreide und anderen Gräsern in vielen Gebieten des Nahen Ostens aus. Der feste Rhythmus ihres Wachstums machte die Menschen von nun an sesshafter.

Der Übergang vom Wildbeuter zum Bauern war ein sehr langsamer Prozess und fand über eine Periode von insgesamt fünf Jahrtausenden statt. Durch den Klimawandel gediehen in einigen günstigen Lebensräumen Wildgräser in solchen Mengen, dass man genug Korn erntete, um eine Familiengruppe ein Jahr lang damit zu ernähren – vorausgesetzt, es gelang, das Getreide zu konservieren. Dank der gesicherten und stetigen Nahrungszufuhr konnten die Menschen jetzt größere Gruppen bilden und längere Zeit an einem Ort verweilen. Die Energie, die sie zuvor beim Wandern auf der Suche nach Nahrung verbraucht hatten, verwendeten sie nun auf den Bau dauerhafter Siedlungen.

Die ersten Dörfer

Auf der ersten Stufe dieser natürlichen Entwicklung entstanden kleine Gruppen von Häusern, die sich dort befanden, wo es besonders viel Nahrung gab. Die Menschen der Natufkultur, die einen Korridor mit bewaldeten Hügeln an der Ostküste des Mittelmeeres (Levante) bewohnten, bauten die ersten Dörfer. Sie lebten in Rundbauten und gruben Speicher für das gesammelte Wildgetreide, nutzten zu bestimmten Zeiten des Jahres aber auch Lager, um vorbeiziehende Herden zu jagen oder Korn zu ernten.

Eine ähnliche Entwicklung fand im Norden, im Taurus- und im Sagros-Gebirge in der Osttürkei, im Norden Iraks und im Westen des Iran statt. Hier hüteten Wildbeuter Schweine an den bewaldeten Hängen und Schafe in höher gelegenen Regionen. Wildgetreide spielte eine geringere Rolle. Tierknochen aus Zawi Tschemi und Shanidar lassen vermuten, dass bereits um 8500 v. Chr. Schafe gehütet wurden. In Hallan Tschemi hielt man vor allem Schweine.

Die Anfänge der Landwirtschaft

Die meisten Gemeinschaften pflanzten Wildgetreide zunächst an einer günstig gelegenen Stelle an, um ihren Speiseplan aufzubessern. Unwissentlich begründeten sie damit ein neues Wirtschaftssystem, in dem der Mensch Natur und Umwelt zu seinem Vorteil veränderte. Die ältesten Formen domestizierten Getreides stammen aus Abu Hureira (Syrien) und wurden auf 11 000 v. Chr. datiert. Viele Gruppen im Nahen Osten sammelten aber noch lange danach Wildgetreide. Dort, wo man Getreide anpflanzte, veränderte sich das Leben der Menschen grundlegend, da sie nun sesshafter wurden. Deutlich tritt die Bedeutung des Getreideanbaus an Stätten wie Jericho (s. Kasten) oder Netiv HaGedud in der südlichen Levante und Tell Aswad (Syrien) zutage. Archäologen bezeichnen diese Zeit als Präkeramikum (A), denn Tongefäße, die ursprünglich als Kennzeichen neolithischer Kulturen gegolten hatten, fehlen hier.

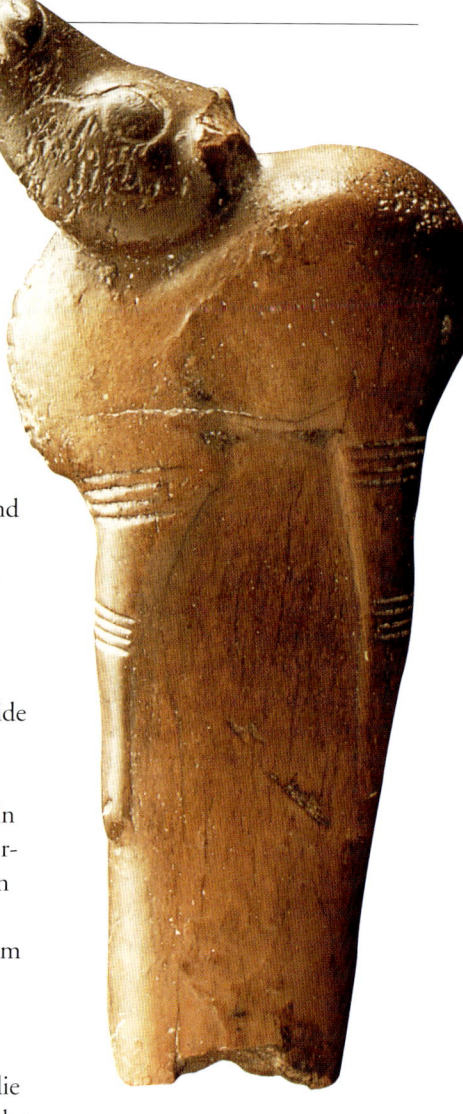

OBEN Diesen beinernen Sichelgriff (10,5 cm hoch) in Tierform aus der Natufkultur fand man in einer Höhle auf dem Berg Karmel. Er könnte einst rituellen Zwecken gedient haben.

Jericho: rätselhafte Strukturen

Als ein britisches Team in den 1950er Jahren in Jericho die Überreste einer steinernen Ringmauer freilegte, erkannte man, dass die Stadt bereits Jahrtausende alt gewesen sein musste, als die Israeliten sie eroberten, denn Archäologen datierten die Entstehung der Mauer auf die Zeit um 8300 bis 7300 v. Chr. Das in der Bibel beschriebene Ereignis fand vermutlich um 1150 v. Chr. statt. Die Mauer umschloss eine Bauernsiedlung, in der über 500 Menschen lebten, und lag unweit einer nie versiegenden Quelle im Jordantal. Von der ursprünglichen Mauer ist heute noch ein vier Meter hohes und drei Meter breites Fragment zu bewundern. Einst verlief rings um die Mauer ein Graben, im Innern erhob sich ein acht Meter hoher Rundturm, in dem eine Steintreppe zum flachen Dach hinaufführte. Bei der Entdeckung glaubte man zunächst, Turm und Mauer seien zu Verteidigungszwecken errichtet worden. Heute geht man eher davon aus, dass die Mauer eine Art Wasserableitungssystem war, das das Dorf vor Überflutung schützen sollte. Hierauf verweisen Ablagerungen von Schlamm und Kieselsteinen an ihrer Basis. Die eigentliche Funktion des Turmes bleibt jedoch weiter rätselhaft. Bauweise und Größe dieser frühen Konstruktionen sind nichtsdestoweniger sehr eindrucksvoll ◆

OBEN DIE STEINERNE MAUER UND DER TURM GEHÖRTEN ZUR FRÜHESTEN SIEDLUNG VON JERICHO.

Bauerngemeinschaften

Zwischen 7600 und 6300 v. Chr. (Präkeramikum B) züchteten die Bauern im Nahen Osten durch gezielte Selektion domestizierte Getreide- und Tierarten, die sich besonders als Nahrungsquellen, Zugtiere, Woll- oder Milchlieferanten eigneten. Diese Arten hielt man in Gegenden, in denen ihre wilden Vorfahren nicht vorkamen – Schafe und Ziegen etwa in der südlichen Levante, bestimmte Getreidesorten in den trockeneren Regionen des Nahen Ostens.

Nun nahm der Handel mit Rohstoffen wie Obsidian zu. Er verband entfernte Gebiete und machte die Ackerbaugemeinschaften mit neuen Produkten bekannt. Neue, größere Siedlungen entstanden. In Ain Ghazal und Basta in der südlichen Levante lebten bereits mehrere tausend Menschen. Überall im Nahen Osten errichtete man Gebäude mit festem Fundament und Kalk- oder Terrazzoböden. Es gab sogar zweistöckige Häuser. In Nevalla Tschori und Göbekli in der südöstlichen

Türkei fand man aus jener Zeit Schreine mit eindrucksvollen Stelen; in Ain Ghazal und Jericho wurden Statuen aus Gips modelliert. Die Bestattungsrituale, die vermutlich mit dem Ahnenkult in Verbindung standen, räumten dem Schädel besondere Bedeutung ein. Dieses Ritual war in unterschiedlicher Weise ausgeprägt. In der südlichen Levante stellten Gipsköpfe die Gesichter verstorbener Verwandter dar, in Syrien und der Türkei begrub man die Toten oder ihre Schädel in Gemeinschaftsgräbern.

Diese außerordentlich bedeutsamen Entwicklungen verwandelten den Fruchtbaren Halbmond, der sich von der Mittelmeerküste über das Taurus- und das Sagros-Gebirge bis zum Persischen Golf zog, in eine Landschaft mit Bauerndörfern und kleinen Städten. Die türkische Siedlung Çatal Hüyük (um 6300–5400 v. Chr.), die einst aufgrund ihrer Größe und erlesenen Wandbilder als Sonderfall galt, erscheint in diesem Kontext als konsequente Weiterentwicklung einer präkeramischen Stadt ◆

frühe Siedlung um 12 000–8500 v. Chr.
Frühjungsteinzeit-Siedlung um 8500–7600 v. Chr.
vorkeramische Siedlung um 7600–6300 v. Chr.
mit Gips modellierte Schädel
Schädelsammlung
anderer wichtiger Fundort
Obsidian-Vorkommen
Verbreitung von Auerochsen
Verbreitung von Wildschafen und -ziegen
Verbreitung von Wildweizen (Emmer) und Wildgerste
Verbreitung von Wildlinsen und -erbsen
250 mm-Isohyete
früherer Küstenverlauf

0   300 km
0   200 Meilen

Frühe Bauern in Eurasien

Die relativ rasche Ausbreitung der Landwirtschaft in Europa zwischen 6500 und 5000 v. Chr. gestaltete sich als komplexer Prozess. In einigen Fällen eroberten Bauerngemeinschaften mit ihren Saaten und ihrem Vieh neue Lebensräume. An anderen Orten wurden Jägergruppen langsam zu Bauern und gaben ihre traditionelle Lebensweise auf. Archäologen versuchen herauszufinden, wo man welchen Weg einschlug, und zu erklären, warum Bauern fortzogen oder Jäger Felder zu bestellen begannen. Während die frühesten Ackerbaugemeinschaften im Südosten Europas ihren Vorläufern im Nahen Osten durchaus ähnelten, gestalteten sich die Anfänge der Landwirtschaft im Norden und Westen anders.

In Südosteuropa entwickelte sich die Landwirtschaft etwa 7000 v. Chr. Bäuerliche Gemeinschaften in Thessalien und Nordgriechenland weisen zwar viele Parallelen zu zeitgleichen Siedlungen im Nahen Osten auf, doch existieren auch entscheidende Unterschiede. In Nea Nikomidhia und Sesklo (Griechenland) bestehen sie aus frei stehenden Einraumhäusern, nicht aus Zusammenschlüssen wie in vielen Orten des Nahen Ostens, etwa Çatal Hüyük.

Funde aus der Frankhthi-Höhle und anderen bewohnten Orten Griechenlands zeigen, dass Jägergemeinschaften bereits sehr früh Landwirtschaft zu betreiben begannen und diese sich von Griechenland aus nach Westen durch das Mittelmeerbecken entlang der Küstenwege ausbreitete. In Arene Candide (Italien) und Châteauneuf-les-Martigues (Südfrankreich), Orte, die Jägergruppen seit langer Zeit auf-

OBEN Die fruchtbaren Schwemmebenen Thessaliens. Einwanderer aus dem Gebiet Anatoliens führten vermutlich die Landwirtschaft auf dem Balkan ein. Sie brachten Getreidesorten wie Emmer und Einkorn sowie Schafe und Ziegen mit.

UNTEN Ein typisches Bandkeramikgefäß aus dem Rheinland. Die frühen Bauern, die Gefäße in diesem Stil herstellten, lebten in kleinen Siedlungen mit bis zu 30 Meter langen, hölzernen Langhäusern, die auf Lichtungen inmitten kleiner Felder standen. An Bandkeramikstätten fand man vielfach Knochen von Hausrindern, während die Menschen in Südeuropa besonders Schafe und Ziegen züchteten.

suchten, entdeckte man Belege für Ackerbau und Viehzucht sowie Überreste von Gefäßen. Die ältesten Bauernsiedlungen unterschieden sich kaum von den Gemeinschaften, in denen Jäger und Sammler zusammenlebten. Saaten und Tiere wurden vermutlich von Gruppe zu Gruppe weitergegeben und nach und nach in das Leben der Gemeinschaften integriert.

Verbreitung nach Norden

Die Landwirtschaft breitete sich – vermutlich durch Gruppen auf der Suche nach neuen Lebensräumen – vom Balkan nach Norden aus. An anderen Orten begannen bereits ansässige Jägergruppen Kulturpflanzen und Tiere zu nutzen (s. S. 55). Mitteleuropa wurde wahrscheinlich von Bauern kolonisiert, die an den großen Flüssen entlangzogen und sich auf Hügeln mit feinkörnigem Lößboden niederließen, den sie Jahr für Jahr bestellen konnten. Um 5300 v. Chr. hatten sich die frühen bäuerlichen Kulturgruppen, die man wegen ihrer charakteristischen, mit eingeritzten Bändern verzierten Keramik als Linienbandkeramikkulturen bezeichnete, im Westen bis zum Seinetal und in die Niederlande ausgebreitet.

Vom Jäger zum Bauern

Bis die Fischer-Jäger-Wildbeuter an den Küsten Nord- und Westeuropas domestizierte Pflanzen und Tiere verwendeten, sollten noch Jahrhunderte vergehen. Ähnlich verhielt es sich in den alpinen Regionen Mitteleuropas. Fast immer waren die letzten Jäger zugleich die ersten Bauern, denn Getreide und Vieh führten zunächst kaum zu Veränderungen. Die Menschen in den Wäldern Nord- und Osteuropas gaben Fischfang und Jagd als Hauptnahrungsgrundlage noch langsamer auf. Dafür lernten sie rasch, wie man Gefäße fertigte und benutzten sie, um Vorräte aufzubewahren und Essen zuzubereiten ◆

Nachweise früher Landwirtschaft

- 🟨 vor 6000 v. Chr.
- 🟥 6000–5000 v. Chr.
- 🟦 5000–4000 v. Chr.

⬛ Gebiet späterer Ertebølle-Fundorte

🟩 Gebiet früher Landwirtschaft treibender Balkan-Kulturen

Gebiet mit Impresso-Keramik

Gebiet mit Band- und Schnurkeramik

Gebiet mit La Hoguette-Keramik

Gebiet mit Limburg-Keramik

Landwirtschaft bis 6000 v. Chr.

Landwirtschaft bis 5000 v. Chr.

Landwirtschaft bis 4000 v. Chr.

Gebiet mit Löß-Böden

OBEN Von der Levante breitete sich die Landwirtschaft über die iranische Hochebene und die zentralasiatischen Oasen nach Osten aus, während sie gleichzeitig in Europa Einzug hielt. Landwirtschaft und die Domestikation von Tieren sind in Mehrgarh (Pakistan) um 6000 v. Chr. belegt. Um diese Zeit gab es auch Bauernsiedlungen in Djeitun und den benachbarten Oasen Turkmenistans. Hier wie dort bestanden die Dörfer aus rechteckigen Lehmziegelbauten.

OBEN Die Landwirtschaft erreichte den Balkan auf zwei Wegen. Einer führte über die Inseln und Halbinseln des Mittelmeers nach Westen, der andere an großen Flüssen entlang nach Norden.

Map labels:

Kara-Kum, Amudarja, Kysil-Kum, Syrdarja
Bami, Pessedjik, Yarim Hüyük, Tureng Tepe, Djeitun, Shir-i Shayn, Mondjukli, Sang-i Chakmak, HINDU-KUSCH
Nachweise früher Landwirtschaft
Mehrgarh, Indus

Ballynagilly, Ballyglass, Tankardstown, Sweet Track, Windmill Hill
Nord-see, Ostsee
Visbørg, Mosegarden, Bistoft, Rosenhof, Siggenben-Süd, Dåbki, Stolno, Brześć Kujawski
Swifterbant, Hazendonk, Elsloo, Darion, Geleen, Sittard, Wittmar, Eilsleben, Eitzum, Zwenkau-Harth, Olszanica, Köln-Lindenthal, Langweiler, Bruchenbrücken, Flomborn, Schwanfeld, Bylany, Mohelnice, Nezvisko
Cuiry-les-Chaudardes, Vaihingen/Enz, Talheim, Hienheim, Brunn, Nitra, KARPATEN
Dissignac, Rixheim, Neckenmarkt
La Tranche, Bellefonds, Röszke-Ludvár, Endröd
Loire, Rhône, Donau, Elbe, Oder, Weichsel, Save, Theiss, Drau
ALPEN, DINARISCHE ALPEN, APPENNIN, PYRENÄEN
Starčevo, Lepenski Vir
Châteauneuf-les-Martigues, Arene Candide, Fontbrégoua, Obre, BALKAN-GEBIRGE
Abri Jean Cros, Grotte Gazel, Leucate Corrège, Kremikovci, Kasanlåk, Anza, Karanovo, Azmak
Curacchiaghiu, Korsika, Coppa Nevigata, Crvena Stijena, Sitagroi
Verdelpino, Passo di Corvo, Nea Nikomidhia, Otzaki
Coveta de l'Or, eva de la Sarsa, Sardinien, Sidhari, Argissa, Seslo, Dimini
Murciélagos, La Cariguela de Piñar, eva de Nerja
Balearen, Grotta dell'Uzzo, Grotta di Curinga, Piana di Curinga, Frankhthi-Höhle, Hacilar, Çatal Hüyük
Stentinello, Sizilien, Kreta, Zypern
Mittelmeer, Schwarzes Meer, Syrische Wüste, Euphrat, Kislitmak, Tuz-see, Yesil, Orontes

---

Bylany: eine frühe Bauernsiedlung

Der Bandkeramiksiedlungskomplex in Bylany (Tschechische Republik), der seit 1953 intensiv erforscht wird, gehört zu den bedeutendsten frühen Bauernsiedlungen Mitteleuropas. Zwischen 5400 und 5000 v. Chr. entstand die Siedlung in einer Region mit Lößboden zu beiden Seiten eines kleinen Flusses. Archäologische Ausgrabungen an verschiedenen Stellen brachten Dutzende übereinander gesetzter Langhausstrukturen und Lagergruben zum Vorschein. In mühsamer Kleinarbeit identifizierten die Archäologen auf der Basis der sich immer wieder verändernden Keramikstile und sich überschneidender Lagen von Häusern und Gruben insgesamt fünf große Siedlungsphasen. Die Häuser wurden wahrscheinlich kontinuierlich errichtet, aufgegeben und neu erbaut. Der Boden ist in dieser Gegend sehr sauer, weshalb nur wenige Tierknochen erhalten blieben, doch hielt man vermutlich vor allem Rinder. Die Entdeckung weiterer Bandkeramiksiedlungen in der Nähe lässt vermuten, dass frühe mitteleuropäische Bauern diese Gegend bevorzugten ◆

OBEN SPEICHERGRUBEN IN BYLANY, EINER FRÜHEN BANDKERAMIKSIEDLUNG.

Erste Städte im Nahen Osten

Rund drei Jahrtausende (ca. 6500–3500 v. Chr.) vergingen, bis sich aus den frühen Ackerbaugemeinschaften im Nahen Osten (s. S. 56f.) die ersten Städte und Stadtstaaten entwickelten. In dieser Zeit formten sich viele prähistorische Gesellschaften, die sich durch verschiedene Gefäß- und Häusertypen und andere Aspekte auszeichneten. Im Norden, wo genügend Regen fiel, veränderte sich die Landwirtschaft kaum. Bereits im 6. Jahrtausend v. Chr. schafften es die Bauern jedoch, Flusswasser auf Felder zu leiten. Sie konnten kargere Gegenden nutzen und eroberten die fruchtbare Ebene zwischen Euphrat und Tigris. Bewässerungstechnik und natürliche Gegebenheiten führten dazu, dass die bäuerlichen Gemeinschaften Nord- und Südmesopotamiens unterschiedliche Wege nahmen. Während der Urukzeit (ca. 4000–3100 v. Chr.) kam es durch Veränderungen der Gesellschaftsstruktur im Süden zur Entstehung der ersten Städte.

Da die ersten Bauern Nordmesopotamiens auf Regen angewiesen waren, um ihre Felder und Weiden zu erhalten, banden sie sich nicht wie die Bauern im Süden des Landes allzu fest an ein bestimmtes Gebiet. Ihre Siedlungen lagen weit über das Land verstreut. Jede Familie war weitgehend eigenständig organisiert, zumindest unter normalen Bedingungen. Sie musste weder ein Bewässerungssystem mit anderen teilen, noch war sie auf Unterstützung durch eine Gemeinschaft angewiesen. Im Süden, wo die Bauern mit Bewässerungskanälen arbeiteten, gestaltete sich die Situation ganz anders. Hier bestellte man das Land gemeinsam, wodurch größere soziale Einheiten entstanden. Typische Siedlungen, etwa in Tell as-Sauwan, Tell Abbada und Tell Madschur, umfassten große Gebäude mit mehreren Räumen zu beiden Seiten einer zentralen Halle und boten vielköpfigen Familienverbänden Platz. An einigen Orten (z. B. Tschoga Mami) entdeckte man Überreste von Bewässerungskanälen.

Tempelbau

In diesen Gemeinschaften existierte anscheinend kein ausgeprägtes soziales Gefälle. Unterschiede, was Status und Wohlstand anbetraf, gab es kaum. Religiöse Institutionen sorgten dafür, dass die soziale und die ökonomische Stabilität gewahrt blieb. Bei Ausgrabungen in Eridu (die man in späteren mesopotamischen Mythen als älteste Stadt identifizierte), legte man Reste von 16 übereinander erbauten Tempeln frei. Der älteste bestand aus einem quadratischen Raum mit einem Altar in einer Nische in der Rückwand. Im Laufe der Zeit kamen weitere Räume rund um den Altarraum hinzu. An anderen Orten entdeckte man ähnliche Strukturen. Allmählich erlangten einige Siedlungen mehr und mehr politische, religiöse und wirtschaftliche Bedeutung und entwickelten sich zu Städten.

Urbane Strukturen

Diese Veränderungen bildeten die Grundlage für den tief greifenden Wandel, der die südmesopotamischen Gesellschaften während der Urukzeit im 4. Jahrtausend v. Chr. erfasste. Die Städte wuchsen rasch: einige dehnten sich bald über 50 Hektar aus. Gleiches galt für die Tempel, die immer gößer und ausgeklügelter wurden. Bauern und andere Arbeiter lieferten vermutlich einen Teil ihrer Erzeugnisse – Korn, Wolle, Fisch und andere Güter – an die Tempelbezirke, die damit einerseits ihr Personal ernährten, andererseits Vorräte anlegten, um bestimmte Mitglieder der Gemeinschaft zu versorgen. Die wirtschaftliche und soziale Funktion der Tempel zog weitere Menschen in die Städte und bildete zugleich die Grundlage der frühstaatlichen Strukturen. Inwieweit die Tempel auch politische Macht besaßen, ist noch nicht geklärt. Mit Sicherheit existierten parallel zu ihnen weitere politische Institutionen.

Die im Tempel (und bei anderen öffentlichen Einrichtungen) arbeitenden Menschen entwickelten Methoden, mit denen sie wirtschaftliche Transaktionen festhalten konnten und schufen damit die Basis für die Entstehung von Schriftsystemen (s. S. 46f.). Schreiber besaßen Fähigkeiten und Wissen, die sie über Bauern und Hirten – den Großteil der Bevölkerung – erhoben. Andere Einwohner spezialisierten sich auf Handwerke wie Töpferei, Weberei, Siegelschneiderei, Metallverarbeitung oder Bildhauerei. Die Handwerker arbeiteten direkt für die Tempel (und wurden von ihnen versorgt) oder lieferten

OBEN Ausgrabungen in Warka, der bedeutendsten mesopotamischen Stadt im 4. vorchristlichen Jahrtausend. Archäologen nennen sie nach der zeitgleichen historischen Epoche auch Uruk. Um 3000 v. Chr. lebten in Warka rund 50 000 Menschen auf einem 200 Hektar großen Gebiet. Die genaue Rolle der Tempel in frühen mesopotamischen Kulturen ist unklar, doch befanden sie sich im Herzen der Städte. In Warka umfasste der 25 Hektar große Tempelbezirk für die Gottheit Eanna zahlreiche Stufentempel (Zikkurat).

RECHTS Diese Tonfigurine (ca. 5000 v. Chr.) stammt aus der späten Halafkultur, bekannt für schön bemalte Tonwaren. Sie entwickelte sich um 5500 v. Chr. und verbreitete sich über weite Teile Nordmesopotamiens. Keramiken kamen in Mesopotamien Mitte des 7. Jahrtausends auf. Die Erzeuger des älteren Hassunastils mit einfachen Einritzungen oder Bemalungen lebten in Mehrraumhäusern in kleinen Dörfern. Familien der Halafkultur wohnten dagegen oft in Rundbauten.

Legend:
— Hassuna-Kultur um 6500–5500 v. Chr.
■ Hassuna-Fundort
— Samarra-Kultur 6000–5500 v. Chr.
■ Samarra-Fundort
☐ Halaf-Kultur 5500–4800 v. Chr.
■ Halaf-Fundort
☐ frühe Obeid-Kultur um 5800–4800 v. Chr.
■ Obeid-Fundort
■ Uruk-Fundort um 4300–3100 v. Chr.
■ spätsteinzeitlicher Fundort 5500–4500 v. Chr.
■ Fundort des Chalkolithikums 4500–3500 v. Chr.
☐ früherer Küstenverlauf

0   300 km
0   200 Meile

Map labels:
TAURUS-GEBIRGE
SAGROS-GEBIRGE
Syrische Wüste
Persischer Golf
Totes Meer
Sewansee
Urmiasee
Wansee

Arslantepe, Tepecik, Norschuntepe, Degirmentepe, Tilki Tepe, Domuztepe, Hassek Hüyük, Tschagar Basar, Tell Turlu, Hacinebi, Sabi Abjad, Tell Aqab, Tell Halaf, Tell Brak, Telul eth-Thalathat, Tepe Gaura, Pisdeli, Banhilk, Hadschi Firus, Tell Kurdu, Dschebel Aruba, Tell, Habuba Kabira, Dschudeideh, Tell Hammam at-Turkman, Umm Oseir, Grai Resch, Ninive, Tell Arpatschijeh, Ras Schamra, Schams ed-Din, Yarim Tepe, Tell Hassuna, El-Kowm, Godin Tepe, Byblos, Hama, Qrajja, Tell Umm Dabaghijeh, Se Gabi, Labwe, Tepe Sarab, Tepe Sialk, Tell Rubeidheh, Tell Madschur, Kabri, Samarra, Tell Abbada, Kfar Samir, Tell as-Sauwan, Tschoga Mami, Qana, Munchafad ath-Tharthar, Chafadscheh, Tepe Faruchabad, Shaar ha-Golan, Munhatta, Tell Uquair, Susa, Ain Ghazal, Teleat Chassul, Bahr al Mileh, Ras el-Amija, Dschemdet Nasr, Tschoga Misch, Jericho, Nippur, Engedi, Abu Salabich, Mishmar, Beer Safadi, Warka (Uruk), qmim, Hadschi Mohammed, Tell Awayli, Tell el-Obeid, Eridu, Ur, Dosarijjeh, al-March, al-Chor, Ain Qannas

Rivers: Kizilirmak, Firat, Murat, Botan, Tigris, Kleiner Sab, Großer Sab, Chabur, Belich, Euphrat, Ceyhan, Orontes, Litani, Jordan, Diala, Kura, Araxes, Qom, Saure, Sohre

Waren für das wachsende Handelsnetz. Mitte des 4. Jahrtausends v. Chr. zogen Kaufleute auf der Suche nach Rohstoffen weit nach Norden. Uruk gründete sogar in Syrien (Habuba Kabira) Kolonien. Die sozialen und ökonomischen Strukturen waren jetzt so komplex, dass man die Gebilde durchaus als Staaten bezeichnen konnte.

Im 4. Jahrtausend v. Chr. veränderte sich der Nahe Osten. In Syrien und Ostanatolien errichteten die Herrscher von Orten wie Arslantepe, Tell Hammam at-Turkman, Tell Brak und Tepe Gaura – vermutlich angeregt durch Handelskontakte mit Uruk – Prachtbauten und schufen Verwaltungssysteme. Diese urbanen Strukturen brachen jedoch Ende des 4. Jahrtausends v. Chr. zusammen und erreichten erst 500 Jahre später wieder ihr vorheriges Niveau. In der südlichen Levante blieb das Anfang des 3. Jahrtausends v. Chr. entstandene Stadtwesen in den Anfängen stecken. Auf der iranischen Hochebene und in Zentralasien gab es im späten 4. und im 3. Jahrtausend v. Chr. erste Städte, der Niedergang folgte um 2000 v. Chr. In den Gebirgsregionen jenseits von Mesopotamien lebten die Menschen weiterhin in kleinen Bauernsiedlungen ◆

OBEN Auf die Hassunakultur folgte die sehr erfolg- und einflussreiche Halafkultur. Die Samarrakultur entwickelte sich an den Ufern am mittleren Lauf des Tigris, an dem bereits Bewässerungsanlagen zum Besprengen der Felder genutzt wurden. Beide wurden Anfang des 5. Jahrtausends v. Chr. von der Obedkultur aus dem Süden abgelöst, wo auch die ersten Städte entstanden.

Die Landwirtschaft in Europa

Um 4500 v. Chr. kam es in den Bandkeramikgemeinschaften Mitteleuropas zu einer Reihe von tief greifenden Veränderungen, die sich besonders in neuen Gefäßstilen und Häusertypen widerspiegelten. Die folgenden tausend Jahre waren geprägt von weit reichenden regionalen Unterschieden und der Bildung hierachisch strukturierter Gesellschaften. In Westeuropa breitete sich in zunehmendem Maße die Landwirtschaft aus und erreichte um 4000 v. Chr. Gebiete wie die Britischen Inseln und Skandinavien.

Ab 4500 v. Chr. entwickelten die Bauern der Bandkeramikkultur neue Keramikstile wie die Lengyelkultur im Osten und die Rössener Kultur im Rheinland, die Archäologen als Unterscheidungsmerkmale dienen. Um 4200 v. Chr. entstand am Nordrand der Lößbodenregion die Trichterbecherkultur und verbreitete sich mit den Siedlungen von Flusstälern aus über die nordeuropäische Ebene bis zur Ostseeküste. Weiter westlich löste die Michelsberger Kultur zwischen Rheinmündung und Alpen die Rössener Kultur ab, während die Chasséenkultur weite Teile Frankreichs prägte.

Zwischen 4500 und 3500 v. Chr. gibt es Belege dafür, dass sich die sozialen Unterschiede in den Ackerbaugemeinschaften Mitteleuropas – vermutlich aufgrund der beständig größer werdenden Bedeutung der Viehherden – immer mehr ausprägten (s. S. 42f.). Pflugspuren und andere Anzeichen belegen, dass man Vieh in der Zeit um 3500 v. Chr. bis nach Dänemark hinauf, im Westen jedoch weit seltener als

OBEN Steinerne „Augenfiguren" – vielleicht Darstellungen einer Gottheit – entstanden im späten Neolithikum/der frühen Bronzezeit in Los Millares und an anderen iberischen Stätten. Starrende Augen erscheinen auch auf Statuen-Menhiren in Frankreich und Italien und als Motive auf westeuropäischen Gefäßen.

Zugtiere einsetzte. Neue Häusertypen entstanden, und die Techniken der Kupferbearbeitung, die auf dem Balkan und in den Karpaten etwa in Vinča und der Tripoljekultur üblich waren (s. S. 66f.), fanden in Mittel- und Nordeuropa rasch Verbreitung. Befestigte Hügelsiedlungen, etwa in der Dölauer Heide (Ostdeutschland), weisen auf wachsende soziale Spannungen zwischen den verschiedenen Gruppierungen hin, die mit dem Bevölkerungsanstieg einhergingen.

Im Alpenraum bildeten sich ab 4000 v. Chr. größere Pfahlbausiedlungen, die oft an Seeufern oder in Sumpfgebieten errichtet wurden. Sie ließen sich gut verteidigen und ermöglichten die wirtschaftliche Nutzung von Wasser und Festland. Mit Hilfe von Einbäumen konnte man sich leicht zwischen ihnen bewegen. Außergewöhnlich gut erhaltene Reste von Holzstrukturen dieser Orte lassen sich mit dem dendrochronologischen Verfahren analysieren und geben Aufschluss über die genaue Siedlungsgeschichte dieser Stätten. Zu den am besten erhaltenen Stätten dieser Zeit gehört Egolzwil (Schweiz), wo man den Holzboden und die Feuerstelle eines zehn Meter langen Hauses freilegte.

Kommunikation und Handel

In der Jungsteinzeit spielten das Roden von Wäldern und die Eroberung neuer Lebensräume eine wichtige Rolle. In Südwestengland fanden Archäologen einen gut erhaltenen hölzernen Zugpfad, auf dem die Menschen die sumpfigen Höhen Somersets trockenen Fußes durchqueren konnten. Der auch als „Sweet Track" bekannte Pfad ist dendrochronologischen Erkenntnissen zufolge während des Winters 3807/08 v. Chr. angelegt worden. Eine Grünsteinaxt, die man

---

Skara Brae: ein neolithisches Dorf

Zwischen 3100 und 2500 v. Chr. wurde in Skara Brae an der Nordküste von Mainland, einer der Orkney-Inseln vor der Nordostküste Schottlands, ein Dorf mit Steinhäusern erbaut. Die Stätte, die Vere Gordon Childe (1892–1957) in den 1920er Jahren freilegte, deutet auf eine hohe Entwicklungsstufe am Nordostrand des neolithischen Europas hin: die durch überdachte Gänge verbundenen Häuser besaßen in die Mauern eingelassene Betten, Anrichten und Regale. Die Einwohner von Skara Brae hielten Schafe und Rinder und jagten Wale

und andere Meeressäugetiere oder weideten sie aus. Walknochen, die auf der Fundstätte entdeckt wurden, dienten vermutlich dazu, die Dächer zu stützen; ausgehöhlte Walwirbel wurden möglicherweise als Handmühlen genutzt. Die einheitliche Gestalt der Häuser in Skara Brae und anderen Siedlungen der Orkney-Inseln wie etwa der später entdeckten Fundstätte Barnhouse lässt vermuten, das kulturelle Aspekte die Architektur prägten und festlegten, wie Menschen sich in ihrem Umfeld bewegten. Unter den Mauern eines Hauses entdeckte man die Gräber zweier älterer Frauen, die meisten Bewohner wurden jedoch in Megalithgräbern beigesetzt ◆

OBEN SKARA BRAE, EINE DER BESTERHALTENEN NEOLITHISCHEN SIEDLUNGEN NORDEUROPAS.

UNTEN Mit der Sesshaftwerdung bäuerlicher Gemeinschaften in Europa ersetzten Regionalkulturen die einheitlicheren Stile der ersten Agrargesellschaften. Der Fernhandel nahm zu; große, befestigte Siedlungen prägten zunehmend das Bild.

Skara Brae · Tievebulliagh · Meldon Bridge · Ballyglass · Ballynagilly · Great Langdale · Visborg · Mosegarden · Toftum · Trelleborg · Steneng · Sarup · Büdelsdorf · Limensgård · Łupawa · Lough Gur · Mynydd Rhiw · Graig Llwyd · Fengate · Mavesyn Ridware · Briar Hill · Hurst Fen · Swifterbant · Esbeck · Osłonki · Sarnowo · Brześć Kujawski · Klementowice · Windmill Hill · South Street · Orsett · Bergschenhoek · Hazendonk · Döfauer Heide · Bytyń · Ksiaznice Wielkie · Lublin-Wolhynien · Sweet Track · Hambledon Hill · Maiden Castle · Erfurt · Bronocice · Gródek Nadbużny · Mount's Bay · Spiennes · Bylany · Ćmielów · Polessje · Tripolje · Jonquières · Monsheim · Luka Vrublevetskaya · La Brèche · Berry-au-Bac · Goldberg · Teśetice-Kyjovice · Cucuteni · Plussulien · Noyen · Thaynger Weiher · Altheim · Nitra · Hăbăşeşti · La Tranche · Chassey · Wauwil · Egolzwil · Svodín · Tîrpeşti · Champ-Durand · L'Angle · Ouroux · Szigetszentmárton · Budakalász · Tǎrtǎria · Peu-Richard · Les Matignons · Ledro · Lengyel · Hódmezővásárhely · Chaillot-de-la-Jard · St. Michel-du-Touch · Le Baratin · Molino Casarotto · Zengővárkony · Vho · Sopot · Gomolava · Poljanica · Camprafaud · La Conquette · Courthézon · Grotta dei Piccioni · Gornja Tuzla · Vinča · Pločnik · Ripabianca · Butmir · Divostin · Santa Maria in Selva · Ripoli · Gradac · Karanovo · Basi · Villaggio Leopardi · Vršnik · Yasatepe · Ezero · Agroal · La Quercia · Posta d'Innanzi · Vila Nova de São Pedro · Santa Tecchia · Zambujal · Sitagroi · Monte da Tumba · Cerro de la Virgen · Praia a Mare · Campos · Los Millares · Almizaraque · El Barranquete · Elatia · Stentinello

Nord-see · *Ostsee* · *Alpen* · *Pyrenäen* · *Karpaten* · *Dinarische Alpen* · *Balkan-Geb.* · *Schwarzes Meer* · *Mittelmeer* · *Sardinien* · *Korsika* · *Sizilien* · *Kreta* · *Balearen* · *Rhein* · *Loire* · *Rhône* · *Donau* · *Weichsel* · *Oder* · *Elbe* · *Save* · *Duero* · *Tajo* · *Ebro* · *Dnjepr* · *Dnjestr* · *Prut* · *Theiss* · *Vänersee* · *Vättersee* · *Dal*

---

unweit des Sweet Track entdeckte, stammte aus dem Alpenraum. Auch stieß man auf viele andere Anzeichen für weiträumigen Handel.

Größere spätjungsteinzeitliche Stätten grub man in Dänemark aus, etwa in Trelleborg. Es handelte sich weniger um Siedlungen als um Plätze, an denen sich zu bestimmten Zeiten viele Menschen versammelten. Auch in Großbritannien lebten viele neolithische Gruppen mehr oder weniger nomadisch. Eine große Grube in Coneybury in Südengland enthielt Knochen von Rindern, Hirschen und Schweinen sowie große Mengen von Keramikscherben – vielleicht Überreste saisonaler Feste. Ab 3500 v. Chr. kamen in Europa Gräben als Einfriedungen auf. Beispiele fand man in Sarup (Dänemark) und Lublin-Wolhynien (Polen), wo ein drei Meter tiefer Graben ein 170 mal 210 Meter großes Gebiet umschloss. In Windmill Hill (England) entstanden nach und nach konzen-trisch angelegte Gräben. An all diesen Orten fanden wahrscheinlich Treffen mit Festen oder anderen sozialen Aktivitäten statt.

Südliche Iberische Halbinsel

Im späten Neolithikum (ca. 3000–2200 v. Chr.) befestigten einige Ackerbaugemeinschaften im Süden der Iberischen Halbinsel ihre Siedlungen mit konzentrischen Trockensteinmauern und errichteten Bastionen, um ihre bewässerten Felder zu schützen. Sie bestatteten ihre Toten mit reichen Beigaben in Gemeinschaftsgräbern (s. S. 64f.). Untersuchungen in Los Millares (Südostspanien) und Zambujal (Portugal) gaben Hinweise auf spezialisierte Handwerke (z. B. Töpferei und Kupferbearbeitung), die sich hier möglicherweise unabhängig voneinander entwickelten. Auch existierten abgetrennte Bereiche zur Verarbeitung und Lagerung von Getreide ◆

Landwirtschaft betreibende Kulturen

- Siedlungen im Bereich alpenländischer Seen
- bäuerliche Siedlungsgruppen Iberiens
- Bereich der Rössen-Kultur
- Chasséen-Kultur um 4200 v. Chr.
- Lengyel-Kultur um 4200 v. Chr.
- Michelsberg-Kultur um 4200 v. Chr.
- Vinča-Kultur um 4200 v. Chr.
- Tripolje-Cucuteni-Kulturen 4200–3800 v. Chr.
- Trichterbecher-Kulturen 4200–2800 v. Chr.

- Platz mit Einfriedung
- nachweisliche Verwendung von Zugtieren um 3500 v. Chr.
- Produktion von Äxten
- anderer spätsteinzeitlicher Fundort

0 ——————— 600 km
0 ——————— 400 Meilen

Megalithbauten und -gräber

Früher glaubten die Archäologen, dass die Mega-
lithkultur in Westeuropa, die sich durch große
Gemeinschaftsgräber, aufrecht stehende Steine und
Steinkreise auszeichnet, auf die frühen Mittelmeer-
kulturen zurückgehen müsse. Man meinte, nur eine
„Hochkultur" habe derart komplexe architektonische
Strukturen schaffen können. In den 1950er Jahren
fanden Wissenschaftler dank fortschrittlicher
Datierungsmethoden jedoch heraus, dass die Mega-
lithen in Europa bereits in der Jungsteinzeit oder
Bronzezeit errichtet worden waren.

Man unterscheidet mehrere Klassen von Megalithgräbern. Zu den ältesten gehören Gang-
gräber, die eine steinerne Grabkammer mit
Decksteinen oder falschem Gewölbe umfassen und so
mit Erde bedeckt sind, dass sie einen Hügel bilden. Die
Gänge waren zwar oft niedrig und schmal, erlaubten es
aber, das Grab wiederholt zu betreten. Daneben gab es
noch Galeriegräber, auch *Allées Couvertes* genannt, die
aus einem Korridor mit Seitenkammern bestanden
und von einem länglichen Hügel *(Long Barrow)*
bedeckt wurden. In Irland erreichte man die Grabkammer zuweilen über einen offenen halbrunden Vor-
hof. Runde Steinkammern kennzeichnen die Gang-
gräber in vielen Teilen Nordeuropas. Waren Steine wie
in Haddenham (England) oder Sarnovo (Polen)
Mangelware, enthielten Galeriegräber manchmal auch
hölzerne Grabkammern.

Viele Megalithgräber waren Jahrzehnte oder gar
Jahrhunderte in Gebrauch. Die große Nekropole von
Bougon (Westfrankreich) nutzte man zum Beispiel
über 2000 Jahre. Einige Gräber enthalten Knochen
von Hunderten Toten.
Häufig wurden die
Skelette in Teile

OBEN Riesige Sarsensteine (Sandstein-
blöcke) versperren den Eingang zum Lang-
hügelgrab von West Kennet (Südengland,
ca. 3500 v. Chr.). Unter dem 100 Meter
langen Hügel liegen fünf durch eine zentrale
Galerie verbundene Grabkammern mit Ge-
beinen von mindestens 46 Menschen.

UNTEN Die Figurine einer schlafenden Frau
stammt aus dem unterirdischen Grabkom-
plex (Hypogäum) in Hal Saflieni, Malta (um
3400 v. Chr.). Die jungsteinzeitlichen Bewohner der Insel gruben Grabkammern mit
Dachbalken, Türsturz und anderen Gebäude-
elementen in den Stein. Das Grab in Hal
Saflieni umfasst insgesamt 20 miteinander
verbundene Kammern und enthielt Überreste von bis zu 7000 Menschen, wurde
also über sehr lange Zeit benutzt. Figurinen
wie diese entdeckte man an mehreren
Stätten auf Malta.

zerlegt. Möglicherweise entfernte man auch Gebeine,
um Platz für weitere Bestattungen zu schaffen. Manchmal ordnete man Schädel und lange Knochen in bestimmter, vermutlich ritueller Weise an.

Bei vielen Megalithbauten entdeckte man Steine
mit Einritzungen auf der Oberfläche. Die frühesten
Beispiele in Ganggräbern in der Bretagne (4800–4000
v. Chr.) zeigen zunächst schlichte Axt- oder Kreuz-
motive, doch während der klassischen Periode
(4000–3200 v. Chr.) entstanden überall entlang der
Atlantikküste und vor allem in Irland (s. Kasten) und
in der Bretagne (Gavrinis) Megalithgräber mit abstrak-
ten Verzierungen wie Kreis-, Spiral- und Wellen-
mustern. Einige Gräber in Portugal scheinen sogar einmal bemalt gewesen zu sein. Noch später kamen neue
Ausdrucksformen auf, etwa menschenähnliche Figuren in den Gräbern der Marneregion in Ostfrankreich und Brüste oder Halsbänder in der Bretagne.

Territorialmarken

Einige Archäologen gehen heute davon aus, dass die
Galeriegräber neolithische Langhäuser nachbildeten.
Sie stachen in der frühen Kulturlandschaft der Jungsteinzeit deutlich ins Auge und könnten angesichts
wachsender Bevölkerungszahlen und steigender Sied-
lungsdichte als Territorialmarken gedient haben.
Es gilt inzwischen als gesichert, dass bei weitem
nicht alle Megalithbauten als Grabstätten
dienten. Während des Spätneolithikums
errichtete man in vielen Teilen Europas
auch Steinreihen und -kreise, die als Zeremonialzentren oder Observatorien dienten. Stätten wie Avebury (Südengland) und
Carnac (Bretagne) mit ihren großen Steinkreisen und -alleen entstanden über einen
längeren Zeitraum und zeugen von den
technischen Kenntnissen und Fertigkeiten
ihrer neolithischen Erbauer ◆

RIGHT Vom 5. bis zum 3. Jahrtausend v. Chr. verliehen viele prähistorische Gesellschaften Europas ihrem Glauben durch mächtige Steinmonumente Ausdruck. Mit hohem Aufwand – und nach neueren Erkenntnissen oft über lange Zeiträume – baute man überall in Europa Megalithgräber und Steinkreise. Die ältesten Gräber (ca. 5800 v. Chr.) liegen auf Hoëdic und Téviec vor der bretonischen Küste.

Legende

- **Anlage von Großsteinbauten 5800–2000 v. Chr.** (rosa Fläche)
- ■ Megalithgrab (rot)
- ■ Steinkreis oder Steinreihe (gelb)
- ■ Hypogäum (blau)
- □ andere Begräbnisstätte (weiß)

0 ——— 400 km
0 ——— 300 Meilen

Kartenbeschriftungen

Nord-see, Ostsee, Vättersee, Elbe, Oder, Donau, Rhein, Seine, Loire, Rhône, Ebro, Duero, Tajo, Po, Save, Mittelmeer, ALPEN, PYRENÄEN, Korsika, Sardinien, Sizilien, Balearen

Ring of Brodgar, Rousay, Callanish, **Maes Howe**, Quanterness, Broubster, Leacach an Tigh Chloiche, Camster Long, Clava, Cullerie, Monzie, Ballymeanoch, Cairnpapple Hill, Carn Ban, Monamore, Drumskinny, Lochhill, Carrowmore, **Dowth, Knowth, Newgrange**, Long Meg & Daughters, Masonbrook, Barclodiadd y Gawres, Castlerigg, Bryncelli Ddu, Derrynahinch, Arbor Low, Kealkil, Belas Knap, Hazleton, Mynydd-bach, Notgrove, **Haddenham**, Stony Littleton, Ty Isaf, Rollright Stones, **West Kennet**, **Avebury**, Stonehenge, Fussells Lodge, Kit's Coty, Merry Maidens

Haga, Jördhøj, Tustrup, Grønhøj, Knebel, Ramshög, Kong Askers Høj, Insel Rügen, Putlos, Gnewitz, Liepen, Oldendorf, Exloo, Havelte, Emmen, **Sarnovo**, Wietrzychowice, Rimbeck, Altendorf, Ellenberg, La Chausée-Tirancourt, Weris, Les Fouaillages, Guennoc, Barnenez, Carn, Tressé, Fontenay le-Marmion, La Hogue, Coizard, Le Mesnil sur Oger, La Madeleine, Colpo, St. Just, **Carnac**, **Téviec**, **Gavrinis**, **Hoëdic**, Pornic, Bagneux, Neuy-en-Dunois, Noisy, Aillevans, **Bougon**, Chenon, Auvernier, Sion, Puy de Paulhiac, L'Aumede, Roaix, Lamalou, Fontvielle, Coutignargues

Pedra Coberta, Cangas de Onis, La Halliade, Pouey-Mayou, Pepieux, Perarine, Artajona, La Clape, Antela de Portelagem, Viseu, Carapito, Cova d'En Daina, Puig Roig, Vila Nova de São Pedro, Cabeço da Arruda, Zambujal, Alapraia, Anta da Marquesa, Palmella, Pedra Branca, Poço da Gateira, Nora Velha, Anta dos Gorgions, Alcalá, Dolmen de Soto, Alcaide, Cueva de la Menga, Romeral, El Barranquete, Sant Vincens, Son Baulo, Ponte San Pietro, Cauria, Arzachena, Sa Coveccada, Anghelu Ruju, Santu Pedru, Sant Andrea Priu, Bischeglie, Giovinazzo, Laterza, Gaudo, Cellino San Marco, Conca d'Oro, Castelluccio, Bou Nouara, Dougga, Pantelleria, Ggantija, **Hal Saflieni**, Ta Hammuti, Tarxien

---

Newgrange: rätselhafte Steine

Ende des 4. Jahrtausends v. Chr. begann man im Boyne Valley, Irland, Friedhöfe mit Ganggräbern zu nutzen. Der größte liegt in Newgrange und umfasst einen 13 Meter hohen Hügel mit einem Durchmesser von 100 Metern. Die kreuzförmige Kammer mit falschem Gewölbe ist sechs Meter hoch. Newgrange ist wie das benachbarte Knowth für seine raffinierte Struktur und Megalithkunst bekannt. Spiralen, Dreiecke, Rauten, konzentrische Kreise und Wellenlinien bedecken die Oberfläche der Steine in der Kammer und im Gang sowie an den Randsteinen des Hügels. Archäologen haben unterschiedliche Interpretationen für diese Muster. Manche halten die Einritzungen für symbolische Darstellungen von Himmelskörpern. Viele neolithische Monumente dienten zur Beobachtung von Sternenkonstellationen. Newgrange ist so erbaut, dass das Licht zur Wintersonnenwende durch eine schmale Öffnung über dem Eingang fällt und Gang wie Grabkammer erhellt (dasselbe Phänomen tritt in Maes Howe auf den Orkney-Inseln auf). Die Bilder könnten aber auch nach Einnahme von Rauschmitteln in Trance entstanden sein ◆

OBEN VERZIERTER EINGANGSSTEIN IN NEWGRANGE. DIE ÖFFNUNG LIEGT ÜBER DEM TÜRSTURZ.

Die Kupferzeit in Osteuropa

Zwischen 4500 und 2500 v. Chr. wandelte sich das Bild im prähistorischen Europa grundlegend. Überall investierten die mittlerweile weit entwickelten Ackerbaugemeinschaften Zeit und Material in Zeremonialgräber. Vieh diente nun vorrangig als Lieferant von Milch und Wolle, auch nutzte man die Zugkraft der Tiere. In der eurasischen Steppe wurden Pferde domestiziert. Zur gleichen Zeit gelang es vor allem in Süd- und Osteuropa, erstmals Kupfer zu schmelzen, das zur Herstellung von Schmuck und einfachen Werkzeugen diente. Diese Periode wird daher auch „Kupferzeit" genannt.

Zwar kam die Kupferbearbeitung zuerst im Nahen Osten auf, doch soziale und ökonomische Auswirkungen zeigten sich vorrangig in Europa, wo das Material bei Bestattungsriten und für Schmuckstücke eine wichtige Rolle spielte. Zwischen 4500 und 3000 v. Chr. erreichte der Kupfergebrauch in Europa seinen Höhepunkt, wie häufige Grabfunde belegen. An verschiedenen Orten, etwa in Rudna Glava (Serbien) und Aibunar (Bulgarien) entdeckte man Kupferminen. Die Bergleute brachen Gesteinsbrocken aus dem Fels, erhitzten sie und übergossen sie dann mit kaltem Wasser, um sie zu zerbrechen. Das Kupfer, das in reich ausgestatteten Gräbern in Warna in Nordostbulgarien entdeckt wurde, stammt aus einer rund 200 Kilometer entfernten Quelle. Kupfer aus Funden in Osłonki und Brześć Kujawski im nördlichen Polen war mindesten 500 Kilometer durch die Karpaten gereist.

Auf die meisten Kupferartefakte stieß man in großen Kollektivgräbern. Nekropolen mit mehreren hundert Gräbern auf dem Balkan enthielten beachtliche Mengen von Kupfer-, Gold- und anderen Luxusobjekten. Auch Kupferäxte fand man überall in der Region. Auf großen kupferzeitlichen Friedhöfen

wie Tiszapolgár-Basantanya (Ungarn) im Karpatenbecken legte man gehämmerte Kupferarmreifen und massive Kupferäxte in Gussformen zu den Toten. Gräber in Osłonki und Brześć Kujawski enthielten Tausende von Kupferperlen von Gürteln und Ketten; aus einem Grab in Osłonki förderte man ein Diadem aus Kupferstreifen zutage, die um einen Lederkern gewickelt waren. Selbst im Kaukasus existieren kupferzeitliche Grabstätten, etwa in Maikop, wo eine massive Grabkammer mit Holzrahmen mehrere Gräber mit zahlreichen Gold- und Silberobjekten, meist in Tierform, enthielt.

Kulturmerkmale

Lange betrachteten die Archäologen die reichen kupferzeitlichen Friedhöfe auf dem Balkan und die Megalithgräber an der europäischen Atlantikküste (s. S. 64 f.) als getrennte Phänomene, doch kann man in ihnen auch unterschiedliche Ausdrucksformen eines einheitlichen Trends hin zu aufwändigeren Bestattungsritualen sehen. In diesem Zusammenhang entstanden große dauerhafte Monumente als auch für spätere Generationen erkennbare Landmarken. In Mitteleuropa begann man um diese Zeit, so genannte Rondelle mit Gräben zu umziehen. Sie hatten vermutlich, ähnlich wie die Einhegungen der westeuropäischen Windmill-Hill-Kultur, eine vornehmlich rituelle Funktion.

Die Siedlungen hatten zu jener Zeit unterschiedliche Gestalt. Große Ortschaften mit dicht stehenden Häusern wie in Poljanica und Ovčarovo (Bulgarien) stehen in deutlichem Kontrast zu den verstreuten Dörfern der Tripolje-Kultur hoch über den Flusstälern der Ukraine. In Osłonki und Brześć Kujawski im nördlichen Polen fand man Überreste trapezförmiger Langhäuser. Als man Rinder verstärkt als Zugtiere, Milch- und Wolllieferanten einsetzte, begann sich der Besitz großer Herden vermutlich auf Status und Ansehen auszuwirken. In den Steppen Südrusslands und Kasachstans, zum Beispiel in Botai, weisen Funde darauf hin, dass man während des 4. Jahrtausends v. Chr. erstmals Pferde zum Transport nutzte. Diese Entwicklung veränderte die Mobilität der Menschen in der eurasischen Steppe und von hier ausgehend in der ganzen Welt ◆

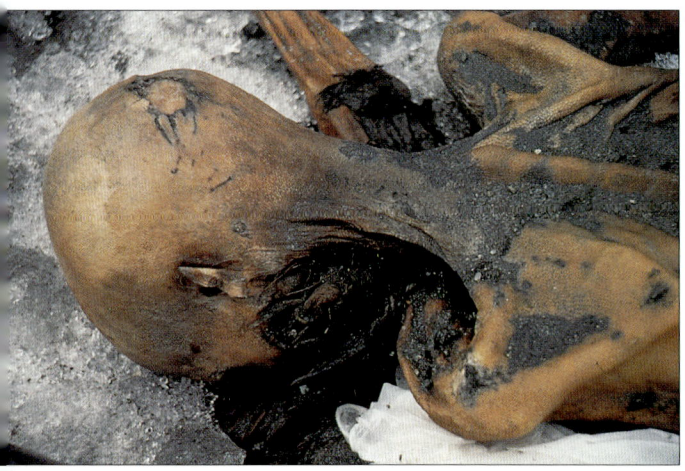

OBEN Die ältesten Kupferartefakte wurden aus geschmolzenem Kupfer gehämmert. Auf dem Balkan gossen Handwerker flüssiges Metall aber schon bald zu komplexeren Formen, wie diese Schaftlochaxt aus Belgrad (Serbien) belegt. Gussformen mussten sehr präzise gearbeitet sein, damit keine im Kupfer eingeschlossenen Luftblasen den Wert des Objekts minderten.

RECHTS Südosteuropa gehörte zwischen 4500 und 3000 v. Chr. zu den großen Zentren der Metallverarbeitung. Ausgehend vom Töpferhandwerk entwickelte man neue Techniken, um das vielerorts verfügbare Erz zu verarbeiten. Besonders die Nachfrage nach Kupferschmuck und -waffen, die Wohlstand und Macht symbolisierten, förderte diese Entwicklung. Kupfer aus den Karpaten und dem östlichen Alpenraum gelangte auf dem Wasserweg bis nach Polen und Deutschland.

LINKS 1991 entdeckte man in den Ötztaler Alpen die 5300 Jahre alte Gletschermumie „Ötzi". Hohe Konzentrationen von Kupfer in seinen Haaren nährten die These, es habe sich um einen Metallarbeiter gehandelt, der auf der Suche nach Erz in den Bergen gestorben sei. Kleidungsstücke und Utensilien von Ötzi blieben im Eis erhalten und lieferten eine Fülle von Informationen. Er trug enge Beinröhren aus Ziegenfell, Schuhe, einen Lendenschurz sowie einen Mantel aus geflochtenem Gras und eine Bärenfellmütze. Bei sich hatte er ein Kupferbeil, einen Eibenbogen, einen Köcher mit 14 Pfeilen, einen Feuersteindolch und eine Rückentrage.

Stora Köpinge

Ošlonki   Brześć Kujawski

Wahlitz

Haldorf   Schafstädt

Bronocice

Bylany

Tripolje   Deriewka

Těšetice-Kyjovice   Tibava   Wladimirowka

Friebritz

Branč   Svodin   Tiszapolgár-Basantanya   K A R P A T E N
Budakalász   Békásmegyer   Bodrogkeresztúr   Cucuteni
Szigetszentmárton   Háběšešti   Usatowo
Öcsöd-Kováshalom   Tirpešti   Karbuna
Hódmezővásárhely

Hornstaad   Mondsee

Ötztal

Petit-Chasseur   Val Camonica   A L P E N
Molino Casarotto
Lagozza   Vučedol   Belgrad   Schwarzes Meer
Remedello   Vinča   Cernica   Cernavodă
Prljusa-Mali Strbac   Sălcuta   Gumelnitza   Ovčarovo
A P P E N N I N   Rudna Glava   Poljanica
D I N A R I S C H E   A L P E N   Selevac   Goljamo Delčevo   Warna
Rinaldone   Bubanj   B A L K A N - G E B.
Aibunar   Karanovo

Korsika

Gaudo
Buccino,
Tufariello

◻ Begräbnisstätte oder Friedhof
◻ wichtige Siedlung
◻ Kreisgrabenanlage
◻ Felsgravur oder gravierte Stele
◻ andere wichtige Fundstätte
▨ Kulturen mit Kupfer-Nutzung um 4000 v. Chr.
— wahrscheinliche Handelsroute
⋮ Kupfervorkommen
⋮ Goldvorkommen

0 ————— 400 km
0 ————— 300 Meilen

Warna: Friedhof auf dem Balkan

Als man in Warna am Schwarzen Meer 1972 mit dem Bau von Entwässe-rungsgräben begann, entdeckte man einen der reichsten kupferzeitlichen Friedhöfe Europas (ca. 4000 v. Chr.). Ausgrabungen förderten über 280 Gräber zutage. Viele von ihnen enthielten Skelette (meist auf dem Rücken liegend), doch gab es auch Keno-taphe (Grabdenkmäler) mit Grabbeigaben. Einige bargen stellvertretend für den Ver-storbenen Totenmasken aus Ton. Die Menge und Qualität der Artefakte aus Gold, Kupfer, Muscheln und Stein zeugen von großem Reichtum. In zwei Gräbern fand man über 1,5 Kilogramm Gold, ein weiteres war mit mehr als 850 unterschiedlichen Objekten ausge-stattet. Viele Materialien und Stücke stammen von weit entfernten Orten. Warna war offensichtlich Teil eines gut ausgebau-ten Handelsnetzes, das weite Teile Südost-europas und der Ägäis umfasste. Seine besondere Lage direkt an der Küste des Schwarzen Meeres machte es zu einem wichtigen Handelspunkt für hochwertige Metalle und andere kostbare Güter der Re-gion. In landeinwärts gelegenen Siedlungen wie Poljanica und Ovčarovo differenzierte sich die Gesellschaft in jener Zeit aus ◆

Sumerer und Akkader

Die Phase der mesopotamischen Kultur, die auf die Obed- und Urukzeit folgte (s. S. 60f.), wird Frühdynastische Zeit (3000–2300 v. Chr.) genannt. In dieser Epoche kam es zu politischen Spaltungen und Konflikten zwischen rivalisierenden Stadtstaaten. Kunst und Handwerk blühten jedoch, als Sumerer und Akkader die Grundsteine für eine der bedeutendsten frühen Hochkulturen der Geschichte legten. Die Begriffe sumerisch und akkadisch bezeichnen zunächst einmal Sprachen, nicht Kulturen. Das Akkadische verdrängte die sumerische Sprache, deren Ursprünge bis heute ungeklärt sind. Die Sumerer verschmolzen mit den akkadischen Einwanderern zu einer sprachlichen und ethnischen Gruppe.

In der Frühdynastischen Zeit entwickelte sich die Keilschrift weiter, die in der späten Urukzeit entstanden war (s. S. 46f.). Die ältesten Inschriften (um 3300 v. Chr.) betrafen vornehmlich Verwaltungsangelegenheiten, die ersten Beispiele sumerischer Literatur entstand rund 500 Jahre später. Aus frühdynastischen Texten geht hervor, dass die Akkader im Norden an Orten wie Kisch, Dschemdet Nasr oder Abu Salabich lebten, während die Sumerer südlich von Nippur, einem wichtigen religiösen Zentrum, in Ur, Lagasch, Uruk und Umma wohnten. Sprache und Geografie bildeten jedoch keine Grenzen, da selbst die ältesten sumerischen Schriften semitische Wörter enthalten und akkadische Schriftgelehrte viele der späteren sumerischen Literatur bereits in ihren Texten erfassten.

In der Frühdynastischen Zeit lebten vier Fünftel aller Bewohner Südmesopotamiens in Städten.

Große Zentren wie Uruk, Ur, Lagasch, Umma, Adab oder Kisch fungierten als Hauptstädte kleiner Königreiche oder Stadtstaaten, die über Siedlungen und die angrenzenden Regionen regierten. In der Hauptstadt residierte die herrschende Oberschicht, auch stand hier der Tempel der jeweiligen Schutzgottheit. In Hauptstädten und größeren Orten errichtete man zudem Tempel für weitere Götter.

Paläste und Tempelbezirke verfügten über wirtschaftliche Macht, denn sie kontrollierten das ausgedehnte Hinterland mit den dort ansässigen Bauern und beschäftigten Handwerker, Künstler und Kaufleute. Ursprünglich waren die Tempel vermutlich autonom, auch besaßen sie möglicherweise zunächst politische Macht, doch am Ende der Frühdynastischen Zeit unterstanden die Tempel der Eliteschicht in den Palästen. Schriftzeugnisse und Materialfunde zeugen von der Rivalität der Stadtstaaten, die oft in Kriege mündete. Zu den am besten dokumentierten Konflikten gehört der jahrzehntelange Grenzkonflikt zwischen Umma und Lagasch, bei dem es um Landbesitz und Wasservorräte ging.

Die Vergangenheit entdecken

In den letzten 150 Jahren haben Archäologen vieler Länder Grabungen in frühdynastischen Städten Mesopotamiens durchgeführt. Die meisten Kampagnen konzentrierten sich auf Tempel und Paläste; über den Alltag der einfachen Leute wissen wir hingegen weit weniger. Im Zentrum des Tempelbezirks erhob sich auf einer Plattform der Schrein, der die Macht der Schutzgottheit über die Bewohner symbolisierte. Besonders weit sind die Ausgrabungen in Chafadsche fortgeschritten. Innerhalb der ovalen Einfriedungsmauer gab es dort Wohnbereiche für den Tempeloberen, Lagerräume, Werkstätten und

RECHTS Südmesopotamien (Sumer und Akkad) war eine flache Region mit Dämmen und Flussböschungen, Kanälen, bewässerten Feldern, trockenem Weideland und Sümpfen. Die Städte, der Glanz der frühmesopotamischen Kultur, lagen an Flussläufen und Kanälen, die die Einwohner mit Wasser versorgten. Viele Orte wurden bereits im 6. Jahrtausend v. Chr. erstmals dauerhaft besiedelt, entwickelten sich aber erst in den darauf folgenden 2000 bis 3000 Jahren zu Städten. Sie bildeten das politische, soziale und kulturelle Herz der mesopotamischen Kultur. Die Stadtstaaten nahmen sich zwar als kulturelle Einheit wahr, eine politische Einigung gelang ihnen im 3. Jahrtausend v. Chr. jedoch nicht.

Ur: ein reicher Königsfriedhof

In den 1920er Jahren begann ein britisches Team den Königsfriedhof von Ur freizulegen. Er barg über 2000 Gräber aus mehr als fünf Jahrhunderten. Nur 16 oder 17 können jedoch als Königsgräber gelten. Sie stammen aus der Zeit um 2600 bis 2500 v. Chr. Diese Grabmäler waren nicht nur einfache Gruben, sondern durchkonstruierte Kammern mit Einstiegsbereich und gemauerten Wänden, die neben dem Skelett des Herrschers jeweils Überreste von bis zu 75 Personen sowie prachtvolle Beigaben wie Helme, Dolche, Speere, Gefäße, Lampen, Kopfbedeckungen, Schmuck und Toiletten-accessoires aus Gold, Silber, Elektrum und Kupfer, darüber hinaus Ketten aus Lapislazuli und Karneol, verzierte Krüge, Schüsseln und Kosmetikbehälter enthielten. Weltberühmt wurden Objekte wie die Standarte von Ur, eine Holzplakette mit Einlegearbeiten aus Muscheln, Schiefer, Lapislazuli und rosafarbenem Stein, die Prozessionen und sakrale Motive zeigt, die „Widder am Lebensbaum", zwei Stützen aus Gold und Lapislazuli, sowie verzierte Leiern und Kopfbedeckungen am Grab des Meskalamdug. In den Gräbern entdeckten Archäologen darüber hinaus die Überreste von Ochsenkarren und ihren Führern, Kammerzofen und Wächtern. Die sumerischen Könige galten als Inbegriff des Staates ◆

OBEN IN DEN 1920ER JAHREN LEGTE SIR LEONARD WOOLLEY DEN KÖNIGSFRIEDHOF VON UR FREI.

weiträumige Plätze. Die Anlagen in Tell al-Hiba und Tell al-Obed im Süden haben eine ähnliche Struktur, während an anderen Orten Wohnviertel und Handwerksateliers außerhalb der Mauern lagen.

Die Forscher legten auch eine Reihe frühdynastischer Paläste frei. Zwei der ältesten befinden sich in Kisch und entstanden um 2700 v. Chr. In Eridu identifizierte man ebenfalls ein Gebäude als Palast. Residenzen aus der späten Frühdynastischen Zeit fand man in Mari und Ebla in Syrien, einer Region, die unter dem Einfluss Mesopotamiens stand, gleichzeitig jedoch auch ein eigenes kulturelles Profil entwickelte. Die vergleichsweise bescheidenen Paläste umfassten einen Empfangssaal und weitere Räume für die öffentlichen Pflichten des Königs, Gemächer für die Familie des Herrschers, Büros für Schreiber und Verwaltungsbeamte, eine Schatzkammer, einen Küchentrakt und Vorratskammern. Sie lagen meist inmitten von Wohnvierteln mit Häusern, die sich dicht an die Palastmauern drängten.

RECHTS Die Siegesstele von Naramsin. Um 2300 v. Chr. übernahmen die Könige von Akkad die Macht über Südmesopotamien und dehnten ihren Einfluss weiter aus. Naramsin, der 4. akkadische König, erklärte sich selbst zum Gott. Hier zertritt der übernatürlich groß und mit gehörntem Helm dargestellte Herrscher die Köpfe seiner Feinde.

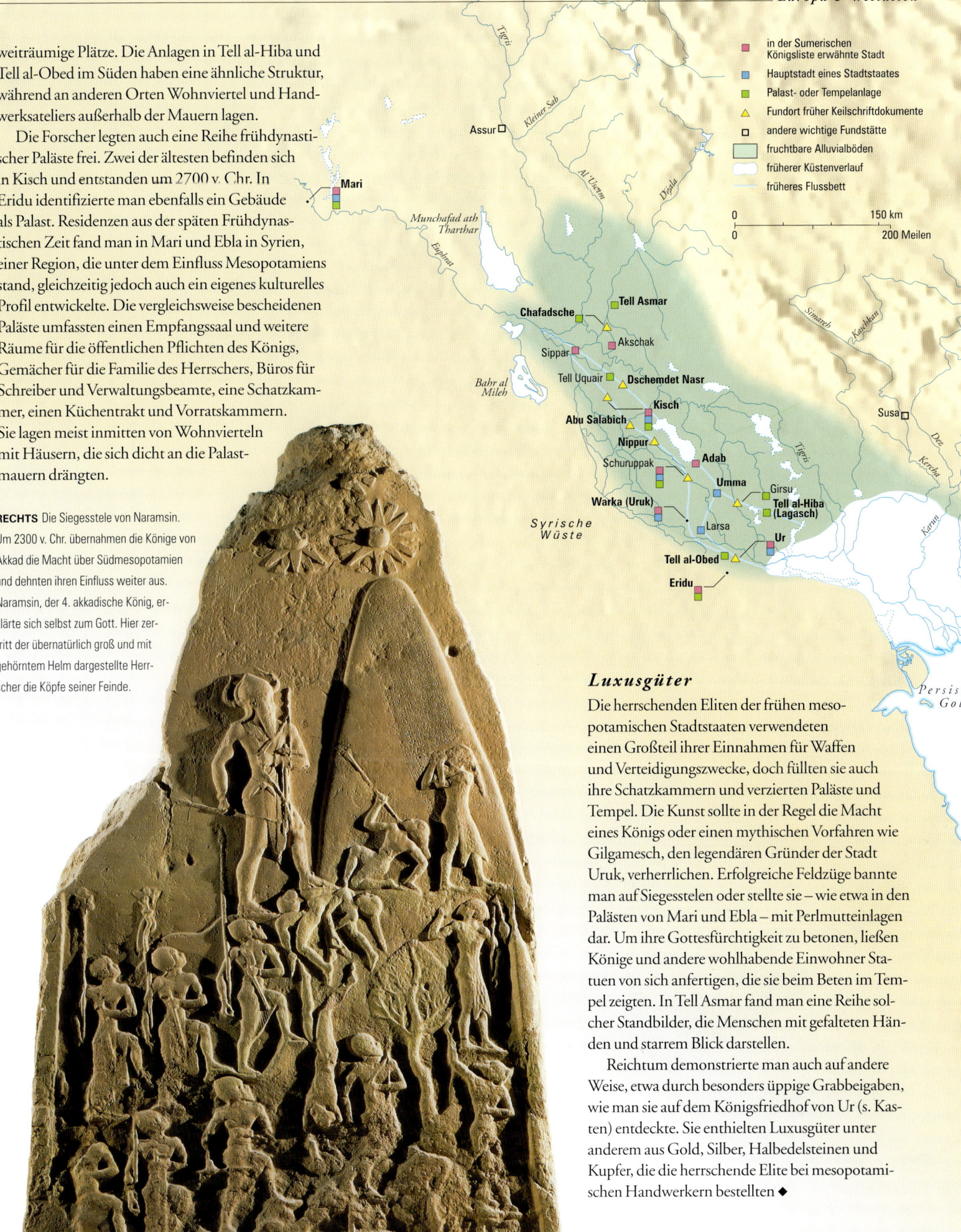

Luxusgüter

Die herrschenden Eliten der frühen mesopotamischen Stadtstaaten verwendeten einen Großteil ihrer Einnahmen für Waffen und Verteidigungszwecke, doch füllten sie auch ihre Schatzkammern und verzierten Paläste und Tempel. Die Kunst sollte in der Regel die Macht eines Königs oder einen mythischen Vorfahren wie Gilgamesch, den legendären Gründer der Stadt Uruk, verherrlichen. Erfolgreiche Feldzüge bannte man auf Siegesstelen oder stellte sie – wie etwa in den Palästen von Mari und Ebla – mit Perlmutteinlagen dar. Um ihre Gottesfürchtigkeit zu betonen, ließen Könige und andere wohlhabende Einwohner Statuen von sich anfertigen, die sie beim Beten im Tempel zeigten. In Tell Asmar fand man eine Reihe solcher Standbilder, die Menschen mit gefalteten Händen und starrem Blick darstellen.

Reichtum demonstrierte man auch auf andere Weise, etwa durch besonders üppige Grabbeigaben, wie man sie auf dem Königsfriedhof von Ur (s. Kasten) entdeckte. Sie enthielten Luxusgüter unter anderem aus Gold, Silber, Halbedelsteinen und Kupfer, die die herrschende Elite bei mesopotamischen Handwerkern bestellten ◆

Karte:
- in der Sumerischen Königsliste erwähnte Stadt
- Hauptstadt eines Stadtstaates
- Palast- oder Tempelanlage
- Fundort früher Keilschriftdokumente
- andere wichtige Fundstätte
- fruchtbare Alluvialböden
- früherer Küstenverlauf
- früheres Flussbett

0   150 km
0   200 Meilen

Tigris
Assur
Kleiner Sab
Al Ugerm
Digla
Mari
Munchafad ath Tharthar
Euphrat
Tell Asmar
Chafadsche
Akschak
Sippar
Simareh
Kanchan
Tell Uquair
Dschemdet Nasr
Bahr al Mileh
Kisch
Abu Salabich
Nippur
Susa
Schuruppak
Adab
Tigris
Umma
Girsu
Warka (Uruk)
Tell al-Hiba (Lagasch)
Syrische Wüste
Larsa
Ur
Kerkha
Tell al-Obed
Eridu
Karun
Persischer Golf

Handel in Westasien

Die Schwemmebenen, in denen die frühen Hochkulturen des Nahen Ostens entstanden, boten genügend natürliche Ressourcen, um die meisten Grundbedürfnisse zu stillen: Wasser zum Trinken, Bewässern von Feldern und Tränken des Viehs, fruchtbares Ackerland, Schlamm, der sich zu sonnengetrockneten Lehmziegeln und Gefäßen verarbeiten ließ, sowie Schilf und Buschwerk als Baumaterial für Häuser und Dächer. Rohstoffe für Luxusgüter, die Macht und Reichtum der herrschenden Elite veranschaulichten, gab es hier allerdings nicht. Exotische Waren wie Metall, leuchtenden Lapislazuli, Dufthölzer oder harten Stein für Einritzungen erhielt man durch Handelskontakte zu benachbarten Siedlungen. Im 3. und frühen 2. Jahrtausend v. Chr. entstand ein großflächiges Handelsnetz in Westasien, das von Afghanistan bis zum 4000 Kilometer entfernten Gebiet des heutigen Anatolien reichte.

Die südmesopotamischen Stadtstaaten profitierten dank ihrer günstigen Lage besonders von den Handelsrouten, welche die Region nun durchzogen. Schiffe mit Waren aus Ostanatolien, Syrien und den nördlichen Ebenen fuhren den ruhigen Euphrat und den reißenderen Tigris hinunter, während Esel Güter an den Flussufern entlang nach Norden trugen. Bedeutende Städte wie Mari, Emar, Karkemisch, Sippar, Assur und Ninive entstanden dort, wo die Landwege, die westwärts über Ebla und Aleppo durch Syrien oder durch Palmyra und Katna zum Mittelmeer führten, auf die Flüsse trafen. Andere Routen zogen sich nordwärts bis nach Zentralanatolien oder über Gebirgspässe zur iranischen Hochebene. Auf mehreren großen Straßen kam man direkt durchs Sagros-Gebirge nach Südmesopotamien. Eine von ihnen endete in Babylon und Sippar, eine andere ver-

lief weiter südlich durch Susa. Sie verbanden Mesopotamien mit den erzreichen Gebieten im Iran, in Afghanistan und Turkmenistan, wo bronzezeitliche Kulturen an Orten wie Malyan, Schahdad, Schar-i Sochta, Altyn-depe und Namasga blühten.

Das Handelsnetz

Auf diesen Wegen wurden zahlreiche Güter ausgetauscht. Am besten eigneten sich für den Fernhandel hochwertige Waren mit geringem Gewicht. Schwere oder voluminöse Dinge transportierte man nur über kurze Strecken mit Booten, während der Fernhandel sich auf Metalle und Luxusgüter konzentrierte. Kupfer kam aus Ostanatolien, dem Westiran, Oman und Zypern, Zinn aus Afghanistan und Ostanatolien, Silber und Gold aus Ostanatolien, Lapislazuli aus dem Nordosten Afghanistans, Karneol aus dem Ostiran und Nordindien, Perlmutt vom Persischen Golf und dem Indischen Ozean. Zedernholz und andere Dufthölzer zur Verzierung von Palästen und Tempeln, Duftharz und aromatische Öle stammten aus dem Amanus-Gebirge und dem Libanon, Specksteingefäße aus Zentralasien, dem Iran und Oman, Wein aus Syrien und Stoffe aus Mesopotamien.

OBEN Bienenkorbgräber (ca. 3000 v. Chr.) am östlichen Fuß des Jebel Hafit in Südostarabien. In der Gegend gibt es Hunderte solcher Gräber, viele enthielten importierte Gefäße sowie einheimische Kupferartefakte als Beigaben. In der Region, in Keilschriftquellen Magan genannt, baute man Kupfer für den mesopotamischen Markt ab. Im Oman fand man tonnenweise Kupferschlacke, die belegt, wie bedeutend die Produktion in der Antike war.

RECHTS Archäologische Funde und Keilschrifttexte belegen, dass ein ausgedehntes Handelsnetz mit See- und Landwegen die bronzezeitlichen Kulturen Westasiens verband. Waren gelangten von Afghanistan und dem Industal bis zum Mittelmeer, doch die Händler reisten nur auf kleinen Streckenabschnitten und tauschten ihre Güter in großen Zentren aus.

RECHTS Silbermodell einer Barke aus einem Grab des Königsfriedhofes von Ur. In den sumpfigen Gebieten im südlichen Irak werden Boote dieses Typs noch heute verwendet. Über die Flüsse und Kanäle Mesopotamiens gelangten große und schwere Lasten, etwa Nahrung, in die Region.

In der Antike wurde Handel zunächst von kleinen, begrenzten Gebieten aus betrieben. Dort, wo zwei solcher Regionen sich berührten, tauschte man Waren aus. Größe und Struktur der Gebiete veränderten sich mit den sozialen und politischen Umständen vor Ort. Erhaltene Keilschrifttafeln aus dieser Zeit enthalten viele Informationen darüber, wie um 1800 v. Chr. in einem solchen Gebiet, nämlich Kappadokien (östliches Kleinasien) Handel getrieben wurde. Um diese Zeit kontrollierten assyrische Händler, die Abkommen mit lokalen Herrschern getroffen und Kolonien gegründet hatten, den Austausch von Waren. Bei archäologischen Grabungen an Stätten wie Kültepe förderte man Überreste solcher Siedlungen zutage. Die assyrischen Kaufleute führten insbesondere Stoffe und Zinn ein und erhielten dafür Silber, das sie nach Assur mitnahmen. Einige Textilien stammten aus ihrer Heimat, andere ursprünglich aus Babylonien. Das Zinn kam aus dem Osten, vermutlich aus Afghanistan.

Mythische Reiche

Auch über den babylonischen Handel im Persischen Golf zwischen 2500 und 1750 v. Chr. ist allerlei bekannt. Keilschrifttexte besagen, dass Könige, Tempel und private Kaufleute Stoffe und andere Waren per Schiff zu Siedlungen an der arabischen Küste des Persischen Golfes brachten, wo sie sie vor allem gegen Kupfer aus Oman und Luxuswaren aus ferneren Regionen eintauschten.

In mesopotamischen Quellen ist auch von halbmythischen Orten wie Dilmun, Magan oder Melucha die Rede. Dilmun, ein besonders reiner und heiliger Ort des ewigen Lebens, wird in frühen akkadischen Epen erwähnt, die um den Helden Gilgamesch kreisen. Grabungen legen nahe, dass damit die Insel Bahrain und die angrenzenden Küstenregionen des Persischen Golfes gemeint waren. Magan bezeichnete vermutlich Südostarabien (Oman und die Vereinigten Arabischen Emirate), Melucha die Induskultur (s. S. 114f.). Obwohl jede einzelne Siedlung sich eigenständig verwaltete, war sie zugleich Teil des gleichen großen Handelsnetzwerks. Bei Grabungen in Bahrain fand man beispielsweise Gefäße und andere Artefakte aus Mesopotamien, Südostarabien, dem Iran und dem Industal; wohingegen man Objekte aus Bahrain und anderen Orten dieser Gegend auch in Südmesopotamien entdeckte ◆

UNTEN Die außergewöhnlich reichen Beigaben aus Gräbern des Königsfriedhofs von Ur zeugen von der Ausdehnung des bronzezeitlichen Handels im Nahen Osten. Das Gold dieser Schmuckstücke stammte vermutlich aus Anatolien, Lapislazuli kam aus dem Osten Afghanistans. Mesopotamische Herrscher mussten alle Rohstoffe importieren; ihre Handwerker verarbeiteten sie zu Waffen und Luxusgütern oder verzierten damit Paläste und Tempel.

wichtige Rohstoffquelle

- Bitumen
- Kupfer
- Meeresmuscheln
- Obsidian
- Halbedelsteine
- Silber
- Speckstein
- Zinn

— Handelsroute
▪ Ort der Induskultur
▲ Gegenstände der Induskultur
□ anderer Fundort
Alluvialböden
früherer Küstenverlauf

0   400 km
0   300 Meilen

Frühe Reiche in Mesopotamien

In der Bronzezeit formten sich die urbanen Strukturen der frühen sumerischen und akkadischen Kultur (s. S. 68f.) weiter aus. Der archäologische Bestand belegt genau wie die literarischen Quellen, dass Südmesopotamien damals aus zahlreichen Stadtstaaten bestand, die ständig Bündnisse schlossen oder Krieg gegeneinander führten. Ab und zu gelang es einer Stadt, für kurze Zeit über die Nachbarn oder über angrenzende Regionen zu herrschen. In dieser Phase eroberten drei Dynastien – Sargon in Akkad (ca. 2350–2230 v. Chr.), Urnammu in Ur (2112–2004 v. Chr.) und Hammurapi in Babylon (1792–1595 v. Chr.) – Gebiete, die so groß waren, dass man sie als Reiche bezeichnen kann. Aufstieg und Niedergang der Reiche veränderten die politische Landschaft in Mesopotamien, doch stets lag die Macht in den Händen von Städten, die es allerdings niemals schafften, eine dauerhafte politische Einheit zu bilden.

Sargon, dessen Name im Akkadischen so viel wie „der wahre König" bedeutet, begründete das erste große Reich. Zwei Jahrtausende lang galt er als Inbegriff herrschaftlichen Machtstrebens. Er brachte die südmesopotamischen Städte unter seine Kontrolle, stieß mit seinen Soldaten bis zum Amanus- und Taurus-Gebirge (auf Inschriften Zedernwald und Silberberg genannt) in Syrien und bis zu den Hochebenen des Iran im Osten vor. Dann gründete er, vielleicht um nicht in die Streitigkeiten der mesopotamischen Stadtstaaten verwickelt zu werden, eine neue Hauptstadt in Akkad (vermutlich unweit des heutigen Bagdad) und sorgte dafür, dass sie Geld aus Handel und

Tributzahlungen erhielt. Seine Nachfolger unternahmen ebenfalls zahlreiche Feldzüge. Sargons Enkel Naramsin soll dabei den Palast von Ebla zerstört haben, in dessen Ruinen italienische Archäologen während der seit 1964 durchgeführten Grabungen das königliche Archiv entdeckten, das faszinierende Fakten zur Politik und Gesellschaft jener Zeit liefert. Inschriften an Felswänden in der Osttürkei und in Kurdistan erinnern an die Invasionen Naramsins. Die Könige von Akkad errichteten Garnisonen und Verwaltungszentren unter anderem in Susa, Assur, Ninive, Nuzi und Tell Brak. In ihrer Hauptstadt bauten sie Paläste und Tempel und beschäftigten Künstler, die außergewöhnlich schöne Skulpturen, Siegel und Metallarbeiten schufen.

Die Dritte Dynastie von Ur

Das geschwächte akkadische Reich brach zusammen, als die Gutäer, ein Bergvolk aus dem nördlichen Sagros-Gebirge, nach Osten zogen. Die Gutäer eroberten weite Teile Nordmesopotamiens, während in den südlichen Stadtstaaten noch etwa hundert Jahre lang einzelne Dynastien regierten. 2112 v. Chr. gründete König Urnammu die 3. Dynastie von Ur, die bald schon den Süden beherrschte und unter Urnammus Sohn Schulgi (2094–2047 v. Chr.) zu höchster Blüte gelangte. Zwar umfasste das Reich nicht so große Gebiete wie frühere oder spätere Staaten in Mesopotamien, doch festigte Schulgi seine Macht in den Provinzen am Tigris und errichtete Vasallenstaaten im Sagros-Gebirge im Westiran. Er schuf eine effiziente Verwaltung, um die Erträge der Bauern und Viehhirten und die Arbeiten der Handwerker zum Wohle des Staates zu

RECHTS Sargon von Akkad und seine Nachfolger dehnten als erste Dynastie ihre Macht über das mesopotamische Kernland hinaus aus. Feldzüge führten sie bis zum Mittelmeer und bis nach Anatolien, auch errichteten sie überall im Nahen Osten Garnisonen. Hundert Jahre nach dem Ende der Dynastie beherrschte die südmesopotamische Stadt Ur das Land. Der Einfluss der 3. Dynastie von Ur reichte vom Norden Ninives bis an das Ostufer des Persischen Golfes. Die Stadtstaaten von Sumer und Akkad bildeten das Herz des Reiches, das Umland im Norden und Osten wurde von Offizieren kontrolliert, die Vieh als Tributzahlungen entrichteten. Weiter östlich, im Sagros-Gebirge, schlossen die Herrscher von Ur Bündnisse mit kleineren lokalen Staaten. Das babylonische Reich Hammurapis im frühen 2. Jahrtausend v. Chr. existierte zwar nicht lange, doch veränderte es die politische und kulturelle Situation grundlegend, weil die Macht nun nicht mehr vom Süden Mesopotamiens ausging.

RECHTS Das Fragment eines Wandbildes aus Mari zeigt vermutlich einen Opferzug. Es zeugt von der einstigen Blüte des im Jahre 1757 v. Chr. von Hammurapi zerstörten Palastes.

angenommenes Ausmaß von Sargons Feldzügen

von Sargon eroberte/kontrollierte Stadt

akkadische Garnison/ Verwaltungszentrum

Ur III-Staat 2112–2004 v. Chr.

Zentrum

Peripherie

Vasallenstaaten

Stadt unter Ur III-Kontrolle

Platz eines Ur III-Zikkurats

wahrscheinliches Ausmaß der Kontrolle Babylons 1750 v. Chr.

babylonische Stadt

anderer wichtiger Fundort

früherer Küstenverlauf

0 — 300 km

0 — 200 Meilen

nutzen und erließ die ersten schriftlich fixierten Gesetze Mesopotamiens, 300 Jahre bevor Hammurapis berühmter Kodex entstand.

Die Könige der 3. Dynastie von Ur, insbesondere die ersten beiden Herrscher, nutzten einen Teil ihres Reichtums, um große Gebäude, vor allem Tempel, erbauen zu lassen. Die Zikkurat, die charakteristische architektonische Form Mesopotamiens, wurde im Westen vor allem bekannt, weil man mit ihr den in der Bibel beschriebenen Turm von Babel verknüpfte. Urnammu ließ in Ur und anderen mesopotamischen Städten solche Stufenberge aus bis zu acht Plattformen errichten, auf deren Spitze sich ein Hochtempel erhob. Während der 3. Dynastie entstanden auch prachtvolle Gebäude für die Priester und Diener des Nanna und opulente Paläste für die königliche Familie und für hohe Beamte.

Hammurapi und Babylon

Das dritte große bronzezeitliche Reich im Nahen Osten wurde von Hammurapi (1792–1750 v. Chr.) gegründet, unter dem Babylon vom unbedeutenden Stadtstaat zur führenden religiösen und politischen Macht Nord- und Südmesopotamiens aufstieg und sich bis an die Grenzen des syrischen Königreichs von Aleppo ausdehnte. Der Palast des Hammurapi in Babylon liegt vermutlich tief unter späteren Siedlungsschichten begraben und wurde deshalb bislang

RECHTS Der Kupfernagel, der an eine Tempelgründung erinnert, zeigt Gudea, den König von Lagasch (ca. 2144–2124 v. Chr.). Gudea soll mehrere Tempel zur Verehrung der Götter errichtet haben. Er selbst nahm für sich den Titel König von Akkad, „Herr der vier Viertel", in Anspruch, obwohl er in Wirklichkeit über einen kleinen Stadtstaat regierte.

nicht freigelegt. Über seine Größe und sein Aussehen kann man daher nur auf der Basis anderer aus dieser Periode stammender Paläste spekulieren. Zu jener Zeit bestand der Nahe Osten aus einem Flickenteppich kleiner Königreiche. Die Herrscher besaßen unterschiedlich viel Macht, doch alle errichteten als Statussymbole riesige elegante Paläste, die Menschen weit über die Landesgrenzen hinaus in Erstaunen versetzten. Zu den berühmtesten gehört der Palast von Mari, ein Komplex mit mehreren hundert Räumen, Gängen, Höfen und Wänden, die mit Szenen verziert waren, welche den König verherrlichten. Archäologische Grabungen in Ur und Maschkan Schapir haben gezeigt, dass in den äußerst engen Gassen und extrem kleinen Häusern zahlreiche Menschen lebten. Über Kanäle und Hauptstraßen gelangte man zu den Tempeln und Palästen ◆

Soziale Eliten der Bronzezeit

Für die Bronzezeit setzt man in Nordeurasien für gewöhnlich den Zeitraum zwischen 2500 und 1000 v. Chr. an. In dieser Epoche formten sich Gesellschaften aus, die über eine feste und vermutlich erbliche, auf Macht und Reichtum gegründete Rangordnung verfügten. Ein Kennzeichen hierfür ist die hohe Zahl aufwändiger Bestattungen in der gesamten Region von der Atlantikküste bis nach Sibirien. Viele Grabbeigaben bestanden aus Bronze; sie gehörte eindeutig zu den Rohstoffen, mit denen man Wohlstand zur Schau stellte. Dennoch ist die zeitliche Eingrenzung der Bronzezeit willkürlich, denn viele für diese Periode typische Entwicklungen begannen bereits wesentlich früher und setzten sich danach fort.

Die Vorkommen von Kupfer und Zinn, den Bestandteilen von Bronze, liegen in der Regel weit auseinander. Um Bronze bearbeiten zu können, mussten Einzelpersonen oder Gemeinschaften daher an ein Fernhandelsnetz angeschlossen sein und überdies regelmäßig über die Rohstoffe verfügen können. Nur so war es möglich, die notwendigen Bearbeitungstechniken auszubilden. Im Laufe der Zeit kam zwar genügend Bronze in Umlauf, so dass man sie einschmelzen und zu neuen Objekten formen konnte, doch entwickelte sich das Handwerk im Wesentlichen, weil reiche Auftraggeber es förderten.

Landschaft und Rituale

Archäologische Untersuchungen zur Bronzezeit in Europa konzentrieren sich meist auf Grabstätten. Künstliche Erdhügel, so genannte *Barrows,* finden sich fast überall von der Atlantikküste bis nach Sibirien. In Westeuropa zeigt der Übergang von Gemeinschaftsmegalithgräbern (s. S. 64f.) zu Einzelgräbern, dass man dem Individuum nun mehr Bedeutung zumaß. In Osteuropa waren Einzelgräber dagegen schon seit der Jungsteinzeit die Regel. Im Laufe der Zeit entstanden an vielen Orten Gedenkstätten für Ahnen. In einer Gesellschaft, in der Rang und Ansehen in erster Linie auf der Herkunft beruhten, spielten diese natürlich eine besonders wichtige Rolle.

Im Gebiet rund um Stonehenge in Südengland liegen außergewöhnlich viele Hügelgräber. Stonehenge selbst geht auf die späte Jungsteinzeit zurück und erhielt seine endgültige Form in der frühen Bronzezeit. Um die massiven Steinblöcke an Ort und Stelle zu bringen und aufzurichten, benötigte man technisches und organisatorisches Geschick. Rund um den Kromlech, der vermutlich als Zeremonialzentrum oder Observatorium diente, liegen rund 400 Hügelgräber *(Tumuli)*. Möglicherweise demonstrierten die Erbauer auf diese Weise ihre Macht.

Reich ausgestattete Gräber

Individualgräber enthalten oft aufwändig gefertigte Beigaben. Das Grab eines um 2000 v. Chr. in Bush Barrow (Südengland) bestatteten Mannes barg eine goldene Gürtelschnalle und einen goldenen Brustharnisch, einen Kupferdolch, dessen Griff mit Tausenden winziger Goldnägel beschlagen war, einen Bronzedolch und eine Bronzeaxt. Hügelgräber der Úněticekultur (Mittel- und Osteuropa) sind wegen ihrer hochwertigen Beigaben und erlesenen Architektur bekannt. Im Zentrum von 14 Tumuli in Łęki Małe (Polen) steht eine Steinsetzung *(Cairn)*, in der das Skelett eines ausgestreckt auf dem Rücken liegenden Mannes in einer Grabkammer mit hölzernem Dach ruht. In Leubingen und Helmsdorf (Südostdeutschland) bergen die Tumuli Gräber mit Satteldach. Pferden kam offenbar eine besondere Bedeutung zu, denn mehrere Grabhügel im Ural enthielten üppigen Grabschmuck und Pferdeopfer. In Trundholm (Dänemark) entdeckte man in einem Grab die Bronzestatue eines Pferdes auf Rädern, das eine Sonnenscheibe auf einem Streitwagen zog. Offensichtlich hatte es eine besondere rituelle Bedeutung, da es bewusst beschädigt worden ist.

Gegen Ende der Bronzezeit, um 1300 v. Chr., begannen Feuerbestattungen vielerorts Erdbestattungen zu ersetzen. Die Urnen legte man in mit zahlreichen Objekten wie Messern, Gefäßen, Fibeln oder Ringen ausgestattete Gräber auf klar abgegrenzten Friedhöfen oder Urnenfeldern. Die große Zahl der Urnengräber auf vielen Friedhöfen deutet darauf hin, dass die Bevölkerungsdichte in der späten Bronzezeit deutlich stieg. In einigen Regionen blieb diese Art der Bestattung bis zur Eisenzeit die Regel (s. S. 96f.).

Siedlungsorte

Über Siedlungen jener Zeit weiß man hingegen weit weniger, doch lebten die Menschen wohl wie ihre Vorfahren in kleinen, verstreuten Weilern. In Südskandinavien herrschten Langhäuser vor, in Großbritannien legte man in Itfort Hill und Black Patch Dörfer mit zwei bis zehn Rundbauten frei. In Süddeutschland und der Schweiz hatte man bereits früher begonnen, an Seeufern Pfahlbausiedlungen zu errichten. An einigen Orten, etwa in Iwanowice in Polen, blieben keine Gebäudereste erhalten, dafür aber Lagergruben, mit deren Hilfe man die Position der Häuser ermitteln konnte. Im östlichen Mitteleuropa kontrollierten befestigte Siedlungen wie Nitriansky Hrádok und Spišsky-Štvrtok große Handelsrouten durch die Karpaten. Jenseits des Ural bestanden bronzezeitliche Siedlungen im Jenissejtal aus halbunterirdischen Holzhütten ◆

RECHTS Eine 22,5 cm große Speerspitze aus Bronze, die in einem Hort in Arreton Downs in Südengland gefunden wurde.

RECHTS In den letzten 200 Jahren fand man bei Grabungen in den gemäßigten Regionen Europas reiche Gräber, die Aufschluss über Bestattungsriten und Besitzverhältnisse in bronzezeitlichen Gesellschaften geben. Die Menschen der südenglischen Wessexkultur und der mitteleuropäischen Úněticekultur begruben ihre Toten z. B. in Hügelgräbern, die dem Rang entsprechend ausgestattet waren. Gegen Ende der Bronzezeit nahm die Zahl der Urnenbestattungen deutlich zu.

Knocknalapp

Gwithia

Kernor

Legend:

- 🟥 befestigte Siedlung
- 🟨 Hünengräber
- 🟩 andere Bestattungsplätze
- 🟪 Felsbilder
- 🟪 Kultstätte
- 🟦 andere Siedlung oder Fundort der Bronzezeit
- Siedlung an Alpenseen
- Únĕticekultur um 1800 v. Chr.
- Wessexkultur um 1800 v. Chr.
- Urnenfeld-Bestattungen um 1200–800 v. Chr.
- Haupthandelsroute
- wichtige Rohstoffquelle
- Bernstein
- Kupfer
- Zinn

400 km / 300 Meilen

Map labels:

Nord-see · Ostsee · Mittelmeer · Korsika

Memsie · Tromøy · Tanum · Rickeby · Hallunda · Kvarnby · Reznes · Insel Thy · Muldbjerg · Egenhøj, Hemmed Kirche · Borum Eshøj · Højgard · Egtved · Trundholm · Trappendal · Kivik · Brenig · Mam Tor · Dinorben · Irthlingborough · Flag Fen · Avebury, Silbury Hill · Bush Barrow · Stonehenge · Upton Lovell · Itford Hill · Black Patch · Arreton Downs · Downpatrick · ...augh Moor · Elp · Perleberg · Gustorzyn · Wassenaar · Toterfout · Helmsdorf · Grossbrembach · Leubingen · Nieder-Neundorf · Lęki Małe · Postoloprty · Únĕtice · Iwanowice-Babia Gora · Iwanja · Moska · Fort Harrouard · Aulnay-aux-Planches · Hagenauer Wald · Straubing · Velké Pavlovice · Nitriansky Hrádok · Spišský-Štvrtok · Branč · Malé Kosihy · Barca · Čaka · Füzesabony · Usatowo · Chalain · Cortaillod · Baldegg · Clairvaux · Wittnauer Horn · Boheimkirchen · Mitterberg · Petit Chasseur · Crestaulta · Val Camonica · Tószeg · Nagyrév · Periam · Tudoromo · Ledro · Polada · Mokrin · Vattina · Monteoru · Monte Bego · Gomolava · Tarnava · Ezerovo · Luni · Narce · Donja Slatina · Ezero · Filitosa · Wasserburg, Buchau, Forschner · Mitterberg

Mountains/regions: PYRENÄEN · ALPEN · APPENNIN · DINARISCHE ALPEN · KARPATEN · BALKAN-GEBIRGE

Rivers: Glamma · Dal · Vänersee · Vättersee · Njemen · Weichsel · Bug · Dnjepr · Dnjestr · Pruth · Weser · Elbe · Oder · Themse · Rhein · Maas · Seine · Loire · Donau · Drau · Save · Tisza · Po

---

Skandinavien: erste Särge

In Südschweden, Norwegen, Dänemark und Teilen Norddeutschlands bestattete man Tote gegen Ende der Bronzezeit in Särgen aus ausgehöhlten Eichenstämmen in außergewöhnlich großen Tumuli. Die Gerbsäure des Eichenholzes konservierte wollene Kleidung, Tierhäute, Haare, Nägel und sogar die Haut der Toten. Eine der bekanntesten Grabstätten befindet sich in Egtved (Jütland), wo Archäologen bereits in den 1920er Jahren den Leichnam einer jungen Frau entdeckten, die vor über 3000 Jahren im Sommer (im Grab befand sich eine Blume) ge-

storben war. Sie trug eine wollene Tunika und einen kurzen Rock, der von einem Gürtel mit einer großen gravierten Bronzescheibe gehalten wurde. Neben ihr lagen ein Behälter aus Birkenrinde mit den Überresten eines fermentierten Getränks sowie eine kleine Tasche mit den verbrannten Knochen eines achtjährigen Kindes. In einem weiteren Behälter befanden sich persönliche Dinge wie Bronzenadeln und ein Haarband. Unter dem großen Hügel von Borum Eshøj, den man um 1870 freilegte, fand man drei Eichensärge. In einem lag ein alter Mann ausgestreckt auf dem Rücken auf einer Kuhhaut, in einem anderen eine Frau mit wollenem Haarnetz und Bronzeschmuck ◆

OBEN SKELETT EINES MANNES IN EINEM EICHENSARG IN BORUM ESHØJ, DÄNEMARK.

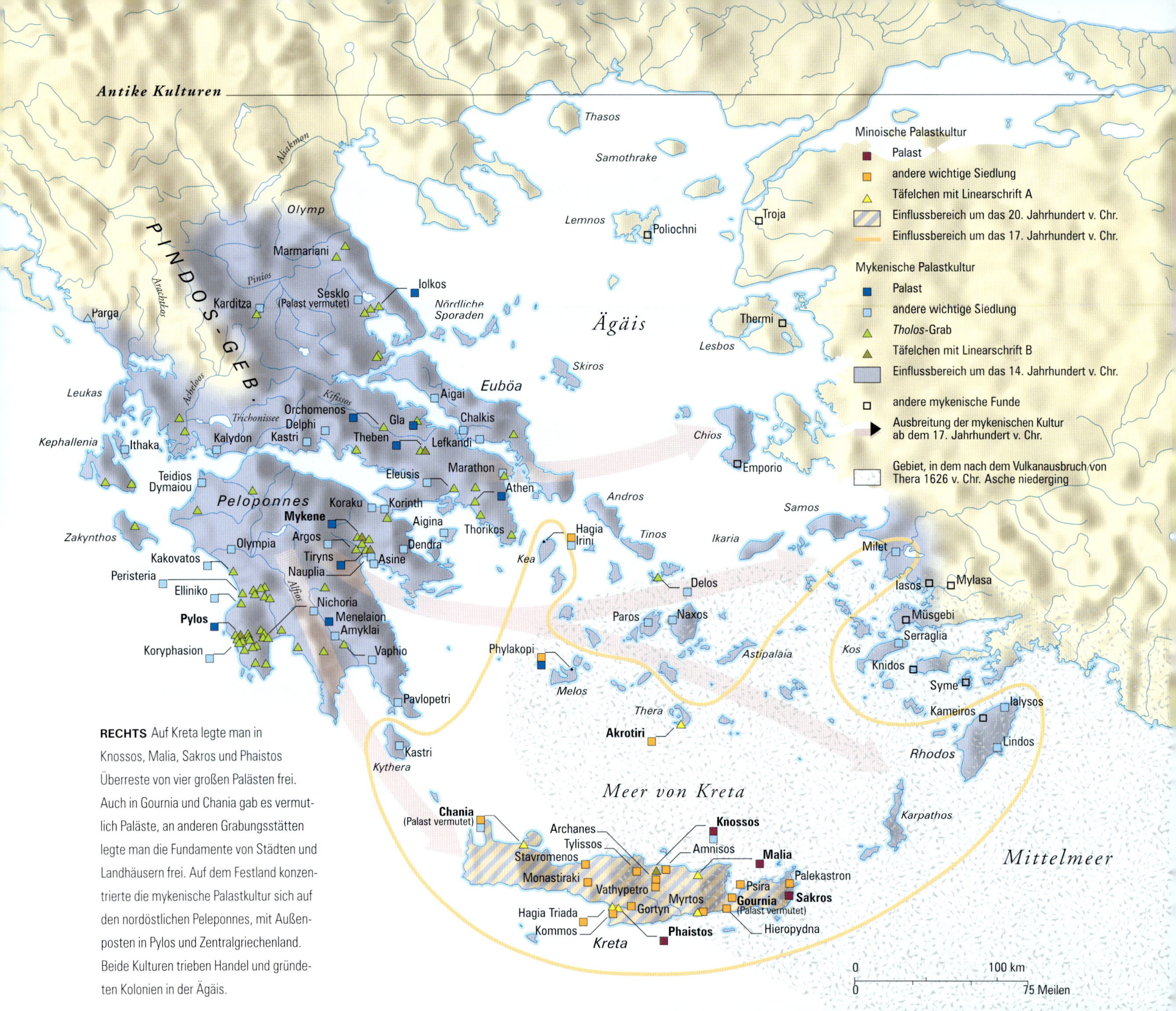

Map labels

Thasos
Samothrake
Lemnos
Troja
Poliochni
Olymp
Marmariani
Pinios
PINDOS-GEB.
Nördliche Sporaden
Iolkos
Sesklo (Palast vermutet)
Karditza
Acheloos
Aliakmon
Parga
Leukas
Ithaka
Kalydon
Kastri
Delphi
Orchomenos
Gla
Theben
Lefkandi
Aigai
Chalkis
Euböa
Ägäis
Thermi
Lesbos
Skiros
Chios
Emporio
Andros
Samos
Ikaria
Peloponnes
Eleusis
Marathon
Athen
Koraku
Korinth
Mykene
Argos
Aigina
Thorikos
Tiryns
Asine
Olympia
Nauplia
Kakovatos
Peristeria
Elliniko
Nichoria
Menelaion
Amyklai
Pylos
Vaphio
Koryphasion
Pavlopetri
Kea
Hagia Irini
Delos
Paros
Naxos
Phylakopi
Melos
Astipalaia
Kos
Knidos
Syme
Kameiros
Ialysos
Lindos
Rhodos
Milet
Iasos
Mylasa
Müsgebi
Serraglia
Kastri
Kythera
Thera
Akrotiri
Meer von Kreta
Karpathos
Mittelmeer
Chania (Palast vermutet)
Archanes
Tylissos
Stavromenos
Monastiraki
Amnisos
Knossos
Malia
Psira
Palekastron
Vathypetro
Gournia
Sakros
Hagia Triada
Gortyn
Myrtos
Hieropydna
Kommos
Phaistos
Kreta

Legend

Minoische Palastkultur
- ■ Palast
- ■ andere wichtige Siedlung
- ▲ Täfelchen mit Linearschrift A
- ▨ Einflussbereich um das 20. Jahrhundert v. Chr.
- Einflussbereich um das 17. Jahrhundert v. Chr.

Mykenische Palastkultur
- ■ Palast
- ■ andere wichtige Siedlung
- ▲ *Tholos*-Grab
- ▲ Täfelchen mit Linearschrift B
- Einflussbereich um das 14. Jahrhundert v. Chr.
- □ andere mykenische Funde
- ▶ Ausbreitung der mykenischen Kultur ab dem 17. Jahrhundert v. Chr.
- Gebiet, in dem nach dem Vulkanausbruch von Thera 1626 v. Chr. Asche niederging

0 — 100 km
0 — 75 Meilen

RECHTS Auf Kreta legte man in Knossos, Malia, Sakros und Phaistos Überreste von vier großen Palästen frei. Auch in Gournia und Chania gab es vermutlich Paläste, an anderen Grabungsstätten legte man die Fundamente von Städten und Landhäusern frei. Auf dem Festland konzentrierte die mykenische Palastkultur sich auf den nordöstlichen Peleponnes, mit Außenposten in Pylos und Zentralgriechenland. Beide Kulturen trieben Handel und gründeten Kolonien in der Ägäis.

Akrotiri: am Fuß des Vulkans

Im 17. Jahrhundert v. Chr. brach der Vulkan auf der Insel Santorin (Thera) aus. Glühender Ascheregen zerstörte unter anderem Palastgebäude auf Kreta. Ende der 1960er Jahre begann man in Akrotiri, einer unter mehreren Vulkanschichten verborgenen Stadt auf Santorin, mit Ausgrabungen und legte mehrere große öffentliche Gebäude sowie Stadthäuser frei, die einzigartige Einblicke in das Alltagsleben der wohlhabenden ägäischen Städte der späten Bronzezeit gaben. Vermutlich gelangte die Stadt durch Handel zu Reichtum, doch spielte auch Land-

wirtschaft eine Rolle. Mehrere 1000 Menschen lebten in dem rund 20 Hektar großen Ort. Man entdeckte keine Überreste von Menschen und nur wenige Artefakte, woraus Archäologen schließen, dass die meisten Einwohner flohen, bevor die Katastrophe ihren Höhepunkt erreichte. In Linear A verfasste Schriftstücke und minoische Bleigewichte deuten darauf hin, dass Akrotiri im ökonomischen und kulturellen Einflussbereich der Minoer lag. Erhalten gebliebene Wandgemälde der einst blühenden ägäischen Stadt im naturalistischen Stil, von denen einige Inselszenen zeigen (s. S. 80), weisen erstaunliche ikonographische Übereinstimmungen mit Fresken auf Kreta auf ◆

OBEN EINES DER FREIGELEGTEN HÄUSER IN AKROTIRI.

Agäische Palast-kulturen

Zwei Kulturen, die Minoische Kultur auf Kreta und die Mykenische auf dem griechischen Festland, entwickelten sich während der spaten Bronzezeit (ca. 1900–1250 v. Chr.) in der Ägäis. Beide waren hierarchisch strukturierte, politisch komplexe Gesellschaften mit einer Regierung an der Spitze, die von einem architektonisch klar definierten Komplex, dem Palast, aus regierte. Der Palast herrschte über das Umland und diente der regierenden Elite zugleich als Residenz, außerdem kam ihm vermutlich religiöse Bedeutung zu. Manche Forscher glauben, dass die politischen und bürokratischen Strukturen der Palastkulturen sich durch ökonomischen, technischen und sozialen Wandel nach und nach von selbst ausformten. Andere gehen davon aus, dass man Vorbilder aus Ägypten und dem Nahen Osten durch Handelskontakte kennen lernte und übernahm.

Die vier großen kretischen Paläste entstanden kurz nach 2000 v. Chr. und bildeten das Zentrum des wirtschaftlichen, politischen und religiösen Lebens der nach dem legendären König Minos benannten Minoischen Kultur. Alle hatten denselben Grundriss und teilten bestimmte architektonische Merkmale. So gruppierten sich die Gebäude um einen großen rechteckigen Mittelhof. Im Westen erhob sich eine steinerne Fassade, die auf einen Außenhof blickte. Dahinter lagen Vorratsräume, in denen man Korn oder Olivenöl in riesigen Tonkrügen *(Pithoi)* aufbewahrte. Mehrere kleine Schreine reihten sich in der Krypta an der Westseite des Hofs aneinander. Die oberen Stockwerke des auf Terrassenhängen angelegten Palastkomplexes umfassten Empfangshallen und Wohngemächer sowie aufwändig gestaltete Bäder.

Das Mauerwerk bestand aus mächtigen Steinquadern, auch verwendete man häufig Gips und gestaltete die Westfassade besonders schön, um Besucher zu beeindrucken. Die Wände in öffentlichen Bereichen und Regierungsräumen verzierte man mit erlesenen Bildern. Stil und Motive der Fresken wechselten, doch stellte man häufig Szenen aus dem Palastleben dar. Berühmtheit erlangte das Stierspringerfresko aus Knossos, das vermutlich eine Art religiös motivierten, sportlichen Ritus zeigt.

In den Palästen arbeiteten spezialisierte Handwerker sowie Schreiber, die das Verwaltungssystem überwachten. Sie hielten wirtschaftliche oder bürokratische Transaktionen auf Tontafeln fest, von denen viele die Zeiten überdauerten, weil sie durch die Feuerbrünste, die die Paläste zerstörten, gebrannt wurden.

Die Minoer verwendeten eine Hieroglyphenschrift, später dann das Linear A. Beide wurden bis heute nicht entschlüsselt. Die Mykener entwickelten die kretische Linearschrift A weiter und übertrugen sie auf ihre eigene Sprache, eine frühe Form des Griechischen, Linear B genannt.

Lange ging man davon aus, Brände hätten die Paläste um 1450 v. Chr. vernichtet. Nach C-14-Untersuchungen in Thera datierte man die Zerstörung jedoch auf das Ende des 17. Jahrhunderts v. Chr. Einzig der Palast von Knossos wurde wiederaufgebaut und um 1360 endgültig aufgegeben.

Die mykenischen Paläste

Üppig ausgestattete Schachtgräber belegen, dass mächtige Kriegerclans im 16. bis 15. Jahrhundert v. Chr. auf dem griechischen Festland die Herrschaft übernahmen. Später begrub man Angehörige der Oberschicht in Mykene und an anderen Orten in bienenkorbähnlichen Grabkammern, *Tholoi* genannt. Erst im 14. und 13. Jahrhundert v. Chr. kamen Paläste auf, die sich meist auf einem Burgberg, der Akropolis, innerhalb einer Einfriedung aus mächtigen Steinquadern erhob. Der Palast überragte eine Reihe untergeordneter Gebäude. Er umfasste ein großes Megaron, einen rechteckigen Komplex mit Vorbau, Vestibül und Haupthalle mit einem zentralen, kreisförmigen Herd. Dem Megaron gegenüber lag ein von Portiken gesäumter Hof. Diese Bauelemente bildeten den Kern des öffentlichen Bereichs, in dem der Herrscher Würdenträger und Gesandte empfing. Die Residenz befand sich in der Nähe, außerdem gehörten zum Palast Lagerräume, die in Pylos gut erhalten blieben. Als Schriftsystem der Verwaltung diente Linear B, eine Weiterentwicklung der minoischen Linear-A-Schrift ◆

OBEN Dieser goldene Siegelring aus Mykene (2,5 cm lang) zeigt einen Krieger, der drei Angreifer überwindet. Die Mykener schätzten Gold sehr: die ersten Herrscher wurden mit schönen goldenen Totenmasken bestattet; ihre Gräber enthielten fein gearbeitete Gefäße und Waffen, deren Henkel und Griffe sich durch Einlegearbeiten auszeichnen. Kriegs-, Jagd- und Festszenen waren besonders beliebte Motive. Der Stil des Rings ist allerdings typisch minoisch – Ringe aus Kreta waren eher mit Kultbildern von Priesterinnen verziert. Möglicherweise fertigte ein kretischer Goldschmied das Stück für einen mykenischen Herrscher. Die minoische Kunst war hoch entwickelt. Spezialisierte Handwerker schufen innerhalb der Palastmauern Goldarbeiten und die typische mehrfarbige „Kamares"-Keramik, von der man Beispiele im gesamten östlichen Mittelmeerraum entdeckte.

Rivalisierende Reiche in Nahost

Mehrere Reiche stritten während der späten Bronzezeit (ca. 1550–1200 v. Chr.) im Nahen Osten um Macht und Einfluss. Die Hurriter, die einige Jahrhunderte zuvor von Norden her in das Gebiet gezogen waren, gründeten das Reich Mitanni, über das wir nur wenig wissen. Herrscher des Neuen Reiches in Ägypten drangen zu jener Zeit in das Gebiet und in weitere Regionen der Levante vor. Sie wurden wiederum von den Hethitern verdrängt, die aus ihrem anatolischen Kernland nach Süden vorstießen und eine Reihe von Eroberungskriegen führten. Die Hethiter sorgten dafür, dass der Verbund von Städten in Mitanni sich auflöste und unterwarfen weite Teile von Syrien. Dann kämpften sie mit den Ägyptern um die Vorherrschaft über mehrere Kleinstaaten, die sich zwischen den Flüssen Orontes und Euphrat ausdehnten. Die Schlacht von Kadesch (1285 v. Chr.), die unentschieden endete, führte dazu, dass Ägypter und Hethiter einige Zeit später einen Friedensvertrag schlossen. Dann stieg jedoch in Nordmesopotamien mit den Assyrern eine neue Macht auf. Assyrien war zunächst ein Vasallenstaat von Mitanni, befreite sich aber von dessen Kontrolle. Ende des 13. Jahrhunderts reichte sein Machtbereich bis zum Euphrat. Ungeachtet aller Kriege blühte der Handel, und mit den Waren verbreiteten sich kulturelle Einflüsse und neue Technologien.

OBEN Das Löwentor in Hattusa (Boghazköy), der Hauptstadt der Hethiter in Zentralanatolien. Eine gewaltige Zyklopenmauer schloss sich einst um die riesige Stadt, die insgesamt fünf Tempelkomplexe, Palastanlagen und Archive barg.

RECHTS Mit Steintafeln *(Kudurru)* wie dieser vergaben die babylonischen Könige in der späten Bronzezeit Landrechte. Die Steine wurden wie hier oft aufwändig mit Göttersymbolen oder astronomischen Zeichen verziert. Zu jener Zeit herrschte in Babylonien die Dynastie der Kassiten. Wie sie um 1570 v. Chr. an die Macht kamen, bleibt weiter ungeklärt, doch handelte es sich möglicherweise ursprünglich um einen Stamm aus dem Sagros-Gebirge. Die Kassiten blieben stets Fremdherrscher, wurden aber dennoch in ganz Südmesopotamien anerkannt. Sie unterhielten enge Beziehungen zu Ägypten, unter anderem durch eine kluge Heiratspolitik und den Austausch von wertvollen Geschenken.

Die Amarna-Briefe – ein Archiv mit Tontafeln, die an die Pharaonen des Neuen Reiches gerichtet waren – belegen, dass zwischen den bedeutenden Mächten der späten Bronzezeit ein reger diplomatischer Austausch herrschte. Die meisten der in Akkadisch, der Hauptverkehrssprache jener Zeit, verfassten Briefe stammen von Herrschern der Vasallenstaaten Ägyptens in Palästina und Syrien. Die Archive enthalten auch einige Botschaften von Königen anderer großer Reiche im Nahen Osten, etwa Mitanni, Hatti (dem Reich der Hethiter), Assyrien, Babylonien, Arzawa (Westanatolien) und Alaschija (Zypern). Letztere sandten prächtige Gaben als Zeichen ihrer Verbundenheit nach Ägypten oder bemühten sich um Eheschließungen, um Allianzen zu stärken. Die Dokumente machen deutlich, wie Waren, Ideen und Menschen im Nahen Osten ausgetauscht und bewegt wurden.

Kontinuität und Stabilität

Der archäologische Befund legt nahe, dass sich der Einfluss der großen spätbronzezeitlichen Reiche auf ihre Vasallenstaaten in Grenzen hielt. Die Ägypter dehnten ihr Militär- und Verwaltungssystem zwar auf die südliche Levante aus und bauten Garnisonen, Paläste und Tempel in Stilrichtungen, die der örtlichen Kulturtradition fremd waren. In Bethschan und Deir El-Balah entdeckte man Tonsarkophage mit sterblichen Überresten dort stationierter ägyptischer Beamter oder Angehöriger der einheimischen Oberschicht, die sich den Sitten der Ägypter anpassen wollten. Doch im Großen und Ganzen blieben die Städte dieser Region relativ unberührt von äußeren Strömungen, und die herrschenden Eliten übten, nachdem sie sich der ägyptischen Oberhoheit unterworfen hatten, genauso viel Macht

Legende:

um 1500 v. Chr. unter Kontrolle von
- Ägypten
- kassitischen Babyloniern
- Hethitern
- Mitanni

um 1250 v. Chr. unter Kontrolle von
- Assyrien
- Ägypten
- Hethitern
- kassitischen Babyloniern

- assyrisch
- mit ägyptischer Siedlung
- kassitisch babylonisch
- hethitisch
- Mitanni
- levantinischer Vasallenstaat

NIJA frühere Landschaftsbezeichnung
früherer Küstenverlauf

0 ____ 300 km
0 ____ 200 Meilen

Kartenbeschriftungen:

KÜRE-GEBIRGE · Schwarzes Meer · Elyos · Sakarya · PONTISCHES GEBIRGE · Yesil · Çoruh · KASCHKA · Alaca Hüyük · Boghazköy · Kizilirmak · HATTI · Kültepe · Acem Hüyük · ARZAWA · Tuz-see · Arslantepe · Firat · Murat · Wan-see · Botan · LUKKA · TAURUS-GEBIRGE · Göksu · Gök · KIZZUWATNA · Yenice · Ceyhan · AMANUS-GEB. · Karkemisch · MITANNI · Kulischchinasch · Waschukanni · Ninive · Halachu · Schibaniba · Arbil · Alalach · Sabi Abyad · Apku · Kalchu · Kilizu · Kleiner Sab · Ugarit · Emar · Schadikanni · Belich · Tell al-Rimah · ASSYRIEN · Arsuchina · NIJA · Qattuna · Dur-Katlimmu · Kar-Tukulti-Ninurta · ALASCHIJA · Arwad · Qatna · Chabur · Assur · Nuzi · Tigris · AMURRU · Kadesch · Byblos · Mittelmeer · Sidon · Kamid-al-Loz · Litani · SAGROS-GEBIRGE · Tyros · Akko · Hasor · Munchafad ath Tharthar · Mukdadije · Sar-i Pol-i Zohab · Simare · Megiddo · Bethschan · Syrische Wüste · Hit · Tell Muhammad · Khan Bani Sa'ad · Salman Pak · Schechem · Geser · Dur-Kurigalzu · Opis · Jerusalem · KANAAN · Sippar · al-Azizije · Deir El-Balah · Lachisch · Bahr al Mileh · KARDUNIASCH · Tel el-'Ajjul · Tel Sera · Totes Meer · Babylon · Kisch · ELAM · Tell Fara Süd · Borsippa · Nippur · Warka (Uruk) · Larsa · MEERLANDE · Ur · Jarghi · Djala · Euphrat

---

(linke Spalte)

aus wie zuvor. Der König von Megiddo etwa regierte von einem Palast aus, der im ortsüblichen Stil errichtet war. Das Reich Mitanni hinterließ wenig Spuren, sieht man von den typischen, zylindrischen Siegeln und den charakteristischen, elegant bemalten Bechern ab. Die Vasallenkönige in Syrien bauten weiter im Stil früherer Zeiten, Palast und Tempel in Alalach sprechen hier eine deutliche Sprache. Wie es im Kernland von Mitanni aussah, weiß niemand genau. Städte wie Nuzi im Osten vermitteln jedoch einen Eindruck davon, wie wohlhabende Landbesitzer zur damaligen Zeit lebten. Da die Hauptstadt der Hethiter in Hattusa (Boghazköy) und zahlreiche weitere Orte wie Alaca Hüyük, Arslantepe und Karkemisch freigelegt wurden, gibt es aus der Kultur der Hethiter wesentlich mehr Funde. Unter den Hethitern durften syrische Vasallenstaaten wie Ugarit, ein Handelsreich mit prächtigen Bauten und langer religiöser Tradition, ihren lokalen Charakter beibehalten.

Aufstieg und Fall Assyriens

Die Assyrer regierten dagegen als Besatzungsmacht und nicht als weit entfernte, tolerante Herrscher. Auf ihrem Vormarsch ins Gebiet der Hethiter errichteten sie Garnisonen und Grenzstädte wie Sabi Abyad und förderten den Bau von Siedlungen in neu eroberten Regionen wie Dur-Katlimmu. Die assyrische Kultur schlug in diesen Gebieten so feste Wurzeln, dass sie auch dann nicht vollständig verschwand, als sich um 1200 v. Chr. aufgrund der Ägäischen Wanderung das Bild des Nahen Ostens grundlegend veränderte und die Assyrer die Kontrolle über die westlichen Gebiete verloren. Die Feldzüge von Tiglatpileser I. (1114 bis 1076) stoppten den Vormarsch der Seevölker kurzzeitig, doch wenig später umfasste das assyrische Reich nur noch das alte Kernland sowie einige aramäische und neohethitische Königreiche in Syrien und Nordostmesopotamien. Als die Assyrer im 9. Jahrhundert v. Chr. erneut an Einfluss gewannen, nahmen sie ihre alten Garnisonen wieder in Besitz und bauten ihre Siedlungen wieder auf (s. S. 86f.) ◆

(rechte Spalte)

OBEN In der späten Bronzezeit (ca. 1550–1200 v. Chr.) kämpften mehrere große Mächte im Nahen Osten um die Kontrolle über das heutige Syrien, den Libanon, Israel und Jordanien. Zunächst gelang es Ägypten, nach Norden vorzustoßen und dem Reich Mitanni Syrien streitig zu machen. Aus den Amarna-Briefen und anderen Quellen geht hervor, dass Ägypten in der Levante drei Provinzen gründete und Statthalter einsetzte, die den Vasallenkönigen überstellt waren. Danach beherrschten die Hethiter und nach ihnen die Assyrer große Teile der Region und drängten die Ägypter wieder nach Süden zurück. Babylon erlebte nach dem Ende der Dynastie Hammurapis im 16. Jahrhundert v. Chr. einen Niedergang, gewann jedoch unter den Kassiten erneut an Einfluss in Südmesopotamien.

Schwarzes Meer

Adriatisches Meer

DINARISCHE ALPEN

Ezerovo

Ezero

Donja Slatina

Assiros

Scoglio del Tonno

MYKENISCHES GRIECHENLAND

Iolkos

Orchomenos

Gla

Theben

Athen

Mykene

Tiryns

Dendra

Iria

Pylos

Menelaion

Phylakopi

Serraglia

Akrotiri

Ialysos

Lindos

Kas

Ulu Burun

Kap Gelidonia

Chania

Knossos

Kommos

Kreta

Ägäis

Ionisches Meer

Troja

Phokaia

Kolophon

Milet

Beycesultan

Mersin

Tarsus

Wardar

Maritza

Gediz

Menderes

Kizilirmak

Seyhan

Ceyhan

TAURUS-GEB

Tuz-see

Beyşehir-see

Alaca Hüyük

Boğazköy

Kültepe

Arslantepe

Karkemisch

Aleppo

Waschukanni

Euphrat

Alalach

Ugarit

Hamat

Palmyra

Enkomi

Arwad

Zypern

Kition

Kadesch

Paphos

Byblos

Damaskus

Sidon

Tyros

Hasor

Meggido

Bethschan

KANAAN

Jerusalem

Askalon

Lachisch

Gaza

Totes Meer

Syrische Wüste

Mittelmeer

Sanijet Umm el-Racham

SAHARA

Nildelta

Sais

Tanis

Avaris

Heliopolis

Memphis

Herakleopolis

NEUES REICH ÄGYPTEN

Amarna

Sinai-Halbinsel

Abydos

Medinet Habu

Theben

Nil

Rotes Meer

Legende:

■ Ort der Bronzezeit

▫ am Ende der Bronzezeit geplünderter Ort

● Schiffswrack der Bronzezeit

Funde auswärtiger Handelsgüter

▲ Amphoren aus Kanaan

▲ mykenische Keramik

▲ Kupfer aus Zypern

▲ Keramik aus Zypern

▲ Glas aus Kanaan und von der Levante

— wahrscheinliche Handelsroute des Schiffs von Ulu Burun (gegen den Uhrzeigersinn)

⇒ mögliche Herkunft und Wanderung der „Seevölker"

0   300 km

0   200 Meilen

LINKS Das Detail des genannten Flottenfreskos in Akrotiri (s. S. 76) zeigt ein Schiff, das mit eingezogenem Segel und umgelegtem Mast den Hafen verlässt. Der Steuermann betätigt das Ruder, mehrere Seeleute die Riemen. Am anderen Ende des sechs Meter langen Bildes fährt die Flotte in einen anderen Hafen ein und wird von der dortigen Bevölkerung begrüßt. Das Fresko liefert interessante Informationen über Seefahrt und Handel zur Bronzezeit.

Der Handel in der späten Bronzezeit

In der späten Bronzezeit blühte der Fernhandel und prägte alle bedeutenden Mächte im östlichen Mittelmeerraum. Die Archäologen schöpfen ihr Wissen aus Quellen wie den Amarna-Briefen, die viele Details über den Austausch von Luxusgütern aus Gold, Silber, Elfenbein und Ton und über hochwertige Rohstoffe wie Kupfer enthalten. Inschriften in ägyptischen Gräbern geben nicht nur Aufschluss über Gesandtschaften und Gaben fremder Herrscher, sondern enthalten, genau wie einige babylonische Schriften und Texte aus dem Nahen Osten, eine Fülle weiterer Informationen. Sie belegen, dass Handel nicht nur zum Nutzen der Herrscher, sondern auch zugunsten von Kaufleuten und Seefahrern betrieben wurde. Im 12. Jahrhundert v. Chr. erfasste ein tief greifender Wandel den östlichen Mittelmeerraum. Das Reich der Hethiter und die syrischen Stadtstaaten verschwanden, Assyrien und Ägypten wurden zurückgedrängt, die mykenische Kultur erlebte ihren Niedergang. Der Seehandel lag danieder, bis die Phönizier ihn im 10. Jahrhundert neu belebten (s. S. 84f.).

Überall im östlichen Mittelmeerraum fanden Archäologen Hinweise auf einen ausgedehnten Seehandel. Die meisten Waren wurden in zweihenkligen kanaanitischen Amphoren, Tongefäßen mit schmaler Basis und breitem Bauch, transportiert. Man entdeckte zahlreiche dieser Behälter in großen Hafenstädten und Handelszentren wie Ugarit, die ihre Blütezeit während der späten Bronzezeit erlebten. Die größeren *Pithoi* dienten ebenfalls zum Aufbewahren von Gütern. In einem Wrack vor Ulu Burun entdeckte man z. B. einen Behälter mit 18 dicht an dicht gepackten zypriotischen Tongefäßen.

Auf Zypern gewann man Kupfer, weshalb die Insel voll ins Handelsnetz des Mittelmeerraumes integriert war. Kaufleute und Siedler der mykenischen Kultur kamen regelmäßig nach Zypern. Die Küstenstadt Enkomi bildete eine wichtige Zwischenetappe auf dem Weg von der Levante in die Ägäis. Spuren ähnlich intensiver Handelsaktivitäten fand man auch in Kommos im Süden Kretas.

Seeräuber und Invasoren

Zu fast allen Zeiten der Geschichte waren Seeräuber eine konstante Bedrohung für Handelsflotten im östlichen Mittelmeerraum. Sanijet Umm el-Racham, eine Festungsstadt rund 300 Kilometer westlich des Nildeltas, wurde vermutlich erbaut, um Seeleute zu schützen, die von Kreta nach Ägypten segelten. Später verteidigte man von dort aus auch das Nildelta gegen libysche Piraten.

LINKS Der gut ausgeprägte Fernhandel zwischen den großen Reichen im Nahen Osten, Ägypten, Anatolien und der Ägäis führte zum regen Austausch von Rohstoffen und Fertigwaren, die entlang der Küsten über das östliche Mittelmeer verschifft wurden. Die fremdländische Fracht, die man in den 1980er Jahren in einem Schiffswrack vor Ulu Burun entdeckte (s. Kasten), vermittelt einen guten Eindruck von diesem Handel. Die auf dem Meeresgrund liegende Ladung lieferte Archäologen auch Hinweise über die mögliche Route des Schiffes. Funde von Gefäßen und anderen Objekten in Städten und auf Friedhöfen lassen ebenfalls auf Warenwege schließen. Der Austausch, der Güter von Persien und Afghanistan im Osten, Afrika im Süden, Italien im Westen und Mitteleuropa im Norden zusammenführte, endete kurz nach 1200 v. Chr., vermutlich aufgrund der Wanderung der so genannten Seevölker. Sie kamen wahrscheinlich aus dem Norden der Ägäis, einige möglicherweise auch aus Sizilien oder Sardinien.

Unter der Herrschaft Ramses' III. (um 1194 bis 1163 v. Chr.) kam eine neue Gefahr hinzu: Die Seevölker, verschiedene kleinere Völker aus der nördlichen Ägäis und insbesondere von der türkischen Küste, zogen durch den östlichen Mittelmeerraum und veränderten die Landschaft der späten Bronzezeit grundlegend. Die Dorer verübten vermutlich mehrere Überfälle auf mykenische Festungen, darunter einen gut dokumentierten Angriff auf Pylos, und beschleunigten dadurch den Niedergang der Palastkultur auf dem griechischen Festland (s. S. 76f.). Mit einiger Sicherheit überrollten die Seevölker das Reich der Hethiter und zerstörten Küstenstädte wie Enkomi und Ugarit.

Einzig Ägypten widerstand dem Ansturm der Seevölker. Eine Inschrift auf den Wänden im Tempel Ramses' III. in Medinet Habu erinnert an den bedeutenden Sieg und liefert ein recht genaues Bild von den Invasoren. Die Zerstörungen, die sich an vielen Stätten im Nahen Osten recht präzise auf die Zeit um 1200 v. Chr. datieren lassen, zeugen vom Zusammenbruch der großen Reiche in der späten Bronzezeit. Die von nun an herrschenden Seevölker, unter ihnen die Peleset (Philister), läuteten ein neues Zeitalter in der südlichen Levante ein (s. S. 82f.) ◆

Ulu Burun: Unterwasserarchäologie

Im Jahr 1982 entdeckte ein Schwammtaucher ein altes Wrack bei Ulu Burun vor der türkischen Küste. Etwa zwei Jahre später begannen die offiziellen Ausgrabungen an dem auf dem Meeresgrund liegenden antiken Boot. Das Schiff lag in 45 Metern Tiefe, weshalb Taucher höchstens 20 Minuten vor Ort bleiben konnten. Der felsige Grund erschwerte die Arbeiten zusätzlich. Unter der Leitung von George Bass, einem Experten für antike Wracks im Mittelmeerraum, begann ein internationales Team von Unterwasserarchäologen die Stätte zu untersuchen. Rasch erkannte man die Bedeutung des Ortes und forschte dort mehrere Jahre. Mit Hilfe der C-14-Methode datierte man Holz von dem kleinen Teil des Rumpfes, der die Zeiten überdauert hatte, und von weiteren organischen Materialien an Bord und konnte dadurch beweisen, dass das Schiff im 14. Jahrhundert v. Chr. gesunken war. Die Fracht umfasste unter anderem 250 Kupferbarren aus Zypern, anatolisches Zinn, Pistazienharz zur Parfümgewinnung, Ebenholz aus Ägypten, Elfenbein, Straußeneier, Gold- und Silberschmuck, Bronzewerkzeuge und Waffen, Glaswaren und -perlen. Auch fand man persönliche Habe der Seeleute. Man entdeckte eine mit Scharnieren versehene hölzerne Schreibtafel mit Wachsseiten, die vielleicht einem Kaufmann zum Festhalten geschäftlicher Transaktionen dienten. Reste von Mandeln, Feigen, Oliven und Granatäpfeln gehörten wohl zum Proviant der Besatzung. Die Qualität und die Menge exotischer Waren an Bord lassen vermuten, dass die Fracht für einen hohen Herrn bestimmt war. Archäologen nehmen an, dass das Schiff von Nordafrika und Ägypten nach Zypern und in die Levante segelte und überall Ladung an Bord nahm, ehe es, vielleicht auf dem Weg zu einem mykenischen Palast, versank ◆

UNTEN EIN UNTERWASSERARCHÄOLOGE UNTERSUCHT AMPHOREN AM MEERESGRUND.

Philister und Israeliten

Seit jeher interessieren sich Archäologen im Nahen Osten besonders stark für die Ursprünge und die Geschichte von Israeliten und Philistern. Das Alte Testament, das erst Jahrhunderte nach den in ihm beschriebenen Ereignissen verfasst wurde, erzählt, wie die Israeliten, das von Gott auserwählte Volk, unter Moses' Führung aus der ägyptischen Gefangenschaft flohen und das Gelobte Land Kanaan erreichten. Die Bibel berichtet auch, dass die Philister damals bereits die Küstenebenen der südlichen Levante bewohnten und sich gegen die Expansion der Israeliten zur Wehr setzten. Obwohl die Begebenheiten erst viele Jahrhunderte später schriftlich festgehalten wurden, meinen viele gläubige Juden und Christen, jedes in der Heiligen Schrift erwähnte Ereignis habe sich genau so zugetragen. Archäologen haben festgestellt, dass Israeliten und Philister zwischen 1200 und 1000 v. Chr. während der Ägäischen Wanderung der Seevölker (s. S. 80f.) in den östlichen Mittelmeerraum zogen. Eine Gruppe, die Peleset, ließ sich im Gazastreifen und der südlichen Levante nieder. Ihr Gebiet taucht im Alten Testament unter dem Namen Philistia auf. Die Israeliten scheinen um die gleiche Zeit aus einer Reihe von kleinen Dorfgemeinschaften mit ähnlichen Kulturmerkmalen im zentralen Hügelland des Jordan hervorgegangen zu sein. Kanaanitische Traditionen lebten indessen in einigen südlicher gelegenen Regionen wie Megiddo fort, vor allem jedoch bei den Phöniziern an der libanesischen Küste (s. S. 84f.). Die Ägypter unterhielten tief im Süden noch einige Garnisonen.

UNTEN Tongefäße der Philister (12. bis 11. Jh. v. Chr.) aus Askalon und Aschdod. Die typische Gebrauchsware war mit geometrischen Mustern und vogelähnlichen Motiven verziert und in der Regel polychrom. Man fand sie überall in der südlichen Levante. Andere Stücke entdeckte man jenseits des Gebietes der Philister, vermutlich aufgrund von Handel. Da die Gefäße mykenischer Ware (s. S. 76f.) ähneln, glauben viele Archäologen, dass die Peleset ursprünglich aus der Ägäis kamen, eine Annahme, die von weiteren Fakten gestützt wird. Ausgrabungen in Tell Miqne, dem biblischen Ekron, förderten ein großes öffentliches Gebäude mit kreisförmigem Herd im Zentrum zutage, ein typisches Merkmal ägäischer Kulturen.

Der Bibel zufolge lebten die Philister in fünf großen Städten: Askalon, Aschdod und Gaza an der Küste sowie Ekron und Gath im Landesinnern. Archäologische Grabungen belegen eine einheitliche Kultur für diese Orte und eine Anzahl weiterer Stätten in der Region. Vieles spricht dafür, dass es sich bei den Philistern um eine Eliteschicht handelte, die über die ortsansässige Bevölkerung herrschte. Die Tongefäße der Philister waren zum Beispiel überaus fein gearbeitet, das Geschirr der einfachen Leute erinnert dagegen deutlich an die kanaanitische Keramik der späten Bronzezeit.

Die frühen Israeliten

Archäologen haben eine Reihe typischer Merkmale herausgearbeitet, die Ende des 2. Jahrtausends v. Chr. mehrere kleine Hochlanddörfer westlich des Jordantals verbanden. Die Siedlungen bestanden meist aus Vierraumhäusern. In Gebrauch waren vor allem Gefäße in der Form eines Krugs mit verdicktem, kragenförmigem Rand. Die Menschen hielten keine Schweine – ein klarer Bruch mit der kanaanitischen Tradition. Auf dem Berg Ebal und anderen Hügeln der Region existierten offene Kultstätten, an einer fand man die Bronzefigur eines Stieres.

Diese Charakteristika passen zur Geschichte der Besiedlung des Raumes durch die aus Ägypten geflohenen Israeliten, die im biblischen Buch der Richter erzählt wird. Allerdings gab es Vierraumhäuser und Krüge mit verdicktem Rand auch an anderen Orten in der südlichen Levante. Vermutlich wurde hier einfach die kanaanitische Tradition fortgesetzt und ergänzt; äußere Einflüsse sind eher unwahrscheinlich. Möglicherweise verließen Viehhirten in der späten Bronzezeit größere Stadtstaaten, um Steuerpflichten und politische Kontrolle zu umgehen, und gründeten dauerhafte Siedlungen, als die Reiche zusammenbrachen. Es könnte aber auch sein, dass Flüchtlinge (in Keilschrifttexten jener Zeit *Habiru* genannt) vor spätbronzezeitlichen Machthabern ins Hügelland flohen.

Die jüdischen Königreiche

Diese Siedlungen bildeten das Fundament der Gesellschaften, aus denen sich die frühen jüdischen Königreiche entwickelten. Die Bibel erzählt, wie israelitische Stammesväter, etwa Saul, lokale Widerstände überwanden und die Herrschaft übernahmen. Um 1000 v. Chr. schloss König David die Kleinstaaten zu einem Reich zusammen. Der Bau des Ersten Tempels, den Salomo in Jerusalem errichten ließ, ist ebenfalls als politische Maßnahme zu verstehen, da die Priester die Autorität der weltlichen Macht stützten. Die Überreste des Tempels sind tief im Tempelberg verborgen. Salomo gründete auch Siedlungen in der Provinz, etwa in Hasor, Megiddo und Lachisch, wo man starke Befestigungsmauern und dreiteilige Stadttore aus jener Zeit fand.

Als Salomo 922 v. Chr. starb, zerfiel das Reich in zwei Hälften, Israel mit der Hauptstadt Samaria im Norden und Judah mit Jerusalem im Süden. Das nördliche Königreich kämpfte lange mit inneren Schwierigkeiten. Ausgrabungen in Samaria, Jesreel und in anderen Zentren förderten große Paläste mit dicken Mauern, Lagerräumen und Verwaltungseinrichtungen zutage. In Samaria entdeckte man zahlreiche *Ostraca* (kurze, mit Tinte auf Tonscherben geschriebene Dokumente) und erlesene Einlegearbeiten aus geschnitztem Elfenbein. Die Bibel berichtet tatsächlich von einem Elfenbeinhaus in der Hauptstadt Israels. Wichtige Zentren wie Megiddo wurden als Militärlager neu errichtet.

Im Süden fand man ähnliche Konstruktionen. Zwar sind in Jerusalem kaum Ausgrabungen möglich, doch andere Stätten werfen ein Licht auf die Bautätigkeit Judas. In Ramat Rahel stand eine königliche Residenz, in Lachisch ein Verwaltungsgebäude, in der Negev gab es mehrere befestigte Garnisonen. Auf Reste von Mauern, Straßen und Häusern schlichterer Siedlungen stieß man unter anderem in Tell Beit, Mirsim, Tell el-Batasch und Beerscheba ◆

RECHTS Die südliche Levante umfasst ein kleines Gebiet mit einer eindrucksvollen landschaftlichen, ökonomischen und kulturellen Vielfalt. Die kanaanitischen Traditionen der späten Bronzezeit wurden von den Phöniziern an der Nordküste und Städtebauern im Landesinnern fortgesetzt. Die Philister, Neuankömmlinge aus dem Süden, übernahmen kanaanitische Kulturelemente, während die Israeliten im zentralen Hügelland ihnen neue Gestalt gaben.

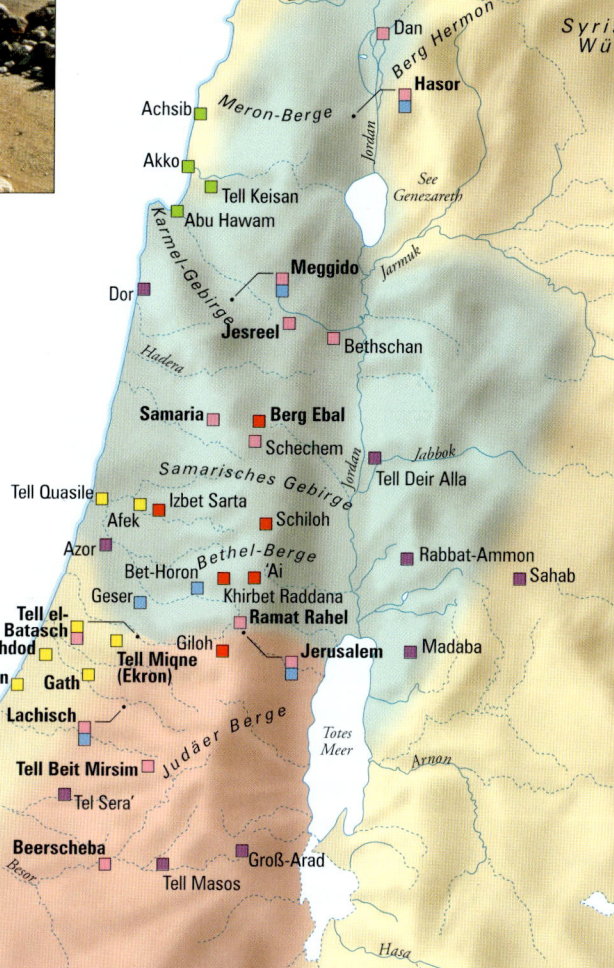

■ Ort der Phönizier
■ Ort der Philister
■ früher Ort der „Israeliten"
■ Stadt des geteilten Reichs
■ nachweisliches Bauprojekt Salomons
■ anderer Ort der frühen Eisenzeit
■ Königreich Israel 920–721 v. Chr.
■ Königreich Juda 920–587 v. Chr.

0   60 km
0   40 Meilen

Das Phönizische Reich

Während der Eisenzeit (1. Jahrtausend v. Chr.) bewohnten die Phönizier einen schmalen, aber fruchtbaren Landstreifen zwischen den libanesischen Bergen und dem Mittelmeer, also in etwa das Gebiet des heutigen Libanon. In der Bronzezeit waren die hier siedelnden Menschen Teil der kanaanitischen Kultur der Levante; erst um 1200 v. Chr. entstand eine eigenständige phönizische Kulturtradition. Die Phönizier fühlten sich vermutlich in erster Linie einer bestimmten Stadt wie Sidon, Tyros oder Byblos zugehörig. Das Wort *phoenix*, aus dem sich die Bezeichnung Phönizier herleitet, taucht erst in griechischen Texten des 8. Jahrhunderts v. Chr. auf und meint „purpurrot". Ein ähnlicher Begriff, *po-ni-ki-ja* (rot), findet sich auf Linear-B-Tafeln des mykenischen Griechenland und bezieht sich auf eine Hauptaktivität der Phönizier: das Färben von Stoffen.

Die Höhen des Libanon waren reich an Holz, insbesondere von Zedern, einem wertvollen Handelsgut im antiken Nahen Osten (s. S. 70f.). An einigen Stellen ziehen sich die Berge bis dicht ans Wasser, auch zergliedern zahlreiche Flüsse die Küstenebene, so dass die Kommunikation auf dem Landweg sich von jeher schwierig gestaltete. Deshalb entstanden zahlreiche kleine, unabhängige Stadtstaaten, und die in der Region lebenden Menschen verlagerten ihre Aktivitäten aufs Meer. Sie errichteten Handelsorte auf Felsvorsprüngen direkt am Meer oder auf kleinen Inseln vor der Küste, die sich gut verteidigen ließen.

Durch die Wanderung der Seevölker kam der Handel um 1200 v. Chr. im östlichen Mittelmeerraum weitgehend zum Erliegen. Nach und nach erholte er sich aber, denn auf Zypern, in Gräbern in Salamis und Paphos, entdeckte man typisch phönizische Gefäße in großer Zahl. Im 10. Jahrhundert v. Chr. existierte an der Südküste von Zypern in Kition eine phönizische Kolonie (der Name Kition leitet sich wie Karthago von dem phönizischen Begriff für „Neue Stadt" ab). Die Phönizier bauten zu-

nächst Handelskontakte zu kleinen griechischen Gemeinden wie Lefkandi auf Euböa auf (s. S. 90). Kommos auf Kreta gehörte ebenfalls zu den wichtigen Umschlagplätzen. Hier entdeckte man neben phönizischen Keramiken drei nacheinander errichtete phönizische Tempel, der älteste entstand um 900 v. Chr.

Begabte Handwerker

Die Phönizier waren für ihre hochwertigen Handwerkserzeugnisse bekannt und entwickelten die während der Bronzezeit im Nahen Osten begründeten Traditionen weiter. Unter anderem schufen sie erlesene Elfenbeinschnitzereien zum Verzieren von Möbelstücken. Auf ihrem Gebiet fand man allerdings nur wenige dieser Stücke, viele dagegen im assyrischen Palast von Nimrud, weitere in Samaria, der neohethitischen Stadt Zincirli in Syrien sowie in Salamis auf Zypern, in Tas Silg auf Malta, Karthago, Tharros und sogar in Spanien. Phönizische Handwerker fertigten auch schöne Bronzestatuetten. Bei diesen Arbeiten, z.B. eine Gruppe vergoldeter Votivstatuen aus Byblos, knüpften sie klar an bronzezeitliche Traditionen an. Die dargestellten Sujets spiegelten ägyptische Einflüsse wider und beschränkten sich im Wesentlichen auf strafende Götter, Götter auf dem Thron und weibliche Figuren. Statuetten aus dem 1. Jahrtausend v. Chr. aus den phönizischen Kolonien auf Sizilien, Sardinien und in Spanien, weisen vielfältigere For-

RECHTS Diese schöne phönizische Elfenbeinschnitzerei aus der am Tigris gelegenen Ruinenstätte Nimrud weist starke ägyptische Einflüsse auf.

UNTEN Die Phönizier begannen im 10. Jahrhundert v. Chr. im östlichen Mittelmeerraum Handel zu treiben. Im 8. Jahrhundert v. Chr. dehnten sie ihre Aktivitäten immer weiter nach Westen aus. Um die Nachfrage des Assyrischen Reiches (s. S. 86f.) nach Luxusgütern zu befriedigen, beuteten phönizische Händler die Kupfer- und Silbervorkommen auf Zypern, Sardinien und in Spanien aus. Zwischenhandelsstationen machten sie zu Häfen. Dabei stießen sie zunächst nur auf geringen Widerstand. Auf Sizilien und in Italien bekamen sie allerdings die Konkurrenz der Griechen zu spüren (s. S. 90f.). Von ihren Kolonien in Utica, Karthago und Hadrumetum kontrollierten sie die Straße zwischen Sizilien und Nordafrika und schützten so ihre Handelsroute nach Westen. Phönizische Seefahrer segelten an der afrikanischen Atlantikküste südwärts, nordwärts vielleicht sogar bis Großbritannien.

Duero
Tajo
Guadiana
Guadalquivir
Kupfer, Getreide, Eisen, Silber und Zinn von der Iberischen Halbinsel
Huelva
Carmo
Sexi
Asta Regia (Tartessos?)
Gadir
Malaca
Abdera
Carteia
Tingis
Abila
Lixus
Rusaddir
Bauholz aus Marokko
Oum er-Rbia
Muluch
Mogador
Gold, Elfenbein und Sklaven aus dem tropischen Afrika

men auf. An vielen Grabstätten im westlichen Mittelmeerraum fand man bronzene Votivmesser aus dem 7. bis 2. Jahrhundert v. Chr. Offensichtlich handelte es sich um hochwertige Prestigeobjekte für religiöse Rituale. Auch phönizische Gefäße aus Gold, Silber oder Bronze mit aufwändigem Dekor gehörten zu den überall in der antiken Welt verbreiteten Luxusgütern. Beispiele förderte man in Nimrud (Assyrien), Amathus und Idalion (Zypern), in Olympia (Griechenland) und an etruskischen Stätten in Italien, vor allem in Palestrina, zutage.

Das Alphabet

Autoren wie Herodot und Plinius d. Ä. schrieben die Erfindung des Alphabets den Phöniziern zu. Wir wissen heute, dass das älteste Alphabet zwischen 1400 und 1200 v. Chr. in Syrien und Palästina im Königreich Ugarit entstand. Um 1000 v. Chr. verwendeten die Phönizier eine vereinfachte Form des Alphabets. Dies belegen Grabinschriften, etwa auf dem Sarg von Ahiram, dem König von Byblos, aber auch Inschriften auf Bronzewaffen. Das griechische Schriftsystem entwickelte sich im 8. Jahrhundert v. Chr. aus der phönizischen Alphabetschrift, später entstand hieraus das römische Alphabet, die Grundlage der westeuropäischen Schriftsysteme ◆

Karthago: Phönizische Kolonie

Karthago (phön. *Kart-Hadasht*, „Neustadt"), die Heimat der legendären Königin Dido, ist die berühmteste der westlichen oder punischen Kolonien Phöniziens. Griechischen und lateinischen Quellen zufolge wurde sie um 814 bzw. 813 v. Chr. gegründet; die ältesten Überreste stammen jedoch aus dem 8. Jahrhundert v. Chr. Die Stätte, die auf einer dreieckigen Halbinsel zwischen der Lagune Sebkhet er-Riana im Norden und Tunis im Süden liegt, ließ sich gut verteidigen und bot einen sicheren Hafen für Schiffe, die von Phönizien nach Spanien segelten. Grabungen erbrachten den Beleg für die phönizischen Ursprünge Karthagos. Die Akropolis (Byrsa), die von einer umfangreichen Befestigungsanlage geschützt wurde, bildete den Mittelpunkt der Stadt. Auf dem Gipfel stand ein der phönizischen Gottheit Eshmun geweihter Tempel, zu seinen Füßen lag der Hauptplatz. Karthago stieg zum Zentrum des

Seehandelsreiches auf, weshalb man später einen künstlichen Hafen *(Cothon)* an der Südseite der Halbinsel baute. Er umfasste rechteckige Kaianlagen für Handelsschiffe und eine kreisförmige Anlegestelle für Kriegsschiffe. In der Stadt wurden zahlreiche Friedhöfe freigelegt, die Erdgräber mit reichen Beigaben bargen. Im *Tophet*-Heiligtum von Salammbo verbrannte man zu Ehren des Gottes Baal Hammam Kinder und errichtete an diesen Stellen Grabstelen *(Cippae)* ◆

RECHTS GLÄSERNER ANHÄNGER IN DER FORM EINES KOPFES AUS KARTHAGO (4,5 CM HOCH).

Map labels

PYRENÄEN · Ebro · APPENNIN · DINARISCHE ALPEN · BALKAN-GEB. · KÜRE-GEB. · Kizilirmak · Tuz-see · TAURUS-GEB. · Zincirli

Korsika · Praeneste (Palestrina) · Getreide und Silber aus Sardinien · Blei, Marmor und Wein von den Balearen · Palma · Mago · Tharros · Sardinien · Ebusos · Balearen · ...centum · Sulcis · Caralis · Nora · Panormos · Soluntum · Motya · Sizilien · Lefkandi · Olympia · Rhodos · Salamis · Idalion · Kition · Ugarit · Arwad · Rusuccurru · Hippo Diarrhytos · Kerkuane · Amathus · Paphos · Byblos · Cartenna · Hippo Regius · Utica · Cossyra · Kupfer, Marmor und Bauholz aus Algerien · Karthago · Hadrumetum · Leptis Minor · Tas Silg · Malta · Kommos · Kreta · Zypern · Sidon · Berytus · Tyros · Sarepta · Thapsos · Acholla · Usilla · Athlit · Achseph · Farbstoffe, Getreide und Olivenöl aus Tunesien · Girba · Mittelmeer · Farbstoff, Glas, Metallarbeiten, Textilien aus Phönizien · Sabrata · Oea · Leptis Magna · Jerusalem · Gaza · Gold, Elfenbein und Sklaven aus dem tropischen Afrika · Gold und Sklaven aus dem tropischen Afrika · Sinai-Halbinsel · Nil · Rotes Meer · SAHARA

Legende

- ab dem 2. Jahrtausend v. Chr. bestehende kanaanitische Stadt der Bronzezeit
- im 11.–9. Jahrhundert v. Chr. gegründete phönizische Kolonie oder Handelsposten
- im 8.–6. Jahrhundert v. Chr. gegründete phönizische Kolonie oder Handelsposten
- andere phönizische Fundorte
- phönizische Ausdehnung 11.–6. Jahrhundert v. Chr.
- phönizisches Kernland
- Küste unter phönizischem Einfluss bis zum 6. Jahrhundert v. Chr.
- Küste unter griechischem Einfluss bis zum 6. Jahrhundert v. Chr.
- phönizische Handelsroute

0 — 600 km
0 — 400 Meilen

Das Assyrische Reich

Es dauerte einige Zeit, bis Assyrien sich von den politischen und wirtschaftlichen Umwälzungen erholte (s. S. 78f.), die am Ende der Bronzezeit den gesamten Nahen Osten erschüttert hatten. Lange beschränkte sich sein Einfluss auf das Kernland rund um Assur und Ninive am Tigris, doch Ende des 10. Jahrhunderts v. Chr. dehnte sich das Reich wieder nach Westen bis zum Euphrat aus. Die Expansion erreichte Mitte des 9. Jahrhunderts v. Chr. unter Assurnasirpal II. und Salmanassar III. ihren Höhepunkt, dann jedoch kam es zu inneren Machtkämpfen, die ein weiteres Vordringen verhinderten. Mitte des 8. Jahrhunderts waren sie überwunden, und es begann eine neue Phase der Eroberungen. Um 650 v. Chr. dehnte sich dasAssyrische Reich von Elam und Babylonien im Südosten bis nach Anatolien im Westen aus und umfasste die gesamte Levante sowie Teile Ägyptens. Jedoch waren die Assyrer ständig damit beschäftigt, Aufstände niederzuschlagen und Grenzstreitigkeiten auszuräumen. In Ägypten vermochten die Assyrer sich nur kurz zu halten. Ende des 7. Jahrhunderts v. Chr. brach ihr Reich unter dem Ansturm der Meder, Skythen und Babylonier zusammen.

Einige der bedeutendsten assyrischen Könige, darunter Tiglatpileser, Sargon II., Sanherib, Asarhaddon und Assurbanipal, werden in der Bibel erwähnt, die ausführlich von ihrer grausamen Herrschaft berichtet. Ebenfalls festgehalten ist darin, welche Städte sie plünderten und welche Strafen sie über aufständische Untertanen verhängten. Gleichzeitig errichteten sie jedoch Paläste, die ihresgleichen im Nahen Osten suchten, und gaben bei Handwerkern in eroberten Gebieten Kunstwerke wie die phönizischen Elfenbeinverzierungen in Auftrag, die zum Beispiel den berühmten Palast von Nimrud (Kalhu, das biblische Calah) schmückten.

Große Bauprojekte

Um 1840 begann man die großen Bauwerke der assyrischen Könige freizulegen. Der britische Archäologe Austen Henry Layard grub in Nimrud und Ninive und machte die Welt auf die Hinterlassenschaften der Assyrer aufmerksam. Diese verlegten mehrfach ihre Hauptstadt: von Nimrud nach Chorsabad (Dur-Sharrukin) und dann nach Ninive, wo nach dem Wiederaufbau durch Sanherib im 8. Jahrhundert v. Chr. 100 000 Menschen lebten. Ein System von Dämmen und Kanälen leitete Trinkwasser von Bergflüssen in die Städte, die hinter dicken Mauern lagen. Die Einwohner wurden mit Nahrung und anderen Waren aus der Provinz versorgt.

Palastbezirke

Archäologische Untersuchungen haben bisher zwar nur wenig über den Alltag der einfachen Stadtbewohner aufgedeckt, dafür wissen wir heute jedoch umso mehr über die Strukturen der Regierung. Die königlichen Paläste und Haupttempel lagen in einem eingefriedeten Bereich, das Militär und das Arsenal waren in einem anderen Komplex untergebracht. Beide hatten die Größe einer Kleinstadt und befanden sich innerhalb der Stadtmauern.

In die Paläste gelangte man durch mächtige Portale, vor denen riesige Statuen von geflügelten Stieren mit Menschenköpfen Wache hielten. Die Paläste bildeten eine Welt für sich. Die öffentlichen Bereiche, in denen der König Audienzen abhielt und die Beamten ihren Dienst versahen, waren von den privaten Gemächern der königlichen Familie und den Arbeits-

UNTEN Reliefs an den Wänden assyrischer Paläste verherrlichten die Taten und Aufgaben des Herrschers. Sie stellten ihn als Heerführer dar, der die Grenzen des Reiches weiter ausdehnte, als Bewahrer des Friedens, der für Ruhe und Harmonie sorgte, und betonten seine rituellen Pflichten, die ihn zum Garanten der kosmischen Ordnung erhoben. Schutzgeister mir vier Flügeln tauchen in der assyrischen Kunst häufig auf. Dieser assyrische Herrscher hält in seiner Hand einen Zapfen (zum Befruchten von Dattelpalmen), der für Fruchtbarkeit und Erneuerung der Welt steht.

Gebiet um 850 v. Chr. unter assyrischer Kontrolle
Gebiet um 710 v. Chr. unter assyrischer Kontrolle
assyrische Gebietsgewinne bis 650 v. Chr.
■ Stadt mit Palast
■ assyrische Provinzhauptstadt
■ andere Stadt unter assyrischer Kontrolle
■ nicht von Assyrien kontrollierte Stadt
▲ Stele oder Steinrelief 890–824 v. Chr.
▲ Stele oder Steinrelief 744–705 v. Chr.
▲ Stele oder Steinrelief 704–627 v. Chr.
▢ früherer Küstenverlauf

0 ——— 300 km
0 ——— 200 Meilen

OBEN Das Assyrische Reich dehnte sich über das mesopotamische Kernland hinaus aus und umfasste auf dem Höhepunkt seiner Macht schließlich den gesamten Nahen Osten vom Bergland des Westirans bis zur Mittelmeerküste sowie Teile Ägyptens. Die Eroberungszüge waren das Werk einzelner Herrscher, doch bedurfte es auch bestimmter politischer Voraussetzungen, um die Expansionsvorhaben durchzuführen. Die eindrucksvollsten Landgewinne verzeichneten die Assyrer in der ersten Hälfte des 9. Jahrhunderts v. Chr. sowie in der Zeit zwischen 745 und 650 v. Chr.

und Wohnstätten der Dienerschaft getrennt. Dekorative Alabasterreliefs zierten die Wände der Räume und Korridore. Sie zeigten meist Schlacht-, Jagd- oder Hofszenen. Die Tempel des Assyrischen Reiches waren mit aufwändigen Reliefs geschmückt. Die Bronzeplatten des berühmten Tempelportals von Balawat erinnern beispielsweise an die Siege von König Salmanassar III. Die Arsenale umfassten neben Exerzierplätzen und Waffenkammern auch prunkvolle Paläste und Büroräume der Heerführer.

Kriegsgewinne

Die Großprojekte wurden mit Steuergeldern, Tributzahlungen und Kriegsbeute finanziert. Unterworfene Völker deportierte man nach Assyrien und zwang sie, Tempel und Paläste zu errichten. Handwerker mussten Elfenbein- und Metallarbeiten, Stoffe und andere Luxuswaren für den Hof fertigen. Andere Kriegsgefangene siedelte man in neu gegründeten Bauerndörfern in Assyrien oder den Provinzen an, wo sie Versorgungsgüter für die Hauptstadt und regionale Zentren anbauten. Wieder andere traten als Hilfskavallerie oder Fußsoldaten in den Dienst des assyrischen Heeres. Die biblische Geschichte von den zehn versprengten Stämmen Israels basiert auf einer solchen Zwangsdeportation von Menschen aus dem Königreich Samaria (s. S. 82f.).

Die Assyrer regierten die eroberten Gebiete von Verwaltungszentren in der Provinz aus. In Syrien übernahmen sie bereits existierende Strukturen der Hethiter und Aramäer. In Israel entdeckte man bei Grabungen jedoch große Gebäude mit dem typischen Grundriss assyrischer Paläste. In einigen Fällen, etwa in Ajjelet ha-Schahar bei Hasor, beherbergten sie vermutlich hohe assyrische Regierungsbeamte. In Tell Miqne errichtete der einheimische Herrscher, ein Vasall des assyrischen Königs, selbst einen prunkvollen Palast im Stil der neuen Machthaber. In Lachisch fand man Reste einer ehemaligen assyrischen Belagerungsrampe. Die Einnahme dieser Stadt gehört zu den am besten dokumentierten Ereignissen in der Geschichte des Nahen Ostens ◆

Qarjat al Fau

Rotes Meer

R u b   a l   C h a l i

Dhofar

Khor Rori

Farasan-Inseln

Nadschran

al-Dschol

Dahlak-Inseln

MAIN

Wadi Hadramaut

as-Sauda   Qarnawu

AKSUM

Baraqisch

Adulis

SABA   Marib

Hureida   Raybun

Ramlat as Sabatayn

HADRAMAUT

Schabwa

QATABAN   Timna

Hadschar Ibn Humeid

Zafar

AUSAN

Kana (Qana)

Muza

HIMJAR

Sabr

Öcelis   Aden

Abbe-See

Golf von Aden

Sokotra

Awash

Mundus

Webbe Shibeli

🟥	Hauptstadt eines südarabischen Staats
🟦	Hafen
☐	andere Siedlung
🟩	Verbreitung von Weihrauch
⬜	Verbreitung von Myrrhe
	Salzquelle
—	Handelsroute

0   300 km
0   200 Meilen

Alexandria   An Nadschaf
Gaza
Petra   al-Jawf
Thaj   al-Katif   ed-Dour
Medain Sale   Taima
Qift   Medina   Sohar
Berenice   Mekka

Gebiet aus Hauptkarte
ersichtlich

🟨 Siedlung an Handelsroute
— Handelsroute

Marib: ein antiker Staudamm

Wenn sich über den Jemenitischen Bergen der Monsunregen ergießt, fließt das Wasser in reißenden Strömen über die sonst trockenen Osthänge ins Tal. Über 4000 Jahre lang verstanden es die Bauern des Gebiets, die Wassermassen während der Regenzeit aufzufangen und sie zur Bewässerung ihrer Felder während der Dürremonate zu nutzen. Sie entwickelten dabei immer komplexere Techniken, die ihren Höhepunkt mit dem Bau eines mächtigen Staudamms bei Marib, der Hauptstadt der Sabäer, erreichten. Er wurde an einer schmalen Stelle des Tals errichtet,

um das Wasser abzuhalten. Zwei steinerne Schleusen leiteten es zum Teil durch ein Netz langer Kanäle auf Felder stromabwärts. Während der Blütezeit der Stadt konnten dank des Staudamms Zehntausende von Menschen in Marib leben. Er brach in der Antike mehrfach, wurde aber wieder aufgebaut. Die heute sichtbaren Reste stammen überwiegend aus dem 4. Jahrhundert. Angeblich führte der letzte, verheerende Dammbruch im Jahre 570 dazu, dass die ortsansässigen Stämme schließlich in andere Teile Arabiens, vor allem in den Oman, abwanderten, wo ihre Nachfahren heute noch leben. Jedenfalls folgte auf die Katastrophe der Niedergang der südarabischen Städte am Wüstenrand ◆

OBEN RUINEN DER ALTEN SCHLEUSE AM STAUDAMM VON MARIB.

Südarabien

Saba oder Sheba, der heutige Jemen im Südwesten der Arabischen Halbinsel, war in der Antike im gesamten Nahen Osten für seine Reichtümer bekannt. Die Bibel spricht von Weihrauch, Gold und kostbaren Gütern, welche die Königin von Saba Salomo schenkte, und eine assyrische Inschrift von ca. 800 v. Chr. berichtet von einer Karawane sabäischer Kaufleute, die Weihrauch, Eisen und andere Waren transportierte. Griechische und römische Autoren kannten Saba als Quelle von Weihrauch und Myrrhe. Saba war das bekannteste unter einer Reihe kleiner Königreiche im Süden der arabischen Halbinsel, die vom Seehandel sowie von den Karawanenstraßen in ihren Gebieten profitierten.

Im Südwesten der Arabischen Halbinsel verläuft eine Gebirgskette parallel zum Roten Meer. In der Region, die aufgrund von Monsunregenfällen sehr fruchtbar ist, fanden Archäologen Hinweise auf Terrassenbau im 3. Jahrtausend v. Chr. Kleine, von Mauern umschlossene Städte bildeten die Basis für fortschrittlichere Gesellschaften während der Eisenzeit, die im 1. Jahrtausend mit dem Aufstieg der Himjaren zu höchster Blüte gelangten. Die trockeneren östlichen Ausläufer der Berge gehen allmählich ins karge Gebiet des „Leeren Viertels" über. Um 2500 v. Chr. begann man die Tieflandregionen zu bewässern. Zunächst leiteten die Bauern Wasser durch Dämme auf ihre Felder, später bauten sie Wehre mit Schleusen und Kanälen (s. Kasten).

In dieser Gegend entwickelte sich im 1. Jahrtausend v. Chr. das Königreich Saba. Tempel und andere Bauten erinnern an die Anfänge staatlicher Organisation, Inschriften auf Felsen geben einen groben Überblick über die Beziehungen von Saba zu benachbarten Königreichen wie Main, Qataban oder Ausan. In dieser Zeit führten die kleinen, unabhängigen Reiche ständig Kriege, um die Kontrolle über das Gebiet und die Karawanenstraßen zu erlangen und vom einträglichen Weihrauchhandel zu profitieren.

Süße Düfte

Weihrauch und Myrrhe sind Duftharze, die aus verschiedenen Pflanzen der Familie *Burseraceae* gewonnen werden. Diese gedeihen an den Bergen von Hadramaut im östlichen Jemen und in Dhofar (heute Oman). Durch Einschnitte an den Pflanzen tritt Wundsaft – das Harz – aus, das durch Luftkontakt kleine, hellgelbe oder rötliche Körnchen bildet. Duftstoffe wurden in der Antike für religiöse Zere-

LINKS Die südarabische Kultur entwickelte sich entlang der Handelsrouten, welche die Region in der Antike mit dem Nahen Osten, dem östlichen Mittelmeerraum, Ostafrika, dem Persischen Golf und Indien verbanden. Der Weihrauchhandel – und der Kampf um die Kontrolle der Karawanenstraßen – prägte die politische und ökonomische Geschichte der Region und brachte die Menschen in Kontakt mit kulturellen Einflüssen der Mittelmeerwelt. Die Königreiche im Landesinnern waren vom Handel und der Wasserzufuhr für ihre Felder abhängig. Als beide Quellen Anfang des 1. Jahrtausends versiegten, gewann die Küstenregion wieder an Einfluss.

UNTEN Dekorierter Weihrauchbehälter aus Schabwa (3. Jh.). Ab dem 1. Jahrtausend v. Chr. nutzte man auf den südarabischen Karawanenstraßen vor allem Kamele als Lasttiere um Weihrauch und andere wertvolle Güter zu transportieren.

monien und zum Einbalsamieren verwendet und standen daher im Nahen Osten und im Mittelmeerraum hoch im Kurs. Auch benutzte man sie für Arzneien, Parfüm sowie Kosmetika und aromatisierte mit ihnen Wein. Ende des 1. Jahrtausends v. Chr. intensivierte sich der Handel – und mit ihm die Rivalitäten zwischen den Königreichen –, weil die Nachfrage in Rom stetig zunahm.

Die Karawanen, die Weihrauch und andere Güter von der Küstenebene nach Norden bringen sollten, mussten zunächst an den Jemenitischen Bergen und dem Rand des „Leeren Viertels" entlang nach Westen ziehen. Am nördlichen Ende dieser Strecke lag die arabische Stadt Nadschran, ein wichtiger Kreuzpunkt, von dem die Karawanen entweder den Weg nach Nordwesten zum Mittelmeer einschlugen oder sich nach Nordosten zum Irak und zum Persischen Golf wandten. An dieser Route legte man bei Qarjat al Fau eine antike Karawanserei frei.

Wer die Karawanenstraßen kontrollierte, konnte Steuern von Kaufleuten und Kameltreibern verlangen und Zölle auf Waren erheben. Ein Teil des Gewinns floss in Großprojekte wie die Tempel von Mahram Bilqis und Awwam bei Marib, den Palast von Timna, den Tempel von Sirwah und andere Monumentalbauten, die erahnen lassen, welch hohe Summen die ortsansässigen Herrscher einnahmen.

Die Handwerker und Künstler der Region entwickelten einen eigenen Stil, der Einflüsse von Handel treibenden Regionen aus dem Mittelmeerraum aufgriff.

Der Seehandel

Grabungen in Sabr bei Aden haben ein Lager mit Elefantenstoßzähnen, Kupfer und anderen Gütern aus der Zeit um 1200 v. Chr. zutage gefördert. Im Laufe der Zeit entstanden weitere Reiche im Innern der Arabischen Halbinsel, die den Handel von den Küstenregionen abzogen. Dafür lebte Ende des 1. Jahrtausends v. Chr. der Seehandel im Norden des Indischen Ozeans wieder auf, verband er doch die Kulturen des Mittelmeerraums mit Indien. Importierte Keramiken und andere Güter aus Ost und West fanden sich in Hafenstädten wie Kana (auch Qana) oder Khor Rori. Einige dieser Waren gelangten von hier aus auf dem Landweg in die traditionellen Handelszentren wie Timna oder Schabwa. Nun gewannen die Küstenstraßen wieder an Bedeutung, zeitgleich sank der Einfluss der Königreiche im Landesinnern. Ende des 1. Jahrhunderts beherrschten die Himjaren im südlichen Hochland das Gebiet. Als der Marib-Staudamm (s. Kasten) im 6. Jahrhundert zum letzten Mal brach, gelang es den Sabäern nicht mehr, ihn wieder in Stand zu setzen ◆

Der Aufstieg Griechenlands

Mit dem Zusammenbruch der mykenischen Kultur (s. S. 80f.) versank Griechenland in der Bedeutungslosigkeit und gewann erst zwischen dem 9. und 7. Jahrhundert v. Chr. wieder an Einfluss. In jener Phase erfolgte der Übergang von der Bronze- zur Eisenbearbeitung, weshalb man sie auch als frühe Eisenzeit bezeichnet. Möglicherweise führten die Dorer, ein aus dem Balkan eingewanderter Stamm, die Technik der Eisenherstellung in Griechenland ein. Vermutlich in Folge der dorischen Invasion wanderten viele Griechen nach Kleinasien an die Küsten des Ägäischen Meeres aus. Archäologen gehen davon aus, dass grundlegende soziale Umwälzungen zur Entwicklung unabhängiger Stadtstaaten *(Poleis)* führten, die sich im 8. Jahrhundert v. Chr. als politische Struktur der Region durchsetzten. Zeitgleich übernahmen die Griechen das phönizische Alphabet und ergänzten es durch Vokalzeichen. Da nun ein Schriftsystem existierte, blieben der Nachwelt Texte wie Homers Epen erhalten.

Im 8. Jahrhundert v. Chr. begannen die Eliteschichten der neuen Stadtstaaten das umliegende Land *(Chora)* zu kolonisieren. Vielleicht kamen in diesem Zusammenhang Heldenkulte auf, die sich häufig auf Überreste aus der Bronzezeit konzentrierten. In mykenischen *Tholoi* (bienenkorbförmigen Grabkammern) entdeckte man Objekte aus späteren Zeiten. Archäologen glauben, dass man mit Hilfe solcher „Heldengräber" versuchte, Landrechte zu untermauern. Ein *Tholos* in Menidhi, Attika, enthielt Tongefäße, die Wagenrennen zeigten. Auch Homers *Ilias* (8. Jh. v. Chr.) beschreibt solche Bestattungszeremonien für antike Helden, doch vermutlich handelt es sich um wesentlich ältere Traditionen, die nun erst schriftlich und bildlich fixiert wurden.

Ausgrabungen in Lefkandi, der größten Siedlung auf Euböa (ca. 1000–800 v. Chr.), vermitteln einen Eindruck von jener Zeit. Hier legte man eine 50 mal 10 Meter große, apsisartige Struktur frei, welche die Körper eines Mannes und einer Frau barg. Das Alter des Fundes und die aufwändige Bestattung deuten darauf hin, dass die beiden Verstorbenen einen hohen Rang bekleideten, vermutlich gehörten sie zu den Gründern der Siedlung. Zahlreiche Gräber in Lefkandi enthielten Goldschmuck oder Keramiken, darunter Skarabäen im ägyptischen Stil. Lefkandi war wahrscheinlich ein wohlhabendes Handelszentrum. Da man in Al Mina, einer antiken Handelsstadt in Syrien, euböische Gefäße aus dem 9. Jahrhundert v. Chr. zutage förderte, stand der Ort wohl in Verbindung mit dem Nahen Osten.

Griechische Kolonien

Als Ende des 8. Jahrhunderts v. Chr. der Fernhandel mit Eisenerz, Luxusgütern, Wein und anderen Waren im Mittelmeer wieder auflebte, gehörten die griechischen Stadtstaaten bald zu den wichtigen Anlaufhäfen. Eine der ältesten griechischen Siedlungen im westlichen Mittelmeerraum, Pithekusai auf der Insel Ischia, entstand vermutlich, weil die Bodenschätze Etruriens in der Nähe lagen.

In den darauf folgenden Jahrhunderten gründeten die meisten Stadtstaaten Griechenlands und Ioniens weitere Kolonien im Mittelmeerraum und am Schwarzen Meer. Die Motive dieser großräumigen

■ Griechische Siedlung, 10. Jahrhundert v. Chr.

▲ Mykenische Grabstätte, seit dem 8. Jahrhundert v. Chr. wieder in Gebrauch

Griechische Siedlung, gegründet im

■ 8. Jahrhundert v. Chr.

■ 7. Jahrhundert v. Chr.

■ 6. Jahrhundert v. Chr.

■ Griechischer Einfluss im 10. Jahrhundert v. Chr.

■ Küste ab dem 6. Jahrhundert v. Chr. unter griechischem Einfluss

— Griechische Handelsroute

0 ____ 200 km
0 ____ 150 Meilen

DINARIS

ETRURIEN
Kupfer, Eisen und Metallarbeiten

Bauholz und Pferde von der nördlichen Adria

APENNIN

Zinn aus Westeuropa

Tiber

Adriatisches Meer

Kyme · Neapolis
Pithekusai
Poseidonia
Satyrion
Taras
Metapontion
Elea · Skidros · Siris
Laos · Sybaris

Tyrrhenisches Meer

MAGNA GRAECIA
Bauholz, Getreide, Fleisch, Keramik und Textilien
Terina · Kroton
Lipara · Medma · Hipponion
Metauros
Mylai · Zankle · Lokri
Himera · *Sizilien* · Rhegion
Selinos · Getreide, Käse, Textilien und Häute · Naxos
Minoa · Leontini · Katana
Akragas · Megara Hyblaea
Gela · Syrakus
Kamarina · Akrai
Kasmenai

Textilien aus Karthago

Kinyps

LINKS Der auf Aigina gefundene dekorierte Keramikkrug (7. Jh. v. Chr.) stammt von den Kykladen. Der Tierkopf ist ein deutlicher Hinweis auf den Einfluss des Nahen Ostens.

Kolonisierung sind noch nicht völlig klar. Spätere Quellen sprechen von Hungersnöten und Nahrungsmittelknappheit, doch Feldforschungen belegen, dass die Griechen während der Phase der maximalen Expansion ihre fruchtbaren Gebiete nicht sehr intensiv bewirtschafteten. Das Bevölkerungswachstum dürfte daher eine eher untergeordnete Rolle gespielt haben. Eine gewissen Initialzündung scheint vom Orakel von Delphi ausgegangen zu sein, denn Herodot berichtet, dass die Bewohner von Thera die Kolonie Kyrene (Libyen) auf dessen Rat hin gründeten. Untersuchungen auf Sizilien und in Libyen, die Gefäßfunde mit den in literarischen Quellen genannten Gründungsdaten von Kolonien abgleichen wollten, brachten jedoch keine konkreten Ergebnisse.

Herodot erzählt von der griechischen Kolonie Naukratis, welche im 6. Jahrhundert v. Chr. auf Bitten des ägyptischen Pharaos Amasis im Nildelta ge-

gründet wurde. Ausgrabungen an der Stätte brachten griechische Gefäße mit Inschriften ans Tageslicht, während man am Heiligtum der Hera auf Samos ägyptische Objekte fand. Dies verwundert nicht weiter, stand doch Polykrates, der Herrscher der Insel, in regem Austausch mit Amasis. Die Jünglingsstatuen *(Kouroi)*, die im späten 7. Jahrhundert in Griechenland aufkamen, zeigen ägyptische Einflüsse, während stilisierte Tiere und Menschen auf Gefäßen auf die nahöstliche Kunst verweisen ◆

UNTEN Erste Kolonien entstanden im Süden Italiens und auf Sizilien, spätere im Norden der Ägäis und am Schwarzen Meer, in der Cyrenaika und in Ägypten. Die Phönizier verhinderten das Vordringen der Griechen nach Westen (s. S. 84f.). In Massilia (Marseille) gab es allerdings eine große Kolonie für den Handel mit Mitteleuropa.

Der westliche Mittelmeerraum

Die griechischen und phönizischen Kolonien veränderten Kultur und Wirtschaft des westlichen Mittelmeerraums. Um 500 v. Chr. hatte Karthago (s. S. 85) eine Führungsrolle unter den phönizischen (punischen) Siedlungen im Westen übernommen und eigene Kolonien in Südspanien, auf den Balearen und auf Sardinien gegründet. Da die Phönizier die südlichen Schifffahrtsrouten beherrschten, beschränkte sich der Einfluss Griechenlands – von Süditalien und Sizilien abgesehen – auf die nördliche Mittelmeerküste. Dort trieben die Griechen von Massilia (Marseille) aus Handel mit Europa (s. S. 94f.). Der Reichtum der etruskischen Stadtstaaten Mittelitaliens gründete sich auf die dortigen Erzvorkommen. Die Kultur der Etrusker nahm punische und griechische Einflüsse auf.

Ein weiträumiges Handelsnetz umspannte den westlichen Mittelmeerraum. In Motya, einer von Karthago gegründeten Hafenstadt auf Sizilien, fand man griechische Gefäße mit der Kartusche des ägyptischen Pharaos Bocchoris (717–712 v. Chr.). Ein ähnliches Gefäß entdeckte man in einem etruskischen Grab in Tarquinia, einen Skarabäus aus jener Zeit dagegen in einem griechischen Grab auf Ischia in der Bucht von Neapel. An verschiedenen etruskischen Stätten stieß man auf Objekte aus dem Orient, darunter verzierte Straußeneier, Bronzegreifen, Silberkrüge und vergoldete Silberschüsseln (einige mit Jagdszenen am Nil). Ein gehämmerter korinthischer Helm in Jerez (Südspanien) und griechische Gefäße stehen wahrscheinlich genauso mit dem Handel in Zusammenhang wie Keramiken aus Athen an der westafrikanischen Küste. Im Tal des Guadalquivir nördlich von Cádiz tauchten mit orientalischen Techniken bearbeitete Metallwaren und Skulpturen auf, die von Handelskontakten zeugen. Womöglich befand sich hier die bei Herodot und anderen antiken Autoren erwähnte Stadt Tartessos.

Die Etrusker

Die Etrusker bewohnten Etrurien, eine Region in Mittelitalien. Nach 800 v. Chr. entstanden hier verschiedene, politisch unabhängige Stadtstaaten. Die zwölf größten bildeten trotz kultureller Unterschiede einen losen Verbund. Im 7. und 6. Jahrhundert v. Chr. dehnten sie ihren Einfluss nordwärts zur

Poebene und von der heutigen Toskana südwärts nach Kampanien hinein aus. Lockere Kontakte mit den griechischen Kolonien in Süditalien führten dazu, dass die Etrusker viele Aspekte der griechischen Kultur übernahmen, darunter das Alphabet, die Monumentalbauweise und die Mythologie. Da die meisten Inschriften in etruskischer Sprache sehr kurz sind, gestaltet sich ihre Entschlüsselung äußerst schwierig. Eine Ausnahme bilden die drei nördlich von Rom in Pyrgi im Jahr 1964 entdeckten Goldtafeln mit Inschriften in punischer und etruskischer Sprache. Die Texte beziehen sich auf die Weihe eines Tempels für die etruskische Gottheit Uni, ein Pendant zur phönizischen Göttin Aschtoret (Astarte).

Bislang wurden nur wenige etruskische Städte freigelegt, doch fand man große Friedhöfe mit Familiengruften. Sie bestanden aus mehreren Räumen; ihre Anlage ähnelte einem Wohnhaus, so dass sie Schlüsse auf die Lebensweise der Etrusker zulassen. Sie bargen riesige Mengen griechischer Vasen, außerdem Wagen und importierte Objekte aus Gold, Elfenbein und Bernstein, die auf intensive Handelsaktivitäten ab dem 7. Jahrhundert v. Chr. hinweisen. Das auf Elba abgebaute und in der Küstenstadt Popu-

LINKS Bronzehelm aus der Villanovakultur (8. Jh. v. Chr.), einer früheisenzeitlichen Kultur Nord- und Mittelitaliens (ca. 1000–800 v. Chr.), die schließlich von der etruskischen Kultur verdrängt wurde. Zu ihren Merkmalen gehören grobe Keramikurnen, Metallgegenstände und dunkle, polierte Gefäße.

Duero
Tajo
Guadiana
Guadalquivir

Carambolo · Cruz del Neg
Carmona
Tartessos? · Mainake · Osuna
Cádiz · Malaca
Carteia · Abdera
Tingis
Djebila · Tamuda
Lixus
Rusaddi
Sala
Mulucha

■ karthagisch
■ etruskisch
■ griechisch
□ anderer Ort
● Schiffswrack

Funde außerhalb der Einflusssphäre
△ karthagisch
△ ägyptisch/orientalisch
△ etruskisch
△ griechisch
▨ Hauptgebiet griechischer Funde

— Handelsroute
▨ maximale Ausdehnung des karthagischen Reichs
▨ Etrurien im späten 7. Jh. v. Chr.
— mögl. Gebiet von Tartessos im späten 7. Jh. v. Chr.
▨ griechischer Einfluss im 6. Jh. v. Chr.
— im späten 6. Jh. v. Chr. etruskisch dominiert

0 _____ 300 km
0 _____ 200 Meilen

LINKS Grabstätten an der Mittelmeerküste zeugen vom Handel mit Metallen und anderen Waren zu Beginn des 1. Jahrtausends v. Chr. Auf Sizilien kämpften Griechen und Karthager am schärfsten um die ökonomische und kulturelle Vormachtstellung.

Map labels:

ALPEN · DINARISCHE ALPEN · PYRENÄEN · APPENNIN · Donau · Morava · Drina · Rhone · Garonne · Ebro · Po

Mantua · Atria · Spina · Marzabotto · Ravenna · Cesena · Carrara · Prato · Pisa · Florenz · Volterra · Arezzo · Perugia · Murlo · Chiusi · **Populonia** · Norchia · Elba · Vetulonia · Veii · **Tarquinia** · **Pyrgi** · **Cerveteri** · **Rom** · Capua · Nola · Kyme · Salerno · Ischia · Poseidonia · Neapel (Neapolis) · Elea · Laos · Taras · Sybaris · Kerkyra · Terina · Kroton · Ambrakia · Hipponion · Lipara · Lokroi · Rhegion · Apollonia · Epidamnos

Massilia (Marseille) · Nikaia · Antibes · Athenopolis · Agathe · Emporion · Rhode · Korsika · Alalia · Giglio · Sardinien · Olbia · Bosa · Tharros · Caralis · Sulcis · Nora · Mallorca · Menorca · Palma · Mago · Ibiza · Ebusos · Balearen · Akra Leuke · Hemeroskopion · Carthago Nova · Villaricos · Mersa Madakh · Rachgun · Guraya · Ikosium · Rusuccurru · Chullu · Igilgili · Cartenna · Iol · Tipasa · Hippo Regius · Thugga · Utica · **Karthago** · Neapolis · Hadrumetum · Thapsos · Leptis Minor · Acholla · Gabes · Girba · Sabrata · Oea · Leptis Magna · Kinyps

Motya · Panormos · Soluntum · Lilybaeum · Sizilien · Selinos · Akragas · Kamarina · Katana · Syrakus · Melita · Mittelmeer

Apollonia · Kyrene · Taucheira · Ptolemais · Barka · Euhesperides

Ionia geschmolzene Eisenerz wurde vermutlich in großen Mengen exportiert. In einem Wrack vor der Insel Giglio und einem weiteren bei Antibes (Südfrankreich) entdeckte man etruskische Amphoren. Im 5. Jahrhundert v. Chr. gründeten die Etrusker die bedeutende Handelsstadt Spina an der Pomündung, um den Handel über die Alpenpässe zu kontrollieren. Mehrere mitteleuropäische Gräber enthielten denn auch etruskische Bronzegefäße. In Rom herrschten von 616 bis 509 v. Chr. etruskische Könige aus dem Geschlecht der Tarquinier ◆

Cerveteri: antike Nekropole

Eine der größten etruskischen Totenstädte befindet sich in Cerveteri (Caere) im südlichen Etrurien. Hier gruben die Menschen runde Grabkammern in den weichen vulkanischen Tuffstein und bedeckten sie mit Erdhügeln. Funde (oder entwendete Objekte) aus diesen Gräbern bestücken heute Museen und Sammlungen in aller Welt. Die Grabkammern liefern Hinweise für eine aristokratisch organisierte Gesellschaft, in der der Bund der Ehe eine besondere Bedeutung zukam. Die Gräber selbst waren oft ähnlich angelegt wie Wohnhäuser. Die Sarkophage ordnete man in speisezimmerähnlichen Räumen so an, dass die auf den Terrakottadeckeln dargestellten Verstorbenen wirken, als warteten sie auf den Beginn eines Banketts. Typisch für den Dekor sind auch ehemals farbige Stuckreliefs von Rüstungen und Trinkgefäßen, die an den Wänden zu hängen scheinen. Im benachbarten Tarquinia sind zahlreiche Gräber mit erlesenen Fresken verziert, die ausgelassene Gelage mit Gauklern und Musikern oder Fischerszenen zeigen ◆

OBEN GRABKAMMER AUF DEM FRIEDHOF VON BANDITACCIA IN DER NÄHE VON CERVETERI.

Die Eisenzeit in Europa

Während des 1. Jahrtausends v. Chr. lebten die meisten Menschen in Europa wie ihre bronzezeitlichen Vorfahren in bäuerlichen Gemeinschaften. Ab 700 v. Chr. verwendete man häufiger Eisen, doch ersetzte es die Bronze nicht vollständig. Um 500 v. Chr. nahmen Kontakte zu griechischen Handelskolonien zu und mächtige Eliteschichten stiegen in Mitteleuropa und östlich der Karpaten auf. In den beiden letzten Jahrhunderten v. Chr. entstanden in Westeuropa große, halbstädtische Siedlungen *(Oppida)*. Die Expansion des Römischen Reiches veränderte ganz Europa. Die Römer bauten Lager und Villen neben bereits existierenden Ortschaften. Nach und nach verschmolzen beide Teile miteinander. Römische Waren beeinflussten Wirtschaft und Gesellschaft bis nach Polen und Skandinavien.

In den heutigen Niederlanden, Norddeutschland und Südskandinavien herrschten Langhäuser mit einer Doppelreihe von Pfosten im Innern vor, welche das Dach trugen. Einen Gebäudeteil bewohnten die Menschen, der andere diente als Stall für das Vieh. An einigen Stätten wie in Hascherkeller in Bayern bearbeitete man Metall und andere Werkstoffe, doch blieb der Feldbau die Hauptbeschäftigung der Menschen. Um 700 v. Chr. entstanden im Norden Polens befestigte Städte. In Biskupin fand man Hinweise auf mit Holz gepflasterte Straßen. Obwohl die meisten Menschen wohl Bauern waren, zeigen Artefakte aus Stoff, Holz, Knochen und Metall, dass sie auch andere Handwerke beherrschten.

Handwerkszentren

Zwischen 700 und 500 v. Chr. entwickelten sich in Mitteleuropa an Orten wie Stična (Slowenien) und Hallstadt (Österreich) erste „industrielle" Zentren, in denen man Rohstoffe aus nahen Lagerstätten für den Fernhandel verarbeitete. In Stična wurde Eisen geschmolzen und geschmiedet, in Hallstatt baute man zunächst Salz ab. An den Salzlagerstätten entdeckte man hölzerne Stützbalken, Holzwerkzeug und Rucksäcke aus Leder, die von den Minenarbeitern zurückgelassen wurden und durch das Salz gut konserviert waren. Reiche Grabbeigaben zeugen vom Wohlstand, zu dem die Gemeinschaften durch Handel gelangten.

OBEN Maiden Castle gehört zu einer Reihe kleiner, eingefriedeter Bergfesten in Süd- und Mittelbritannien, die heute auch als *Hillforts* bekannt sind. Die ältesten stammen vom Ende der Bronzezeit. Nicht alle waren durchgängig und gleichzeitig bewohnt. Einige wurden im 3. Jahrhundert v. Chr. aufgegeben, andere gewannen an Einfluss und dienten, ähnlich wie die *Oppida* auf dem Festland, als regionale Produktions- und Handelszentren. Später entstanden auch in Britannien echte *Oppida,* die viel größer waren als die *Hillforts,* einige, z. B. Camulodunum (Colchester) und Verulamium (St. Albans), entwickelten sich zu römischen Städten. Um das Jahr 43 eroberten die Römer schließlich Maiden Castle.

Hochdorf: aufwändige Bestattung

Ende der 1970er Jahre machten Archäologen bei Hochdorf (Westdeutschland) eine außergewöhnliche Entdeckung: sie legten einen ursprünglich sechs Meter hohen, stark erodierten Tumulus frei, der ein besonders reich ausgestattetes eisenzeitliches Grab (550–500 v. Chr.) barg. Im Unterschied zu vielen anderen war es völlig unberührt. In der Mitte ruhte in einer hölzernen Kammer der Leichnam eines jungen Mannes auf einem bronzenen, in seiner Form im eisenzeitlichen Europa einzigartigen Ruhesessel. Dieser war ähnlich einer Badewanne geformt und reich mit Fell und Stoffen ausgekleidet. Kleidung und Schuhe des Toten waren mit goldenen Ornamenten verziert. Neben ihm lag ein großer Bronzekessel, vermutlich aus einer griechischen Kolonie in Süditalien. Laboranalysen zeigten, dass er einst Fleisch enthielt. Ein vierrädriger Wagen aus eisenbeschlagenem Holz mit Geschirr für zwei Pferde stand auf der anderen Seite der Kammer. Hochdorf gehört zu den Stätten, die vom Aufstieg einer reichen Oberschicht im Gebiet zwischen Rhône, Rhein und Donau zeugen. Sie verschwand, als der Handel um 400 v. Chr. zum Erliegen kam ◆

LINKS BRONZEVERZIERUNG EINES WAGENS (10,5 CM).

LINKS Viele eisenzeitliche Gräber enthalten griechische und etruskische Waren. Durch den Handel mit dem Mittelmeerraum entstand im Dreieck zwischen Rhein, Rhône und Donau eine reiche, mächtige Eliteschicht.

Nord-see

Ostsee

Westliche Düna

Klepp
Morgedal
Borre
Vendel
Gamla Uppsala
Helgö
Torsburgen
Ismantorp
Njemen
Borremose
Hørby
Graballe
Tollund
Dankirke
Hjortspring
Gudme
Halthabu
Korselitse
Åhus
Sorte Mulde
Weichsel
Bug
Dnjepr
Castlerock
Magheralin
Lindow Moss
Elp
Scharmbeck
Sobiejuchy
Biskupin
Rudki
Maiden Castle
Danebury
Themse
Weser
Elbe
Oder
Podbaba
Lodenice
Záviŝt
Würzburg
Soissons
Rhein
Hochdorf
Kelheim
Staré Hradisko
Paris
Nagold
Manching
Hascherkeller
Donau
KARPATEN
Mont Lassois
Breisach
Heuneburg
Kyberg
Hallstatt
Dnjestr
Vix
Mont Guérin
Üetliberg
Hellbrunner Berg
Sopron
Velemszentvid
Seine
Loire
Bourges
Camp de Chassey
Châtillon-sur-Glâne
Klein-Klein
Prath
Tyras
Gergovie
Mâcon
Montmorot
ALPEN
Sticna
Novo Mesto
Drau
Tisza
Puy d'Issolu
Vienne
Mailand
Aquileia
Save
Istros
Rhône
Garonne
Mont Guérin
Po
Spina
Bologna
DINARISCHE ALPEN
APPENNIN
Toulouse
PYRENÄEN
Pisa
Marseille (Massilia)
Mittelmeer
Korsika
Alalia
Cerveteri
Epidamnos

Legende:

Verbreitung der Eisenverarbeitung, 12.–8. Jh. v. Chr.
Verbreitung der Eisenverarbeitung, 8.–5. Jh. v. Chr.
Gebiet mit griechischem Einfluss, 6. Jh. v. Chr.
Gebiet der westlichen Hallstatt-Häuptlingstümer, 6. Jh. v. Chr.
Gebiet der etruskischen Stadtstaaten um 450 v. Chr.
skythischer Einflussbereich um 450 v. Chr.
Handwerkszentrum
befestigte Siedlung oder Festung
Grabstätte
etruskischer Fund
griechischer Fund
Moorfund
andere Siedlung oder Handelskolonie
Gebiet der *Oppida* im 1. Jh. v. Chr.
Haupthandelsroute

Hauptquelle einer Handelsware
Bernstein
Kupfer
Gold
Eisen
Salz
Zinn

0 — 400 km
0 — 300 Meilen

Ab 500 v. Chr. war Westeuropa über die griechische Kolonie Massilia (Marseille) an der Rhônemündung und den Rhône-Saône-Korridor mit dem Handelsnetz im Mittelmeerraum verbunden. An Stätten wie Mont Lassois und auf der Heuneburg gewann in der Folge eine mächtige und reiche keltische Oberschicht an Einfluss (s. Kasten). Auf der Heuneburg errichtete man Lehmziegelmauern im mediterranen Stil, obgleich sich das Klima kaum für diese Bauweise eignete. Die Skythen (Hirtennomaden aus den Steppen Südrusslands und der Ukraine) unterhielten Handelskontakte zu den griechischen Kolonien am Schwarzen Meer (s. S. 128f.).

Die wachsende Nachfrage nach Waren aus dem Römischen Reich führte zur Entstehung neuer *Oppida*, jener Siedlungen, die Cäsar in *De bello gallico*, seinem Bericht über die Eroberung Galliens, ausführlich beschreibt. Ein Stein- oder Erdwall um-

schloss die 30 bis 300 Hektar großen Strukturen mit Wohnhäusern, Lagerräumen und Werkstätten.

In Torfmooren bei Tollund und Graballe (Dänemark) sowie in Lindow Moss (England) fand man außergewöhnlich gut erhaltene eisenzeitliche Moorleichen. Keine war eines natürlichen Todes gestorben, vielmehr scheint man sie geopfert zu haben. Die Kehle des Mannes von Graballe war aufgeschlitzt, der Mann von Tollund wurde stranguliert und die Leiche des Lindow-Mannes wies Merkmale von beiden Tötungsformen auf. Im Magen des Mannes von Tollund fand man Reste von Gerste, Leinsamen, Knöterich, Ampfer und Kamille. In Hjortspring (Dänemark) legte man in einem Moor ein großes hölzernes Boot frei, dass vermutlich Krieger transportiert hatte und als Teil der Beute geopfert worden war. Moore, Teiche und Quellen galten im eisenzeitlichen Nordeuropa als heilige Stätten ◆

Klassisches Griechenland

D er Ionische Aufstand und die Perserkriege (499–435 v. Chr.) standen am Beginn der Klassischen Ära. Die griechischen Städte und Inseln in Asien erhoben sich mit Unterstützung von Athen gegen die Perser. Mehrfach versuchten Letztere erfolglos, den Aufstand niederzuschlagen. Aus den Kriegen ging Athen als einflussreichster Staat Griechenlands und eine der bedeutendsten Seemächte hervor. Das goldene Zeitalter Athens wurde jedoch durch den Peloponnesischen Krieg beendet, in dem Sparta 404 v. Chr. über Athen siegte. Wechselnde Bündnisse prägten das Bild bis zum Aufstieg der Makedonier unter Philipp II. (s. S. 98f.).

I m 5. Jahrhundert v. Chr. fühlten sich die Griechen einer Stadt, wie Athen oder Sparta, nicht aber einer Nation zugehörig, obwohl eine gemeinsame Sprache (regionalen Unterschieden im Alphabet zum Trotz) und Kultur sie verband. Die griechischen Stadtstaaten waren autonom und unabhängig. Heiligtümer, die mindestens seit dem 8. Jahrhundert v. Chr. als religiöse Zentren dienten, zeugen indes ebenso von der Existenz einer panhellenischen Identität wie die athletischen Spiele, die im Jahr 776 v. Chr. zu Ehren des Zeus erstmals in Olympia stattfanden und Wettkämpfern aus der gesamten griechischen Welt offen standen. Ähnliche Spiele wie die in Olympia wurden auch in Nemea, Delphi und Isthmia (bei Korinth) ausgetragen, wo man in den 1950er Jahren einen Tempel aus dem frühen 7. Jahrhundert v. Chr. freilegte. Einen besonderen Stellenwert in der panhellenischen Tradition nahmen Orakel wie das in Dodona, auf der Insel Delos, oder das in Delphi ein. Sie

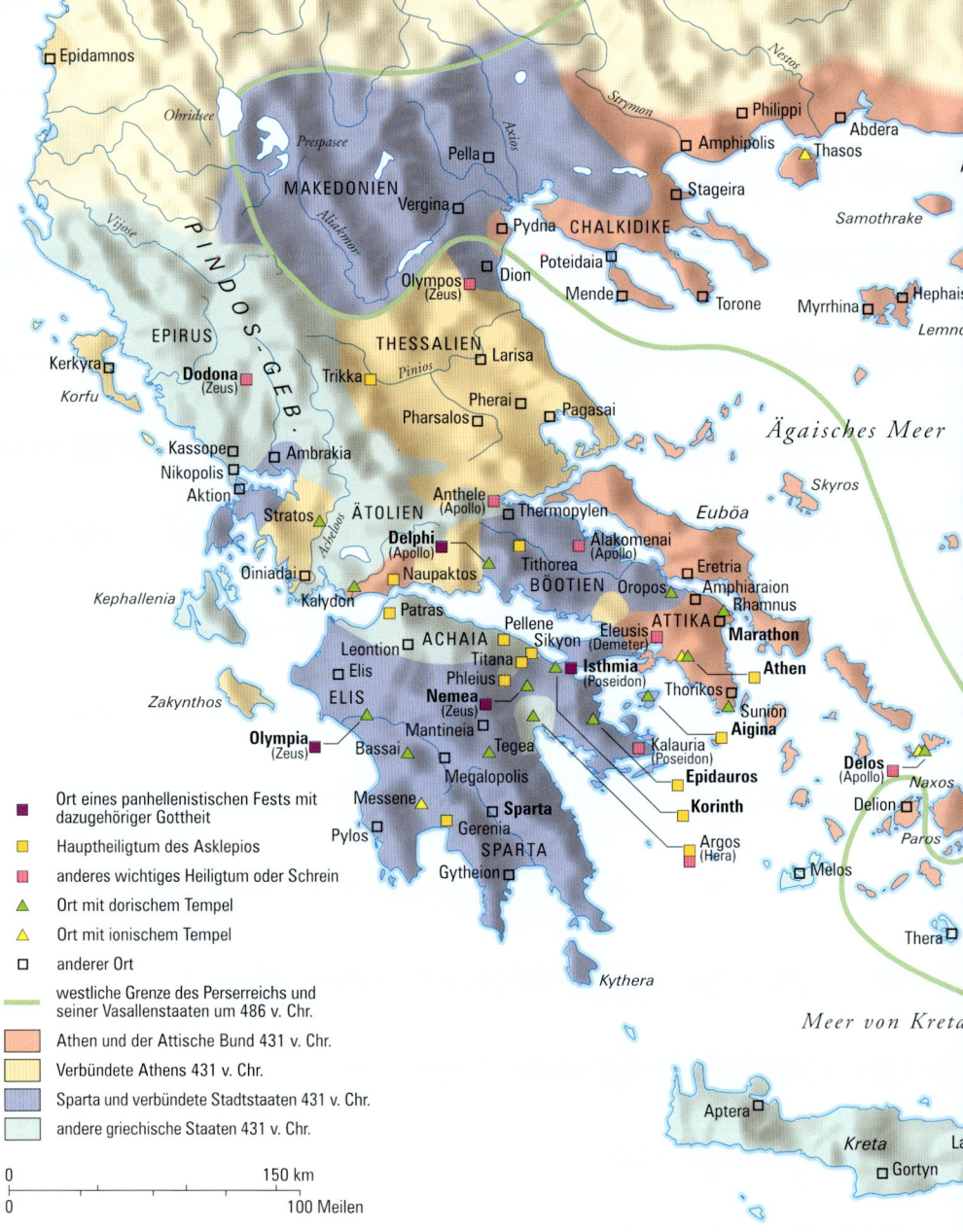

Kartenlegende:

- ■ Ort eines panhellenistischen Fests mit dazugehöriger Gottheit
- ▢ (gelb) Haupttheiligtum des Asklepios
- ▢ (rosa) anderes wichtiges Heiligtum oder Schrein
- ▲ (grün) Ort mit dorischem Tempel
- ▲ (gelb) Ort mit ionischem Tempel
- □ anderer Ort
- ─── westliche Grenze des Perserreichs und seiner Vasallenstaaten um 486 v. Chr.
- Athen und der Attische Bund 431 v. Chr.
- Verbündete Athens 431 v. Chr.
- Sparta und verbündete Stadtstaaten 431 v. Chr.
- andere griechische Staaten 431 v. Chr.

0 ——— 150 km
0 ——— 100 Meilen

Ortsbezeichnungen auf der Karte:
Epidamnos, Ohridsee, Prespasee, Pella, MAKEDONIEN, Vergina, Olympos (Zeus), Dion, Pydna, CHALKIDIKE, Poteidaia, Mende, Torone, Stageira, Amphipolis, Philippi, Abdera, Thasos, Samothrake, Myrrhina, Hephais, Lemno, EPIRUS, PINDOS-GEB., Kerkyra, Korfu, Dodona (Zeus), Trikka, THESSALIEN, Larisa, Pinios, Pherai, Pharsalos, Pagasai, Ägäisches Meer, Skyros, Kassope, Nikopolis, Aktion, Ambrakia, Stratos, ÄTOLIEN, Anthele (Apollo), Thermopylen, Euböa, Delphi (Apollo), Alakomenai (Apollo), Eretria, Amphiaraion, Rhamnus, Oiniadai, Naupaktos, Tithorea, Oropos, Kephallenia, Kalydon, Patras, BÖOTIEN, Pellene, ACHAIA, Sikyon, Eleusis (Demeter), ATTIKA, Marathon, Leontion, Titana, Phleius, Thorikos, Athen, Elis, ELIS, Nemea (Zeus), Sunion, Zakynthos, Aigina, Olympia (Zeus), Bassai, Mantineia, Tegea, Kalauria (Poseidon), Delos (Apollo), Naxos, Messene, Megalopolis, Epidauros, Delion, Pylos, Sparta, Korinth, Paros, Gerenia, SPARTA, Argos (Hera), Melos, Gytheion, Kythera, Thera, Meer von Kreta, Aptera, Kreta, Gortyn, Akarnos, Axios, Aliakmon, Vijose, Strymon, Nestor

---

OBEN Der Parthenon, der Athenetempel auf der Akropolis, entstand während des goldenen Zeitalters.

zogen Ratsuchende aus ganz Griechenland an. Viele Städte schickten regelmäßig Gesandte nach Delphi, um das Orakel zu befragen, bevor sie sich aufmachten, um neue Gebiete zu kolonisieren.

Reiche Gaben

Stadtstaaten auf Sizilien, in Nordafrika, auf den griechischen Inseln und dem Festland bedachten die panhellenischen Heiligtümer mit reichen Gaben. Der griechische Historiker und Reiseschriftsteller Pausanias beschrieb im 2. Jahrhundert v. Chr. zahlreiche griechische Stätten detailliert. Sein Werk diente modernen Archäologen vielfach als Leitfaden. Einige Kunstwerke feierten sportliche Erfolge, etwa die Bronzestatue eines Wagenlenkers in Delphi. Sie gehörte zu einer großen Gruppe, die eines Sieges der Stadt Gela (Südsizilien) im Wagenrennen gedachte. Andere erinnerten an militärische Siege. Pausanias Überlieferungen zufolge wurde das Schatzhaus der

Athener in Delphi etwa mit der Kriegsbeute aus der Schlacht über die Perser bei Marathon (490 v. Chr.) erbaut. Französische Archäologen legten das Fundament eines Monumentes frei, das der gegen Xerxes geschlossene Städtebund (Symmachie) 480 v. Chr. errichtet hatte. Das Denkmal selbst, ein von Bronzeschlangen gestützter Kessel, wurde gegen Ende der Antike von Delphi ins Hippodrom von Konstantinopel gebracht, wo es heute noch steht.

Die Inschrift auf einem goldenen Becher aus Olympia belegt, dass eine Familie aus Korinth ihn nach der Plünderung einer griechischen Stadt stiftete. Der Zeustempel in Olympia barg eines der sieben Weltwunder der Antike, die Gold-Elfenbein-Figur des Zeus, ein Werk des Bildhauers Phidias, der eine ähnliche Statue der Athene für den Parthenon in Athen schuf. Leider hat sie die Jahrhunderte nicht überstanden, doch deutsche Forscher fanden den Platz, an dem sich die Werkstatt des Künstlers befunden hatte, angeblich sogar einen tönernen Becher mit der Inschrift „Ich gehöre Phidias".

Die Blüte Athens

Athen, der größte der griechischen Stadtstaaten, dehnte sich über rund 2400 Quadratkilometer aus. Auf dem Gipfel seiner Macht, im 5. Jahrhundert v. Chr., lebten hier ca. 350000 Menschen, darunter rund 50000 Vollbürger (Männer über 18 Jahren aus Athener Familien). 508 v. Chr. begründete Kleisthenes die Demokratie (Regierung des Volkes) in Athen. Frauen und Sklaven blieben allerdings weiterhin von der Politik ausgeschlossen. Aufgrund seiner Vormachtstellung in Griechenland förderte Athen überall die Entstehung von Demokratien, doch existierten in den griechischen Stadtstaaten auch andere politische und soziale Systeme: in Sparta herrschte beispielsweise eine Oligarchie (kleine Eliteschicht) über eine große Masse rechtloser Sklaven.

Im Jahr 480 v. Chr. verwüsteten die Perser Athen. In der Folge entstanden zahlreiche Großbauten, die von Mitgliedern des Attischen Bundes finanziert wurden. Den Bundesschatz, den man zuvor im Apollontempel auf Delos aufbewahrt hatte, überführte man 454 v. Chr. nach Athen, um ihn vor persischen Angriffen zu schützen. Aus dem Baumaterial der zerstörten Häuser errichteten die Athener den Hafen von Piräus und eine elf Kilometer lange Mauer, um sich gegen ihre neuen Feinde, die Spartiaten, zu verteidigen. Auf der Akropolis entstanden im Laufe der Zeit neue Tempel, darunter ab 447 v. Chr. der Parthenon, die Propyläen, der Tempel der Athene Nike und das Erechteion.

Das politische Leben der Stadt spielte sich auf der Agora ab, dem Marktplatz und öffentlichen Zentrum Athens. Durch archäologische Grabungen konnte man die antike Agora mit dem Rathaus auf der Westseite rekonstruieren. Gerichtsgebäude und Stoen (lang gestreckte Säulenhallen) begrenzten die Agora im Norden und Süden. Vom Stadttor führte eine prächtige Prozessionsstraße für die Panathenäen (Feste zu Ehren der Athene) zur Akropolis ◆

OBEN Zwei große Gruppen, die Dorer im Westen und die Ionier im Osten, prägten entscheidend die griechische Kultur. Diese fand ihren besonderen Ausdruck in der Architektur, die sich in prachtvollen Tempeln und Gebäuden widerspiegelte. Der Zeustempel in Olympia und der Apollontempel in Delphi wurden im dorischen, der Heratempel auf Samos und das Artemisheiligtum in Ephesos im ionischen Stil erbaut. Später mischten sich die Stilrichtungen, z. B. bei Bauprojekten auf der Akropolis im 5. Jahrhundert v. Chr.

LINKS *Koren* (Standbilder bekleideter griechischer Jungfrauen) aus dem 6. und frühen 5. Jahrhundert v. Chr. fand man in großer Zahl auf der Akropolis. Diese Statuen wurden entweder nach der Zerstörung der Akropolis 480 v. Chr. oder während der darauf folgenden politischen Unruhen im Erdboden begraben. Sie waren ursprünglich farbig bemalt, wie zahlreiche Beispiele belegen. Ähnliche Skulpturen entdeckte man auch auf Samos, Paros und Aigina.

Map labels:
Byzantion
Perinthos
Chalkedon
Marmara-Meer
Lampsakos
Kyzikos
Pergamon
PERSISCHES REICH
nach dem Frieden von Kallias 448 v. Chr.
Gediz
Sardis
Smyrna
Erythrai
Klazomenai
Teos
Kolophon
Lebedos
Klaros (Apollo)
ONIEN
Magnesia
Samos
Priene
Milet
Didyma (Apollo)
Mylasa
Myndos
Halikarnassos
Kephalos
Kos
Knidos (Aphrodite)
Ialysos
Rhodes
Kameiros
Lindos
Rhodos
Karpathos
Mittelmeer
Ephesos (Artemis)
Menderes
Mytilene

Der Hellenismus im Nahen Osten

Durch die ambitionierte Expansionspolitik Philipps II. (reg. 359–336 v. Chr.) stieg Makedonien, ein kleines Königreich am Rande der griechischen Welt, ab 338 v. Chr. zur Weltmacht auf. Philipp wurde jedoch ermordet, bevor er den geplanten Feldzug gegen Persien beginnen konnte, den sein Sohn, Alexander der Große (reg. 336–323 v. Chr.), schließlich durchführte. Dieser erwies sich als überaus erfolgreicher Stratege und begründete ein Reich, das sich von Griechenland bis zum Indus zog, Ägypten einschloss, nach Alexanders Tod jedoch in viele kleine Einzelstaaten zerfiel. Die hellenistischen Reiche im Nahen Osten verbanden griechische Kulturtraditionen mit höfischem Glanz und entschlossenem Militarismus. Später eroberten die Römer die meisten dieser Gebiete (s. S. 100f.).

In jüngerer Zeit fanden Archäologen heraus, dass es sich bei der Stätte Vergina im Norden Griechenlands um Aigai, die alte makedonische Hauptstadt, handelte. Ein Tumulus von 14 Metern Höhe und 110 Metern Durchmesser barg ein unberührtes Grab mit Bronzewaffen, Bronze- und Silbergefäßen, einer hölzernen Liege und zwei Marmorsarkophagen. Einer enthielt einen Schrein *(Larnax)*, der mit dem makedonischen Königssymbol verziert war. In einem weiteren Goldschrein umhüllte ein Stoff aus Gold und Purpur die verbrannten Knochen eines Mannes. Trotz aufwändiger Untersuchungen an Schädel und Skelett konnte bis heute nicht geklärt werden, ob es sich tatsächlich um die Gebeine Philipps II. handelt. Mit Sicherheit aber handelt es sich um ein Königsgrab aus der Mitte des 4. Jahrhunderts v. Chr., jener Zeit, in der Makedonien zur Weltmacht aufstieg.

Das Erbe Alexanders

Alexander der Große faszinierte schon seine Zeitgenossen. Sie verewigten seine Siege auf Bildern und Gefäßen. An den Kampf gegen die Armee des Darius bei Granikos erinnert beispielsweise eine Skulpturengruppe des Lysippos aus Sikyon, die später geraubt und auf dem Campus Martius in Rom aufgestellt wurde. Das berühmte „Alexandermosaik" aus dem Haus des Fauns in Pompeji zeigt die Schlacht bei Issos. Zu Lebzeiten Alexanders wurden Münzen geprägt, die ihn als griechischen Helden Herakles darstellten. Ähnliche Vergleiche finden sich auf Porträts, die nach seinem Tod entstanden, etwa auf dem Fries des Alexandersarkophags auf dem Königsfriedhof von Sidon (ca. 325–300 v. Chr.).

Nach Alexanders Tod zerfiel sein Reich nach heftigen Machtkämpfen. Ehemalige Feldherren (Diado-

OBEN Die Akropolis von Pergamon war vielleicht die schönste hellenistischen Stadt im Nahen Osten. Hier herrschte Attalos I. Soter, der im 3. Jahrhundert v. Chr. den Nordwesten Kleinasiens eroberte. Die Stadt erstreckt sich auf einem Berg, in dessen Flanke ein Theater gehauen wurde. Viele Monumente erinnern an die Siege des Attalos, darunter die Bronzeskulptur eines sterbenden Galliers, von der heute nur noch eine Marmorkopie erhalten ist (Rom, Kapitolinische Museen). Der berühmte Pergamonaltar (heute Pergamonmuseum, Berlin) ist mit einem Fries mit typisch hellenistischen Stilelementen verziert. Die Bibliothek von Pergamon war in der Antike die größte außerhalb Alexandrias.

Alexandria: Stadt der Ptolemäer

Alexandria im Nildelta war die bedeutendste nach Alexander dem Großen benannte Stadt der Antike und unter den Ptolemäern die größte griechischsprachige Stadt der Welt, ein Kulturzentrum, das sogar Athen übertraf. Heute liegen weite Teile von ihr unter dem modernen Alexandria begraben, doch im östlichen Hafenbereich fand man über 2000 antike Granitblöcke. Sie stammen vermutlich vom Pharos, dem 280 v. Chr. erbauten und im 14. Jahrhundert durch ein Erdbeben zerstörten Leuchtturm. Einige Skulpturen vom Meeresgrund säumten vermutlich die Basis des Pharos, darunter eine rosafarbene Kolossalstatue, die möglicherweise die Gemahlin eines Pharaos im Gewand der Isis zeigt, sowie das Torsofragment der Monumentalskulptur eines ptolemäischen Pharaos. Darüber hinaus wurden auf dem Meeresboden die Sockel von sechs verschiedenen Statuen gefunden, die die Vermutung nahe legen, dass mindestens drei Paare solcher Königsstatuen die ehemalige Hafeneinfahrt bewacht haben könnten. Einige dieser Statuen wirken umgearbeitet, darunter mehrere Sphingen aus der 26. Dynastie, der Zeit Psammetichs II. Taucher entdeckten im Osthafen auch Fundamente des Königspalastes der Ptolemäer ◆

OBEN TAUCHER MIT EINER SPHINX AUF DEM GRUND DES OSTHAFENS VON ALEXANDRIA.

RECHTS Nach dem Tod Alexanders zerfiel das Imperium in mehrere kleinere Reiche. Die neu eroberten Gebiete im Nahen Osten wurden zwischen den griechischen Königreichen der Seleukiden und der Ptolemäer aufgeteilt. Die Ptolemäer gründeten unter anderem Arsinoe in der Region von Argos im nordöstlichen Peloponnes, wo sie ausgedehnte Gebiete besaßen. Die Seleukiden festigten ihre Herrschaft über Kleinasien durch Neugründungen wie Antiochia.

chen) herrschten nun über Teilgebiete und gründeten Dynastien wie die Antigoniden (Makedonien), die Seleukiden (Syrien und Mesopotamien) und die Ptolemäer (Ägypten). Die hellenistischen Könige besaßen große Reichtümer und zogen griechische Künstler, Intellektuelle und Söldner an. Sie unterhielten große Armeen, die unter anderem mit Elefanten kämpften. Bildhauerei und Architektur jener Zeit zeichneten sich durch Komplexität, Üppigkeit und einen Hang zum Monumentalen aus. Unter anderem baute man in dieser Epoche den Artemistempel in Ephesos wieder auf. Die Ptolemäer verbanden bewusst griechische und ägyptische Traditionen. Sie förderten einheimische Kulte und betonten die religiöse Funktion des Pharaos. Eine wirkliche kulturelle Verschmelzung zwischen Griechen und Nichtgriechen fand allerdings hier genauso wenig wie andernorts statt.

Priene im Westen der Türkei wurde im 7. Jahrhundert v. Chr. gegründet und im 3. Jahrhundert v. Chr. wieder aufgebaut. Kaum eine andere Stätte lieferte so viele Informationen zur Stadtplanung und zum Alltag in der hellenistischen Zeit. Priene wurde nach dem Hippodamischen System auf einem terrassierten Hügel angelegt. Bei Grabungen fand man Reste der Agora, eines Athenetempels sowie anderer öffentlicher und privater Gebäude ◆

UNTEN 334 v. Chr. eroberte Alexander Anatolien und befreite die griechischen Küstenstädte von den Persern. Er zog an der Mittelmeerküste südwärts nach Ägypten und besiegte 331 v. Chr. die Perser. Es folgte ein sechsjähriger Feldzug nach Osten. Viele Neugründungen trugen Alexanders Namen.

Feldzug Alexanders 334–324 v. Chr.
- von Alexander gegründete Stadt
- andere Stadt

unter griechischem Einfluss im 3. Jahrhundert v. Chr. gegründete Stadt
im 3. Jahrhundert v. Chr. hellenisierte Stadt
im 3. Jahrhundert v. Chr. gegründeter Tempel
andere griechische Siedlung oder Ort
unter mazedonischer Kontrolle um 270 v. Chr.
unter ptolemäischer Kontrolle um 270 v. Chr.
unter seleukidischer Kontrolle um 270 v. Chr.
keltischer Siedlungsbereich um das 2. Jahrhundert v. Chr.
Handelsroute

99

Der Aufstieg des Römischen Reiches

Eine einzige Stadt, Rom, bildete das Machtzentrum eines riesigen Imperiums. Auf dem Palatin fand man Überreste einer früheisenzeitlichen Siedlung, doch der Übergang vom Dorf zur Stadt erfolgte unter den Tarquiniern im 6. Jahrhundert v. Chr. Sie bauten eine Kanalisation, die *Cloaca Maxima,* und legten so die Sumpfgebiete um den Tiber trocken. Während der römischen Republik (509–27 v. Chr.) eroberten die Römer Italien und weite Teile des Mittelmeerraums. Die Einwohnerzahl Roms erreichte fast die Millionengrenze. Einflussreiche Bürger warben durch große Bauprojekte um die Gunst des Volkes, eine Praxis, die die frühen Kaiser in noch größerem Maßstab fortsetzten. Augustus (27 v. Chr.–14 n. Chr.) reorganisierte die Provinzen, um sich die direkte Kontrolle über die eroberten Gebiete des Reiches zu sichern, dessen Expansion noch ein weiteres Jahrhundert anhalten sollte. Im 2. Jahrhundert erstreckte sich das Römische Reich von Schottland bis Ägypten und von Portugal bis Syrien.

OBEN Das Kolosseum, Roms größtes Amphitheater, wurde im ganzen Reich nachgeahmt.

Der Aufstieg Roms spiegelt sich in unzähligen archäologischen Funden wider. Römische Städte wie Wroxeter (Viroconium) in England, Coimbra (Conimbriga) in Portugal, St.-Rémy (Glanum) in Frankreich, Leptis Magna in Libyen, Korinth in Griechenland und Caesarea in Israel waren alle nach demselben Muster angelegt. Tempel, Gerichtsgebäude oder etwa Märkte wurden nach dem Vorbild des römischen Forums errichtet. Die römische Kunst und Kultur hielt überall Einzug, einerseits, weil die Kaiser Skulpturen oder Tempel zu Propagandazwecken gebrauchten, andererseits, weil die Oberschicht in den Provinzen sich römischen Sitten und Moden anzupassen versuchte. Durch den Bau von Aquädukten, Amphitheatern und öffentlichen Bädern erreichte die fortschrittliche römische Kultur auch die hintersten Winkel des Reiches. Selbst in Britannien, an der Nordgrenze des Imperiums,

Pompeji: eine Provinzstadt

Die Städte Pompeji und Herculaneum versanken beim Ausbruch des Vesuvs im Jahre 79 vollständig unter einer dicken Lapillischicht. Beide sind daher für die Erforschung der römischen Kultur von einzigartiger Bedeutung. Im 18. Jahrhundert grub man erstmals Tunnel in die Schicht und entdeckte Straßen, öffentliche Gebäude und Privathäuser einer typischen Provinzstadt des Römischen Reiches. Die plötzliche Eruption ließ den Bewohnern nur wenig Zeit, sich und ihre Habe in Sicherheit zu bringen. Man fand deshalb Schmuck, Haushaltswaren, Wachstafeln, Holzmöbel, Vorräte und sogar Gartenpflanzen. Einige Menschen wurden von Holzbalken erschlagen, andere erstickten an den giftigen Dämpfen oder verbrannten, als sie verzweifelt versuchten, den glühenden Lavamassen zu entkommen. Die Abdrücke, die ihre Körper in der heißen Asche hinterließen, sind heute noch sichtbar. Viele Häuser bargen unversehrte Fresken, die faszinierende Einblicke in den Alltag und den Geschmack der reichen Oberschicht gaben. Im Haus der Mysterien zeigen sie die Einführung einer Braut in die Dionysischen Mysterien. In anderen Gebäuden fand man Bronze- oder Marmorbilder der Besitzer. Eines zeigt beispielsweise eine Frau, Eumachia, deren Name auf einer Inschrift erscheint, die sie als Gönnerin des dortigen Fleischmarktes bezeichnet. Darüber hinaus erinnern Tausende von Graffiti auf Wänden an Gerüchte und Skandälchen, die den Alltag der einfachen Leute prägten ◆

LINKS DER GIPSABDRUCK ERINNERT AN EINEN MANN, DER BEI DER ZERSTÖRUNG POMPEJIS UMS LEBEN KAM.

UNTEN Der Aufbau des Römischen Reiches dauerte mehrere Jahrhunderte. Mitte des 3. Jahrhunderts v. Chr. beherrschte Rom Italien und Sizilien. Der Fall Karthagos im Jahre 202 v. Chr. ermöglichte die Eroberung weiterer Teile Spaniens. Im 2. Jahrhundert v. Chr. dehnte sich das Reich nach Osten aus. In der Spätphase der Republik annektierten die Römer Gallien und Ägypten. Veteranenkolonien festigten den Einfluss Roms im Reich, das seine größte Ausdehnung im Jahre 117 unter Trajan erreichte.

Ausweitung der römischen Herrschaft
- die Grenze Roms um 500 v. Chr.
- Gebietszuwachs bis 290 v. Chr.
- Gebietszuwachs bis 100 v. Chr.
- Gebietszuwachs bis 14 n. Chr.
- Gebietszuwachs bis 117 n. Chr.

römische Kolonie
- gegründet vor 49 v. Chr.
- gegründet 49–44 v. Chr.
- gegründet 44 v. –14 v. Chr.
- gegründet nach 14 n. Chr.
- Amphitheater
- Aquädukt
- Triumphbogen
- andere große Stadt
- Lyon Provinzhauptstadt im frühen 2. Jahrhundert n. Chr.

0 — 600 km
0 — 400 Meilen

schmückten die Menschen Gebäude mit Mosaikböden und Wandgemälden, die typisch römische Motive (z. B. Weinlaub, Tauben, Delfine, Szenen aus Mythen) zeigten, und errichteten öffentliche Bauten und Bäder mit Fußbodenheizung (Hypokausten).

Der östliche Mittelmeerraum

Während die Römer im Westen die urbane Kultur neu begründeten, fanden sie im Osten Städte vor, die seit Jahrhunderten existierten. 146 v. Chr. zerstörten die Römer die griechische Stadt Korinth, bauten sie aber 44 v. Chr. wieder auf. Grabungen an der Stätte förderten ein römisches Forum und eine große Zahl lateinischer Inschriften zutage, die belegen, dass die Oberschichten nahe gelegener Städte nach Korinth, in die Hauptstadt der römischen Provinz Achaia, abwanderten, weil sie dort den römischen Lebensstil am besten pflegen konnten. In Athen verwendete man dagegen ungeachtet der römischen Herrschaft weiter in erster Linie griechische Stilelemente und sprach Griechisch.

Im Osten ergänzten die Römer griechische Gymnasien, in denen junge Männer für Wettkämpfe trainierten, gelegentlich durch Bäder. Häufig wurden sie von hohen Beamten oder reichen Machthabern gestiftet, die auch die Spiele förderten. Selbst in einer Stadt wie Jerusalem versuchte man, römische Kulturelemente einzuführen. Archäologen entdeckten in einem im Jahre 70 zerstörten, reichen jüdischen Haus Hinweise auf ein römisches Theater, obgleich öffentliche Aufführung dieser Art sich nicht mit dem jüdischen Glauben vertrugen ◆

Kommunikation und Handel

Ein hoch effizientes Netz von Verkehrswegen verband Rom mit den Provinzen und erleichterte die Verwaltung: Aus der Korrespondenz des berühmten Rhetorikers Cicero, der gegen Ende der Republik Prokonsul von Kilikien im Südosten der Türkei war, geht hervor, dass er nur jene Städte aufsuchte, die er leicht erreichen konnte. Die ältesten Straßen, die während der Eroberungskriege in Italien entstanden, trugen maßgeblich zur Festigung der Herrschaft bei. Später baute und unterhielt das Heer die Wege, über die man Garnisonen in den entlegensten Teilen des Reiches von der Grenze zu Parthien bis nach Britannien versorgte. Meist führten die Straßen auf direktem Weg über flaches Terrain. In Bergregionen, etwa in der Türkei, legte man sie so an, dass sie bei jeder Witterung begehbar blieben.

Mit der Ausdehnung des Reiches nahm auch das Handelsvolumen zu, galt es doch, die Bevölkerung mit Nahrung und Luxusgütern aller Art zu versorgen. Zu Beginn der Kaiserzeit musste allein Rom pro Jahr 400 000 Tonnen Getreide importieren. Es stammte zum größten Teil aus Ägypten, Nordafrika und Sizilien, denn es war billiger, große Mengen zu verschiffen, als sie per Ochsenkarren aus dem römischen Hinterland in die Stadt zu schaffen. Anfang des 1. Jahrhunderts kam es mehrfach zu Katastrophen, weil Schiffe zerstört wurden, bevor sie ihre Fracht in Ostia, Roms Hafen an der Tibermündung, löschen konnten. Mehrere Kaiser, darunter Claudius, Nero und Trajan, verbesserten und erweiterten Hafenanlagen und Lagerstätten. Auch an anderen Orten errichteten die Römer Schutzhäfen. Die Stadt Korinth, die an strategisch wichtiger Position auf einer schmalen Landbrücke zwischen dem griechischen Festland und dem Peloponnes lag, erhielt zwei der größten Häfen des Reiches, nämlich Cenchreae am Golf von Korinth mit Zugang zum adriatischen Meer und Lechaeum am Saronischen Golf für Schiffe mit Kurs nach Osten. Unter Nero versuchte man sogar, einen Kanal durch den Isthmus zu graben, musste die Arbeiten jedoch aufgeben. Einen ebenso großen, zum Teil versunkenen Hafenkomplex fanden Forscher in Caesarea im Nordwesten von Israel. Herodes der Große hatte den Hafen im 1. Jahrhundert v. Chr. erbaut und nach dem römischen Diktator benannt.

UNTEN Geblasene Glasgefäße aus italienischen oder südeuropäischen Werkstätten des 1. Jahrhunderts. Die Technik der Glasbläserei wurde im 1. Jahrhundert v. Chr. vermutlich in Syrien erfunden und gelangte in Italien zur Vollendung, wo Handwerker auch die Kameenglastechnik zu einer eigenständigen Kunstform entwickelten. Glasgefäße waren als Luxusgüter bei den Römern sehr beliebt (Beispiele finden sich auf Fresken in Pompeji). Innerhalb und außerhalb des Reiches trieb man mit ihnen Handel. Bei Grabungen in Köln fanden Archäologen Spuren einer Glasbläserei aus dem Jahr 50. Glasgefäße aus dem Rheinland verkauften die Römer an Germanenstämme jenseits des Limes.

Römische Wracks

Unterwasserarchäologen identifizierten zahlreiche Wracks vor der südfranzösischen Küste. Sie enthielten römische Amphoren für den Transport von Wein, Olivenöl und gesalzenen Fisch. Die Schiffe kamen überwiegend aus Spanien, Nordafrika, der Toskana und Kampanien. Forscher ordneten die Amphoren nach bestimmten Typen und konnten in einigen Fällen sogar die Herkunft feststellen. Ein vor Marseille (Grand Conglue) gesunkenes Wrack barg zum Beispiel spätrepublikanische Amphoren vom Typ „Dressel 1" mit dem Stempel „Sextius". Sie stammten aus einem Gut bei Ansedonia (Cosa) in der Toskana und enthielten vermutlich Fisch, denn bei Grabungen in Cosa entdeckte man die Werkstatt, welche die Gefäße hergestellt hatte, sowie Vorrichtungen zur Verarbeitung von Fisch und Fischbehälter.

1999 stieß man im versandeten römischen Hafen von Pisa auf neun gut erhaltene Schiffe aus dem 2. Jahrhundert v. Chr. bis 5. Jahrhundert n. Chr. Von Untersuchungen zur Bauweise und Fracht erhoffen die Wissenschaftler sich neue Erkenntnisse über Handel und Seefahrt im Römischen Reich.

Hohe Gewinne

Die Einwohner Roms und anderer Städte des Reiches benötigten ungeheure Mengen von Gütern. In Rom erinnert ein großer Berg von Amphorenscherben, der Monte Testaccio, an den antiken Handel mit Olivenöl. Die Oliven

RECHTS Metall, Gefäße und Nahrung (Korn, Öl, Wein) kamen aus dem ganzen Reich nach Rom oder wurden in die Provinzen gebracht, um Garnisonen zu versorgen, die sich zu wichtigen Grenzhandelsposten entwickelten. Die meisten Güter wurden über das Meer oder auf Flüssen wie Rhein und Donau verschifft.

stammten überwiegend aus Nordafrika, wo man in jünger Zeit Überreste großer Ölmühlen fand. Besonders die Oberschicht der Städte profitierte vom Ölhandel. Zu ihr gehörte auch die Familie von Kaiser Septimius Severus (reg. 193–211), der später seine Heimatstadt Leptis Magna mit einem neuen Forum und einer Basilika ausstattete.

In Britannien und Gallien konzentrierte sich der Handel nicht im gleichen Maße auf die Städte. Hier entwickelten sich vor allem Landhäuser (Villen) zu großen, nahezu eigenständigen Gütern ◆

OBEN Das Fresko zeigt Landarbeiter vor einem Landgut im nördlichen Gallien.

Legende:

- römischer Einflussbereich 117 n. Chr.
- Stadt mit über 100 000 Einwohnern
- Stadt mit über 30 000 Einwohnern
- Stadt unter 30 000 Einwohner
- städtische Ballungsgebiete
- Gebiet mit Villen-Kultur
- Fundort einer Dressel-Amphore um das 1. Jahrhundert v. Chr.

Herkunft von Handelswaren
- Getreide
- Glas
- Metallerze
- Oliven
- Keramik

- bedeutende Straße
- Seeweg
- schiffbarer Fluss
- Schiffswrack-Gebiet

0   600 km
0   400 Meilen

Kartenbeschriftungen (Auswahl):
Nord-see, Inveresk, York, Chester, Lincoln, London, Dover, Nijmegen, Köln, Trier, Exeter, Chichester, Boulogne, Cherbourg, Rouen, Paris, Nantes, Saintes, Bordeaux, Lyon, Regensburg, Augsburg, Carnuntum, Budapest, Virunum, Aquileia, Mailand, Genua, Ravenna, Pisa, Ancona, Narbonne, Marseille, Arles, Ansedonia, Rom, Ostia, Pozzuoli, Pompeji, Brindisi, Tarragona, Cartagena, Cherchell, Annaba, Karthago, Tébessa, Palermo, Messina, Reggio, Syrakus, Sizilien, Korsika, Sardinien, Balearen, ALPEN, PYRENÄEN, KARPATEN, BALKAN-GEB., Sarmizegethusa, Kostolac, Belgrad, Salonae, Nis, Durrës, Thessalonica, Perinthos, Byzantium, Izmit, Ankara, Bergama, Izmir, Ephesus, Pisidisches Antiochien, Laodicea, Korinth, Athen, Rhodos, Myra, Paphos, Zypern, Salamis, Antakya, Palmyra, Dura Europus, Damaskus, Tyros, Busra ash Sham, Caesarea, Jerusalem, Gaza, Petra, Olbia, Kertsch, Constanta, Schwarzes Meer, Sinope, Trapezünt, Sivas, Kayseri, Diyarbakir, Tarsus, Urfa, Syrische Wüste, Kreta, Gortyn, Mittelmeer, Kyrene, Leptis Magna, Alexandria, Memphis, Klysma, Myos Hormus, Berenice

Die Grenzen des Reiches

Rom verdankte seinen Aufstieg einer Mischung aus Kriegsglück, Eroberungswillen und geschickter Strategie. Mit Feldzügen sicherten und erweiterten die Römer ihr Gebiet, durch neue Eroberungen kamen Güter und Sklaven in die Stadt, und überdies gelangte man durch militärische Erfolge am schnellsten zu Macht und Ansehen. Nach der Niederlage in der Varusschlacht im Jahre 9 n. Chr. setzte Augustus die Unterwerfung Germaniens nicht fort, doch seine Nachfolger unternahmen weitere Kampagnen. Erst Hadrian (reg. 117–138) errichtete in Britannien und Germanien feste Grenzen.

Nachdem Hadrian im Jahre 121 die Garnisonen des Reiches inspiziert hatte, beschloss er den Bau einer steinernen Mauer als Grenzbefestigung in Britannien. Bei neueren Ausgrabungen an der vorhadrianischen Festung Vindolanda im Süden des späteren Walls fand man Hinweise auf einen Palast, den man möglicherweise für den Aufenthalt des Kaisers errichtet hatte.

Der Hadrianswall zog sich über insgesamt 113 Kilometer von einer Küste zur anderen durch Nordengland. Die fünf Meter hohe und 2,5 Meter dicke Mauer gehört zu den eindrucksvollsten vollständig freigelegten römischen Überresten in Westeuropa. Am besten blieb der mittlere Abschnitt erhalten, der am Rand eines Kalksteingebirges errichtet wurde. Er war ursprünglich weiß gestrichen, damit man ihn von weitem gut erkennen konnte. Unabhängig vom Terrain befanden sich jeweils im Abstand von einer Meile Wachtürme, Festungen oder Tore in der Mauer.

In Vindolanda entdeckte man gut erhaltene hölzerne Schreibtafeln und Holzscheiben mit Nachrichten. Dieses einzigartige Archiv wirft ein faszinierendes Licht auf das Leben der Soldaten an der Nordgrenze des Reiches. Einige Briefe enthielten Informationen über die Entsendung von Truppen und Nachschub, andere gaben Auskunft über persönliche Angelegenheiten, etwa die Einladung zur Geburtstagsfeier der Frau des benachbarten Garnisonskommandanten.

Die Rhein-Donau-Grenze

Zu den am härtesten umkämpften Regionen des Reiches gehörte das Gebiet zwischen Rhein und Donau. Ende des 1. Jahrhunderts gelang es den

OBEN Die Festung Masada (Israel) wurde nach dem Jüdischen Aufstand im Jahre 66 von den Römern belagert. Sie legten einen durch Mauern verbundenen Festungsring an, um einen Ausbruch und die Versorgung mit Lebensmitteln zu verhindern. Der Aufwand, den die Römer mitten in der Wüste betrieben, zeigt, dass sie in der gefährdeten Grenzregion Aufstände um jeden Preis niederzuschlagen versuchten. Schließlich bauten sie eine Belagerungsrampe bis zur Stadtmauer, die noch heute den bequemsten Zugang bildet. Der jüdische Historiker Josephus berichtet, dass die Eingeschlossenen kollektiven Selbstmord begingen, ehe die Römer die Mauer durchbrachen. Die Festung diente ursprünglich Herodes (40–4 v. Chr.) als Residenz. Bei Ausgrabungen fand man Reste von Gebäuden mit Gemälden im römischen Stil.

Hoxne: ein vergrabener Silberhort

Anfang des 4. Jahrhunderts zerfiel das Römische Reich in eine Ost- und eine Westhälfte. Im Westen verlor der Kaiser an Macht. Das unsichere Leben in den Provinzen führte dazu, dass reiche Bürger Gold- und Silbermünzen vergruben. Zu den größten dieser im Osten Englands während der letzten beiden Jahrhunderten der römischen Besatzung vergrabenen Schätze gehört ein Hort mit rund 200 Gold- und Silberobjekten und 14 865 Münzen, den Bauern 1992 beim Ackern in Hoxne, Suffolk, entdeckten. Der ehemalige Besitzer hatte die zwischen 408 und 450 vergrabenen Stücke zunächst mit Stroh und Stoff umwickelt und sie dann in eine hölzerne Truhe

gelegt. Mindestens 24 Objekte weisen christliche Symbole oder Inschriften auf. Ein spätrömischer Hort aus Water Newton, Cambridgeshire, enthielt ebenfalls mit dem Christentum assoziierte Silbergegenstände, z. B. Teile eines Abendmahlgeschirrs ◆

OBEN DER SILBERTIGER (15,9 CM LANG) AUS DEM HORT VON HOXNE, SUFFOLK, ZIERTE VIELLEICHT EINST EIN GROSSES GEFÄSS.

OBEN UND RECHTS An umkämpften Grenzen errichteten die Römer Wälle *(Limes)*, die eine Straße und Befestigungsanlage umfassten. In Festungsstädten hinter der Grenzlinie – z. B. Chester und York in Britannien, Köln, Mainz und Straßburg in Germanien – stationierten sie Truppen. In Britannien ließ Antoninus Pius ein Stück nördlich des Hadrianswalles den Antoninuswall bauen, möglicherweise in erster Linie, um die Gunst der Römer zu gewinnen. Bald schon zogen sich die Soldaten hinter den Hadrianswall zurück. Außerhalb von Britannien und Germanien lagen die stärksten Befestigungen im Osten. Ein Netz von Straßen und Forts sollte vor Übergriffen der Parther und Sassaniden schützen.

Römern durch Feldzüge, die Grenze bis jenseits der beiden Flüsse zu verschieben. Hadrian befahl auch hier den Bau einer festen Grenze *(Limes)*, die aus einer später durch Festungen und Wachttürme ergänzten Holzpalisade bestand. Sie begann südlich von Bonn (Bonna) am Rhein und zog sich bis westlich von Regensburg (Castra Regina) an der Donau. Veteransiedlungen an der Grenze begünstigten die Gründung von Städten und förderten den Handel in der Region, so dass bald *Vici* (Dörfer) neben den Garnisonen entstanden. Als im 3. und 4. Jahrhundert feindliche Übergriffe zunahmen, befestigte man die Städte und Brücken an Rhein und Donau.

Zur gleichen Zeit verübten Angelsachsen aus Nordeuropa verstärkt Angriffe auf wohlhabende Siedlungen im Südosten Britanniens und im Norden Galliens, wo es nur wenige römische Garnisonen gab. Um die von Norden einfallenden Truppen zu bekämpfen, errichteten die Römer Lager für Einsatztruppen und zogen Mauern um einige Städte ◆

ZENTRAL, SÜD- & OSTASIEN

DIE TRADITIONELLEN GESELLSCHAFTEN
Asiens haben sich stets intensiv mit ihrer Geschichte beschäftigt. Als im Jahr 1079 ein heftiger Sturm bei Anyang weite Teile der alten Hauptstadt der Shang-Dynastie ans Tageslicht brachten, begannen sich die Chinesen

für ihre Vergangenheit zu interessieren und Kunstwerke früherer Zeiten zu katalogisieren. Ähnlich den Chinesen begannen im 17. Jahrhundert auch die Japaner, historische Stätten zu untersuchen, Jadeschmuck zu sammeln und alte Gräber freizulegen.

Wie in vielen Teilen der Welt versuchte man auch in Asien häufig, Überbleibsel vergangener Zeiten bestimmten Mythen zuzuordnen. Die Megalithen (Pandavaragudigallu) Südindiens etwa schrieben die Menschen den Pandavas, Helden der legendären Kämpfe aus dem altindischen Epos Mahabharata zu. Alten, zufällig entdeckten Artefakten sollten übernatürliche Kräfte innewohnen – in indischen Schreinen verehrte man Steinäxte, und Orakelknochen, die ältesten schriftlichen Quellen Chinas, galten lange als Drachenknochen. Doch schon zu einem sehr frühen Zeitpunkt versuchten Philosophen und Geschichtsschreiber auch, Mythos und Geschichte zu trennen. Unter der Zhou-Dynastie (475–221 v. Chr.) gliederte einer von ihnen die Vergangenheit in die Stein-, Jade-, Bronze- und Eisenzeit.

Chinas lange geschichtliche Tradition begann mit der wahrscheinlich 1766 v. Chr. gegründeten Shang-Dynastie und der Han-Dynastie (206 v. Chr.–220 n. Chr.). Ethnographische Berichte aus benachbarten Gebieten in Süd- und Zentralasien ergänzen die chinesischen Funde und Quellen aus jener Zeit. In Indien stammen die frühesten historischen Zeugnisse aus der Zeit des Buddha im 5. Jahrhundert v. Chr. Vor etwa 1500 Jahren zogen chinesische Pilger durch die zentralasiatischen Wüsten und überquerten die Meere Südostasiens, um die heiligen Stätten aufzusuchen, welche der indische Herrscher Ashoka (3. Jh. v. Chr.) an den Wirkungsstätten Buddhas errichtet hatte. Ihre Reisebeschreibungen dienten den Gelehrten, die im 19. Jahrhundert das kulturgeschichtliche Erbe der Region zu erforschen begannen, als Leitfäden.

Ab dem 16. Jahrhundert kamen verstärkt europäische Kaufleute, Beamte, Soldaten und Abenteurer nach Südostasien. Sie konnten

sich nicht vorstellen, dass die Vorfahren der in Asien lebenden Völker Monumente wie die westindischen Tempel oder die Türme von Angkor in Kambodscha geschaffen hatten und schrieben sie zunächst Alexander dem Großen oder den wandernden Stämmen Israels zu. Häufig entsetzten sie sich über die „schamlosen" Skulpturen an indischen und südostasiatischen Tempeln. „Wer sie betritt… bekommt eine Gänsehaut, denn sie sind so furchtbar", schrieb im 16. Jahrhundert beispielsweise der portugiesische Arzt Garcia da Orta über die Felsentempel bei Bombay (heute Mumbai).

Antikenhändler und Altertumskundler

Die antiken Baudenkmäler im Iran stießen bei den Abendländern auf größeres Verständnis, denn die Geschichte des persischen Reiches war aus klassischen Quellen bekannt. Der italienische Reisende Pietro della Valle entdeckte 1621 eine 413 Zeilen umfassende Inschrift am Felsmassiv von Bisutun im Westen des Iran und kopierte sie. Später erkannte man, dass es sich um eine dreisprachige Inschrift von Dareios I. in altpersischer, elamischer und babylonischer Keilschrift handelte. Der englische Assyrologe und Diplomat Henry Creswicke Rawlinson (1810–95) entzifferte in den 1830er Jahren schließlich die altpersische Schrift und die babylonische Keilschrift und interpretierte den Text.

In Indien gründete Sir William Jones, ein britischer Orientforscher und Jurist, 1784 die Bengalisch-Asiatische Gesellschaft. Als Erster wies er auf einen möglichen gemeinsamen Ursprung des Sanskrit (der klassischen Literatursprache Indiens), des Griechischen, Lateinischen, Germanischen und Persischen hin. In den nachfolgenden Jahrhunderten legten Mitglieder der Asiatischen

ca. 60000 (?) – 40000 J.v.h. Moderner Mensch in Australien

Regionaler Zeitstrahl

ca. 400000 J.v.h. H. erectus in Zhoukoudian (China)

ca. 1,8–1,5 Mio. J.v.h. H. erectus in Longgupo (China) und auf Java

ca. 53000–27000 J.v.h. Später H. erectus (?) in Ngangdong (Java)

ca. 40000 J.v.h. Homo-sapiens-Schädel, Niah-Höhle (Borneo)

ca. 12000 J.v.h. Weltälteste Tongefäße in Japan (Fukui-Höhle)

ca. 9000 J.v.h. Reisbau in Pengtoushan (China)

ca. 8000 J.v.h. Keramik in Mehrgarh (Pakistan)

100000 J.v.h.

10000 J.v.h.

OBEN Frühe europäische Reisende empfanden die altindische Architektur oft als abstoßend. Dieser Felsentempel steht in Ellora, Zentralindien.

OBEN LINKS Dieses radförmige Bronzeartefakt (85 cm Durchmesser) wurde an einer Opferstätte in Sanxingdui, China (1200–1000 v. Chr.), ausgegraben.

Gesellschaft zahlreiche Kulturdenkmäler frei, entzifferten Inschriften, untersuchten Münzen, Kunstwerke und Gebäude und entschlüsselten Kharoshti und Brahmi, zwei Schriften, in denen Ashoka (273–232 v. Chr.) Säulenedikte und Inschriften, die frühesten klassischen Texte Indiens, verfasst hatte.

Die indischen Megalithen gehörten zu den ersten Monumenten des Subkontinents, welche die Aufmerksamkeit der Altertumskundler weckten. Sie erinnerten an europäische Dolmen und lösten Spekulationen über die Kultur aus, die sie hervorgebracht hatte. Lange hielt man sie für Gräber und Altäre einer „keltisch-skythischen Rasse". Funde römischer Münzen im Süden des Kontinents

erstaunten weit weniger, denn man wusste, dass bereits 2000 Jahre zuvor ein ausgedehntes Handelsnetz existiert hatte. In den 1840er Jahren untersuchten Briten die Amaravati-Stupa und brachten zahlreiche Skulpturen ins Britische Museum. Dadurch stieg das Interesse an der buddhistischen Kunst und Architektur, das in den 1850er Jahren durch die Entdeckung der griechisch und persisch inspirierten Kunst im Nordwesten Indiens neue Nahrung erhielt.

Der Indian Archaeological Survey

Wie in anderen Teilen der Welt wurden auch in Indien viele antike Überreste geplündert und zerstört, darunter die kostbaren Fresken der Höhlen von Ajanta. Um 1870 begann der *Indian Archaeological Survey* (Indisches Forschungsinstitut für Archäologie) das indische Kulturerbe zu klassifizieren und zu pflegen. Damals glaubten viele Archäologen, Indien habe zur Zeit der frühen Kulturen Ägyptens und Mesopotamiens kulturell keine Rolle gespielt. Ende des 19. und Anfang des 20. Jahrhunderts fanden französische Forscher

ca. 4000–3450 J.v.h. Minoische Kultur auf Kreta

ca. 2200–1300 J.v.h. Teotihuacán (Mexiko)

ca. 3700 J.v.h. Shang-Dynastie in China

ca. 3500 J.v.h. Bronzearbeiten in Thailand

ca. 2400 J.v.h. Steppennomadengräber im Altai-Gebirge

ca. 2200 J.v.h. Terrakotta-Armee in Xian (China)

ca. 1600–1200 J.v.h. Kofunzeit, Japan

ca. 4000 J.v.h. Industalkultur; Bronzebearbeitung in Erlitou (China)

ca. 2500 J.v.h. Achämenidenherrschaft auf der iranischen Hochebene

ca. 2250 J.v.h. Blüte der Maurya-Dynastie unter Ashoka

ca. 2000 J.v.h. Frühe koreanische Reiche; Kuschan beherrschen Seidenstraße

4000 J.v.h.

2500 J.v.h.

2000 J.v.h.

jedoch in Tepe Sialk und Susa Hinweise auf elamitische Siege über mesopotamische Städte. Nun erkannte man die Bedeutung der iranischen Hochebene während des 3. und 2. Jahrtausends v. Chr. Als 1924 Sir John Marshall (1876–1958) im Auftrag des *Archaeological Survey* in Mohenjo-Daro Grabungen durchführte, begriffen die Wissenschaftler endlich auch, dass sich hier die Wiege vieler sumerischer Kulturelemente befand und gestanden Indien den Rang zu, der dem Land gebührte. 1944 begann unter Leitung des britischen Archäologen Sir Mortimer Wheeler eine Kampagne in Harappa. Wheeler machte sich vor allem einen Namen, weil er neue Grabungstechniken und Paradigmen zur Klassifizierung der Funde entwickelte und einen chronologischen Rahmen schuf, der die Vorzeit mit umfasste.

Zentral- und Ostasien

Auch in Zentral- und Ostasien führten neue Grabungstechniken zu unerwarteten Ergebnissen. Zwischen 1902 und 1904 leiteten Schmidt und Pumpelly eine Kampagne in den Anau-Bergen in Turkmenistan. Spezialisten untersuchten Überreste von Pflanzen, Tieren und Menschen, auch richtete man die Aufmerksamkeit gezielt auf Artefakte und ihre präzise Lage. Anfang des 20. Jahrhunderts leitete Aurel Stein vier größere Expeditionen in Turkestan und Zentralasien, um die antiken Karawanenstrecken von Europa nach China zu erkunden und förderte dabei archäologische Schätze an der Seidenstraße zutage. Unter anderem fand er herrliche und aufgrund des trockenen Klimas gut erhaltene buddhistische Seidenbanner, wertvolle Manuskripte in zahlreichen Sprachen und Zeugnisse von chinesischen Beamten, die unter der Han-Dynastie auf Außenposten entlang der Seidenstraße die Stellung hielten.

In Japan gründete Hamada Kosaku im Jahre 1913 in Kyoto die erste Altertumsabteilung. Nachdem die Japaner 1911 Korea annektiert hatten, führten sie auch dort archäologische Grabungen durch, bei denen prähistorische Dolmen, goldene Begräbniskronen der Silla und Hinterlassenschaften der chinesischen Herrschaft ans Tageslicht kamen. 1877 fand Edward Morse Keramiken der japanischen Jomon-Zeit, die mit einem Dekor aus eingedrückten Kordeln und anderen Textilstrukturen verziert waren. Man schrieb sie zunächst den Vorfahren der auf Hokkaido ansässigen Ainu zu, erkannte jedoch in den 1930er Jahren, dass es sich um Überreste aus dem japanischen Neolithikum handelte.

In China führte die neu gegründete Chinesische Akademie der Wissenschaften *(Academia Sinica)* 1928 erste Grabungen in Anyang, der Hauptstadt der Shang-Dynastie, durch. Bereits einige Jahre zuvor war der schwedische Geologe J. Gunnar Andersson (1874–1960) in Yangshao auf Überbleibsel einer jungsteinzeitlichen Siedlung gestoßen. 1929 fand er in der heute weltberühmten Zhoukoudian-Höhle noch deutlich ältere Überreste von Peking-

menschen. 1887 waren auf Java bereits ähnliche Skelette aufgetaucht, doch erst jetzt ordnete man die Hominidenknochen der altsteinzeitlichen Menschenform *Homo erectus* zu.

Zu den aufsehenerregendsten Funden der jüngeren Zeit gehörten die lebensgroße Terrakotta-Armee des ersten Qin-Kaisers von China und die Gräber von Steppennomaden im zentralasiatischen Altai-Gebirge. Letztere musste das Team um Sergej Rudenko (1885–1969) mit kochendem Wasser auftauen, doch die schwierigen Grabungsbedingungen wurden durch den hervorragenden Zustand der in eisiger Kälte perfekt erhaltenen Grabbeigaben (Seide, Leder, Holz, Textilien und Zaumzeug) wettgemacht.

Die Ursprünge der Landwirtschaft

Seit den 1950er Jahren ließen sich viele Funde mit Hilfe der C-14-Methode und anderer absoluter Datierungstechniken chronologisch einordnen. Dadurch entstand ein wesentlich klareres Bild von der Entwicklung des Menschen und der frühen Kulturen. Viele Archäologen interessieren sich besonders für Beginn und Ursprung der Landwirtschaft. Grabungen, die in den 1950er Jahren in Banpo, einer Siedlung (um 5000 v. Chr.) am Gelben Fluss durchgeführt wurden, brachten erste Erkenntnisse zu Chinas frühen Hirsebauern. Heute weiß man, dass an einigen Stätten in Nordchina bereits im 7. Jahrtausend v. Chr. Ackerbau betrieben wurde. Am Yangtze Kiang entdeckte man Reisbauernsiedlungen aus derselben Zeit. In Südasien entstanden die ersten bäuerlichen Gemeinschaften erst im 5. Jahrtausend v. Chr., also mehrere tausend Jahre später als in Westasien und im südlichen Zentralasien. In Mehrgarh (Pakistan) stieß man in den 1970er Jahren auf frühneolithische Reste von Ackerbaugemeinschaften aus dem 7. Jahrtausend v. Chr. ◆

Ochotskisches Meer

Yubetsu-Ichikawa
Tosamporo
Tokoro
Mokoto

Kunashir

okkaido

LINKS Als vor ca. 10 000 Jahren neue Wälder, Flüsse und Küstenregionen entstanden, wurden die Jäger und Sammler Ostasiens sesshafter. Sie verfügten nun das ganze Jahr über Meeresfrüchte und lernten, pflanzliche Kost zu konservieren. In den subtropischen bis subborealen Regionen des japanischen Archipels gründeten die Wildbeuter erste Siedlungen. Handelsrouten für Waren wie Grünstein und Obsidian führten über Flüsse und Berge und an den Küsten entlang. An vielen Jomon-Stätten entdeckte man Einbäume, mit denen die Menschen nicht nur reisten, sondern auch die Ressourcen des Meeres nutzten.

OBEN LINKS Vor 11 000 bis 2000 Jahren lebten auf den japanischen Inseln Wildbeuter, die Tongefäße mit charakteristischem Dekor herstellten. Mittlerweile unterscheiden japanische Archäologen mehr als 70 Gefäßtypen, die von der Kreativität der Produzenten zeugen. Die ältesten Gefäße nutzte man zum Zubereiten von Nahrung. Nun konnten die Menschen auch bis dahin ungenießbare Pflanzen und Meeresfrüchte essen. Im Laufe der Zeit entstanden neue Formen, darunter Gefäße zum Anrichten und Verzehren von Mahlzeiten. Vor ca. 5000 Jahren kamen Keramiken mit breitem, reich geschmücktem Rand auf. Diese Verzierungen ergänzten das für die Jomon-Kultur typische Kordeldekor.

Wildbeuter in Ostasien

Der Klimawandel am Ende der letzten Eiszeit veränderte die Umwelt und die Formen des menschlichen Zusammenlebens in Ostasien genauso tief greifend wie in Europa (s. S. 54f.). Durch den Anstieg des Meeresspiegels wurden weite Küstengebiete überflutet. Nun lagen die Landbrücken unter Wasser, welche ehemals die japanischen Inseln mit dem Festland verbunden hatten. Wälder ersetzten die Tundra des Pleistozäns und boten den Menschen neue Möglichkeiten. Sie folgten nun nicht mehr Rentier- und Büffelherden, sondern jagten Wildschweine und Hirsche, sammelten Nüsse und Beeren und fingen Fische und andere Meerestiere. Bemerkenswert ist, dass die Menschen in Ostasien bereits lange vor der Ausbreitung der Landwirtschaft wussten, wie man Tongefäße herstellte und benutzte.

Muschelhaufen, große Ansammlungen zerkleinerter Muschelschalen, bergen oft wertvolle Informationen. Einige besonders große Muschelhaufen befinden sich in Japan. In Kasori (Honshu) nutzten die Bewohner einen solchen urzeitlichen Abfallhaufen über 2000 Jahre lang. Heute bildet er eine niedrige Erhebung von rund hundert Metern Durchmesser. Ganz offensichtlich gehörten Muscheln zu den wichtigen Nahrungsquellen, auch aßen die Menschen Fische wie Lachs und Forellen, die zu bestimmten Zeiten des Jahres in großen Mengen verfügbar waren. In Mawaki an der Westküste von Honshu fing man Delfine, in Sopohang und Tongsamdong auf der koreanischen Halbinsel stieß man auf Überreste von Walen und Seelöwen.

Früher Gebrauch von Tongefäßen

Die Muschelhaufen zeugen auch vom frühen Einsatz von Gefäßen. Die ältesten Keramiken der Welt (um 10 700 v. Chr.) stammen aus der Fukui-Höhle (Kyushu). Neue Entdeckungen in Nordjapan und an der Ostküste von Sibirien belegen, dass Gefäße zu einem sehr frühen Zeitpunkt und in einem großen Gebiet mit unterschiedlichen Vegetations- und Klimazonen hergestellt wurden. Die typische Jomon-Keramik der Wildbeuter des japanischen Archipels (um 10 000–400 v. Chr.) zeichnet sich durch einen Dekor aus Kordeln und Textilfasern aus, die die Töpfer vor dem Brennen in den weichen Ton drückten. Die Chulmun von der koreanischen Halbinsel (um 6000–2000 v. Chr.) verwendeten Gefäße mit ähnlichen Verzierungen, ebenso die Wildbeuter an der Südküste Chinas und auf Taiwan.

In der Regel gilt der Gebrauch von Keramik als Hinweis auf Sesshaftigkeit, denn beim Transport brachen die Tongefäße leicht in Stücke. In Ostasien

konnten die Wildbeuter dank der Fülle natürlicher Ressourcen in den Küstengebieten und den Wäldern im Landesinnern längere Zeit an einem Ort bleiben. Offensichtlich legten sie zuweilen schon kleine Gärten an. In Amsadong, einer Stätte im Zentrum der koreanischen Halbinsel, lebten die Menschen in Steinhäusern und sammelten große Mengen wilder Nüsse, die sie in großen Tongefäßen in tiefen Lagergruben konservierten.

Wildbeuterkulturen

In der Jomon-Zeit (um 10 000–300 v. Chr.) stellten die Menschen Tonfigurinen, Holzschnitzereien und Lackobjekte her. Einige Siedlungen erreichten eine beachtliche Größe und waren lange bewohnt. In Sannai Maruyama im Norden von Honshu lebten über 1000 Jahre lang Menschen, in dieser Zeit entstanden mindestens 1000 Häuser und mehrere Siedlungen. Der Ort selbst lag im Zentrum eines ausgedehnten Handelsnetzes, das dem Austausch von wertvollen Materialien wie Grünstein und Obsidian diente.

Im Norden Japans errichtete man an Grabstätten große Steinkreise. Am berühmtesten sind die Zwillingskreise von Manza und Nonakado in Oyu. Steinkreise entdeckte man auch in Hupori und an anderen Orten der koreanischen Halbinsel. Im 1. Jahrtausend v. Chr. kamen auf Hokkaido Friedhöfe mit Gräbern auf, die besonders reiche Beigaben enthielten. Ansonsten weiß man über soziale Unterschiede in der Jomon- und Chulmun-Kultur nur wenig. Der hohe Standard der Keramiken und Holzarbeiten verweist auf eine handwerkliche Spezialisierung, und die Entwicklung von Sannai Maruyama und anderen Zentren legt nahe, dass es eine Führungselite gab. In der Jomon-Kultur spielte der Schmuck des Körpers eine wichtige Rolle. An einigen Schädeln finden sich abgeschliffene Zähne, verzierte Tonfigurinen zeugen von der Bedeutung, die man Kleidung und Frisuren zumaß. Auch Tätowierungen waren weit verbreitet. In Kayano (Honshu) förderte man Hunderte von Tonohrringen zutage, vermutlich befand sich hier ein auf Schmuck spezialisiertes Handwerkszentrum.

Die Menschen der Jomon-Kultur behielten ihre traditionelle Lebensweise länger bei als die Bewohner des ostasiatischen Festlandes. Der Reisanbau, der in China um 5000 v. Chr. eingeführt wurde, erreichte Japan erst im 1. Jahrtausend v. Chr. (s. S. 122f.). Kurz bevor die ersten Reiskulturen angelegt wurden, nahmen die rituellen Aktivitäten im Südwesten des Archipels deutlich zu, wie die hohe Zahl aufgefundener Tonfigurinen, Masken und Steinsetzungen belegt. Auch als bereits Ackerbaustrukturen existierten, spielten das Jagen und das Sammeln wilder Früchte noch eine wichtige Rolle. Die *Matagi*-Jäger aus dem Norden von Honshu und die Ainu von Hokkaido setzten die Tradition der Wildbeuter als Letzte fort ◆

Die Ursprünge des Reisanbaus

Wie, wann und wo sich der Übergang zu sesshaften Ackerbaugemeinschaften vollzog, wissen Archäologen erst, seit sie herausfanden, dass der Reisanbau in der Seenregion des mittleren Yangtzetals begonnen und sich von dort aus nach China und Südostasien verbreitet hatte. Genau wie im Nahen Osten führten die klimatischen Veränderungen am Ende der letzten Eiszeit und die damit einhergehenden Veränderungen des Lebensraums in der Jungsteinzeit zur Sesshaftwerdung der Menschen und zur Entwicklung der Landwirtschaft.

Als die Temperaturen zu steigen begannen, dehnte sich das Gebiet, in dem wilder Reis gedieh, von den Tropen nordwärts ins fruchtbare Sumpfland des Yangtzetals aus. Zwischen 9000 und 8000 v. Chr. wurde es während der Jüngeren Dryas allerdings noch einmal deutlich kälter. In diese Zeit fällt die Ablagerung von Löß, einem aus Trocken- oder Kältewüsten ausgewehten Sediment, auf den Ebenen Chinas. Die Gletscher schoben sich wieder nach vorn, Pflanzen und Tiere, die sich an wärmere Bedingungen gewöhnt hatten, zogen sich nach Süden zurück. Um 8000 v. Chr. endete die Jüngere Dryas. In der nachfolgenden Phase zunehmender Erwärmung begannen die Wildbeuter in halbdauerhaften Siedlungen zusammenzuleben. Eine erneute, jedoch nicht so starke Abkühlung fiel mit der Errichtung erster fester Dörfer in Ostasien zusammen. Nun bestattete man die Toten vor Ort in Gemeinschaftsgräbern, stellte Gefäße her und produzierte Steinwerkzeug für die Verarbeitung von Getreide.

In Pengtoushan unweit des Dongtingsees fand man in Keramiken 7500 bis 6500 Jahre alten Reis. Es ist nicht bekannt, ob es sich hierbei um kultivierten oder gesammelten Reis handelt. Vermutlich hatten sich die Wildbeuter in der wärmeren Phase vor der Jüngeren Dryas angewöhnt, wilden Reis zu sammeln. Als die Temperaturen sanken, gingen die Menschen dazu über, ihn anzupflanzen, wofür sie zunächst einfach bestimmte Flächen rodeten oder andere, konkurrierende Pflanzen entfernten.

Zeitgleich mit dem Übergang zur Reisbaukultur entstanden überall am Yangtze Kiang feste Siedlungen. Hemudu, ein um 5000 v. Chr. gegründetes Dorf an einem Seeufer, bietet eine Fülle von Informationen zum Leben in frühsesshaften Gemeinschaften. Die Menschen fertigten zum Beispiel Spaten, indem sie die Schulterblätter von Rindern an einen hölzernen Schaft banden. Sie errichteten Holzhäuser mit ausgeklügelten Tischlerarbeiten. Auch bauten sie Reis in riesigen Mengen an und auf ihrem Speiseplan standen Fische sowie Wasservögel.

Die Ausbreitung des Reisbaus

Im Laufe der Zeit verbreitete sich die Landwirtschaft vom Yangtzetal aus weiter. Im 3. Jahrtausend v. Chr. siedelten Reisbauern in den Niederungen südlich des Nanling-Gebirges. Etwa 2800 Jahre alte Grabbeigaben aus Shixia ähneln Artefakten aus dem Yangtzetal. Ackerbaugemeinschaften entstanden schließlich auch im Delta des Roten Flusses und in den Ebenen von Vietnam, wo sie mit großen Wildbeutergruppen aus der Küstenregion verschmolzen. Spuren von Reis und von domestizierten Hunden, die vom asiatischen Grauwolf abstammten, deuten an, entlang welcher Routen sich die Landwirtschaft verbreitete. Als ein weiterer Indikator dienen auch die austroasiatischen Sprachen, die in Vietnam, Kambodscha, Thailand, Burma und Ostindien heimischen Idiome. Die frühen Siedlungen legten den Grundstein für die spätere Entwicklung von Staaten im Yangtzetal und für die bronze- und eisenzeitlichen Kulturen Südostasiens ◆

OBEN Im Yangtzetal im südlichen China begann man vor rund 8000 Jahren Reis anzubauen. Der Übergang von Jägern und Sammlern zu Ackerbaugemeinschaften führte zur Gründung fester Siedlungen. Die Bevölkerung wuchs, kleine Familiengruppen wanderten fort, um neue Lebensräume für die Landwirtschaft zu erschließen. Noch heute wird in dieser Gegend intensiver Reisanbau betrieben.

RECHTS Dieser aus Ton gefertigte Dreifuß stammt aus einem 4000 Jahre alten Grab in Ban Kao, einer kleinen, landeinwärts gelegenen Siedlung in Thailand, an der man in den 1960er Jahren viele Keramiken entdeckte. Ähnliche Gefäße fand man auch an archäologischen Stätten im Westen Thailands und weiter südlich bis nach Malaysia.

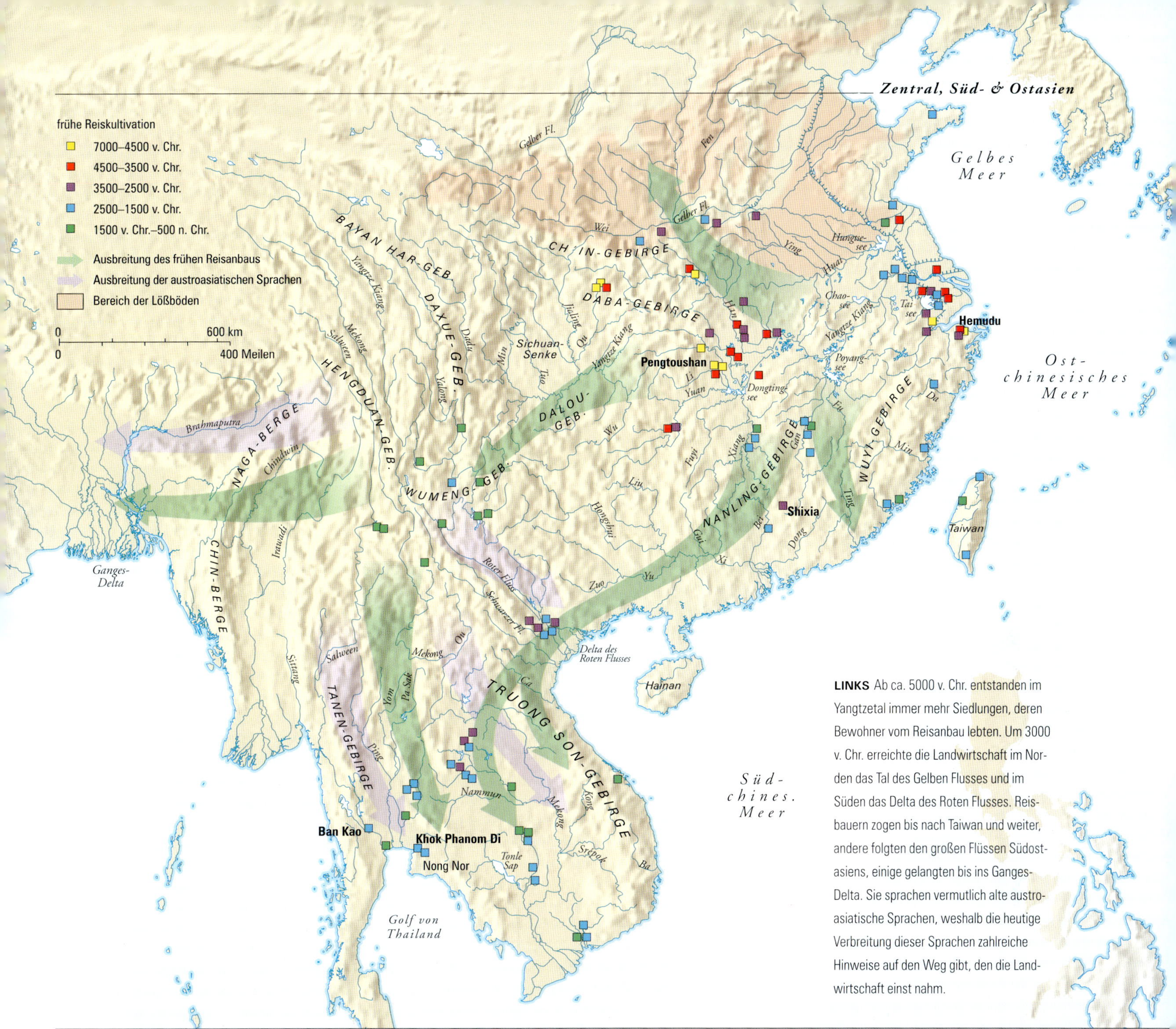

frühe Reiskultivation
7000–4500 v. Chr.
4500–3500 v. Chr.
3500–2500 v. Chr.
2500–1500 v. Chr.
1500 v. Chr.–500 n. Chr.
Ausbreitung des frühen Reisanbaus
Ausbreitung der austroasiatischen Sprachen
Bereich der Lößböden
0 600 km
0 400 Meilen
Gelbes Meer
Ostchinesisches Meer
Südchines. Meer
Golf von Thailand
Ganges-Delta
Delta des Roten Flusses
Gelber Fl.
Fen
Wei
Ying
Huai
Hungtse-see
Chao-see
Tai-see
Poyang-see
Dongting-see
Yangtze Kiang
Han
Jialing
Qu
Min
Tuo
Dadu
Yalong
Mekong
Salween
Brahmaputra
Chindwin
Irawadi
Sittang
Roter Fluss
Schwarzer Fl.
Ou
Ca
Yom
Pa Sak
Ping
Nammun
Kong
Srepok
Ba
Tonle Sap
Li
Yuan
Wu
Fuyi
Xiang
Gan
Fu
Liu
Hongshui
Gui
Bei
Dong
Xi
Yu
Zuo
Ting
BAYAN HAR-GEB.
CH'IN-GEBIRGE
DABA-GEBIRGE
DAXUE-GEB.
HENGDUAN-GEB.
Sichuan-Senke
DALOU-GEB.
WUMENG-GEB.
NAGA-BERGE
CHIN-BERGE
NANLING-GEBIRGE
WUYI-GEBIRGE
TANEN-GEBIRGE
TRUONG SON-GEBIRGE
Hemudu
Pengtoushan
Shixia
Taiwan
Hainan
Ban Kao
Khok Phanom Di
Nong Nor

LINKS Ab ca. 5000 v. Chr. entstanden im Yangtzetal immer mehr Siedlungen, deren Bewohner vom Reisanbau lebten. Um 3000 v. Chr. erreichte die Landwirtschaft im Norden das Tal des Gelben Flusses und im Süden das Delta des Roten Flusses. Reisbauern zogen bis nach Taiwan und weiter, andere folgten den großen Flüssen Südostasiens, einige gelangten bis ins Ganges-Delta. Sie sprachen vermutlich alte austroasiatische Sprachen, weshalb die heutige Verbreitung dieser Sprachen zahlreiche Hinweise auf den Weg gibt, den die Landwirtschaft einst nahm.

Khok Phanom Di: ein Küstenort

Khok Phanom Di in Thailand liegt in einem der reichsten natürlichen Lebensräume der Erde. 17 bis 20 Generationen von Gräbern aus der Zeit zwischen 2000 und 1500 v. Chr. wurden hier freigelegt. Die Wildbeutergemeinschaften, welche die Stätte einst bewohnten, fertigten außergewöhnlich dekorative Tongefäße, die sie mit Muscheln verzierten. Sie ernährten sich vorrangig von Meeresfrüchten und Reis, doch die Position im Mündungsbereich eines Flusses eignete sich kaum zum Reisanbau. Vermutlich tauschten sie ihn wie andere Waren, Ideen und möglicherweise sogar Menschen mit den ständig neu ankommenden Bauern. Das Klima änderte sich in jener Zeit einige Male und zog tief greifende Veränderungen des Lebensraumes nach sich; auch könnte ein Absinken des Meeresspiegels kurzzeitig Reiskulturen ermöglicht haben. Jedenfalls fand man aus dieser Zeit Steinhacken, Messer und Erntemesser, die später nicht mehr hergestellt wurden. Die Gräber wurden, vielleicht dank der weiträumigen Handelsverbindungen bis ins Hinterland, üppig ausgestattet. Um 1500 v. Chr. gab man die Stätte schließlich auf. Mittlerweile lebten die Menschen in Khok Phanom Di in erster Linie von der Landwirtschaft ◆

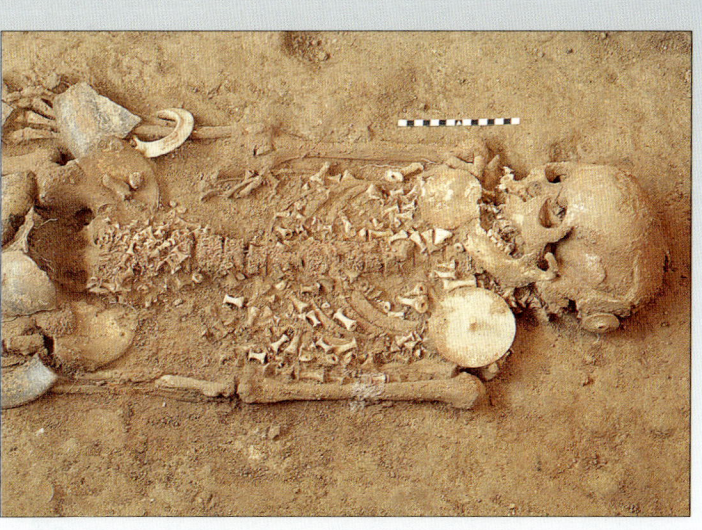

OBEN WEIBLICHES SKELETT MIT GRABBEIGABEN, DARUNTER 120 000 MUSCHELPERLEN.

Die Induskultur

Anfang der 1920er Jahre begannen in Harappa und Mohenjo-Daro, zwei Stätten im Nordwesten des indischen Subkontinents auf dem Gebiet des heutigen Pakistan, weiträumige Grabungskampagnen, die Überreste großer, sorgfältig geplanter Städte zutage förderten. Damit war der Beweis erbracht, dass vor über 4000 Jahren im Industal eine bedeutende bronzezeitliche Kultur, von den Archäologen Indus- oder Harappakultur genannt, existiert hatte. Der Wohlstand der Städte beruhte auf Landwirtschaft und Viehzucht, auch lebten hier Handwerker, Priester und Kaufleute, die Handel mit Mesopotamien und benachbarten Ländern trieben. Specksteinsiegel, die man an Stätten im Industal zahlreich fand, tragen häufig Inschriften, die vermutlich auf den Namen oder Titel des Besitzers verweisen. Die Indusschrift wurde allerdings bis heute nicht entschlüsselt, auch weiß man wenig über die soziale, religiöse und politische Struktur der Kultur. Anscheinend gab es keine herrschende Elite, denn man entdeckte weder Paläste noch reich ausgestattete Gräber. Am ehesten lag die Macht wohl in der Hand der Priesterkaste. Ab 1800 v. Chr. bahnte sich der Niedergang der Kultur an. Hinweise auf einen plötzlichen Zerfall gibt es nicht, vielmehr produzierten die Handwerker weniger und die Städte isolierten sich zunehmend voneinander.

OBEN Das Große Bad in der Zitadelle von Mohenjo-Daro gehörte zum öffentlichen Bereich der Stadt. Vermutlich diente es für rituelle Waschungen. Kleinere Räume mit Bädern säumten das große Becken. In der Unterstadt lebten rund 100 000 Menschen. Die Straßen waren rechtwinklig angelegt, die oft mehrstöckigen Gebäude gruppierten sich um einen Innenhof. Die meisten verfügten über einen Brunnen und ein gepflastertes Bad, viele sogar über Toiletten.

Frühe bäuerliche Gemeinschaften tauchten im indo-iranischen Grenzland an den Ufern des Indus erstmals vor ca. 9000 Jahren auf. Um 4000 v. Chr. gab es in der Region bereits viele Dörfer und Städte. Sie markierten die östlichen Endpunkte eines Handelsnetzes, das sich über die iranische Hochebene bis nach Mesopotamien zog. In diesem trockenen Gebiet konnten die Menschen Felder nur mit Hilfe von Bewässerungssystemen bestellen.

Erst im 4. Jahrtausend v. Chr. siedelten Bauern im eigentlichen Industal, wo bislang nomadische Jäger und Sammler gelebt hatten. Zu jener Zeit existierte südlich des Indus ein weit verzweigtes Flusssystem (Saraswati), an dessen Ufern viele Bauerndörfer entstanden. Heute hat die Wüste diesen Raum erobert.

Indusstädte

Die Städte der Induskultur wurden wesentlich genauer untersucht als kleinere Siedlungen. Viele legte man um 2600 v. Chr. nach einem einheitlichen Grundmuster an. In der Regel umfassten sie einen öffentlichen Bezirk und einen Teil mit Wohnhäusern. Die öffentlichen Gebäude, vermutlich handelte es sich um Sakralbauten, befanden sich zumeist auf einer Anhöhe (Zitadelle). Die vielfältige Gestalt dieser Bezirke lässt vermuten, dass die religiösen Praktiken sich von Ort zu Ort unterschieden. Zum Bauen verwendeten die Menschen Lehmziegel, offensichtlich gab es ein standardisiertes Maßsystem. Die Wasserversorgung spielte eine wichtige Rolle. Mohenjo-Daro, die größte bislang erforschte Indusstadt, erhob sich auf riesigen Lehmziegelplattformen und besaß mächtige Mauern, die den Ort vor Überflutungen schützen sollten. In Mohenjo-Daro lebten ab dem späten 4. Jahrtausend v. Chr. Menschen, in tiefere Schichten konnte man aber wegen des gestiegenen Wasserpegels (8 Meter seit 1922) bis heute nicht vordringen.

LINKS Dieser Terrakotta-Kamelkopf zeugt von dem außergewöhnlich hohen Können der Handwerker im Industal. Die Werkstätten, die in großer Zahl Gefäße, Siegel, Metallarbeiten und Schmuck herstellten, lagen in je eigenen Stadtvierteln.

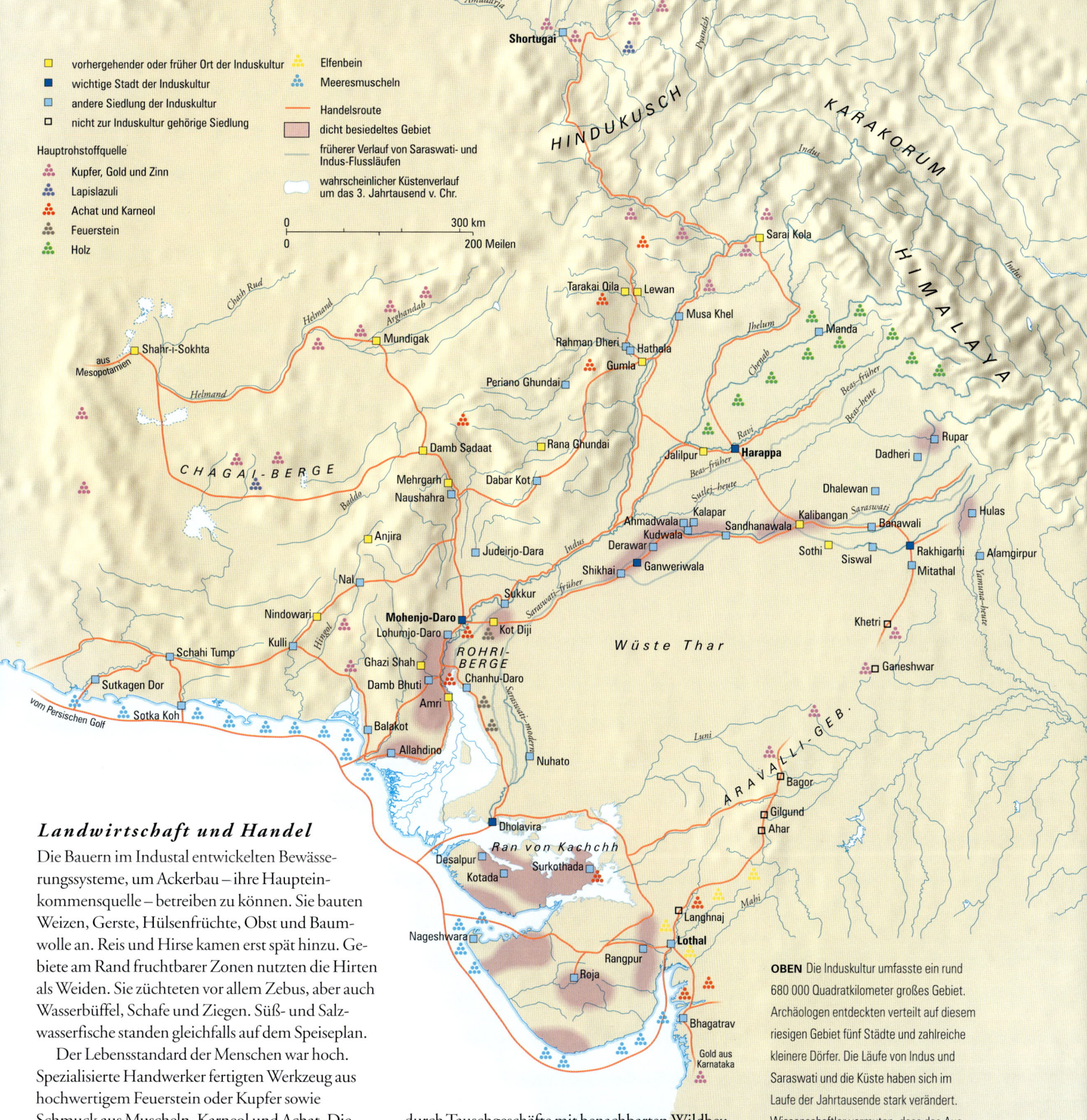

Legende:

- vorhergehender oder früher Ort der Induskultur
- wichtige Stadt der Induskultur
- andere Siedlung der Induskultur
- nicht zur Induskultur gehörige Siedlung

Hauptrohstoffquelle
- Kupfer, Gold und Zinn
- Lapislazuli
- Achat und Karneol
- Feuerstein
- Holz

- Elfenbein
- Meeresmuscheln

— Handelsroute
dicht besiedeltes Gebiet
früherer Verlauf von Saraswati- und Indus-Flussläufen
wahrscheinlicher Küstenverlauf um das 3. Jahrtausend v. Chr.

0 ——— 300 km
0 ——— 200 Meilen

Kartenbeschriftungen:

HINDUKUSCH · KARAKORUM · HIMALAYA · CHAGAI-BERGE · ROHRI-BERGE · ARAVALLI-GEB. · Wüste Thar · Ran von Kachchh

Amudaria · Doschab · Indus · Jhelum · Chenab · Ravi · Beas-früher · Beas-heute · Sutlej-heute · Saraswati · Yamuna-heute · Ghash Rud · Helmand · Arghandab · Baddo · Hingol · Luni · Mahi

Shortugai · Sarai Kola · Tarakai Qila · Lewan · Musa Khel · Manda · Rahman Dheri · Hathala · Gumla · Periano Ghundai · Rana Ghundai · Jalilpur · Harappa · Dadheri · Rupar · Dhalewan · Hulas · Alamgirpur · Kalapar · Kalibangan · Banawali · Ahmadwala · Sandhanawala · Sothi · Siswal · Rakhigarhi · Kudwala · Derawar · Mitathal · Shikhai · Ganweriwala · Khetri · Ganeshwar · Mundigak · Damb Sadaat · Dabar Kot · Mehrgarh · Naushahra · Anjira · Judeirjo-Dara · Nal · Sukkur · Kot Diji · Nindowari · Lohumjo-Daro · Mohenjo-Daro · Kulli · Ghazi Shah · Chanhu-Daro · Damb Bhuti · Amri · Schahi Tump · Balakot · Nuhato · Sutkagen Dor · Allahdino · Sotka Koh · Shahr-i-Sokhta · Bagor · Gilgund · Ahar · Dholavira · Desalpur · Kotada · Surkothada · Nageshwara · Langhnaj · Lothal · Rangpur · Roja · Bhagatrav

aus Mesopotamien · vom Persischen Golf · Gold aus Karnataka

Landwirtschaft und Handel

Die Bauern im Industal entwickelten Bewässerungssysteme, um Ackerbau – ihre Haupteinkommensquelle – betreiben zu können. Sie bauten Weizen, Gerste, Hülsenfrüchte, Obst und Baumwolle an. Reis und Hirse kamen erst spät hinzu. Gebiete am Rand fruchtbarer Zonen nutzten die Hirten als Weiden. Sie züchteten vor allem Zebus, aber auch Wasserbüffel, Schafe und Ziegen. Süß- und Salzwasserfische standen gleichfalls auf dem Speiseplan.

Der Lebensstandard der Menschen war hoch. Spezialisierte Handwerker fertigten Werkzeug aus hochwertigem Feuerstein oder Kupfer sowie Schmuck aus Muscheln, Karneol und Achat. Die Bewohner einiger Siedlungen stellten aus bestimmten Rohstoffen, etwa Muscheln, Armreifen und anderen Zierrat her. Die Ressourcen wurden vor Ort verarbeitet, dann jedoch in die Städte gebracht, von wo aus sie ins gesamte Industal gelangten. Dabei spielten Hirtennomaden vermutlich eine wichtige Rolle. Der Transport erfolgte mit Ochsenkarren, für weitere Strecken auch über Flüsse und das Meer. Materialien wie Elfenbein und Gold erhielt man durch Tauschgeschäfte mit benachbarten Wildbeutern, etwa aus Lothal im Süden.

Mesopotamische Quellen geben Auskunft über den Handel zu jener Zeit (s. S. 70 f.). Wir wissen heute nicht mit Sicherheit, welche Waren die Indusstädte importierten, doch ihre Schiffe beförderten Holz, Elfenbein, Karneolperlen und andere Güter zu Häfen im Golf und in Sumer. Lapislazuli aus Badakshan gelangte über den Außenposten Shortugai am Amudarja (Oxus) nach Westen ◆

OBEN Die Induskultur umfasste ein rund 680 000 Quadratkilometer großes Gebiet. Archäologen entdeckten verteilt auf diesem riesigen Gebiet fünf Städte und zahlreiche kleinere Dörfer. Die Läufe von Indus und Saraswati und die Küste haben sich im Laufe der Jahrtausende stark verändert. Wissenschaftler vermuten, dass das Austrocknen des Saraswati den Niedergang der Induskultur beschleunigte. Als die Zahl der kultivierbaren Felder immer mehr abnahm, begannen die meisten Bauern, die vor allem Reis und Hirse anpflanzten, jene beiden Nahrungspflanzen, die spätere indische Kulturen prägten, das Gebiet nach und nach zu verlassen und nach Osten ins Ganges-Delta und südwärts zum Dekkan zu ziehen.

Frühe Dynastien in China

Vor ca. 9000 Jahren pflanzten Bauern auf den Löß-böden am Gelben Fluss in Nordchina, z. B. in Qishan, erstmals Hirse an. Bewässerte Reiskulturen verbreiteten sich gegen Ende des 4. Jahrtausends v. Chr. nördlich des Yangtze Kiang (s. S. 112f.). Die Bevölkerung wuchs. Die Menschen bearbeiteten Kupfer und Jade. In Longshan, Liangzhu und Hong-shan entstanden neolithische Elitegruppen zeitgleich mit ersten Städten. Festungen mit Wällen aus ge-stampfter Erde deuten auf Kämpfe hin. Um 2000 v. Chr. wurden in Erlitou – der Hauptstadt der Hsia-Dynastie – bronzene Weinbehälter gegossen. Die um 2205 v. Chr. gegründete Dynastie gilt als älteste der drei protohistorischen Dynastien Chinas.

Dreifüßige Weingefäße aus Erlitou markieren den Beginn der chinesischen Bronzezeit. Um 1700 v. Chr. übernahm die Shang-Dynastie die Macht in Nordchina. Frühen Quellen zufolge regier-ten die Shang von sieben aufeinander folgenden Hauptstädten aus. In einer dieser Städte, dem heuti-gen Zheng Zhou, blieben Reste der Mauern aus ge-stampftem Lehm bis heute erhalten. Der Einfluss der Shangkultur machte sich auch weit im Süden, etwa in Panlunchen, bemerkbar.

Orakelknochen – Schulterblätter von Rindern und Schildkrötenpanzer, die die Shang zum Weis-sagen benutzten – tragen die ältesten chinesischen Schriftzeichen. In Zheng Zhou, vor allem jedoch in Anyang (s. Kasten) entdeckte man viele solcher Knochen. Vorformen der Inschriften fanden sich auf neolithischen Keramiken. Im Leben der Shang-Elite spielten Orakel (Befragungen der Götter, etwa über den Ausgang von Feldzügen, von Jagden oder Feiern

zu Ehren der Herrscher) eine wichtige Rolle. Man schrieb die Fragen auf Knochen oder Panzer, erhitzte diese und interpretierte die dabei entstehenden Risse. In Anyang förderte man Reste von über 10 000 derartiger Orakelknochen zutage.

Im Südwesten stellten die Shu Gefäße her, deren Stil sich deutlich von dem im Norden üblichen unterschied. In Sanxingdui stießen Forscher auf Überreste einer Stadt mit Mauern aus gestampfter Erde und vielen Gebäuden, darunter ein ca. 200 Quadratmeter großer Komplex. Mehrere Gruben enthielten Opfer-gaben, z. B. große Bronzestatuen und Masken, die vielleicht Götter oder Geister darstellten, sowie Elefan-tenstoßzähne und Objekte aus Stein, Jade und Gold. Sanxingdui scheint zeit-gleich mit den Shang existiert zu haben, so dass man von mehreren bronzezeitlichen Zentren in China ausgehen kann.

Die Zhou-Dynastie

Im Jahre 1027 v. Chr. wurden die Shang von den Zhou besiegt, einem weiter westlich angesiedelten Volk, das lange Zeit zum Herrschaftsgebiet der Shang gehört hatte. Die Zhou machten Hao in der Nähe des heutigen Xian zu ihrer Hauptstadt und errichteten in Baoji ein Zentrum zur Verehrung der Ahnen. 300 Jahre lang, während der Westlichen Zhou-Zeit, herrschten die Zhou unangefochten. Viele Informa-tionen über diese Zeit steckten in Inschriften auf Bronzegefäßen und in einem der ältesten Texte, dem *Shu Jing* (Buch der Dokumente). Forscher entdeck-ten viele Städte und Gräber dieser Epoche.

771 v. Chr. zwangen feindliche Invasoren die Zhou, ihre Hauptstadt nach Luoyang zu verlegen.

OBEN Rituelles *Gong*-Gefäß (24,1 cm hoch). Der Deckel ist vorne mit einem Tiger-kopf und hinten mit einer Eule verziert. Die Bronzeschmiede der Shang verwendeten Gussformen aus Ton, um reich geschmückte Bronzegefäße für den Ahnenkult herzu-stellen. Tiger und andere Motive stammten aus dem südlichen Zentralchina. Ihr Vor-kommen in Anyang kennzeichnete den Beginn einer kosmopolitisch orientierten Kunst in der Shang-Zeit.

Anyang: Haupt-stadt der Shang

Grabungen unweit des heutigen Ortes Anyang brachten Überreste der Stadt Yin ans Licht, die der Shang-Herrscher Pan Geng um 1400 v. Chr. gründete. Sie lieferten den ersten archäologischen Beleg für die Richtigkeit der traditionellen chinesischen Geschichtsschreibung. Die 62 Quadratkilo-meter große Stätte besaß keine Mauer und bestand aus locker verbundenen Einzelsied-lungen. Man fand Reste eines Königsfried-hofs, Paläste, Tempel, Häuser und Werk-stätten. Inschriften auf Orakelknochen, die bei den Grabungen in der ehemaligen Stadt

gefunden wurden, zeugen von den Ur-sprüngen der chinesischen Kultur. Die Shang-Könige wurden in großen Schacht-gräbern beigesetzt, von denen die meisten im Laufe der Jahrtausende ausgeraubt wor-den sind. Das Grab der Dame Fu Hao, der Gemahlin von König Wu Ding, blieb hingegen intakt. Es enthielt neben Menschenopfern über 440 Bronze-, 590 Jade- und 560 Kno-chenartefakte, dazu 7000 Kaurimuscheln, die Währung der Shang, und lässt erahnen, welche Reichtümer sich einst in den übrigen Gräbern befunden haben mussten. Fu Haos Identität ließ sich anhand von Inschriften auf Bronzegefäßen ermitteln. Sie nahm an Kriegen gegen Barbarenstämme teil ◆

OBEN AUSGEGRABENER STREITWAGEN AUS YIN, AUSGESTELLT IM ANYANG MUSEUM.

UNTEN Mit dem Beginn der Bronzebearbeitung gewannen Städte und Handwerker an Bedeutung. Viele in Inschriften erwähnte Orte hat man inzwischen identifiziert. Gegen Ende der Zhou-Dynastie hatte sich eine spezifisch chinesische Identität ausgeformt.

Mit diesem Ereignis beginnt die so genannte Östliche Zhou-Zeit. Nun gewannen kleine Feudalstaaten im Osten an Einfluss. Nach 500 v. Chr. rangen während der „Zeit der kämpfenden Staaten" (481–221 v. Chr.) unter anderem Qi, Zhou und Qin in wechselnden Koalitionen um die Vorherrschaft.

Krieg und Wohlstand

Die zunehmende Verwendung von Eisen ab dem 6. Jahrhundert v. Chr. führte zur Entwicklung von neuem Kriegsgerät. Die Staaten bauten an ihren Grenzen Verteidigungsmauern und ersannen Belagerungstechniken. Die Städte wuchsen: In Linzi, der Hauptstadt der Qi, lebten weit über 100 000 Menschen. An vielen Orten wurden Grabungen durchge-

führt. Xiadu, eine Stadt des Yan-Staates, gliederte sich in mehrere Bezirke. Eine Mauer trennte den Palast und den Regierungsbereich von Werkstätten, Märkten und Wohnbereichen.

Eisenwerkzeug steigerte die landwirtschaftlichen Erträge. Der Handel blühte und machte die Herrscher reich, die Steuern und Zölle erhoben und in über 140 Münzämtern in ganz China Geld prägten. Trotz innerer Konflikte blühten in dieser Zeit Kunst und Philosophie. Das Grab des Markgraf Yo von Zeng in Leigudun (Provinz Hubei) aus dem 5. Jahrhundert v. Chr. barg ein bronzenes Glockenspiel, Seide, Jade und Gold. Dolcháxte, Hellebarden, Speere und über 3000 Pfeilspitzen zeugen von den kriegerischen Zeiten, in denen er gelebt hatte ◆

Legende:
- Shang-Fundort mit reich ausgestatteten Gräbern
- Shang-Fundort mit Orakelknochen-Fund
- anderer wichtiger Shang-Fundort
- Zhou-Friedhof oder Grabstätte
- Zhou-Bronzeschatz
- anderer Zhou-Fundort
- anderer Fundort der Bronzezeit
- Kupfermine
- Zinnmine
- Kerngebiet der Xia-Dynastie
- maximale Ausdehnung der Shang-Dynastie
- Zhou-Kernland (Zhouyuan)
- maximale Ausdehnung der Zhou-Dynastie
- Ausmaß des chinesischen Kultureinflusses im 5. Jahrhundert v. Chr.
- früherer Verlauf des Gelben Flusses
- früherer Küstenverlauf

0   200 km
0   150 Meilen

Map labels

O s t -
c h i n e s i s
M e e

DABA-GEBIRGE

Yangtze Kiang
Schwarzer
Mekong
HENGDUAN-GEB.
DAXUE-GEB.
Dadu
Min
Sichuan-Senke
Yalong
Jialing
Qu
Yangtze Kiang
Li
Han
Huai
Chao-See
Tai-See
Poyang-See
Dongting-See

NAGA-BERGE
Chindwin
WUMENG-GEB.
DALOU-GEB.
Wu
Yuan
Xiang
Can
Gan
NAN-LING-GEBIRGE
WUYI-GEBIRGE
Fu
Du
Min

CHIN-BERGE
Irrawadi
Shizhaishan
Lijiashan
Zhongshan
Xing'an
Xinjie
Dagongpingcun
Shixia
Matitang
Yangjia
Yinshanling
Sanwucun
Xia'necicao
Tonggugang
Miantouling
Taiwan

Nyaunggan
Yuanlongpo
Tongmeng
Dabeimiao
Mei'ershan
Beifushan
Meicun
Polau
Wushi
Nanmendong
Hongkong
Hongshui
Yu
Zuo

Lang Ca
Go Mun
Dong Dau
Viet Khe
Xuan La
Delta des Roten Flusses
Hoang Ha
Dong Son
Dong Hieu
Lang Vac
Hainan

Salween
Mekong
Ou
Schwarzer
Noten
TANEN-GEBIRGE
TRUONG SON-GEBIRGE

Phu Lon
Non Praw
Ban Chiang
Non Nok Tha
Ban Na Di
Non Chai
Muang Fa Daet
Ban Chiang Hian
Ban Lum Khao
Noen U-Loke
Khao Wong
Prachan-Tal
Phimai
Ban Takhong
Ongbah
Ban Don Ta Phet
Khao Jamook
Khok Phlap
Nong Nor
Mun
Chi
Sen
Sripok
Ba
Mekong

Samrong Sen
Tonle Sap

Golf von
Thailand

S ü d -
c h i n e s i s c h e s
M e e r

Luzon

Doc Chua
Ben Do
Cau Sat

Legend

- 🟩 Fundort der Bronze- und frühen Eisenzeit
- 🔺 Kupfermine
- 🔻 Zinnmine
- 🟪 Bronzeverarbeitung der Shang
- wahrscheinlichster Weg des Güteraustauschs

0 — 500 km
0 — 400 Meilen

Ban Chiang: Datierungsprobleme

Bei Grabungen in Ban Chiang, einem kleinen Thai-Dorf, stießen Forscher in den 1970er Jahren auf zahlreiche Gräber mit rot bemalten Gefäßen. Einige der ältesten Gräber, die man mittels der C-14-Methode auf die Zeit um 4500 v. Chr. datierte, enthielten gegossene Speerspitzen, Arm- und Fußringe, die zu den ältesten Bronzeobjekten der Erde gehören. Wenn die Datierung stimmt, müsste sich die Bronzebearbeitung in der Region entwickelt haben, lange bevor die Chinesen sie beherrschten. Forscher vermuten darüber hinaus, dass die Menschen hier bereits um 2000 v. Chr. Eisen verwendet haben könnten. Allerdings bereitete die Datierung große Schwierigkeiten, und spätere Untersuchungen mithilfe des so genannten Beschleuniger-Massenspektrometers legen einen deutlich späteren Zeitrahmen für die Entstehung von Ban Chiang nahe. Die beiden bronzezeitlichen Gräber sollen demnach aus der Zeit von 1740 bis 1450 bzw. 1320 bis 1000 v. Chr. stammen. Dieser Zeitrahmen würde zu anderen, mit derselben Methode datierten bronzezeitlichen Stätten aus Non Nok Tha und Nong Nor passen. Aus diesem Grund gehen Forscher davon aus, dass man frühestens ab 1500 v. Chr. in Südostasien Bronze verarbeitete ◆

OBEN GEFÄSSFUNDE IN EISENZEITLICHEN GRÄBERN IN BAN CHIANG.

Die Bronzezeit in Südostasien

Französische Archäologen fanden im 19. Jahrhundert in Indochina (Laos, Kambodscha, Vietnam) erste Spuren bronzezeitlicher Kulturen in Südostasien. Jüngere Grabungen in thailändischen Kupferminen und eine beachtliche Anzahl von Grabfunden in derselben Region deuten darauf hin, dass die Menschen um 1500 v. Chr. – später als ursprünglich angenommen – Metall zu schmelzen begannen. Weniger als 15 Prozent der Gräber aus jener Zeit enthielten Bronzeobjekte, vermutlich kam das Metall niemals in größerem Umfang in Gebrauch. Auch existierten wohl keine ausgeprägten sozialen Hierarchien. Erst in der Eisenzeit bestattete man die Toten in dieser Gegend aufwändiger.

Viele Informationen über die Metallverarbeitung in Südostasien stammen von Grabungen in Phu Lon und im Khao Wong Prachan-Tal, zwei Gebieten mit ausgeprägten Kupfervorkommen, in denen erzverarbeitende Stätten intensiv während der letzten Jahrzehnte untersucht wurden. Offensichtlich wurde Kupfer nur während der Trockenzeit abgebaut und verarbeitet. Man förderte das Erz in großen Stollen, zerkleinerte das Gestein und schmolz in kleinen Öfen das Metall zu runden Barren.

Über ein bereits existierendes Handelsnetz kamen die Barren in Umlauf. Die Bronzeherstellung wurde von Gemeinschaften vorgenommen, die sich am Tauschhandel beteiligten. Sie mischten Kupferbarren und Zinn, schmolzen beides in kleinen Tiegeln und gossen das flüssige Metall in zweischalige Tonformen. Auf diese Weise stellten sie Äxte, Speere und Pfeilspitzen, vor allem aber verzierte Armreifen her. Für Letztere wendeten sie das Wachsausschmelzverfahren an, mit dessen Hilfe sich bestimmte Ornamente erzeugen ließen. Dünnen Bindedraht aus Bronze nutzte man, um Stein- oder Muschelschmuck anzufügen oder zu reparieren.

Bronzezeitliche Gräber

Grabungen auf Friedhöfen erbrachten viele Hinweise auf das Leben während der Bronzezeit. Die am besten dokumentierten Stätten befinden sich in Thailand. Hier setzte man die Toten ausgestreckt auf dem Rücken liegend in Erdgräbern bei. In der Regel waren die Gräber in Reihen angeordnet. Männer, Frauen und Kinder lagen dicht beieinander. Thailands bronzezeitliche Friedhöfe teilen bei allen Unterschieden gewisse Gemeinsamkeiten. So enthielten die Gräber neben Tongefäßen und Schmuck aus Stein, Muscheln und Bronze oftmals Überreste von Tieren, die man im Rahmen der Begräbniszeremonie getötet hatte. In Ban Na Di wurden die Toten

LINKS In Südostasien verfügten die Menschen in einem Streifen, der sich von Hongkong im Osten bis nach Nyaunggan im Chindwintal von Myanmar im Westen zog, über die zur Bronzeherstellung nötigen Techniken. In dieser Gegend gibt es seit jeher besonders viele Kupfererzlagerstätten. Die reichsten Vorkommen von Zinnerz liegen hingegen in den Gebieten zwischen Malaysia und Thailand. Vielleicht fanden die Menschen in der Region alleine heraus, wie man Kupfer schmelzen konnte, oder sie übernahmen die Technik der Bronzeverarbeitung von den Shang aus Nordchina. Spätneolithische Gräber in Südchina und zeitgleiche Stätten in Vietnam enthalten häufig Bronze- und Jadeobjekte der Shang.

UNTEN Serpentinschmuck aus einem bronzezeitlichen Grab in Nong Nor (11 cm). Deutlich sind die Verbindungsstücke aus Bronze zu erkennen, die man zur Reparatur verwendete. Gräber in Nong Nor enthielten Hundeschädel, die man im Rahmen des Begräbnisses verspeiste.

über mehrere Generationen mit dem linken Vorderfuß eines Rindes oder Schweines begraben. In einem Grab lag ein Kinderskelett unter einem Leichentuch aus Krokodilhaut Seite an Seite mit einer Frau, die einen großen Anhänger aus einem Krokodilschädel trug. In anderen Gräbern fand man Tonfigurinen von Rindern, Hirschen, Elefanten und Menschen.

Untersuchungen der Skelette von Ban Na Di zeigten, dass die Menschen robuste Knochen besaßen. Dies deutet auf eine gesunde Ernährung mit Reis, Fisch und Fleisch hin. Dennoch lebten nur wenige Menschen länger als 35 Jahre, auch war die Kindersterblichkeit hoch. Zwar entdeckten die Archäologen Gräber mit reichen Schätzen aus Muscheln und Stein, doch lässt keine einzige bronzezeitliche Stätte in Thailand auf die Existenz einer sozialen Hierarchie schließen. Exotische Materialien wie Muscheln, Karneol, Achat, Serpentin und Talk, aus denen die Beigaben gefertigt wurden, erreichten die Gemeinschaften über das ausgedehnte Handelsnetz. Werkzeuge mit Kupferfassungen aus zwei Gräbern in Nong Nor stammen vermutlich aus dem 180 Kilometer entfernten Khao Wong Prachan-Tal ◆

Die ersten chine-sischen Reiche

Während der Zeit der kämpfenden Staaten (s. S. 117) verfassten chinesische Gelehrte Abhandlungen über den Krieg. Am berühmtesten ist *Die Kunst des Krieges* von Sunzi (um 500 v. Chr.). Die Bauern erzielten höhere Erträge, was den Anstieg der Bevölkerungszahlen begünstigte. Dadurch konnten Herrscher nun große Armeen aufstellen. Reitertruppen ersetzten Streitwagen. Staaten, die bereits über komplexe Strukturen verfügten, hatten die besten Siegesaussichten. Ab 361 v. Chr. nahm der Staat Qin im Nordwesten Chinas eine Reihe von Reformen in Angriff. Die Feudalherren verloren an Einfluss, die Macht wurde zentralisiert und lag nun in der Hand der Regierung. Das Heer gewann an Bedeutung und schuf die Grundlage für eine stetige Expansion, die Ende des 4. und Anfang des 3. Jahrhunderts v. Chr. erfolgte. Im Jahr 256 v. Chr. setzten die Qin den letzten Herrscher der östlichen Zhou-Dynastie in Luoyang ab. Zwischen 230 und 221 v. Chr. eroberten sie weitere Staaten, dann nahm der Qin-König Zheng den Kaisertitel Shihuangdi an.

Unter dem ersten Kaiser kam es in China zu Reformen, die den Lauf der Geschichte dauerhaft beeinflussten. Eine totalitäre Zentralmacht mit einer regionalen Beamtenklasse ersetzte die brüchigen Feudalstrukturen. Um das riesige Reich kontrollierbar zu machen, vereinheitlichte die Regierung Schrift, Münzen, Maße, Gewichte und sogar die Achsbreite der Wagen. Zheng hatte im Staat Qin bereits großflächige Bewässerungskulturen angelegt, um die landwirtschaftliche Produktivität zu steigern. Als Kaiser initiierte er in ganz China große Bauprojekte. Arbeiter legten Straßen und Kanäle an und schlossen die von den Zhou-Staaten zur Abwehr von Nomaden aus dem Norden angelegten Grenzwälle zu

RECHTS Der erste chinesische Kaiser, Shihuangdi, schuf eine starke Infrastruktur mit Straßen und Verteidigungsmauern. Seine Nachfolger dehnten die Herrschaft nach Zentral- und Südostasien weiter aus und förderten intensiv den Handel entlang der Seidenstraße (s. S. 134f.). Chinesische Güter gelangten bis ins Römische Reich, während neue Ideen und Lehren wie der Buddhismus im Gegenzug China erreichten.

OBEN TERRAKOTTA-SOLDATEN SOLLTEN DEN ERSTEN KAISER VON CHINA AUCH NACH DESSEN TOD BESCHÜTZEN.

Xianyang: ein gigantisches Kaisergrab

Shihuangdi, der erste Kaiser von China, war besessen von dem Gedanken, Unsterblichkeit zu erlangen. Er starb bei einer Reise durch die Provinzen im Jahre 210 v. Chr. Bereits kurz nach der Einigung Chinas hatte er jedoch Vorkehrungen für sein Leben nach dem Tod getroffen. Etwa 40 Kilometer östlich der Hauptstadt Xianyang, unweit der heutigen Stadt Xian, ließ er einen etwa 50 Meter hohen und 1400 Meter Durchmesser betragenden Grabhügel mit Blick auf den Berg Li errichten. Angeblich arbeiteten bis zu 700 000 Männer an der Realisierung dieses Unterfangens mit. Das Mausoleum des Herrschers, der sich zu seinen Lebzeiten durch große Härte und besondere Strenge ausgezeichnet hatte, blieb stets unangetastet. Das Grab selbst ist Teil eines größeren Bezirks, der einen Palast, einen Tempel und mindestens vier große Gruben umfasst. Im Jahre 1975 entdeckte man in der größten dieser Strukturen eine Armee von unzähligen Terrakotta-Soldaten mit Pferden und Wagen. Der Bereich erstreckte sich über 210 Meter in Ost-West- und 60 Meter in Nord-Süd-Richtung und gliederte sich in elf Korridore mit Galerien am Ost- und Westende und fünf Erdrampen, die zur Oberfläche führten. Die 3200 detailreich gestalteten Soldaten wirken sehr natürlich, jede einzelne Figur trägt individuelle Gesichtszüge ◆

Map labels

WÜSTE GOBI
Xiongnu-Nomaden
Hochland der Inneren Mongolei
LANG-GEB.
Tengger-Wüste
Jiayuguan
Zhangye
GANSU-KORRIDOR
QILIAN-GEB.
Wuwei
Jincheng
Qinghai-See
Gelber Fl.
GEB.
WÜLIANG-GEB.
Xichang
Ching-chiang
maishan
Jiaozhi
Golf von Tonking
Zhuyai
Hainan

Wuyuan
Holingol
Ordos-Plateau
Diangxiang
Gelber Fl.
LÜLIANG-GEB.
Leca
Taiyuan
Anping
Handan
Puyang
QIN
Anyi
Wei
Xianyang
Li Shan
Zofengyi
Qin
Yufufeng
Lintong
Changan
QIN-GEBIRGE
Hanzheng
Nanyang
Han
DABA-GEB.
Sichuan-Senke
Guanghan
Chengdu
SHU
Chongqing
Yibin
DALOU-GEB.
Dadu
Yalong
Min
Tuo
Jialing
Qu
Wu
Yangtze Kiang
Yuan
Lingling
Hongshui
Rater
Schwarzer
Yu
Bei
Nanhai
Panyu
NAN-GEB.
Guiyang
Dong
Xi
Ting
Min
Fuchun
WUYI-GEBIRGE

Shanggu
Dabaotai
Youbeiping
Wangdu
Mancheng
Taiyuan
Qinghe
Q I
Julu
Jinan
Linzi
Qufu
Yinan
Lin-i
Langya
Chenliu
Shangqin
Donghai
Luoyang
Xinzheng
Daliang
Ying
Hongtse-See
Runan
Linhuai
Shouxian
Nanjing
Shuihudi
Huai
CHU
Han
Guangling
Wu
Tai-See
Dangyang
Ying
Jiangling
Nan
Chengyang
Guiji
Pengli
Poyang-See
Mawangdui
Dongting-See
Xiang
Gan

Liao
Xiangping
Jiali
Xuantu
NANGNIM-GEB.
Yalu
Japanisches Meer
Bucht von Korea
Liaodong-Halbinsel
Xiadu
Gelber Fluss vor 11 n. Chr.
Gelber Fluss nach 11 n. Chr.
Bo Hai
Shandong-Halbinsel
Lelang
Gelbes Meer
Süd-chinesisches Meer

Legend

- □ Qin-Grenzfestung (gelb)
- □ Han-Handelsniederlassung (blau)
- □ Qin- oder Han-Fundort mit Begräbnisstätte (rot)
- □ andere Qin- oder Han-Siedlung (weiß)

Ausweitung der Qin- und Han-Reiche
- Qin-Reich um 350 v. Chr.
- Qin-Reich um 221 v. Chr. (Vereinigung Chinas)
- Qin-Reich um 206 v. Chr.
- Frühes Han-Reich, 202 v. Chr.–8 n. Chr.
- Spätes Han-Reich, 25–220 n. Chr.
- Han-Protektorat der Westgebiete

- Gebiet mit intensiver Landwirtschaft während der Herrschaft der westlichen Han
- Grenzwall
- Hauptstraße während der Han-Zeit
- alter Verlauf des Gelben Flusses
- alter Küstenverlauf während der Han-Zeit

0 — 500 km
0 — 400 Meilen

Sidebar

In den 1960er und 1970er Jahren untersuchten Archäologen Gräber, die Aufschluss über das Leben hochrangiger Beamter in der Frühen Han-Zeit gaben. Der 186 v. Chr. verstorbene Markgraf von Dai wurde in einem Schachtgrab in Mawangdui (heute Changsha) beigesetzt. Zahlreiche Beigaben, darunter Lackarbeiten, Flechtwerk, Holzartefakte und die ältesten Beispiele auf Seide gemalter chinesischer Karten, blieben erhalten. In einem anderen Grab in Mancheng trugen die Verstorbenen, der Han-Prinz Lui Sheng und seine Gemahlin, Jadekleidung, die den Körper der Toten intakt halten sollte. Jedes dieser Gewänder bestand aus 2500 mit Golddrähten verbundenen Jadeplatten. Die Herstellung nahm vermutlich zehn Jahre in Anspruch.

Expansion und Zusammenbruch

Mehrere Han-Kaiser dehnten die Grenzen des Reiches nach Zentral- und Südostasien aus. Zwischen 127 und 92 v. Chr. wurden mehr als zwei Millionen Menschen an die nördlichen Grenzen umgesiedelt. Die Xiongnu, die kriegerischsten unter den Nomadenstämmen, wurden 36 v. Chr. besiegt. Aufgrund der politischen und ökonomischen Zustände wuchs die Unzufriedenheit beim Volk, was zu einer Phase der Wirren führte, in der der Höfling Wang Mang die Xin-Dynastie (9–23 n. Chr.) errichtete.

Während der Östlichen oder Späten Han-Zeit (25–220 n. Chr.) residierten die Kaiser wieder in Luoyang, der ehemaligen Zhou-Hauptstadt. Auch Feldzüge vermochten den wirtschaftlichen Niedergang nicht aufzuhalten. Viele Menschen wanderten nach Süden ab. Ab Mitte des 2. Jahrhunderts kam es zu häufig religiös begründeten Aufständen, denn der Taoismus fand bei den einfachen Leuten zunehmend Anhänger. Über 500 000 Menschen kamen im Jahre 184 bei der Rebellion der Gelben Turbane ums Leben. Nach dem Ende der Herrschaft von Xiandi (189–220 n. Chr.) brach die geschwächte Han-Dynastie schließlich endgültig zusammen ◆

Lower-left text

einem fortlaufenden Verteidigungssystem, der Chinesischen Mauer, zusammen. Feinde des Reiches vernichtete man ebenso wie missliebige Schriften. Der erste Kaiser herrschte etwas über ein Jahrzehnt. Er wurde in einem großen Mausoleum bei seiner Hauptstadt unweit von Xian begraben (s. Kasten).

Die Han-Dynastie

Nach dem Tod des ersten Kaisers brach ein Krieg aus. 206 v. Chr. wurde die gesamte Kaiserfamilie hingerichtet. Dennoch fiel das Reich nicht auseinander. Im Jahre 202 v. Chr. übernahm ein ehemaliger Qin-Offizier, Lui Bang, unter dem Titel Gaodi die Macht und gründete die Han-Dynastie. Die fortschrittliche und liberalere Regierung der Westlichen oder Frühen Han-Zeit (202 v. Chr.–8 n. Chr.) stärkte die staatlichen Strukturen, festigte das Kaisertum und ermöglichte die weitere Expansion des Reiches.

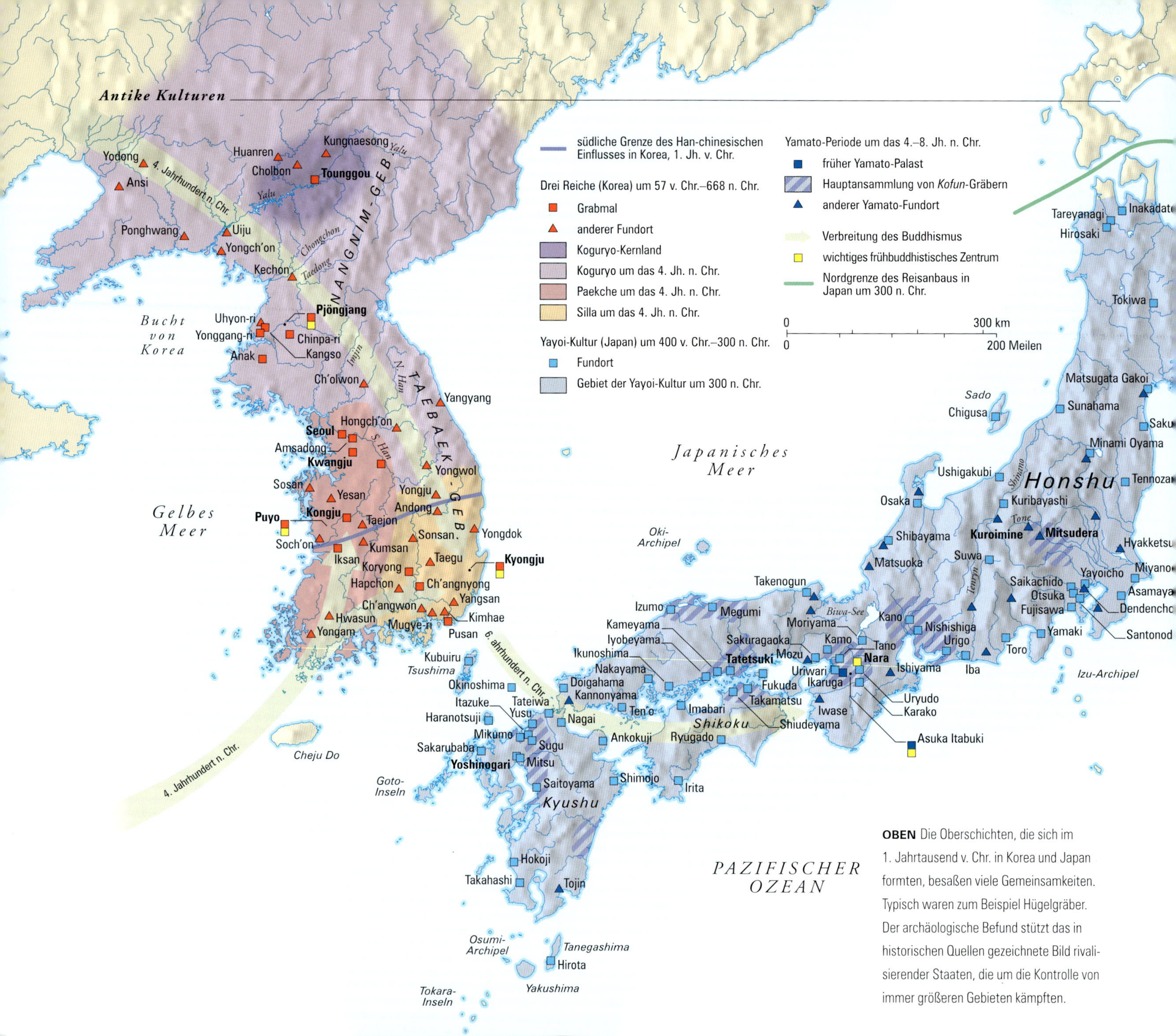

Map labels (Korea)

Yodong · Ansi · Ponghwang · Huanren · Cholbon · Kungnaesong · **Tounggou** · Yalu · 4. Jahrhundert n. Chr. · Uiju · Yongch'on · Kechon · Chongchon · Taedong · NANGNIM-GEB. · Uhyon-ri · **Pjöngjang** · Yonggang-ri · Chinpa-ri · Anak · Kangso · Ch'olwon · Imjin · Yangyang · N. Han · Hongch'on · **Seoul** · Amsadong · **Kwangju** · S. Han · Yongwol · Sosan · Yesan · Yongju · Andong · Yongdok · **Kongju** · Taejon · **Puyo** · Sonsan · Soch'on · Kumsan · Taegu · **Kyongju** · Iksan · Koryong · Ch'angnyong · Hapchon · Ch'angwon · Yangsan · TAEBAEK-GEB. · Hwasun · Mugye-ri · Kimhae · Yongam · Pusan · 6. Jahrhundert n. Chr. · Kubuiru · Okinoshima · Tsushima · Cheju Do

Bucht von Korea · *Gelbes Meer*

Legend

südliche Grenze des Han-chinesischen Einflusses in Korea, 1. Jh. v. Chr.

Drei Reiche (Korea) um das 57 v. Chr.–668 n. Chr.
- Grabmal
- anderer Fundort
- Koguryo-Kernland
- Koguryo um das 4. Jh. n. Chr.
- Paekche um das 4. Jh. n. Chr.
- Silla um das 4. Jh. n. Chr.

Yayoi-Kultur (Japan) um 400 v. Chr.–300 n. Chr.
- Fundort
- Gebiet der Yayoi-Kultur um 300 n. Chr.

Yamato-Periode um das 4.–8. Jh. n. Chr.
- früher Yamato-Palast
- Hauptansammlung von *Kofun*-Gräbern
- anderer Yamato-Fundort
- Verbreitung des Buddhismus
- wichtiges frühbuddhistisches Zentrum
- Nordgrenze des Reisanbaus in Japan um 300 n. Chr.

300 km / 200 Meilen

Map labels (Japan)

Japanisches Meer · Sado · Chigusa · Matsugata Gakoi · Sunahama · Tareyanagi · Inakadate · Hirosaki · Tokiwa · Ushigakubi · *Honshu* · Shinano · Osaka · Kuribayashi · Tennozan · Shibayama · Tone · **Kuroimine** · **Mitsudera** · Suwa · Matsuoka · Saikachido · Hyakketsu · Takenogun · Kano · Nishishiga · Otsuka · Miyano · Izumo · Megumi · Moriyama · Biwa-See · Urigo · Fujisawa · Yayoicho · Asamaya · Kameyama · Sakuragaoka · Kamo · Mozu · Tano · Yamaki · Dendencho · Ikunoshima · Iyobeyama · Uriwari · Nara · Toro · Santonod · Nakayama · Fukuda · Ikaruga · Iba · Ishiyama · Doigahama · Kannonyama · Imabari · Takamatsu · Iwase · Uryudo · *Izu-Archipel* · Okinoshima · Tateiwa · Yusu · Ten'o · Karako · Itazuke · Nagai · Ankokuji · Ryugado · Shiudeyama · Asuka Itabuki · Haranotsuji · Mikumo · Sugu · *Shikoku* · Sakurababa · Mitsu · **Yoshinogari** · Saitoyama · Shimojo · Irita · Takahashi · Hokoji · Tojin · *Kyushu* · Takamatsu · *Oki-Archipel* · *Goto-Inseln* · *Osumi-Archipel* · Tanegashima · Hirota · Yakushima · *Tokara-Inseln*

PAZIFISCHER OZEAN

4. Jahrhundert n. Chr.

OBEN Die Oberschichten, die sich im 1. Jahrtausend v. Chr. in Korea und Japan formten, besaßen viele Gemeinsamkeiten. Typisch waren zum Beispiel Hügelgräber. Der archäologische Befund stützt das in historischen Quellen gezeichnete Bild rivalisierender Staaten, die um die Kontrolle von immer größeren Gebieten kämpften.

Kyongju: die „goldene" Stadt

Die Hauptstadt der Silla in Kyongju, später als Kumsong (die goldene Stadt) bekannt, gehört zu den bedeutendsten Städten der Antike. Auf dem Höhepunkt lebten hier bis zu einer Mio. Menschen. Teile der Stadt waren angelegt wie Changan, die große chinesische Hauptstadt, die auch für Nara, die erste Hauptstadt des japanischen Yamato-Staates, Modell stand. Im Gegensatz zu den meisten chinesischen Städten besaß Kyongju keine Mauer, jedoch fünf Festungen, darunter Panwolsong, die von einem Erdwall mit 800 Metern Durchmesser umschlossene „Halbmondfestung". Die Stadt umfasste Paläste, buddhistische Tempel, Landschaftsgärten, einen künstlichen See und ein im Jahre 640 von König Sondok errichtetes Observatorium. Über 150 Hügelgräber bergen die sterblichen Überreste der Silla-Elite, viele von ihnen blieben unversehrt. Die Silla-Herrscher wurden mit üppigen Beigaben bestattet. Im Grab des Himmlischen Pferdes und im Grab der Goldenen Krone fand man erlesene Goldobjekte, darunter Kronen und andere Insignien. Die Goldarbeiten koreanischer Handwerker waren an der Seidenroute bekannt, arabische Händler nannten Silla im 9. Jahrhundert daher auch das „goldglitzernde Land" ◆

OBEN VIELE KÖNIGSGRÄBER IN KYONGJU BERGEN SCHÄTZE DES SILLA-REICHES.

Frühe Staaten in Korea und Japan

Anfang des 1. Jahrtausends entwickelten sich zunächst auf der koreanischen Halbinsel, wenig später auch auf den japanischen Inseln erste Staaten. Diese protohistorische Phase, die in späteren koreanischen und japanischen Schriften wie dem *Samguk Sagi* (Geschichte der Drei Königreiche, 1146) oder dem *Nihon Shoki* (Annalen Japans, 720) sowie in anderen zeitgleich verfassten chinesischen Chroniken beschrieben wird, gilt es im Kontext des Zerfalls von China nach dem Niedergang der Wei-Dynastie im frühen 3. Jahrhundert eingehend zu betrachten, als die in diesen Gebieten ansässigen Herrscher ihre Macht durch Bündnisse und Kriege zu festigen versuchten.

In dieser Zeit nahm die Kommunikation und Interaktion zwischen den rivalisierenden Staaten deutlich zu. Die neuen Eliteschichten umgaben sich mit Luxus und holten Handwerker und Künstler aus fernen Gegenden in ihre Städte, die für sie Metall-, Ton- und Steinarbeiten anfertigen mussten. In diesem Zusammenhang gelangten der Gedanke eines auf konfuzianischen Prinzipien gegründeten Staates, die chinesische Schrift und ab dem 4. Jahrhundert auch der Buddhismus in die Gebiete südlich von China.

Die koreanische Halbinsel

Nach der Überlieferung des *Samguk Sagi* wurden die drei Königreiche von Korea – Paekche, Koguryo und Silla – in den Jahren 18, 37 und 57 v. Chr. gegründet. Koguryo entwickelte jedoch zuerst staatliche Strukturen und herrschte im 1. und 2. Jahrhundert von der Hauptstadt Tounggou am Fluss Yalu aus über weite Teile des Nordens. Bedeutende Könige setzte man in herrlich bemalten Gräbern bei; die detailreichen Darstellungen von Jagdszenen und Festen mit Musik, Tanz und Gauklern entwerfen ein lebendiges Bild vom Leben der Oberschicht zu jener Zeit. Als die Chinesen ihr Reich während der Östlichen Han-Zeit (s. S. 120f.) ausdehnten, errichteten sie eine Kolonie in Lelang im Norden der koreanischen Halbinsel. Im Jahre 313 wurde sie jedoch von Soldaten aus Koguryo erobert, doch der Einfluss der chinesischen Kultur dauerte in dieser Region fort. 366 gelangte der Buddhismus nach Korea, wenig später gab es auch eine konfuzianische Schule. Im Jahre 427 wurde die Hauptstadt nach Pjöngjang verlegt, wo sich zuvor die Garnison von Lelang befunden hatte.

Im Südwesten residierten die Herrscher des Reiches Paekche zunächst in Wirysong (unweit der heutigen Stadt Seoul), dann in Hansan (heute

OBEN An vielen japanischen *Kofun* fand man Hunderte solcher Grabwächter aus Terrakotta *(Haniwa)*, am Grab von Kaiser Nintoku waren gar 20 000 dieser Figuren in sieben Reihen angeordnet. Einige *Haniwa* bestehen aus einfachen Zylindern, andere haben menschliche Gestalt (Krieger, Sänger, Tänzer), gleichen Tieren (Hunden, Wildschweinen, Vögeln) oder Gebäuden. Man fand auch *Haniwa* auf Grabhügeln, etwa in Mitsudera, wo sie die Residenz des Herrschers mit Hilfe von Modellbauten nachbildeten. Die Grabwächter liefern wertvolle Informationen über den Alltag zur Zeit der ersten japanischen Staaten.

Kwangju), Ungjon (heute Kongju) und Puyo. Das üppig ausgestattete Grab von König Munyong (501 bis 523) lässt den Reichtum der Oberschicht erahnen. Mehrfach versuchte Paekche, seine Position gegenüber Koguryo durch Bündnisse mit China und dem frühen Yamato-Staat in Japan zu stärken. Schließlich stieg jedoch das Reich Silla auf, ein kleiner Staat rund um die südöstlich gelegene Stadt Kyongju (s. Kasten). Silla besiegte 663 Paekche und 668 Koguryo, errichtete eine starke Zentralmacht mit strenger sozialer Hierarchie und dominierte im 7. Jahrhundert die koreanische Halbinsel.

Frühe japanische Staaten

Reisanbau, Metallbearbeitung und andere neue Technologien erreichten Japan etwa zeitgleich um 400 v. Chr. Der intensive Reisanbau und die Fähigkeit, neue Werkstoffe, insbesondere Metall, zu formen, führten zu einem radikalen Bruch mit der Lebensweise der Jomon-Wildbeuter (s. S. 110f.) und schufen die Grundlagen für eine neue soziale und kulturelle Ordnung während der Yayoi-Periode (ca. 400 v. Chr.–300 n. Chr.). In diesen Jahrhunderten erlangten lokale Herrscher durch Kriege und strategische Bündnisse die Kontrolle über immer größere Gebiete. Befestigte Siedlungen wie Yoshinogari im nordwestlichen Kyushu vermitteln heute einen guten Eindruck vom Leben dieser Fürsten und ihres Gefolges. Bronzeobjekte wie zum Beispiel Glocken, Speerspitzen, Hellebarden und Schwerter galten als Statussymbole und finden sich daher in vielen Gräbern aus jener Zeit. In einigen Gebieten bestattete man die Herrscher in großen Hügelgräbern, den Vorläufern von Gräbern der Yamato-Kaiser, etwa in Tatetsuki auf Honshu.

Zwischen dem 4. und dem 8. Jahrhundert dehnten die Fürsten, die am östlichen Ende der Inlandsee auf Honshu residierten, ihre Herrschaft auf den größten Teil der japanischen Inseln aus. Wie in Korea demonstrierten die frühen Eliten ihre Macht, indem sie imposante Hügelgräber *(Kofun)* errichten ließen, nach denen die gesamte Periode benannt wurde. Aufgrund ihrer Form – rund auf der Rückseite und quadratisch an der Vorderseite – werden sie auch „Schlüssellochgräber" genannt. Das größte dieser Gräber umfasste ein Areal von insgesamt 32 Hektar und gehörte angeblich Nintoku, einem im *Nihon Shoki* erwähnten protohistorischen Kaiser aus dem frühen 5. Jahrhundert. Alltagsfunde aus der *Kofun*-Zeit sind seltener, doch blieben aufgrund eines Vulkanausbruchs im 6. Jahrhundert in der Region des Haruna in der Provinz Gunma ein Bauerndorf und eine Residenz in Kuroimine und Mitsudera unter einer dicken Asche- und Schlammschicht erhalten. Wegen der historischen Parallelen bezeichnet man diese Orte auch als „Japanisches Pompeji" ◆

Die Eisenzeit in Südostasien

Die Eisenzeit, die in Südostasien um 500 v. Chr. begann, führte zu tief greifenden Veränderungen der Sozialstruktur. In den fruchtbaren Gegenden Südchinas und im Delta des Roten Flusses entstanden blühende Reiche. Vermutlich trug die Konkurrenz um die Kontrolle des Handels mit dem mächtigen Staat Chu in der Mitte des Yangtzetals wesentlich zu dieser Entwicklung bei. Der Prozess intensivierte sich, als im 1. Jahrhundert die Han-Dynastie ihren Einfluss auf das Gebiet geltend machte (s. S. 120f.). Als die eisenzeitlichen Ackerbaugemeinschaften südlich des Truong-Son-Gebirgszugs allmählich zu Wohlstand gelangten, nahm der Handel mit Indien zu. Neue religiöse Lehren, die den Weg für Hinduismus und Buddhismus bereiteten, führten zur Entstehung einer sozialen Hierarchie. Beide Faktoren spielten bei der Gründung früher Staaten im unteren Mekongtal ab dem 3. Jahrhundert eine entscheidende Rolle. Aus diesen eisenzeitlichen Zentren in Südostasien entwickelten sich im Laufe des nächsten Jahrtausends Kulturen wie Angkor, die größte Residenz- und Tempelstadt der Khmer-Könige.

Zwei Kulturen – Dian und Dong Son – hoben sich aus der Fülle rivalisierender Fürstentümer heraus, die zu Beginn der Eisenzeit das Bild in Südchina und Vietnam prägten. Dies könnte aber auch daran liegen, dass an den zugehörigen Stätten intensiver geforscht wurde als an anderen Orten.

Fürstengräber

Das Fürstentum Dian in Yunnan beherrschte den gleichnamigen See, der günstige Bedingungen für den Reisanbau schuf und dem Reich dadurch zu Wohlstand verhalf. Am Südostrand des Sees ragte Shizhaishan hoch über die Ebene empor. Archäologen legten eine Königsnekropole frei, in der tote Angehörige der Oberschicht mit reichen Beigaben in lackierten Holzkisten bestattet wurden. Ein solches Grab barg ein goldenes Siegel (das Geschenk eines Han-Kaisers) mit der Inschrift „Siegel des Königs von Dian". Zu den typischen Beigaben gehören vor allem Miniaturfiguren aus zum Teil vergoldeter Bronze, die auf einem Bronzebehälter mit Kaurimuscheln platziert wurden. Diese Figürchen stellen Szenen aus dem höfischen Leben dar – Frauen, die Rituale ausführen oder Männer in Schlachten. In Lijiashan, einer weiteren Nekropole, begrub man reiche Frauen mit Webgeräten aus Bronze, wohlhabende Männer dagegen mit Waffen.

Der Rote Fluss, der in Yunnan entspringt, verbindet das Gebiet von Dian mit jenem von Dong Son. Auch hier untersuchte man Gräber der

herrschenden Elite. Die Leichname ruhten häufig in hölzernen Kisten, die schöne Bronzeartefakte, zum Beispiel verzierte Zeremonialtrommeln, enthielten. Viele waren mit Friesen verziert, die mit Federn geschmückte Krieger, Musikanten, das Dreschen von Reis, Wohnhäuser oder geometrische Muster zeigen. Die Bronzeobjekte wurden in der Regel vor Ort gefertigt, ein besonders großer, bootförmiger Sarg in Viet Khe enthielt neben einheimischen auch aus Südchina importierte Stücke. Ähnliche Gräber in Xuan La bargen Textilien, hölzerne Schäfte von Bronzewaffen und chinesische Münzen.

Eisenzeitliche Bauern

Jenseits des Truong-Son-Gebirgszugs veränderte die Technik der Eisenverarbeitung nach 500 v. Chr. Kultur und Gesellschaft in erheblichem Maße. In Nordost- und Zentralthailand gab es zahlreiche Eisenerzlagerstätten. Werkzeuge aus geschmiedetem (erhitztem und gehämmertem) Eisen steigerten den landwirtschaftlichen Ertrag, denn nun konnte man leichter Bäume fällen und den Boden umgraben. Für die Öfen benötigte man ständig Brennholz, so dass viele Flächen gerodet wurden und als Felder zur Verfügung standen. Die Bevölkerung wuchs, und es ent-

RECHTS Während der frühen Eisenzeit bildeten sich in Südostasien zwei Einflusssphären. Die Reisbauern in Südchina und Vietnam waren den Expansionsbestrebungen der nordchinesischen Han-Dynastie ausgesetzt. Dies begünstigte eine klare Hierarchie und die Entstehung rivalisierender Militärstaaten im Gebiet des Roten Flusses. Südlich des Truong-Son-Gebirgszugs nahm dagegen der Wohlstand in den Ackerbaugemeinschaften Kambodschas und Thailands durch den Gebrauch von Eisen zu. Hier knüpften die Menschen engere Handelskontakte mit Indien.

Noen U-Loke: reiche Gräber

Bei den 1997/98 durchgeführten Grabungen in Noen U-Loke in Thailand stießen Archäologen auf die größte bislang entdeckte eisenzeitliche Siedlung Südostasiens. Menschen lebten hier von 400 v. Chr. bis mindestens ins 5. Jahrhundert. Forscher legten insgesamt 125 Gräber frei und fanden zahlreiche Hinweise auf Eisen- und Glasverarbeitung. Die ältesten Gräber enthielten eisernen Zierrart. In der vierten Phase (2.–3. Jh.) bestattete man die Toten (Männer, Frauen und Kinder) in Gruppen, füllte die Gräber mit verbranntem Reis und deckte sie mit Tonerde ab. Drei Gräber enthielten außergewöhnlich reiche Beigaben. Ein Mann trug beispielsweise drei Bronzegürtel, 150 Armreifen, Ringe und Fußringe aus Bronze sowie mit Gold verkleideten, silbernen Ohrschmuck, ein anderer vier Bronzegürtel und schweren bronzenen Ohrschmuck. Die Halskette einer Frau bestand aus Gold, Achat und Glasperlen. Alle wurden mit Eisenmessern bestattet ◆

RECHTS EIN EISENMESSER STECKTE NOCH IN EINEM BAMBUSSCHAFT (14 CM HOCH).

Legende:
- ■ Chu-Fundort
- ■ Dian-Fundort
- ■ Dong Son-Fundort
- ■ Fundort der südostasiatischen Eisenzeit
- ■ frühbuddhistischer/hinduistischer Einfluss
- Westliches Han-Reich um 6 n. Chr.
- Handelsroute

0 — 500 km
0 — 400 Meilen

*Ost-
chines.
Meer*

*Süd-
chinesisches
Meer*

standen Dörfer an bislang unbesiedelten Orten. Einige waren nach kurzer Zeit deutlich größer als ihre bronzezeitlichen Vorgänger.

Eisen eignete sich für viele Zwecke: Man stellte daraus Messer, Spaten, Hacken und Sicheln her. Auch Eisenwaffen kamen in Gebrauch, finden sich jedoch erst in Gräbern der späten Eisenzeit. Bei Ausgrabungen in Noen U-Loke (s. Kasten) entdeckte man einen Mann mit einer eisernen Pfeilspitze im Rücken. Der neue Wohlstand der Siedlungen ist zum Beispiel in Ban Don Ta Phet in Zentralthailand erkennbar, wo Gräber Schmuck aus Karneol, Achat, Glas, Eisenartefakte wie Speere und Hippen und verzierte Bronzen bargen, die Szenen mit Lotusblüten, schönen Häusern und eleganten Frauen zeigten.

Der Handel und Kulturkontakt mit Indien nahm zu: Ein Karneollöwe, den man an einer um das 4. Jahrhundert v. Chr. datierten Stätte fand, kann nur vom indischen Subkontinent stammen, wo der Löwe als Symbol für Buddha galt. An indischen Stätten entdeckte Bronzegefäße könnten von thailändischen Orten wie Ban Don Ta Phet importiert worden sein. Die Funde deuten auf die zunehmende Präsenz indischer Kaufleute in Südostasien hin, die dort exotische Waren gegen Gewürze, Bronze und Gold eintauschten und zugleich religiöse und kulturelle Ideen verbreiteten. Die Dorfoberen die den Handel mit diesen Gütern kontrollierten, und die Kaufleute, die in ferne Länder reisten, gelangten zu Reichtum und Ansehen und bildeten bald eine Eliteschicht ◆

OBEN Dong-Son-Zeremonialtrommel (30 cm Höhe, 53 cm Durchmesser). Frühe chinesische Quellen berichten, dass die Führer der im Süden lebenden Menschen in Kriegszeiten die Trommel schlugen. Viele dieser eindrucksvollen Instrumente fand man im Delta des Roten Flusses und in der chinesischen Provinz Yunnan. Häufig sind sie mit Kriegsszenen verziert. Andere zeigen Prozessionen mit Musikern und Tänzern.

Spätere Staaten Südasiens

Im 2. Jahrtausend v. Chr. drangen berittene Nomaden von Zentralasien auf den indischen Subkontinent vor. Die indo-arischen Sprachen, die sie einführten, setzten sich nach und nach durch. Bei den Nachfolgern der Induskultur mischten sich einheimische und fremde Kulturanteile. Die Eisenverarbeitung fand überall dort rasch Verbreitung, wo reiche Eisenerzvorkommen in der Natur vorhanden waren. Mit Eisenwerkzeug konnte man Wälder roden und Platz für Felder schaffen. Im Gangestal entstanden Städte und neue Kulturen, die stetig Einflüsse von Händlern und Invasoren aufnahmen.

UNTEN Der Buddhismus inspirierte in besonderem Maße Künstler und Architekten. Üppig verzierte Stupas wie diese in Sanchi, ursprünglich gebaut, um die Reliquien des Buddha und späterer Heiliger zu beherbergen, wirkten stilbildend für ganz Südasien. Auch entstanden Tempel, häufig in Verbindung mit Klöstern, die zunächst Mönchen während der Regenzeit als Zuflucht dienten, sich Ende des 2. Jahrhunderts v. Chr. jedoch zu dauerhaft bewohnten großen Komplexen ausweiteten. Die Klöster etablierten sich daraufhin als Kultur- und Studienzentren und förderten Handel und Handwerk.

Die Veden und andere heilige Schriften erzählen, wie sesshafte Bauern vom Gangestal Besitz ergriffen und sich allmählich aus Ackerbaugesellschaften kleine, rivalisierende Königreiche entwickelten. Die Ursprünge des Vedismus, eine der Grundlagen des Hinduismus, gehen auf das 1. Jahrtausend v. Chr. zurück. Inschriften auf Siegeln und Zitadellen deuten darauf hin, dass er Elemente der indo-aryanischen Kultur mit den religiösen Praktiken des Indusvolkes (s. S. 114f.) verband. Die ältesten vedischen Texte wurden in Brahmi und Kharoshti niedergeschrieben, die von nord- und westsemitischen Schriften abstammten.

Die Mauryas

Zur Zeit der großen religiösen Reformer Mahawira (dem Begründer des Jainismus) und Siddharta Gautama Buddha, die im 6. und 5. Jahrhundert v. Chr. wirkten, existierten im Norden Indiens traditionellen Quellen zufolge 16 große Reiche. Am bedeutendsten war Magadha, das seinen Einfluss durch eine geschickte Eroberungs-, Bündnis- und Heiratspolitik erweiterte. Ende des 4. Jahrhunderts v. Chr. herrschte König Candragupta Maurya (reg. 321–ca. 293 v. Chr.) über weite Teile des Subkontinents.

In den Städten der Gangesregion produzierten kunstfertige Handwerker Werkzeug und Schmuck. Münzen kamen im 6. Jahrhundert v. Chr. sowohl im Gangestal als auch in Handelsstädten im Punjab auf. Diese Orte gehörten bis zum Eroberungszug Alexanders des Großen zum Persischen Reich. Nach Alexanders Tod dehnte die Maurya-Dynastie ihr Gebiet nach Nordwesten aus.

Zeitgenössische Texte, etwa von Megasthenes, einem seleukidischen Gesandten am Hof von Candragupta Maurya, beschreiben die Pracht öffentlicher Gebäude wie etwa der Säulenhalle von Pataliputra, der Hauptstadt der Maurya. Archäologen fanden Überreste dieser Halle und einer mächtigen hölzernen Einfriedung, welche die Stadt einstmals umgab. Hier und an anderen Orten zeichnete sich die Architektur von Wohnhäusern durch große, ringförmige Brunnen aus, die auf die Bedeutung von Wasser und Reinigungsriten in der Induskultur und den späteren Gangesstaaten verweisen.

Unter Candraguptas Enkel Ashoka (reg. 272 bis 231 v. Chr.) erreichte das Gebiet der Maurya seine größte Ausdehnung. Ashoka, ein glühender Anhänger des Buddhismus, entsandte Missionare in benachbarte Gebiete und sogar bis nach Sri Lanka. Einige Edikte, die Ashoka im Grenzgebiet seines Reiches in Felsen hauen ließ, blieben bis heute erhalten.

Spätere Staaten

Nach dem Zusammenbruch des Maurya-Reiches im Jahre 192 v. Chr. herrschten in der Gangesregion

RECHTS Etwa 1000 Jahre nach dem Zusammenbruch der Induskultur ging von den Bauernsiedlungen in der Gangesebene eine kulturelle Erneuerung aus. Die Maurya-Dynastie des Magadha-Reiches dehnte ihren Einfluss im späten 4. Jahrhundert v. Chr. von hier aus über Nord- und Zentralindien aus. Handel und Kulturkontakte mit Zentralasien vollzogen sich vornehmlich über Gebirgspässe im Nordwesten, wo in der Folge neue Siedlungen entstanden. An den Handelsrouten auf dem Subkontinent errichteten Mönche Klöster. In den Westghats grub man reich verzierte Tempel in das weiche Gestein.

zahlreiche schwache Dynastien über kleine Reiche. Im 1. Jahrhundert gliederten die zentralasiatischen Kuschan Nordindien in ihr ausgedehntes Handelsreich ein, das unter anderem den westlichen Abschnitt der Seidenstraße (s. S. 134f.) umfasste. Römische und arabische Kaufleute erreichten Indien per Schiff, und Küstenstädte in Südindien trieben intensiven Handel mit neu gegründeten Staaten in Südostasien.

Südlich der Einflusssphäre der Kuschan blühten kleinere Dynastien wie die Satavahanas, die im 1. und 2. Jahrhundert im Dekkan über ein mächtiges Reich herrschten. Nach den Wirren, die auf den Niedergang des Kuschan-Reiches folgten, baute die Gupta-Dynastie auf dem alten Königreich von Magadha auf. Sie gründete einen Staat, der den Subkontinent im 4. und 5. Jahrhundert dominierte. Diese Epoche gilt in Indien als „Goldenes Zeitalter". Künste und Wissenschaften blühten, viele charakteristische Merkmale der indischen Kultur, etwa das Kastensystem, bildeten sich aus. Gleichzeitig nahm der Einfluss des Buddhismus zusehends ab. Interne Machtkämpfe schwächten das späte Gupta-Reich so sehr, dass es dem Ansturm der Hephtaliten oder Weißen Hunnen schließlich nicht mehr standhalten konnte. Diese Invasoren galten als besonders wild und verschmolzen nicht mit der einheimischen Kultur ◆

Legende:

- ▲ wichtiges städtisches Zentrum
- ■ buddhistische Stupa, Tempel oder Kloster
- ■ anderer wichtiger buddhistischer Ort
- ■ Stein- oder Säulenedikt der Maurya
- — Handelsroute
- ▨ Kerngebiet des Maurya-Reichs um 324 v. Chr.
- ▨ wahrscheinliche maximale Ausdehnung des Maurya-Reichs um 260 v. Chr.
- Entstehungsgebiet der vedischen Kultur
- Entstehungsgebiet des Buddhismus
- Ausbreitung der indo-arischen Völker
- früherer Flussverlauf
- früherer Küstenverlauf um den Ran von Kachch

0   400 km
0   300 Meilen

Skythen und Steppennomaden

Im 1. Jahrtausend v. Chr. tauchten unter den Völkern der zentraleurasischen Steppen Hirtennomaden auf. Sie gelangten durch große Herden zu Reichtum und zogen je nach Jahreszeit auf festgelegten Routen über weite Strecken zu bestimmten Weidegründen. Da sie nie lange an einem Ort blieben, besaßen sie nur wenige und leichte Dinge sowie einfach aufzubauende Zelte zum Schutz vor Regen und Kälte, die sie auf Karren und Wagen mit sich führten. Hinweise auf die umfangreichen Wanderungsbewegungen liefert der charakteristische Tierstil, der sich im 8. und 7. Jahrhundert v. Chr. vom östlichen Ende des Steppenkorridors bis in die Gebiete nördlich des Schwarzen Meeres verbreitete. Die Menschen, die hierher zogen, verschmolzen mit den vor Ort lebenden Völkern zu den Skythen, die Herodot und andere griechische Schriftsteller erwähnen. Die Skythen knüpften enge Beziehungen zu den griechischen Schwarzmeerkolonien (s. S. 90f.), die sich zu wichtigen Handelszentren mit eigenständiger Kultur entwickelt hatten. In den darauf folgenden 500 Jahren – bis zu ihrer Niederlage im Kampf gegen Philipp II. von Makedonien im Jahre 339 v. Chr. – gewannen sie zunehmend an Macht und Reichtum. In Südrussland und der Ukraine fand man zahlreiche Grabhügel mit letzten Ruhestätten bedeutender Krieger, die zum Teil erstaunliche Mengen an Gold- und Silberartefakten, Zaumzeug, Waffen und die für das Nomadenleben typischen Wagen bargen. Weit im Osten führten mit den Skythen verwandte Hirtenvölker auf den Hochebenen des Altai-Gebirges ein ähnliches Nomadenleben. Auch die Altai-Nomaden häuften durch den Handel mit Pferden, die sie nach Persien, Indien und China verkauften, große Reichtümer an.

Aufsehen erregende Gräber *(Kurganen)* bilden die wichtigste Informationsquelle zum Leben der Skythen. Die Hinterbliebenen gruben einen zehn bis 15 Meter tiefen, zentralen Schacht in den weichen Lößboden und höhlten dann eine gruftähnliche Kammer aus, die sie häufig mit Holz verkleideten. Weitere Nischen zweigten oftmals von der Hauptkammer ab und bargen die sterblichen Überreste von Dienern oder Verwandten, die dem Verstorbenen ins Grab gefolgt waren. Hatte man die Beigaben neben dem Toten platziert, wurde der Schacht

OBEN In den eurasischen Steppen lebten im 1. Jahrtausend v. Chr. vornehmlich berittene Hirtennomaden. Griechische Handelskolonien, die ab 600 v. Chr. an der Nordküste des Schwarzen Meeres entstanden, machten das unter dem Namen Skythen bekannt gewordene Volk reich, wie viele üppig ausgestattete Gräber aus jener Zeit belegen. Im Osten standen im Altai-Gebirge andere Hirtennomaden in Kontakt mit China, Persien und Indien.

OBEN ARCHÄOLOGEN UNTERSUCHEN EINEN GRABHÜGEL *(PAZYRYK)* BEI KARA UKOK.

Kara Ukok: ein eisiges Grab

Die Hirtennomaden im Altai-Gebirge an der Grenze zwischen Russland, China und der Mongolei werden oft *Pazyryk* genannt, was übersetzt soviel wie „Grabhügel" bedeutet. Aufgrund der extrem kalten Temperaturen gefroren die mit Holz verkleideten Grabkammern beinahe sofort, weshalb die Grabbeigaben außergewöhnlich gut erhalten blieben und Archäologen mit faszinierenden Details über die eisenzeitlichen Völker dieser kalten und abgelegenen Region beliefern. Eine der spektakulärsten Entdeckungen ist ein im Sommer 1993 auf dem Kara Ukok-Hochplateau gefundenes Grab, in dem der tätowierte Leichnam einer etwa 25-jährigen Frau zusammen mit Stoff- und Lederbeigaben in einem Holzsarg ruhte. Auf hölzernen Tellern hatten die Hinterbliebenen Hammel- und Pferdefleisch angerichtet. Vor der Holzkammer wurden sechs Pferde begraben, die zuvor mit einem Schlag auf den Kopf getötet worden waren. Besonders gut waren die Kleider der Frau konserviert. Sie trug eine Kopfbedeckung aus Filz, einen mit goldenen Panthern verzierten Seidenkaftan, ein Wollkleid und Filzstiefel mit Goldeinlagen. Lange Zeit glaubte man, die Seide stamme aus China, doch neueren Untersuchungen zufolge kam sie wohl eher aus Indien ◆

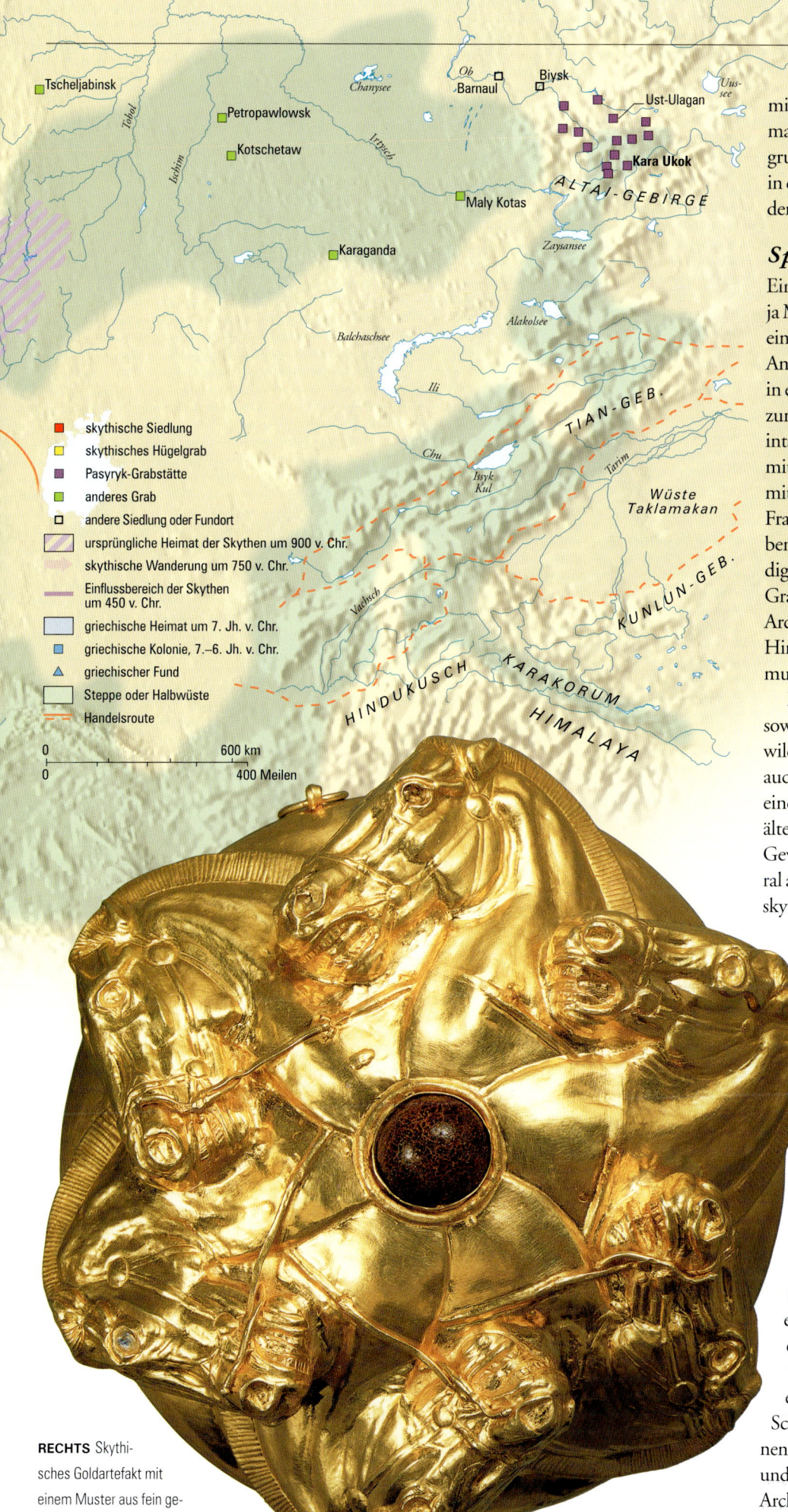

■	skythische Siedlung
■	skythisches Hügelgrab
■	Pasyryk-Grabstätte
■	anderes Grab
□	andere Siedlung oder Fundort
	ursprüngliche Heimat der Skythen um 900 v. Chr.
	skythische Wanderung um 750 v. Chr.
	Einflussbereich der Skythen um 450 v. Chr.
	griechische Heimat um 7. Jh. v. Chr.
■	griechische Kolonie, 7.–6. Jh. v. Chr.
▲	griechischer Fund
	Steppe oder Halbwüste
	Handelsroute

0   600 km
0   400 Meilen

RECHTS Skythi-
sches Goldartefakt mit
einem Muster aus fein ge-
arbeiteten Pferdeköpfen.

mit Erde und Steinen aufgefüllt. Sodann schüttete man einen bis zu 20 Meter hohen Hügel auf. Später grub man zuweilen noch Schächte für weitere Gräber in den Hügel und stach Tunnel durch, um sie mit dem Ursprungsgrab zu verbinden.

Spektakuläre Artefakte

Ein klassisches Skythengrab entdeckte man in Tolstaja Mogila. Die Hauptkammer barg die Überreste eines etwa 50-jährigen Mannes. Sie wurde in der Antike geplündert, doch ließen die Diebe ein Schwert in einer goldenen Scheide und ein goldenes Pektoral zurück. Ein zweiter Schacht mit fünf Gräbern war intakt. Hier hatte man Seite an Seite eine junge Frau mit Kind bestattet, außerdem einen jungen Mann mit Pfeil und Bogen. In einer Nische ruhte eine junge Frau, der man Nahrung mit auf die letzte Reise gegeben hatte, daneben lag ein Mann mit einem vollständigen Wagen und mehreren Pferdeskeletten. Im Graben, der sich rund um die Anlage zog, entdeckten Archäologen Knochen von Pferden, Ebern und Hirschen sowie Scherben von Weingefäßen – vermutlich Überreste der Bestattungszeremonie.

Die Skythen verzierten Gold- und Silberschmuck sowie Gefäße häufig mit aufwändigen Darstellungen wilder Tiere oder mit Schlachtszenen. Es gibt jedoch auch friedvollere Szenen. Ein goldener Fries auf einem silbernen Becher aus Gaymanowa zeigt zwei ältere Krieger im Gespräch. Sie trugen skythische Gewänder aus pelzbesetztem Leder. Auf einem Pektoral aus Tolstaja Mogila, einem der schönsten Beispiele skythischer Goldschmiedekunst, sind ein Kind beim Melken eines Schafes und zwei Männer zu sehen, die ein Ledergewand fertigen.

Dauerhafte Siedlungen

Der Kontakt mit den Griechen führte dazu, dass die nomadischen Skythen Siedlungen errichteten. Elisavetowskoje auf einer Insel im Mündungsgebiet des Don entwickelte sich in der zweiten Hälfte des 4. Jahrhunderts v. Chr. zu einem mit Wall und Gräben befestigten Handels- und Handwerkszentrum. Bislang fand man nur wenige Skythensiedlungen, doch 1996 entdeckten Archäologen in Rischanowka südlich von Kiew ein Grab, das auf eine sesshafte Lebensweise hindeutet, war es doch wie ein Zweiraumhaus angelegt. Ein Zimmer mit einer Feuerstelle und Bronzekesseln, die Spuren von gekochtem Pferdefleisch und Lammknochen enthielten, stellte die Küche dar, ein zweites das Schlafzimmer. Hier ruhte der Tote auf einem hölzernen Podest. Aus dem Datum (300 v. Chr. oder später) und der „häuslichen" Struktur des Grabes schließen Archäologen, dass die Skythen sich damals von Nomaden zu sesshaften Bauern entwickelten ◆

Das Persische Reich

Im 1. Jahrtausend v. Chr. beherrschten aus Zentralasien stammende, iranischsprachige Völker die westliche Hochebene südlich des Kaspischen Meeres. Von dort aus breiteten sie sich westwärts und südwärts durch das Sagros-Gebirge aus. Die Meder profitierten vom Zusammenbruch des Assyrischen Reiches im 7. Jahrhundert und gründeten selbst ein Reich mit der Hauptstadt Ekbatana (Hamadan), das sich von Anatolien bis Afghanistan erstreckte. Ein verwandter Zweig ließ sich im Gebiet von Persis (heute Fars bzw. Shiraz) im südwestiranischen Hochland nieder. Mitte des 6. Jahrhunderts befreiten sich die Perser unter dem Achämenidenkönig Kyros dem Großen von der Herrschaft der Meder und eroberten deren Reich. Dann nahmen sie das anatolische Königreich Lydien und die griechischen Städte in Kleinasien ein, bevor sie sich nach Babylonien wandten. Kyros' Nachfolger verleibten dem Reich Ägypten und den Norden Thrakiens ein. Lediglich den Griechen gelang es, die Invasionsversuche des Xerxes abzuwehren (s. S. 96f.). Die Achämeniden versuchten ihr Gebiet zusammenzuhalten, indem sie verschiedene Regierungsformen erlaubten und Raum für einheimische Sitten und Kulte ließen, gleichzeitig aber einen zentralisierten Verwaltungsapparat und ein staatliches Heer schufen. Ihr Reich hatte zwei Jahrhunderte Bestand, bis Alexander der Große es eroberte.

Als Begründer des politischen und administrativen Systems der Achämeniden gilt Dareios I. (reg. 522–486). Er gliederte das Reich in Satrapien (Provinzen), denen persische Satrapen (Statthalter) vorstanden. Ackerland teilte er in Parzellen und vergab es an Adlige oder als Entlohnung für den Dienst in der Armee. Auch führte er als erster nahöstlicher Herrscher feste Jahressteuern ein. Nach dem Vorbild der Lyder begannen die Perser, Gold- und Silbermünzen zu prägen. Die persischen Könige ließen auch ein weit verzweigtes Straßennetz anlegen, das ihr riesiges Gebiet durchzog. Auf der Königsstraße konnte man beispielsweise von Susa binnen einer Woche in das 2575 Kilometer entfernte Sardis, der ehemaligen Hauptstadt Lydiens, gelangen.

Gräber und Paläste

Rund um Shiraz im iranischen Sagros-Gebirge blieben viele Spuren der Achämenidenherrschaft erhalten. In der ursprünglichen Hauptstadt, Pasargadae, birgt eine schlichte steinerne Krypta auf einem Stufensockel das Grab Kyros' des Großen. Dareios gründete eine neue Hauptstadt, Persepolis, die seine Nachfolger Xerxes und Artaxerxes (s. Kasten) vervollständigten. Er ließ auch das erste Königsgrab in eine Felswand in Naqsch-i Rustem unweit von Persepolis graben. Die Säulen an der Fassade ließ er mit dekorativen Reliefs und zahlreichen Inschriften verzieren, die der Nachwelt ein eindrucksvolles Bild von der erfolgreichen Herrschaft des ehemaligen Archä-

RECHTS Das persische Achämenidenreich war das größte der Antike. Die Herrscher schufen ein neues Verwaltungssystem, das spätere Reiche im Nahen Osten übernahmen.

UNTEN Der Relieffries aus mehrfarbigen, glasierten Ziegeln zeigt Bogenschützen der königlichen Leibwache. Palast des Dareios in Susa, um 500 v. Chr.

KAUKASUS

Schwarzes Meer

Kaspisches Meer

PONTISCHES GEBIRGE

KOLCHIS
Knaben, Mädchen

ADOKIEN
Pferde, Silber

Yeşilırmak

Kızılırmak

Murat

Firat

Ceyhan

TAURUS-GEB.

Tuschpa

Nisibin

Tierhäute, Tuch,
Eunuchen, Metalle,
Schafsböcke, Gefäße

Tell Sansi

Qizkapan

Assur

SAGROS

Meskinsahr

Ziwiye

Caicasta

MEDIEN
Tierhäute, Kleidung,
Schmuck, Silber,
Gefäße, Waffen

Garmabak

Bisutun

Ekbatana

Dumaviza

Kasan

ABARNAHRAIN
Streitwagen,
Schmuck, Gefäße

ELAM
Löwin & Junge,
Silber, Waffen

GEB.

Sippar

Babylon

Nippur

Susa

Ur

BABYLONIEN
Stiere, Tuch, Eunuchen,
Silber, Gefäße

Sidon

Tyros

Jerusalem

Syrische
Wüste

Euphrat

Tigris

Orontes

Chabur

Diala

Sirwan

Qum

*Munchafad
ath Tharthar*

ELBURS-GEB.

Urmia-
see

Sewan-
see

Kleidung, Pferde,
Silber, Gefäße

Kura

Aras

Großer Sab

HYRKANIEN
Kamele, Gefäße

KOPET-DAGH-GEB.

Pferde, Schmuck,
Silber, Waffen

Merw

Kleidung, Pferde,
Schmuck, Silber

Pferde, Schmuck,
Waffen

Tilla-Tepe

Altin-X

Baktra

SOGDIANA

Kobadian

Drapsaka

BAKTRIEN

HINDUKUSCH

Kamele, Silber,
Gefäße

Bagor

Peukela

Taxila

Ortospane

Galalabad

GANDHARA
Stiere, Silber,
Waffen

Amudarja

Panjab

Wachsch

Koktscheh

Balchi

Kabul

Indus

Jamuna

Chenab

Ravi

Sutlej

Kamele, Umhänge aus
Löwenfell, Gefäße

Herat

Dascht-e-Kawir

Harirud

Kandahar

ARACHOSIEN
Tierhäute, Kamele,
Gefäße

Nad-i Ali

Dahan-i Ghulaman

Kamele, Umhänge aus
Löwenfell, Gefäße

SIND
Äxte, Goldstaub,
Waffen

Hilmand

Farah

Chasch

Arghandab

Tarnak

Dascht-e-lut

Naqsch-i Rustem

Fahkian

Kawar

Borazjan

Buzpar

Estahar

Persepolis

PERSIS

Pasargadae

Mahan

Tuch, Pferde, Silber

Sohre

Halil

Bampur

Maschkid

Rachschan

Hab

MAKA

Persischer Golf

Mehran

Kur

Legende:
- 🟨 Achämenidischer Palast
- 🟦 Provinzhauptstadt
- 🟥 Friedhof
- 🔺 Inschrift (orange)
- 🔺 Felsengrab (grün)
- 🔺 Schatz (violett)
- **ELAM** alte Landschaft
- Silber Art des Tributs
- — wahrscheinlicher Verlauf der Königsstraße
- persisches Kernland 559 v. Chr.
- von Kyros erobertes Reich von Medien 559–550 v. Chr.
- von Kyros erobertes Gebiet 550–530 v. Chr.
- von Kambyses erobertes Gebiet 530–522 v. Chr.
- von Darius erobertes Gebiet 521–486 v. Chr.
- tributpflichtiges Gebiet oder Vasallenstaat

menidenkönigs vermitteln. Der Herrscher selbst ist bei Kulthandlungen an einem Altar zu sehen, er steht auf einem Podium, das von Vertretern der verschiedenen Völker des Reiches getragen wird. In Besutun, einem heiligen Ort im Sagros-Gebirge, zeigt ein in den Fels gehauenes Relief Dareios vor gefesselten Rebellen. Die in parallelen Kolumnen angeordnete Inschrift in Altpersisch, Assyrisch und Elamisch trug wesentlich zur Entschlüsselung der Keilschrift bei.

Die Achämenidenkönige entfalteten außerhalb des persischen Kernlandes eine intensive Bautätigkeit. In Susa gründeten sie eine zweite Hauptstadt und errichteten dort einen riesigen Palast. Auch in Babylon, einem weiteren bedeutenden Zentrum, entstand ein solcher Komplex, für den Baumaterial, Edelsteine, Gold, Silber und Elfenbein aus dem gesamten Reich herangeschafft wurden. Babylonische Ziegelbrenner, Steinmetzen aus Ionien und Lydien, Holz- und Metallarbeiter aus Ägypten arbeiteten an dem Bau mit. Viele Elemente wirkten stilbildend und wurden in die Architektur von benachbarten oder späteren Herrschern übernommen ◆

Persepolis: ein Zeremonialzentrum

Die von Dareios I. gegründete Hauptstadt Persepolis diente als königliche Residenz und als Zeremonialzentrum. Die Zitadelle erhob sich auf einer riesigen steinernen Plattform innerhalb eines massiven Rings aus Lehmziegeln, der längst dem Zahn der Zeit zum Opfer gefallen ist. Auf der Plattform standen große Säulenhallen, Pavillons und Zeremonialtore, auch fand man Reste von Treppen, Lagerräumen und Stallungen. Der Palast des Dareios grenzte an die Apadana (Audienzhalle), einer ein-drucksvollen Säulenhalle auf einem Podium, die auf drei Seiten von Säulenvestibülen begrenzt wurde. Die Säulen besaßen einen lang gezogenen Schaft, der griechische oder lydische Einflüsse vermuten lässt, während die Säulenenden von Tierdarstellungen (Greifen, Löwen oder Stieren) gekrönt wurden, die hingegen typische Elemente der persischen Architektur waren. Die Reliefdarstellungen nahmen vielfach assyrische Traditionen auf. Viele zeigen den König mit Insignien und Symbolen der Macht. Die zur Apadana führenden Treppen sind dagegen mit persischen Soldaten, Adligen und Vertretern unterworfener Völker verziert ◆

OBEN DIE APADANA – EINIGE SÄULEN STEHEN NOCH AN ORT UND STELLE.

Die Griechen in Asien

Die Eroberung des Perserreiches durch Alexander den Großen (s. S. 98f.) führte dazu, dass sich die hellenistische Kultur in Westasien und Teilen Nordwestindiens verbreitete, wo sie dauerhafte Spuren hinterließ. Doch der Kontakt der Griechen (bzw. Makedonier) mit Asien trug deutlich komplexere Züge, als westliche Historiker zuweilen wahrhaben wollen. Tatsächlich siedelten Alexander und seine Nachfolger Kriegsveteranen auf Ländereien in den eroberten Gebieten zwischen Syrien und Afghanistan an. Die Städte und Garnisonen, welche sie gründeten, orientierten sich in Stil und Anlage ebenso wie die Kultur durchaus an griechischen Vorbildern und Ideen. Doch einige hellenistische Stätten in Westasien belegen, dass die Kolonisten an vielen Orten in Westasien Seite an Seite mit der einheimischen Bevölkerung lebten. Diese nahm die griechischen Sitten zwar zur Kenntnis und übertrug sie oberflächlich auf ihre eigene Kultur, pflegte aber weiter ihre eigenen Gebräuche. Oft waren es eher die Neuankömmlinge, die bereit waren, sich zu assimilieren.

Ohne Glück und militärisches Geschick hätte Alexander das Perserreich niemals erobern können. Dass er es aber auch behielt, verdankte er nicht zuletzt dem funktionstüchtigen Verwaltungssystem, welches die Achämeniden geschaffen hatten. Die lange Tradition zentralistischer Herrschaft im Nahen Osten hatte die Eigenständigkeit der Provinzen geschwächt. Da Alexander lokale Sitten respektierte und keine unmäßigen Tributforderungen erhob, gab es keine ernst zu nehmende Opposition gegen ihn. Sein Reich zerfiel, weil seine Nachfolger sich in Machtstreitigkeiten verstrickten.

Griechische Städte in Asien

Alexander gründete Städte (ursprünglich Kolonien makedonischer Veteranen) im gesamten Reich, eine Politik, die die Seleukiden, seine Nachfolger in den asiatischen Provinzen, fortführten. Auch vergrößerten sie bereits existierende Orte. Viele hellenistische Städte in der Türkei und im östlichen Mittelmeerraum sind bis heute besiedelt, so dass nur wenige Spuren von ihren Ursprüngen erhalten blieben. Weiter östlich verschwanden berühmte hellenistische Siedlungen wie Seleukeia am Tigris. Archäologen

UNTEN Die Seleukiden traten in Asien das Erbe Alexanders des Großen an, nachdem sie die Kriege für sich entschieden hatten, die nach dem Tod des großen Herrschers im Jahr 323 v. Chr. um das riesige Reich ausgebrochen waren. Die Ostgrenze hielten sie nicht lange: Gandhara und Arachosien im Industal fielen 304 an die Herrscher der Maurya-Dynastie im Gangestal. Baktrien wurde unter Diodotus I. ein eigenständiges Königreich. Mitte des 2. Jahrhunderts v. Chr. drangen die Parther von ihrem Kernland im nordöstlichen Iran nach Westen vor und eroberten um 130 v. Chr. Babylonien. Die Römer, die Griechenland eingenommen hatten und nun den östlichen Mittelmeerraum beherrschten, stoppten die Parther durch eine neue Ostwestgrenze. Im Osten übernahmen nach blutigen Kämpfen die Saken (1. Jh. v. Chr.) und die Kuschan (1. Jh.) die Macht über die baktrischen Reiche und verdrängten die Parther.

Legende:
- Gebiet unter griechischer Kontrolle, 323 v. Chr.
- Stadt unter griechischem Einfluss, gegründet 336–1 v. Chr.
- hellenisierte Stadt, 336–1 v. Chr.
- anderer Ort
- Gebiet unter Kontrolle der Mauryas um 305 v. Chr.
- Gebiet unter Kontrolle der Seleukiden um 270 v. Chr.
- Gebiet unter griechisch-baktrischem Einfluss um 185 v. Chr.
- Gebiet unter Kontrolle der Parther um 130 v. Chr.
- Verbreitung der Saken und Kuschanas
- MEDIEN alte Landschaft

0 — 600 km
0 — 400 Meilen

Tigris, einer griechische Gründung, stand vielleicht eine Zikkurat. Hellenistische Bauten weisen häufig Einflüsse verschiedener Traditionen auf. In Ai Khanum, einem Außenposten der hellenistischen Kultur, findet sich eine Mischung aus baktrischer, mesopotamischer und persischer Architektur.

In Mesopotamien scheinen Eltern babylonischer Herkunft ihren Kindern bevorzugt griechische Namen gegeben zu haben, weil sie hofften, dies würde den sozialen und politischen Aufstieg ihrer Nachkommen fördern. Menschen, die am Rande der hellenistischen Welt lebten, bedienten sich griechischer Machtsymbole. Vermeintlich unbedeutende Herrscher an der arabischen Küste des Persischen Golfes etwa ließen Silbermünzen prägen, die hellenistischen Geldstücken glichen. Im 1. Jahrhundert bauten die Nabatäer in Transjordanien Felsengräber, die monumentalen Grabstätten im Mittelmeerraum glichen. Griechische Kontakte mit Nordwestindien führten dazu, dass in Taxila, einem zeitweise von baktrischen Griechen kontrollierten Ort, Bauwerke im Ghandara-Stil entstanden.

In den multikulturellen Gesellschaften Westasiens waren die Griechen jedoch nur ein Element unter vielen. Keine Stätte verdeutlicht dies anschaulicher als Dura Europos. Die Stadt, über die im 1. Jahrhundert v. Chr. erst die Römer und dann die Parther regierten, umfasst griechische, römische und syrische Tempel, eine Synagoge, eine christliche Kirche und einen Mithrasschrein. Offizielle Dokumente liegen auf Griechisch, Latein, Aramäisch und in weiteren Sprachen vor ◆

förderten einige antike Stätten zutage, darunter Dura Europos am Euphrat, Failaka vor der Küste von Kuwait und Ai Khanum in Afghanistan. Die meisten waren genau wie griechische Städte rechtwinklig nach dem Hippodamischen System angelegt und mit einer Agora, einem Gymnasium, Theatern, Tempeln und anderen typisch griechischen Bauten ausgestattet.

Griechische Architektur prägte auch das Bild in Städten, die schon lange existierten, etwa in Babylon und anderen Orten Mesopotamiens. Die meisten Menschen lebten jedoch weiter in ihren traditionellen Häusern, benutzten lokaltypische Gefäße, beteten zu ihren Göttern und sprachen wie eh und je. Grabungen, unter anderem in Susa, brachten Häuser im griechischen Stil ans Tageslicht, die direkt neben mesopotamischen Bauten standen. Überall in Westasien fand man einheimische Gefäße und andere Alltagsgegenstände neben solchen, die von griechischen Einflüssen geprägt waren.

Kulturmischung

Die regierenden Eliten akzeptieren einheimische Sitten und förderten sie sogar, vermutlich in erster Linie aus politischen Gründen. In Mesopotamien finanzierten sie den Wiederaufbau der Tempel von Babylon, Borsippa und Warka, gestatteten die dort angesiedelten Kulte und hielten dies auf Keilschrifttafeln fest. Selbst weltliche Wohnhäuser der hellenistischen Herrscher griffen oft lokale Elemente auf. Ein Palast in Susa wurde z. B. im früheren persischen Stil erbaut. In Seleukeia am

OBEN Um 162 v. Chr. verloren die geschwächten Seleukiden Kommagene im Taurus-Gebirge in der Zentraltürkei. Unter Antiochos I. (reg. 69–34 v. Chr.) erlebte die Region eine neuerliche Blüte. Der Tendenzen von Größenwahn zeigende Herrscher ließ zu seinem Gedenken ein herrliches Mausoleum und eine umfangreiche Tempelanlage im Gebirgszug Nemrut Dagi unweit des Wansees errichten. Die Kolossalköpfe gehörten einst zu monumentalen Sitzfiguren griechischer und persischer Götter.

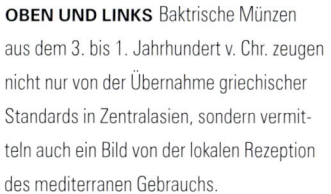

OBEN UND LINKS Baktrische Münzen aus dem 3. bis 1. Jahrhundert v. Chr. zeugen nicht nur von der Übernahme griechischer Standards in Zentralasien, sondern vermitteln auch ein Bild von der lokalen Rezeption des mediterranen Gebrauchs.

Reiche entlang der Seidenstraße

Zwischen China und dem Iran dehnt sich eine unwirtliche Region mit Wüsten, Bergen und Hochebenen aus. Die Seidenstraße, der alte Karawanenweg, der durch diese wenig einladende Gegend führte, war der zarte Faden, der einst die westliche mit der östlichen Welt verband. Nicht nur Seide, die der Straße ursprünglich ihren Namen verlieh, sondern Waren aller Art wurden hier transportiert: Edelsteine, Perlen, Elfenbein, Duftstoffe, Gewürze, Gold- und Silberarbeiten, Sklaven und Pferde. Bereits in der Bronzezeit oder früher entstanden an besonders schwierigen Abschnitten, wie in der Gegend um Xinjiang, Oasensiedlungen. Im Norden Baktriens (Afghanistan) fand man 4000 Jahre alte Seide, die belegt, dass China bereits zu diesem frühen Zeitpunkt Güter exportierte. Die Route verhalf vielen angrenzenden Städten und Reichen zu Wohlstand. Wandgemälde und Skulpturen aus alten Siedlungen wie Afrasiab (Samarkand), Buchara, Penjikent, Kaschgar, Kucha und Turfan veranschaulichen, wie viele Völker und Kulturen entlang der Seidenstraße aufeinander trafen und in welchem Maße sie Ideen und Glaubensvorstellungen untereinander austauschten.

Als vor ca. 2000 Jahren die Nachfrage nach Luxusgütern aus fernen Ländern in China, Indien und im Mittelmeerraum stieg, nahm der Warenaustausch entlang der Seidenstraße eine beachtliche Dimension an. Der Reichtum lockte kriegerische Hirtennomaden aus dem östlichen Zentralasien an, die nun nach Westen drängten. Einige raubten und plünderten, was ihnen in die Hände fiel, andere gründeten eigene Reiche. Im 2. Jahrhundert v. Chr. kontrollierten die Saken Städte wie Khotan und fielen im griechischen Baktrien, im östlichen Iran und in Nordindien ein. Ihnen folgte ein Furcht einflößendes Volk, zu dem auch die Kuschan gehörten. Sie bauten im 1. Jahrhundert ein mächtiges Reich auf, das Abschnitte der Seidenstraße umfasste und sich bis nach Nordindien zog.

OBEN Am Fuß des Tian-Gebirges unweit der Stadt Turfan gruben buddhistische Mönche oberhalb einer Oase an der Seidenstraße Tempel in die Felswände. Oasensiedlungen wie diese boten Wasser und Übernachtungsmöglichkeiten für die Kamelkarawanen, die Seide und andere Luxusgüter von China nach Westen brachten. Denn die meisten Kaufleute legten nur kurze Strecken auf der Route zurück. Sie reisten bis zur jeweils nächsten Stadt, wo weitere Zwischenhändler warteten.

Bagram: Schatz der Kuschan

In den 1930er Jahren legten Archäologen in Bagram Reste eines Königspalastes aus dem Beginn des 1. Jahrtausends frei. Dabei entdeckten sie Schatzkammern, in denen sich exotische Waren stapelten: chinesische Lackarbeiten, indisches Elfenbein, Glas und Bronze aus Rom. Die Artefakte zeigen, wie weit das Handelsnetz sich ausdehnte und welche Reichtümer die Kuschan, die große Abschnitte der Seidenstraße kontrollierten, im Laufe der Zeit anhäuften. Bagram (das alte Kapisa) liegt ca. 80 Kilometer nördlich von Kabul im afghanischen Hindukusch-Gebirge auf einem Pass, der die Seidenstraße mit Routen aus Indien verband. Möglicherweise gründeten ursprünglich achämenidische Perser den Ort als Kolonie. Im 2. Jahrhundert v. Chr. entstand unter dem Einfluss baktrischer Griechen eine hellenistische Stadt. Zu höchster Blüte gelangte Bagram aber im 1. und 2.

Jahrhundert unter den Kuschan. Sie errichteten noch weitere Zentren, etwa in Surkh Kotal, und investierten hohe Summen in Bewässerungsprojekte, die der Bevölkerung in ihrem weitläufigen Reich zugute kamen. Die Kuschan scheinen den Buddhismus gefördert zu haben, möglicherweise aus wirtschaftspolitischen Erwägungen, um den Warentransfer entlang der Seidenstraße zu steigern. Das berühmte Höhlenkloster von Bamiyana mit riesigen, in den Fels gehauenen Buddhabildern und Wandgemälden, die indische und iranische Stilelemente vereinen, verweist auf die Bedeutung des Buddhismus in jener Zeit. Wandgemälde und Skulpturen in Chaltschajan im Norden Baktriens entstanden ebenfalls mit Unterstützung der Kuschan. Viele afghanische Stätten und Kunstobjekte, darunter der im Museum von Kabul ausgestellte Schatz von Bagram, wurden in den Kriegen seit den 1980er Jahren zerstört ◆

LINKS BEMALTE GLASVASE (ALEXANDRIA, ÄGYPTEN, 10 CM HOCH) AUS DEM SCHATZ VON BAGRAM.

Map labels:

KAUKASUS-GEB.

Wüste Gobi

Zaysan-see

ALTAI-GEB.

Aral-see

Balchasch-see

Alakol-see

Ili

Zhouyen

Kaspisches Meer

KYSYL-KUM

Syrdarja

Issyk Kul

Qitai

Urumtschi

Bezeklik

Hami

Anxi

KARA-KUM

Taschkent

Chu

TIAN-GEB.

Karashahr

Turfan

Ying-pan

Dunhuang

KOPET-DAGH-GEB.

Arak

Kaschul

Buchara

Afrasiab

Watchsch

Penjikent

Tarim

Wubei

Kucha

Wüste Taklamakan

Lop-see

Loulan

Qinghai-see

Sewan-see

Anyx

Urmia-see

Merw

Chaltschajan

Kara-Tepe

Pandsch

Kaschgar

XINJIANG

Cherchen

Rayy

Hekatompylos

Baktra

Ai Khanum

Yarkand

Niya

Ekbatana

Nischapur

Tilla-Tepe

PAMIR

Khotan

KUNLUN-GEB.

ELBURS-GEB.

Qom

Harirud

Surkh Kotal

HINDUKUSCH

Shotorak

KARAKORUM

SAGROS-GEBIRGE

Dascht-e-Kawir

Bamiyana

Bagram

Huskapura

Sohre

Bimaran

Manikyal

HIMALAYA

Persischer Golf

Chach

Farh

Purushapura

Kan

Taxila

Jhelum

Chenab

Ravi

Karun

Helmand

Arghandab

Mand

Dascht-e-lut

Kandahar

Isghab

Indus

Sutlej

Yamuna

Indraprastha

Mathura

Bampur

Maschkid

Mohenjo-Daro

Viratanagara

Ganges

Golf von Oman

Habb

Wüste Thar

Chambal

Mirpur Khas

Mehran

Arabisches Meer

Barbaricum

Devnimori

Barygaza

Legend:

■ buddhistische Kunst
■ Kuschana-Kunst
■ chinesische Seide/Lackobjekt
■ römische Münzen
□ andere wichtige Handelsstadt
— Handelsroute

Macht und Einfluss der

— Saken um 1 v. Chr.
■ Kuschana um 1–240 n. Chr.
— Han um 73–127 n. Chr.
■ Parther um 114 n. Chr.
— Sassaniden um 260 n. Chr.

■ Ausbreitung des Buddhismus

■ Ausbreitung der Hephtaliten (Weißen Hunnen) um 350–500 n. Chr.

0 — 600 km
0 — 400 Meilen

Im 3. Jahrhundert eroberten die Sassaniden das Gebiet. Zwei Jahrhunderte später folgte die Invasion der Weißen Hunnen, die von Osten her über Baktrien und Sogdiana im östlichen Iran hereinbrachen. Etwa zur gleichen Zeit suchten die westlichen Hunnen Europa heim. Eine andere Volksgruppe, die in chinesischen Quellen unter dem Namen „Jouan-Jouan" auftaucht, kontrollierte zeitgleich die Oasenstädte von Xinjiang. Im 6. Jahrhundert gewannen die Sassaniden Sogdiana zurück, wurden jedoch kaum 150 Jahre später von den ostwärts drängenden muslimischen Armeen wieder verjagt.

Zahlreiche Einflüsse

In der Zeit zwischen dem Tod Alexanders des Großen und dem Vordringen des Islam nahm der Handel entlang der Seidenstraße trotz der politischen Wirren weiter zu. Mit ihm einher ging ein kultureller Austausch, der die Grundlage für eine kosmopolitische Gesellschaft legte, in der sich indische, chinesische und iranische Elemente verbanden. Der Buddhismus, der immer mehr Anhänger außerhalb Indiens

fand, sorgte an der Seidenstraße für gewisse allgemeinverbindliche ethische Normen. Khotan, Kucha und Dunhuang entwickelten sich zu buddhistischen Gelehrtenzentren – hier wurden heilige Schriften in viele lokale Sprachen übersetzt. In der trockenen Wüste Taklamakan blieben viele wertvolle Objekte erhalten, zum Beispiel wunderschöne buddhistische Reliquiare, verzierte Seidenstoffe oder bemalte Holztafeln. Nestorianer (eine der Häresie angeklagte Gemeinschaft östlicher Christen) und Manichäer (eine religiöse Bewegung, die im 3. Jahrhundert in Persien blühte) wanderten ebenfalls über die Seidenstraße. Auch ihre Schriften waren aufgrund der klimatischen Bedingungen gut konserviert.

Weiter westlich fand man bei Grabungen in Afrasiab und Penjikent Häuser, die mit herrlichen Wandgemälden verziert waren. Die Bilder erinnern an ähnliche Darstellungen in Dunhuang und Turfan, lassen jedoch buddhistische Inhalte vermissen. Viele der alten Seidenstraßenkulturen, auch die von Sogdiana, verschwanden, als der vom Islam geförderte Einfluss Persiens immer mehr zunahm ◆

OBEN Die Seidenstraße, die aus mehreren Teilabschnitten bestand, zog sich von China westwärts. Xinjiang (das chinesische Turkestan), war der gefährlichste Teil der Strecke. Die Reisenden mussten dann am Rand der Wüste Taklamakan entlangziehen, einem kargen, 1000 Kilometer langen und 400 Kilometer breiten Niemandsland. In Kaschgar, einem großen Handelsplatz an der Seidenstraße unterhalb eines Passes durch das Pamir-Gebirge, trafen sich die Straßen wieder. Jenseits der Berge konnten die Handelskarawanen entweder westwärts durch den Iran zur Mittelmeerküste, nordwärts durch Samarkand nach Russland und zum Kaspischen Meer oder südwärts nach Indien gelangen.

AFRIKA

DIE AFRIKANER HABEN sich mit ihren Ursprüngen, ihrer Geschichte und den Hinterlassenschaften vergangener Zeit seit alters in Mythen, Kulthandlungen und mündlichen Überlieferungen beschäftigt. Mit dem Ägyptenfeldzug Napoleons im Jahre 1798 begann die wissenschaftliche Erforschung der Altertümer dieser Region, denn mit den Soldaten reisten Gelehrte, die viele Monumente untersuchten. Bis zur Erforschung Afrikas südlich der Sahara vergingen jedoch noch weitere hundert Jahre.

Zu den Gelehrten, die Ägyptens Kulturschätze bekannt machten, gehörte Baron Vivant Denon, ein Diplomat und Zeichner, der Napoleons Ägyptenfeldzug begleitete. Er veröffentlichte Bilder der Pyramiden und anderer Monumente, die jenseits des Mittelmeeres die bis heute andauernde Begeisterung für Ägypten weckten. 1822 gelang es Jean-François Champollion (1790–1832) mit Hilfe einer dreisprachigen Inschrift auf dem Stein von Rosette, einer 1799 ausgegrabenen Basaltstele, die Hieroglyphenschrift zu entschlüsseln. Damit war die Ägyptologie als Wissenschaft geboren.

Da das Interesse an ägyptischen Altertümern in Europa und Nordamerika stetig wuchs, begannen Museen, Sammlungen anzulegen, die vielfach aus gestohlenen, jedenfalls aber unsystematisch angehäuften Antiken bestanden. Den ersten Versuch, dem Treiben der häufig selbst ernannten Altertumskundler Einhalt zu gebieten, unternahm 1863 Auguste Mariette (1821–81), Gründer des Ägyptischen Museums. Bis heute mangelt es jedoch in vielen afrikanischen Ländern an Gesetzen, die antike Kunstschätze schützen.

Zu Beginn konzentrierten sich die Ägyptologen auf große Monumente, Nekropolen und Königskartuschen. Mit dem Alltag der einfachen Leute befasste man sich erst später. Obwohl man immer mehr Goldschätze und Mumien von Pharaonen und Angehörigen der Oberschicht entdeckte, richteten die Forscher ihr Augenmerk jedoch allmählich auf die Ursprünge des alten Ägyptens und untersuchten die gesellschaftlichen und wirtschaftlichen Verhältnisse aller Klassen der bemerkenswerten Kultur am Nil. Heute bemüht man sich, Monumente wie die Sphinx und die großen Pyramiden von Giseh, die unter der Umweltverschmutzung und dem Ansturm der Touristen leiden, für die Nachwelt zu erhalten.

Südlich der Sahara

Südlich der Sahara begannen ernsthafte archäologische Forschungen erst, als Briten und Franzosen sich dort ein Jahrhundert später als Kolonialmächte etabliert hatten. Siedler und europäische Reisende fanden die ältesten Spuren frühzeitlicher Besiedlung, interpretierten sie jedoch aus ihrem europäischen Blickwinkel, der alle afrikanischen Gesellschaften von vornherein als primitiv und wild abstempelte. Beispiele für Monumentalarchitektur wie die Ruinen der Festung von Groß-Zimbabwe, der Hauptstadt des riesigen Shona-Reiches, hielt man für Werke nichtafrikanischer Einwanderer oder bestenfalls für ägyptisch inspirierte Bauten, galt das Land am Nil doch als kulturelle Wiege des gesamten Kontinents. Trotz jahrzehntelanger systematischer Untersuchungen, die den mittelalterlichen Ursprung von Groß-Zimbabwe eindeutig belegten, bezeichneten Texte die Ruinen immer wieder als Wunder. Noch heute hegen manche Wissenschaftler Zweifel an der Herkunft der Shona.

Die ersten hauptberuflichen Archäologen, die Grabungen in Schwarzafrika durchführten, stammten fast ausschließlich von europäischen Universitäten. Sie interessierten sich vor allem für die Steinzeit und stellten Reihen von Steinartefakten zusammen, um sie mit jenen in Europa zu vergleichen, das damals noch als Ursprungskontinent der technischen Entwicklung galt. Der Archäologe John Goodwin erkannte als Erster, dass es für Afrika eine eigene Terminologie und Chronologie zu erstellen galt. Die Gliederung der südafrikanischen Steinzeit in eine frühe, mittlere und späte Phase, die er mit C. „Peter" von Riet Lowe 1929 vornahm, bildet in weiten Teilen Afrikas südlich der Sahara noch immer die Grundlage für die Datierung von Funden der Steinzeit.

ca. 1 Mio. J.v.h. *Homo erectus* in Asien

Regionale Zeitskala

ca. 2,5 Mio. J.v.h. Erste Steinwerkzeuge

ca. 1,4 Mio. J.v.h. Große Faustkeile (Acheuléen)

ca. 100 000 J.v.h. Moderner Mensch in Afrika

ca. 7–6 Mio. J.v.h. Trennung von Hominiden und Menschenaffen

ca. 2,3 Mio. J.v.h. Erste bekannte *Homo*-Art in Afrika

ca. 28 000 J.v.h. Älteste Felsenkunst (Namibia)

5 J.v.h.

100 000 J.v.h.

LINKS Goldene Totenmaske Tutanchamuns. Howard Carters Entdeckung des unversehrten Grabes im Jahre 1922 gehört zu den Sternstunden der Ägyptologie.

Fossilien und Rivalitäten

Raymond Darts Pionierstudien in den 1920er Jahren belegten, dass in Südafrika frühe Hominiden gelebt hatten. Jahrzehntelang blieben die Funde jedoch weitgehend unbeachtet, denn nur wenige Europäer konnten sich mit dem Gedanken anfreunden, dass die Wiege der Menschheit in Schwarzafrika liegen sollte. Dies änderte sich erst, als die beiden britischen Anthropologen Louis und Mary Leakey 1959 in Ostafrika ein Australopithecus-Fossil entdeckten. Seitdem erlangten Fossilien wie „Lucy", das 3,18 Mio. Jahre alte Teilskelett einer Australopithecus-Frau, das Donald Johanson und Tom Gray 1974 in Äthiopien fanden, weltweit Berühmtheit. Als Tim White 1994 ebendort die Existenz eines 4,4 Mio. Jahre alten, aufrecht gehenden Wesens nachwies, stand endgültig fest, dass der moderne Mensch sich von Afrika aus verbreitet haben musste. Die Paläoanthropologie, die Wissenschaft von den Ursprüngen des Menschen und seiner Vorfahren, hat sich in den letzten Jahrzehnten zu einer bedeutenden Disziplin entwickelt, in der unterschiedliche Schulen zuweilen erbitterte Dispute führen.

Afrikanische Archäologie heute

Als sich in der zweiten Hälfte des 20. Jahrhunderts in zunehmendem Maße ein afrikanisches Nationalbewusstsein entwickelte und die Staaten nach und nach ihre Unabhängigkeit erlangten, begannen die Afrikaner selbst ihre ferne und nähere Vergangenheit intensiver zu erforschen. Sie stellen im Unterschied zu europäischen Wissenschaftlern allerdings afrikanische Bezüge stärker in den Vordergrund. Seit den 1960er Jahren konzentrieren sich die Arbeiten besonders auf die letzten drei Jahrtausende, vor allem auf die Ursprünge der westafrikanischen Städte und Staaten sowie auf die Wanderungen der bantusprachigen schwarzen Bauern innerhalb und außerhalb Zentralafrikas. An einigen Orten, insbesondere in Südafrika, befassen sich Archäologen mittlerweile auch mit kolonialzeitlichen Überresten.

OBEN Fußspuren von mehreren *Australopithecus afarensis*-Individuen, die vor 3,7 Mio. Jahren aufrecht durch die Vulkanasche liefen, wurden 1978 in Laetoli entdeckt.

Nur wenige afrikanische Länder verfügen jedoch über die finanziellen Mittel und die institutionelle Basis, die man für groß angelegte Forschungsprojekte benötigt. Diese liegen nach wie vor häufig in europäischer oder nordamerikanischer Hand. Andererseits bemüht man sich, die zum Teil nicht literalisierte afrikanische Öffentlichkeit über ihr Kulturerbe zu informieren und dieses trotz der Probleme zu bewahren, die Bevölkerungsexplosion, Umweltzerstörung und Verstädterung mit sich bringen ◆

ca. 13 000 J.v.h. Getreideanbau im Nahen Osten

ca. 2000 J.v.h. Moundbuilder in Nordamerika

ca. 9000 J.v.h. Keramiken bei Wildbeutern der Sahara

ca. 5000 J.v.h. Schrift in Ägypten

ca. 2500 J.v.h. Eisengebrauch in Westafrika

ca. 1200 J.v.h. Erste Städte in Westafrika

ca. 7000 J.v.h. Domestiziertes Getreide im Niltal

ca. 4000 J.v.h. Pyramidenbau in Ägypten

ca. 2000 J.v.h. Hirten im südlichen Afrika

ca. 1000 J.v.h. Frühe Staaten im südlichen Afrika

10000 J.v.h.

4000 J.v.h.

1000 J.v.h.

Jäger und Hirten

Ehe vor 10 000 bis 7000 Jahren das Hüten von Rindern in Nordafrika Verbreitung fand, ernährten sich die Menschen von Vögeln, Säugern und Insekten, die sie erbeuteten, von Fischen und essbaren Wildpflanzen. Als Werkzeuge verwendeten sie Mikrolithe, kleine bearbeitete Feuersteinabschläge, die sie an Schäften aus Holz oder Knochen befestigten. Auch dienten sie als Speer- oder Pfeilspitzen, die vor 40 000 bis 20 000 Jahren im Jungpaläolithikum aufkamen. Andere Werkzeuge nutzte man für spezielle Verrichtungen, etwa, um Knochen oder Muscheln zu verzieren. Einige wenige Gemeinschaften wie die Buschmänner oder San der Kalahari im Süden Afrikas blieben bis in unsere Zeit hinein Jäger und Sammler. Zwar lebten sie nicht völlig isoliert, doch behielten sie bestimmte Aspekte ihrer uralten Lebensweise bei. Ihre Werkzeuge und Sitten können Archäologen helfen, Funde aus der afrikanischen Steinzeit zu interpretieren.

Zwar werden die Abschnitte der Steinzeit gemäß bestimmten Werkzeugtechniken unterteilt, doch kennen Archäologen durchaus auch Artefakte aus vergänglichen organischen Materialien wie Holz, Leder und Knochen. Sie fanden Überreste von essbaren Pflanzen (Samen und Hülsen) sowie Lager aus Blättern und anderen Materialien, die sich mit Hilfe der Kohlenstoff-14-Methode recht genau datieren ließen. Vor 7000 bis 2000 Jahren kamen Tongefäße auf. An jüngeren Fundstätten fand man oftmals Eisen- und Glasartefakte zusammen mit Sammlungen von Steinwerkzeugen.

Vermutlich ernährten sich die Menschen vorwiegend von Pflanzen, aber auch kleinere Beutetiere standen auf ihrem Speiseplan. Im Jungpaläolithikum besaßen die Jäger bereits eine umfangreiche Ausrüstung, zu der unter anderem Pfeile, Bogen und Gift gehörten. Sie jagten so geschickt, dass eine Reihe von Tieren vor 12 000 bis 8000 Jahren ausstarb.

Kleine nomadische Wildbeutergruppen versammelten sich wahrscheinlich zu bestimmten Zeiten, um Geschenke wie Halsbänder oder Kopfschmuck aus Straußeneiperlen auszutauschen und soziale Bindungen zu festigen. Man bestattete die Toten, oftmals ebenfalls mit Perlen oder mit Steinwerkzeugen. Manchmal wurden die Gräber auch mit bemalten Steinen, Mahlsteinen oder Kieseln bedeckt.

Bemerkenswerte Kunsttradition

Die steinzeitlichen Jäger hinterließen auch Bilder auf Felsen. Höhlen im südlichen und östlichen Afrika bieten eine reiche Sammlung von Gemälden, darunter Darstellungen von Tieren und Menschen, Verbindungen von Tieren und Menschen (Therianthropen), Handabdrücke, geometrische Muster und historische Szenen.

Die ältesten bekannten Felsenbilder Afrikas entdeckte man auf schmalen Vorsprüngen der Apollo 11-Höhle in Südnamibia. Sie entstanden vor etwa 27 000 bis 19 000 Jahren. Noch im 19. Jahrhundert schufen Wildbeuter in dieser Region Felsenbilder (das Datum lässt sich bestimmen, weil britische Soldaten mit Uniformen zu sehen sind) und setzten damit eine der längsten und kulturell reichsten Felsenkunsttraditionen der Erde fort. Einige Anthropologen nehmen an, dass viele Felsenbilder im südlichen Afrika auf halluzinatorische Trancezustände von Schamanen zurückgehen. Andere Wissenschaftler glauben vielmehr, dass die Szenen mythologische Themen aufgreifen.

RECHTS Im Laufe des Jungpaläolithikums veränderten sich die Werkzeugtechniken. Bis vor ca. 18 000 Jahren waren Abschläge in Süd-, Zentral- und Ostafrika weit verbreitet. Vor 12 000 bis 8000 Jahren verwendete man im südlichen Afrika breite seitlich behauene Abschläge, aus ihnen entwickelten sich weitere Werkzeugindustrien. Um 4000 v. Chr. hielten die Menschen in Nordafrika erstmals Viehherden, doch fand diese Lebensweise aufgrund der in Waldgebieten heimischen Tsetsefliegen, welche die Viehbestände drastisch dezimierten, kaum Verbreitung. Um 2500 v. Chr. verschob sich der Lebensraum der Tsetsefliegen nach Süden, als die Sahararegion trockener wurde.

OBEN Petroglyphen einer Giraffe und eines menschlichen Fußes in Twyfelfontein, Namibia.

S a h a r a

Hochland von Äthiopien

Kongo-Becken

Kalahari

Madagaskar

In ganz Afrika findet man Felsenbilder. Zu den eindrucksvollsten Beispielen gehören die Darstellungen von wilden sowie domestizierten Tieren und von Pferden gezogenen Wagen, die man in den Bergen der mittleren und westlichen Sahara entdeckte.

Erste Hirtengemeinschaften

Keines der wirtschaftlich relevanten Haustiere im heutigen Afrika stammt von einheimischen Arten ab. Vielmehr wurden alle aus Asien eingeführt. Die ältesten Knochen nachweislich domestizierter Tiere gehen auf 7000 v. Chr. zurück und wurden an Stätten in der damals feuchteren Region der Libyschen Wüste entdeckt. Hirtengemeinschaften tauchten in Ostafrika frühestens um 2000 v. Chr. auf. Eisenzeitlichen Bauern führten vor rund 2000 Jahren Rinder und andere domestizierte Tiere in Zentralafrika und im südöstlichen Afrika ein (s. S. 150f.).

Vor ca. 2000 Jahren lebten an den Rändern der Kalahari im westlichen Südafrika Khoikhoin, ein steinzeitliches Nomadenvolk, das Tongefäße besaß und Schafe, später auch Rinder und Ziegen hütete. Einige Anthropologen glauben allerdings, dass zuwandernde Völker Haustiere in die Region brachten. Diese Hirten, die Tiere mehr als persönlichen Reichtum denn als Nahrungsquelle betrachteten, hatten Wertvorstellungen, die sich deutlich von jenen der bereits vor Ort lebenden Jäger und Sammler unterschieden. Ob einheimische und fremde Kulturen tatsächlich in dieser Weise aufeinander trafen, gilt es ebenso zu untersuchen wie die Wege, über die neu hinzustoßende Gruppen in das Gebiet gelangten. Frühe europäische Reisende beschrieben die riesigen Lager der Khoikhoin, in denen oft über 500 Menschen lebten. Ihre Behausungen bestanden aus einem Rahmen aus Pfählen, über die sie Bastmatten legten. Beide konnte man abbauen und auf dem Rücken von Ochsen zu neuen Weidegründen transportieren. Ob diese Gemeinschaften aber schon vor sehr langer oder erst in jüngerer Zeit entstanden, bleibt zu klären ◆

Legende

ausgewählter spätsteinzeitlicher Fundort
- 🟨 vor 40 000–19 000 Jahren
- 🟥 vor 18 000–12 000 Jahren
- 🟪 vor 12 000–8000 Jahren
- 🟦 vor weniger als 8000 Jahren

ausgewählter Steinzeit-Fundort mit Nachweis von Haustieren
- △ um 7000–3000 v. Chr.
- ▲ um 3000 v. Chr.–1000 n. Chr.

— Hirtengesellschaften in der Sahara 4500–2000 v. Chr.
➔ Ausbreitung der Tierdomestikation 4000–2000 v. Chr.
➔ Ausbreitung der Tierdomestikation 200 n. Chr.
— ungefährer Lebensraum der Tsetse-Fliege heute
▨ Hauptgebiet von Felsmalereien

Mittelmeer

Nil-delta

UNTER-ÄGYPTEN

Buto
Kom Tennis
Kom el-Kanater
Damanhur
Tell Ibrahim Awad
Tell el-Samara
Tell el-Ginn
el-Beda
Gesira Sangaha
Kufur Nigm
Menschet Abu Omar
Avaris
Beni Anir
Heliopolis
Merimda Beni Salama
Alt-Kairo
el-Qatta
Abu Raosch
Maadi
Tura
Giseh
Sauijet el-Arjan
el-Omari
Abusir
Memphis
Sakkara
Dimai
Kafr Tarchan
Birket Qarun
Girza
Faijum
Seila
Meidum
Sidmant el-Gebel
Abusir el-Meleq
Maijana
Kom Medinet Ghurab

Bahr Yusuf

Nil

Nazlet Aulad el-Scheich

*Oase
Bahrija*

Sawada
Sauijet Meitin (S. el-Amwat)

Wadi el-Tarfa

Maaza-Plateau

Östliche Wüste

Hatnub
Deir el-Gabraui
Deir Bisra
Wadi el-Assiut
Matmar
Deir Tasa
el-Mustagidda
Hammamija
el-Badari
Qau el-Kebir

OBERÄGYPTEN

*Westliche
Wüste*

Mesaid
el-Raqaqna
Naga el-Deir
Wadi el-Qasch
Beit Challaf
Naga el-Gasirija
el-Mahasna
el-Amra
Dendera
Abydos
Qift
Hiw
Abadija
Naqada
Qus
el-Tarif
Chisam
Arrnant
Theben
Gebelein

*Oase
Dachla*

*Oase
el-Charga*

Nag el-Mamarija
el-Kab
Hierakonpolis
Wadi Abbad

Golf von Suez

Wadi Maghara

Sinai-Halbinsel

BERGE AM ROTEN MEER

Gebel el-Zeit
Wadi Dara
Wadi el-Urf
Wadi Umm Sidrah
Gebel ed-Duchan
Wadi Qena
Wadi Fauachir
Wadi Abu Kua
Wadi Qasch

Wadi el-Brak

Wadi el-Arab

Wadi el-Aqaba

Wadi Miyah

Wadi Nataah

Wadi Gebgeba

Wadi Allaqi

1. Katarakt
Assuan

Nasser-See

Tuschka

Qustul

Buhen
Gebel Scheich
Suleiman
2. Katarakt

Legende:
- ■ Badari-Kultur
- ■ Negade I-Kultur
- ■ Negade II- oder III-Kultur
- ■ späte Negade-Kultur oder frühe Dynastie
- ■ andere prädynastische Kultur
- ～ vermutliches Reich von Oberägypten um 3000 v. Chr.
- ～ Hauptgebiet, das unter Kontrolle frühdynastischer Reiche stand
- ▢ fruchtbares Gebiet

0 — 150 km
0 — 100 Meilen

LINKS Im Jungpaläolithikum entstanden in wasserreichen Regionen an den Rändern des Nildeltas und stromaufwärts zahlreiche Bauerndörfer. Als sich die Landwirtschaft verbreitete, verschoben sich die am dichtesten besiedelten Gebiete weiter nach Süden. Es entwickelten sich verschiedene lokale Kulturen, die sich im Spätneolithikum ausdifferenzierten. Schließlich etablierten sich Abydos und Hierakonpolis als bedeutende politische Zentren. Während der frühen dynastischen Zeit nahm die Einigung Ägyptens hier ihren Ausgang.

UNTEN Rote Ware aus der prädynastischen Zeit mit poliertem schwarzen Rand. Hochwertige Gefäße wie dieses wurden in vielerlei Formen hergestellt und zum Teil bemalt. Manche zeigen Szenen vom Nil, zum Beispiel große Boote, andere verzierte man mit dekorativen Einritzungen.

Prädynastisches Ägypten

A ls prädynastisch bezeichnen Archäologen eine Reihe von jungsteinzeitlichen Kulturen, die sich im Niltal entwickelten, ehe um 3000 v. Chr. Erbdynastien ein geeintes Reich schufen. Im Jungpaläolithikum weideten große Giraffen- und Elefantenherden in den Savannen. Im Niltal lebten Flusspferde. Die Menschen ernährten sich von ihrer Jagdbeute und ernteten wilde Gräser, bis sich vor ca. 7000 Jahren das Klima in der Region veränderte. Nun begannen die Wildbeuter Viehherden zu halten und gründeten sesshafte Ackerbaugemeinschaften. Bald gab es im Niltal viele Dörfer und erste kleine Städte.

M erimda Beni Salama am Westrand des Nildeltas gehört zu den frühneolithischen Übergangsstätten: Funde belegen, dass die Bewohner sowohl von der Jagd als auch vom Ackerbau lebten. Sie gaben den Ort vermutlich auf, nachdem ein Seitenarm des Nils seinen Lauf verändert hatte, denn ohne Wasser konnte man nicht überleben. Die Bedeutung von Merimda ist groß, weil in der Deltaregion aufgrund der hohen Feuchtigkeit nur wenige prädynastische Städte erhalten blieben.

Prädynastische Kulturen

Bei den bislang entdeckten prädynastischen Stätten handelt es sich überwiegend um Friedhöfe am Rande der Wüste im Süden Ägyptens. Archäologen identifizierten eine Reihe unterschiedlicher Kulturen. Die älteste, Badari (um 4500–3800 v. Chr.), wurde nach dem Ort el-Badari in Mittelägypten benannt. Zu dieser auf kleinen, dörflichen Strukturen basierenden Kultur gehörende Funde förderte man auch in Hammamija, el-Mustagidda und Matmar zutage.

Die wichtigste neolithische Kultur trägt die Bezeichnung Negade und untergliedert sich in Negade I (auch Amratien, ca. 4000–3600 v. Chr.), Negade II (auch Gerzéen, ca. 3600–3200 v. Chr.) und Negade III (um 3200–3050 v. Chr.). Wie Badari beschränkte sich auch Negade I auf kleine Siedlungen in einem engen Raum, während der archäologische Befund von Negade II und III auf die Entwicklung komplexerer sozialer und politischer Strukturen hindeutet. Gräber von Angehörigen einer Eliteschicht zeigen nicht nur, wie die Gesellschaft sich im Laufe der Zeit ausdifferenzierte und lokale Königreiche entstanden, sondern auch, wie sich die Kultur von ihrem Kerngebiet in Abydos-Hierakonpolis nordwärts zum Faijum und nach Girza ausdehnte. Einige Gräber bargen Objekte mesopotamischer Herkunft, etwa zylindrische Siegel. Möglicherweise wurden sie gegen Gold aus dem Süden Ägyptens eingetauscht.

Obgleich man in Unterägypten auf weitaus weniger prädynastische Stätten stieß, existierte auch im Norden eine eigenständige Kultur, die nach der Siedlung Maadi südlich von Kairo benannt wurde. Im nahe gelegenen el-Omari und in Buto am Nordwestrand des Nildeltas entdeckte man vergleichbare Objekte. In der Maadi-Kultur spielten soziale Unterschiede aber allem Anschein nach eine geringere Rolle als in der Negade-Kultur.

Die Einigung Ägpytens

In Menschet Abu Omar im nordöstlichen Delta entdeckte man eine prädynastische Nekropole mit Artefakten aus der späten Negade-Zeit. Sie könnten die These untermauern, dass die im Nildelta lebenden Menschen in einem einzigen, geeinten Reich unter der Herrschaft oberägyptischer Pharaonen aufgingen. Funde aus Hierakonpolis (Nechen, dem heutigen Kom el-Ahmar), der Hauptstadt Oberägyptens in der späten Negade- und frühen dynastischen Zeit (ca. 3000–2650 v. Chr.), stützen diese Annahme. Ende des 19. Jahrhunderts legte man hier einen Tempel mit Votivobjekten frei. Einige wurden vermutlich von prädynastischen Königen gestiftet und während einer Phase politischer Umwälzungen vergraben. Eine überdimensionale Schminkpalette aus Schiefer erinnert an Narmer und zeigt den Herrscher, wie er Feinde aus dem Norden unterwirft. Narmer wird daher oft als der Pharao bezeichnet, welcher Ober- und Unterägypten einte. Die frühe dynastische Zeit brachte tief greifende Veränderungen. Die Ägypter führten die Schrift ein, machten Memphis zur politischen Hauptstadt und förderten einen Königskult, der seinen Höhepunkt während des Alten Reiches erlebte ◆

OBEN Während der prädynastischen Zeit entwickelte sich die Landwirtschaft im Niltal. Bis zum Delta ist das Tal nur wenige Kilometer breit. In der Region fällt fast kein Regen – ohne die jährlichen Überschwemmungen könnte man hier keine Felder bestellen. Der Nil tritt meist im Spätsommer über die Ufer und bedeckt dann das gesamte Tal mit frischen Schichten fruchtbaren Schlamms. Damals wie heute wird im Oktober und November gesät, wenn der Pegel wieder sinkt, und im Frühjahr geerntet. Vieh weidete vermutlich vor allem im Delta an den Rändern von Sumpfgebieten.

UNTEN Die Schieferpalette in Form eines Widders diente vermutlich zum Mahlen von Schminkstoffen. Solche Objekte gehörten während der prädynastischen Zeit zu den typischen Grabbeigaben. Archäologen entdeckten auch zahlreiche bearbeitete Feuersteinmesser und Steingefäße sowie eine große Anzahl von Tonwaren.

Das Alte Reich Ägyptens

Das Alte Reich (ca. 2650–2150 v. Chr.) hat mit den Pyramiden von Giseh ein weithin sichtbares Erbe hinterlassen, das schon in der Antike zu den Weltwundern zählte. Sowohl die monumentale Größe als auch die ausgefeilte Bauweise der Pyramiden zeugen vom hohen technischen Entwicklungsstand und der wirtschaftlichen Blüte Ägyptens zur Zeit des Alten Reiches und sprechen zudem für stark zentralisierte politische Herrschaftsstrukturen. Andererseits gibt es aus jener Phase zu wenig archäologische Funde, um ein kohärentes Bild zu entwerfen. Bei der Mehrzahl handelt es sich um Königs- oder Privatgräber; Spuren von Siedlungen fehlen dagegen fast völlig.

Der Bau von Pyramiden spielte im Alten Reich eine entscheidende Rolle. Von Pharao Djoser (3. Dynastie, ca. 2630–2611 v. Chr.) bis zum Ende des Alten Reiches wurden alle ägyptischen Pharaonen in monumentalen, meist pyramidenförmigen Steinstrukturen beigesetzt. Diese Gräber entstanden dort, wo das Plateau der Libyschen Wüste an das Niltal grenzt, also westlich und vielfach in Sichtweite der Stadt Memphis. Obwohl man von Memphis selbst keine Überreste fand, verweist allein die Menge der Gräber von Pharaonen und hochrangigen Privatleuten auf die Bedeutung der Stadt.

Bald schon erhielten die Pyramiden ihre typische Form. Sie ersetzte die unter Djoser in Sakkara erstmals erbaute Stufenpyramide (s. Kasten). Während der 4. Dynastie baute Pharao Snofru (2575–2551 v. Chr.) mindestens zwei, wahrscheinlich sogar drei Pyramiden in Meidum und Dahschur. Sein Sohn Khufu (Cheops) ließ in Giseh die mit 146 Metern Höhe größte Pyramide errichten. Dessen Sohn Chephren und sein Enkel Mykerinos gaben in Giseh ebenfalls große Pyramiden in Auftrag; spätere Pyramiden des Alten Reiches, etwa in Abusir und Sakkara, waren jedoch kleiner und schlichter.

Privatgräber

Für hochrangige Beamte baute man immer größere und prachtvollere Gräber. Bei den flachen, rechteckigen Mastabas handelt es sich vermutlich häufig um Geschenke des Pharaos für verdiente Würdenträger. Oft gehörten diese allerdings selbst zur Familie des Herrschers und durften nach ihrem Tod in der Nähe des Königs ruhen, dem sie zeitlebens gedient hatten. Im Unterschied zu den Pyramiden waren die Innenwände der Privatgräber reich mit Reliefs und Fresken verziert, die zeigten, was die Seele *(Ka)* des Verstorbenen für das Leben nach dem Tod benötigte. In frühen Gräbern mit wenig Raum stellte man lediglich Nahrung dar, die dem Verstorbenen angeboten wurde, doch als die Größe der Gräber zunahm, schmückte man die Wände auch mit Szenen, die den früheren Rang oder die Aktivitäten des Toten ins Bild fassten. Besonders eindrucksvolle Beispiele für Mastabas aus der Endphase des Alten Reiches sind die Gräber von Ti und Mereruka in Sakkara. Diese beiden Regierungsbeamten besaßen große Ländereien; die Szenen an ihren Grabwänden zeugen vom Wohlstand, zu dem sie durch die Landwirtschaft gelangt waren und von dem sie der gängigen Glaubensvorstellung zufolge nach dem Tod profitierten.

Die meisten Inschriften auf Grabwänden umfassen Gebete und Wünsche für die Reise ins Jenseits. Einige geben Auskunft über den Verstorbenen und nennen positive Charaktereigenschaften. Viele enthalten unschätzbar wertvolle Informationen. Die Gräber von Beamten bei Assuan verraten allerlei über die ägyptischen Handelsbeziehungen zu Nubien ◆

RECHTS Fast alle Rohstoffe, die die Ägypter für den Bau großer Monumente benötigten, stammten von den Grenzen des Reiches. Graffitis in Steinbrüchen der Libyschen und Arabischen Wüste und der Sinai-Halbinsel erinnern an die Pharaonen, die Expeditionen mit der Suche nach hochwertigen Steinen für den Bau von Pyramiden, besonders Granit aus Assuan und Diorit aus Abu Simbel, beauftragten. Von außen sollten die Bauten so eindrucksvoll wie möglich wirken, im Innern verwendete man dagegen den reichlich vorhandenen Kalkstein. Schon bald nach Beginn des Alten Reiches beutete man Türkis- und Kupferminen aus. Hochwertiges Holz kam sowohl im Alten Reich als auch in späteren Zeiten aus den Wäldern des Libanon. Ab der 3. Dynastie schickten die Pharaonen regelmäßig Geschenke an die Herrscher der Stadt Byblos, damit diese Holz von guter Qualität bereitstellten.

RECHTS Diese eindrucksvolle Skulpturengruppe aus poliertem Schiefer von Mykerinos zeigt den Pharao zwischen der Göttin Hathor, erkennbar an der Sonnenscheibe zwischen den Kuhhörnern, und dem Gott Hardai, der einen ägyptischen Stadtbezirk repräsentierte. Man fand die Mykerinostriade bei der Freilegung der Mykerinospyramide, der kleinsten Pyramide von Giseh, im Taltempel, den die Priester für den Totenkult nutzten. Von den ursprünglich wohl 42 Statuen (eine für jeden Bezirk) blieben über die Jahrtausende nur vier erhalten.

OBEN DJOSERS TOTENTEMPEL IN SAKKARA MIT DER STUFENPYRAMIDE IM HINTERGRUND.

Sakkara: eine Königsnekropole

Sakkara liegt unweit von Memphis am Rand der Wüste. Hier wurden ab der 2. Dynastie Könige und Würdenträger begraben. Djosers 60 Meter hohe Stufenpyramide, der älteste steinerne Monumentalbau der Erde, überragt die Stätte. Sie gehört zu einem Komplex von Gebäuden, der auch einen Totentempel umfasste und von einer 1600 Meter langen Einfriedungsmauer umschlossen war. Hier wurden regelmäßig Opfergaben zu Ehren der toten Könige dargebracht. Auf dem Areal befanden sich auch Gebäude für die Feierlichkeiten zum Hebsedfest. Anlässlich seines 30-jährigen Regierungsjubiläums musste der Pharao einen Lauf über eine festgelegte Strecke zurücklegen, um seine königliche Macht zu erneuern. Reliefdarstellungen zeigen Djoser, während er diese Aufgabe im Rahmen einer Zeremonie absolviert. Auf dem Gelände der Nekropole stehen noch 15 weitere Pyramiden aus dem Alten Reich. Oft verbindet ein langer Pfad die hoch gelegene Grabstätte mit einem Taltempel, der dem Kult des toten Königs diente. Rund um die Pyramiden gruppieren sich Gräber von Adligen. Die meisten entstanden zeitgleich mit den Pyramiden, wurden aber erst benutzt, wenn ihr Besitzer die Reise ins Jenseits antrat ◆

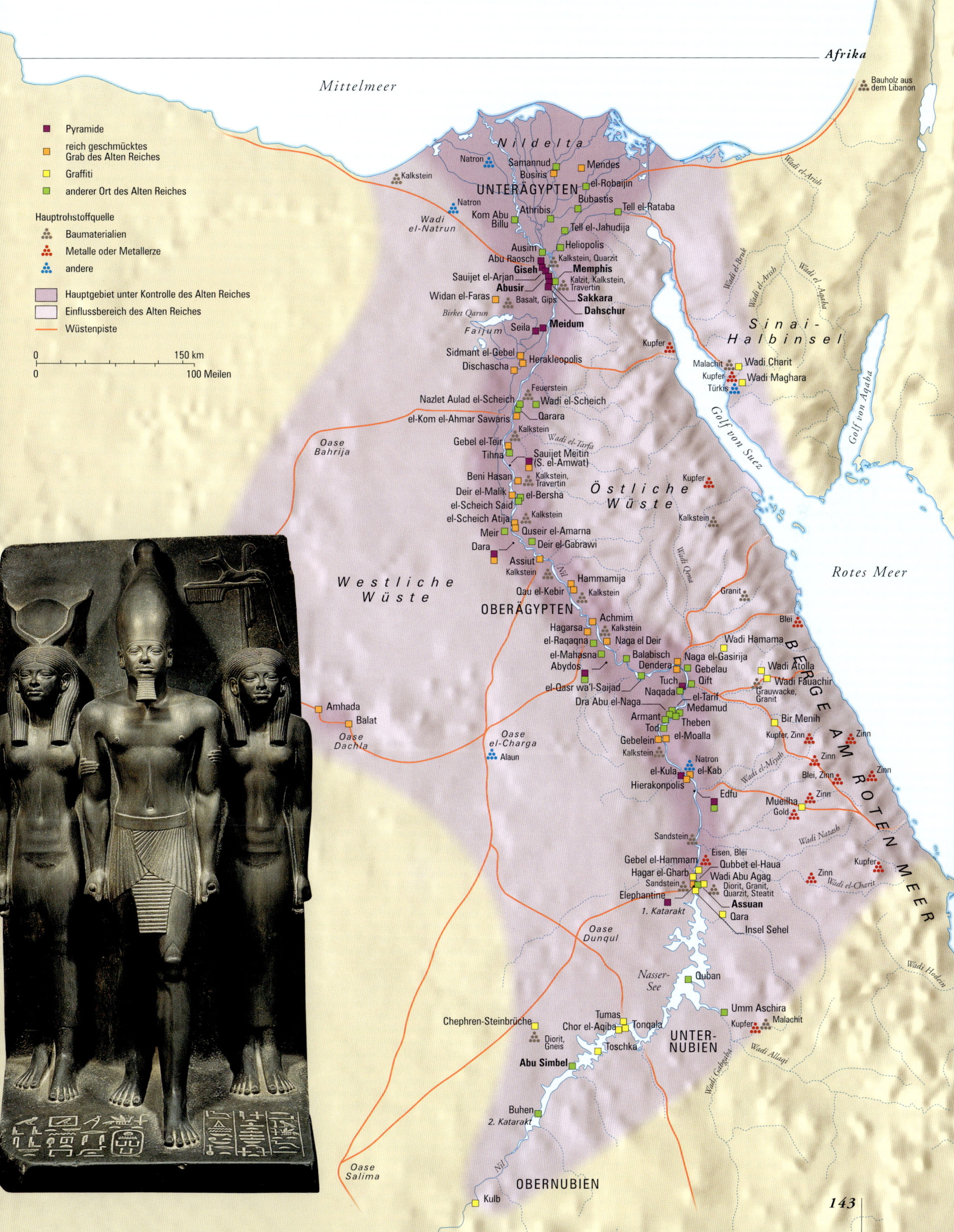

Mittelmeer

Hauptrohstoffquelle

■ Pyramide
■ reich geschmücktes Grab des Alten Reiches
■ Graffiti
■ anderer Ort des Alten Reiches

Hauptrohstoffquelle
⚲ Baumaterialien
⚲ Metalle oder Metallerze
⚲ andere

Hauptgebiet unter Kontrolle des Alten Reiches
Einflussbereich des Alten Reiches
— Wüstenpiste

0   150 km
0   100 Meilen

Nildelta

UNTERÄGYPTEN

Natron
Samannud
Busiris
Mendes
el-Robaijin
Bubastis
Kom Abu Billu
Athribis
Tell el-Rataba
Tell el-Jahudija
Ausim
Heliopolis
Abu Raosch
Giseh
Kalkstein, Quarzit
Sauijet-el-Arjan
Memphis
Abusir
Kalzit, Kalkstein, Travertin
Widan el-Faras
Sakkara
Basalt, Gips
Dahschur
Seila
Meidum

Birket Qarun
Faijum

Sidmant el-Gebel
Herakleopolis
Dischascha

Feuerstein
Nazlet Aulad el-Scheich
Wadi el-Scheich
el-Kom el-Ahmar Sawaris
Qarara
Kalkstein
Gebel el-Teir
Tihna
Sauijet Meitin (S. el-Amwat)
Wadi el-Tarfa
Beni Hasan
Kalkstein, Travertin
Deir el-Malik
el-Bersha
el-Scheich Said
el-Scheich Atija
Kalkstein
Meir
Quseir el-Amarna
Dara
Deir el-Gabrawi
Assiut
Kalkstein
Hammamija
Qau el-Kebir
Kalkstein

OBERÄGYPTEN

Westliche Wüste

Achmim
Kalkstein
Hagarsa
el-Raqaqna
Naga el Deir
el-Mahasna
Abydos
Balabisch
Dendera
el-Qasr wa'l-Saijad
Tuch
Naga el-Gasirija
Gebelau
Qift
Naqada
el-Tarif
Dra Abu el-Naga
Medamud
Armant
Theben
Tod
el-Moalla
Gebelein
Kalkstein

Amhada
Balat
Oase Dachla

Oase el-Charga
Alaun

el-Kula
el-Kab
Natron
Hierakonpolis
Edfu

Sandstein

Gebel el-Hammam
Hagar el-Gharb
Sandstein
Elephantine
Qubbet el-Haua
Wadi Abu Agag
Diorit, Granit, Quarzit, Steatit
Assuan
1. Katarakt
Qara
Insel Sehel

Oase Dunqul

Nasser-See
Quban

Chephren-Steinbrüche
Tumas
Chor el-Aqiba
Tonqala
Diorit, Gneis
UNTER-NUBIEN
Toschka

Abu Simbel

Buhen
2. Katarakt

Oase Salima

OBERNUBIEN

Kulb

Sinai-Halbinsel

Bauholz aus dem Libanon
Wadi el-Arish

Wadi el-Bruk
Wadi el-Arish
Wadi el-Agaba

Kupfer
Malachit
Wadi Charit
Kupfer
Wadi Maghara
Türkis

Golf von Suez
Golf von Aqaba

Östliche Wüste

Kupfer
Kalkstein
Kalkstein

Rotes Meer

Wadi Qena

Granit
Blei
Wadi Hamama
Wadi Atolla
Wadi Fauachir
Grauwacke, Granit
Bir Menih
Kupfer, Zinn
Zinn
Zinn
Blei, Zinn
Zinn
Mueilha
Gold
Zinn

BERGE AM ROTEN MEER

Eisen, Blei
Zinn
Kupfer
Wadi el-Charit

Wadi Natab
Wadi el-Mijah

Umm Aschira
Kupfer
Malachit

Wadi Gabegba
Wadi Allaqi
Wadi Hodein

143

Das Mittlere Reich Ägyptens

Das Alte Reich endete mit einer Phase politischer Wirren und sozialer Unruhen, die als Erste Zwischenzeit (ca. 2150–2040 v. Chr.) in die Geschichte einging. Die Zentralgewalt verlor ihre Macht, und Ägypten zerfiel in rivalisierende Kleinstaaten mit Sitz im Herakleopolis (heute Elnasiya el-Medine) im Norden und Theben (heute Luxor) im Süden. Erst während der 11. Dynastie gelang unter dem thebanischen Pharao Mentuhotep II. die Wiedervereinigung. Sie stand am Beginn des von Kontinuität und Wandel geprägten Mittleren Reiches (ca. 2040–1640 v. Chr.). Mentuhotep verhalf der Königsmacht wieder zu Bedeutung und initiierte große Bauprojekte in ganz Ägypten. Das Reich dehnte sich schließlich bis nach Nubien mit seinen großen Goldvorräten aus.

LINKS Blick ins Innere eines großen Felsengrabes in Beni Hasan, einer Provinznekropole des Mittleren Reiches. Das Grab gehörte Chnumhotep III., einem lokalen Herrscher. Viele Fresken an den Wänden des Grabes zeigen Kriegsszenen.

RECHTS Die Herrscher des Mittleren Reiches errichteten zahlreiche monumentale Pyramidengruppen in Unterägypten sowie imposante Tempelanlagen im gesamten Land. Besonders eindrucksvoll ist die Kette von Grenzfestungen am Zweiten Katarakt, die wesentlich unter Sesostris I. und Sesostris III. entstanden. Viele dieser Bastionen wurden nach dem Bau des Assuanstaudamms im Jahre 1970 vom Nasser-See überschwemmt.

UNTEN Der Halsschmuck besteht aus Karneol, Feldspat und Goldperlen; Falkenköpfe bilden den Abschluss. Er stammt aus dem Grab einer Prinzessin der 12. Dynastie aus Dahschur und befindet sich heute im Ägyptischen Museum in Kairo. Schmuck gehörte unverzichtbar zur Ausstattung von Toten. Dieses Stück ist eine typisch ägyptische Arbeit jener Zeit.

Wie seine Vorgänger in der 11. Dynastie kontrollierte auch Mentuhotep zunächst nur das Gebiet um Theben (altägyptisch Uaset). Er wurde in Deir el-Bahari am Westufer des Nils gegenüber von Theben in einem herrlichen Grab beigesetzt, das offensichtlich den Stil des benachbarten, 550 Jahre später errichteten Grabmals von Königin Hatschepsut nachhaltig beeinflusste. Theben blieb Hauptstadt, bis der Wesir Amenemhet im Jahre 1991 v. Chr. durch einen Staatsstreich die Macht ergriff und die 12. Dynastie begründete. Amenemhet gründete im Norden des Reiches eine neue Hauptstadt, el-Lischt, unweit von Giseh.

Pyramiden im Mittleren Reich

Amenemhet war der erste Pharao der mächtigen 12. Dynastie, die in der Nähe bereits vorhandener Monumentalgräber erstmals wieder Pyramiden errichtete. Dahschur etwa befindet sich am südlichen Ende des großen Pyramidenfeldes von Memphis aus dem Alten Reich und zugleich am Nordrand einer Gruppe aus dem Mittleren Reich, welche die Pyramiden von Amenemhet II., Sesostris III. und Amenemhet III. einschließt. Die Pyramidenbauer des Mittleren Reiches verwendeten in der Regel schlichtere Materialen und Techniken als die Baumeister des Alten Reiches, bemühten sich aber, die Pharaonengräber besser vor Räubern zu schützen.

Für die Arbeiter und für jene Personen, die den Totenkult für den verstorbenen König pflegten, baute man spezielle Siedlungen. Die meisten dieser Orte sind verschwunden, lediglich eine von Sesostris II. in el-Lahun (Kahun) errichtete Stadt blieb gut erhalten und wurde freigelegt. Innerhalb einer rechteckigen Einfriedungsmauer standen über 200 kleine Häuser in geometrischen Reihen. Sie boten Raum für etwa 9000 Menschen. Sieben deutlich größere Gebäude

dienten den Gemeindevorstehern als Unterkünfte. In ihnen befanden sich auch Werkstätten und Lagerräume für die Siedlung. An der Stätte fanden Archäologen darüber hinaus zahlreiche Verwaltungsdokumente und Briefe, darunter Rechnungen, Tempelschriften und medizinische Verordnungen.

Auf den Pyramidenfeldern des Mittleren Reiches fehlen die im Alten Reich üblichen Mastabagräber, die sich um die Pyramide gruppierten. Forscher werten dies als Anzeichen für einen stärkeren Provinzialismus in dieser Phase. In bedeutenden Nekropolen lagen Gräber ortsansässiger Herrscher und solche wichtiger Beamter nebeneinander, vermutlich existierten somit im gesamten Land regionale Machtzentren. Gräber dieser Art wurden oft in Felswände mit Blick auf den Nil gehauen, zum Beispiel in el-Bersha, Meir, Beni Hasan und Scheich Said in Mittelägypten, in Assiut, Deir el-Gabrawi und Qau el-Kebir und, weiter im Süden, in Theben und Assuan.

Tempel und Festungen

Obgleich die Hauptstadt nun weiter nördlich lag, vergaßen die Pharaonen des Mittleren Reiches ihre südliche Herkunft nicht. Sie ließen große Abschnitte des Amuntempels von Karnak erbauen, die allerdings bei den Umbau- und Erweiterungsarbeiten während des Neuen Reiches weitgehend verschwanden. Auch errichteten sie imposante Tempelanlagen in Hermopolis Magna in Mittelägypten, in el-Chatana im Delta und in Qasr es-

Mittelmeer

Nildelta

UNTER-ÄGYPTEN

Sacha
Kom el-Hisn
Samannud
el-Chatana
Farascha
Tell Hanun
Avaris
Tell Habwe
Bubastis
Tell el-Maschuta
Athribis
Tell Qua
Tell el-Sahaba
Tell el-Jahudija
Inschas
Qaret el-Dahr
Heliopolis
Sakkara
Memphis
Dahschur
Masghuna
Qasr es-Sagha
Birket
Qarun
el-Lischt
Biahmu
Hawara
Medinet el-Faijum
Abgig
el-Riqqa
el-Lahun
Medinet Maadi
Sidmant el-Gebel
Kom Ruqaiya
Herakleopolis
Maijana

Wadi el-Natrun

Faijum

Oase Bahrija

Oase Farafra

Westliche Wüste

Östliche Wüste

Beni Hasan
Hermopolis Magna (el-Aschmunein)
el-Bersha
Scheich Said
Meir
Hatnub
Deir el-Gabrawi
Assiut
Deir Rifa
el-Mustagidda
Qau el-Kebir

Wadi el-Tarfa
Wadi el-Assiut

OBERÄGYPTEN

Beit Khallaf
Abydos
Balabisch
el-Qasr wa'l-Saijad
Dendera
Hiw
Deir el-Ballas
Darb el-Bairat
Qift
Deir el-Bahari
Chisam
Armant
Nag el-Medamud
Gebelein
Tod
Theben
Esna
el-Kab
Hierakonpolis
Edfu
Wadi el-Schatt el-Rigal

Wadi el-Miyah
Wadi Bissa

el-Kubanija
Qubbet el-Haua
Assuan
Insel Sehel
Shellal
Insel Bigga
1. Katarakt

Oase Dunqul
Nasser-See

el-Dakka
Ikkur
Quban
Saijala
Tumas
Abu Saijal
Chephren-Steinbrüche
Aniba
Nag el-Girgaui
Toschka
Arminna

UNTERNUBIEN

Wadi Gabgaba
Wadi Allaqi

Faras
Serra Ost
Kor
Buhen
Mirgissa
2. Katarakt
Dabenarti
Uronarti
Askut
Semna
Schelfak
Semna Süd
Kumma

OBERNUBIEN

Jerusalem
Gaza
Totes Meer

Timna

Sinai-Halbinsel

Wadi el-Arish
Wadi el-Bruk
Wadi el-Aqaba

Golf von Suez
Golf von Aqaba

Wadi Charit
Rud el-Air
Serabit el-Chadim
Wadi Maghara
Wadi Nasb

Rotes Meer

Mersa Gawasis

Wadi Hammamat

Nil
Bahr Yusuf

Legende:
- ■ Pyramide
- ■ Festung
- ■ Ort des Mittleren Reiches mit Fund der Palästina-Kultur
- ■ anderer Ort des Mittleren Reiches
- ▲ Steinbruch während des Mittleren Reiches
- Hauptgebiet unter Kontrolle des Mittleren Reiches
- Einflussbereich des Mittleren Reiches während der 12./13. Dynastie
- nubische Goldvorkommen

Zweite Zwischenperiode
- von der Hyksos-Dynastie ungefähr beherrschtes Gebiet
- von der Dynastie in Theben ungefähr beherrschtes Gebiet

0   150 km
0   100 Meilen

Sagha, Biahmu, Abgig und Medinet Maadi im Faijum, wo sie auch weite Teile des Sees trockenlegten, um Land zu gewinnen.

Unter den Pharaonen der 12. Dynastie verschob sich die Grenze nach erfolgreichen Feldzügen gegen Nubien bis zum Zweiten Katarakt. Eine Kette von Festungen, die sich von der größten Garnisonsstadt Buhen am Fluss entlang südwärts bis nach Semna und Kumma zog, sicherte das eroberte Gebiet vor vermeintlich feindlichen Übergriffen.

Im Norden von Ägypten fiel der archäologische Befund stets geringer aus als im Süden. In Bubastis, einer bedeutenden Siedlung im östlichen Nildelta, fand man einen von Amenemhet III. erbauten Palast. Während der Zweiten Zwischenzeit (ca. 1640 bis 1532), die auf den Zusammenbruch des Mittleren Reiches folgte, stieg das vor allem von Kanaanitern bewohnte Handelszentrum Avaris (Tell el-Daba) zur wichtigsten Stadt des Nordens auf. In dieser Phase füllten die Hyksos, semitischstämmige Eindringlinge aus Asien, das entstandene Machtvakuum im Norden aus, ergriffen die Macht und machten Avaris zur Hauptstadt ihres Reiches ◆

Das Neue Reich Ägyptens

Um 1550 v. Chr. vertrieben thebanische Fürsten die Hyksos aus dem Norden Ägyptens und begründeten eine neue Dynastie, die Archäologen als den Beginn des Neuen Reiches markieren. Nun brach in Ägypten eine Epoche der inneren Stabilität an, die bis 1070 v. Chr. währte und mehrere Dynastiewechsel überdauerte (18.–20. Dynastie). Mit den Hyksos waren zahlreiche kulturelle und technische Einflüsse aus dem Nahen Osten nach Ägypten gekommen. Bis zu dieser Zeit war das Land am Nil seinen östlichen Nachbarn technisch unterlegen, doch als Ergebnis der neuen Handelsbeziehungen übernahm man Neuerungen, darunter die Bronzebearbeitung, bislang unbekannte Getreidesorten und Haustiere, Pferde, Wagen und Waffen, etwa neuartige Bogen. Die ersten Pharaonen der 18. Dynastie erprobten innovative Kriegstechniken und gingen offensiver gegen ihre Nachbarn vor. Sie eroberten weite Teile Unternubiens zurück und dehnten ihren Einfluss bis nach Obernubien aus. Feldzüge in der Levante brachten auch Gebiete im heutigen Israel, Jordanien, Syrien und Libanon unter ihre Kontrolle.

Die Herrscher des Neuen Reiches errichteten prächtige Bauten für die Götter, denen sie ihre Siege zuschrieben, und stellten zugleich Reichtum und Macht zur Schau. Ihre Verehrung galt besonders Amun, dem thebanischen Gott, der nun zur Schutzgottheit ganz Ägyptens aufstieg. Amuns Hauptkultort, der berühmte Komplex des Amun-Reichstempels in Theben, an dem von der 11. Dynastie bis in die römische Kaiserzeit gebaut wurde, gehört bis heute zu den größten Tempelbezirken aller Zeiten, da jeder Pharao dem „König der Götter" durch den Bau einer noch größeren und opulenteren Anlage seine Ehrerbietung erweisen wollte.

Das Tal der Könige

Theben stieg zeitgleich zur königlichen Nekropole auf, denn die Pyramidengräber des Mittleren Reiches erwiesen sich als zu unsicher. An ihrer Stelle etablierte sich eine völlig neue Bestattungsform, denn um die Herrschermumien vor Grabräubern zu schützen, versteckte man sie in geheimen Grüften in den Bergen am Westufer von Theben. In dieser Gegend, die heute als das „Tal der Könige" bekannt ist, wurden die meisten Herrscher des Neuen Reiches in prachtvollen unterirdischen Kammern beigesetzt, die zuvor tief in den Felsen geschlagen wurden. Später entstandene Gräber zeichnen sich durch schön gestaltete Eingänge aus, die vermutlich in dem Wissen angelegt wurden, dass eine absolute

UNTEN Deutsche Archäologen entdeckten die bemalte Kalksteinbüste von Königin Nofretete (heute Ägyptisches Museum, Berlin), der Hauptfrau Echnatons, zusammen mit anderen Stücken bei Ausgrabungen in Amarna im Atelier des Bildhauers Thutmosis. Eine Uräusschlange, das Symbol königlicher Macht, ziert ihre Kopfbedeckung. In Amarna fand man auch ein Archiv mit diplomatischer Korrespondenz. Die so genannten Amarna-Briefe – 350 Tontafeln in akkadischer Keilschrift – entstanden zwischen 1355 und 1333 v. Chr. unter der Regierung von Amenophis III., seinem Sohn Echnaton und seinem Enkel Tutanchamun und geben vor allem Aufschluss über Verwaltungsstrukturen und Handelsabkommen im Neuen Reich.

Geheimhaltung dieser Grabstätten unmöglich war. Leider plünderten Grabräuber bereits in der Antike fast alle Grüfte vollständig aus. Im 19. Jahrhundert entdeckte man in einem Grab, das man über einen schmalen Schacht in Deir el-Bahari erreichte, mehrere Sarkophage, doch bis in die Moderne unberührt blieb nur das Grab des Tutanchamun. Weil es eher klein war, übersahen die Räuber es vielleicht oder glaubten, es berge keine lohnenden Schätze.

Die Königsgräber wurden von Arbeitern einer der bekanntesten und besterforschten Siedlungen der Antike, Deir el-Medine am Westufer von Theben, gebaut und verziert. Die Bewohner gaben das Dorf in dem unwirtlichen Wüstental auf, als am Ende des Neuen Reiches keine neuen Gräber mehr in Auftrag gegeben wurden. Wissenschaftler förderten hier eine Fülle von archäologischem Material zutage.

Die Herrscher besaßen nicht nur ein Grab im Tal der Könige, sondern auch mindestens einen Gedächtnistempel an einem leichter zugänglichen Ort nahe dem Westufer des Nils. Nur wenige Tempel überdauerten die Zeiten, vor allem jene von Hatschepsut, Sethos I., Ramses II. und Ramses III. Auf dem nahe gelegenen Friedhof der Würdenträger erinnern Gräber mit lebhaften Alltagsszenen an Darstellungen in Mastaba-Gräbern des Alten Reiches.

Königliche Bauprojekte

Die Pharaonen des Neuen Reiches gaben nicht nur in Theben, sondern auch in anderen Städten Großprojekte in Auftrag, die leider nur selten gut erhalten blieben. In Memphis verweisen die Überreste der Kolossalstatuen von Ramses II. auf die Bedeutung der damals größten Stadt Ägyptens und der benachbarten Nekropole von Sakkara. Ramses II., ein begeisterter Bauherr, ließ mehr Statuen von sich errichten als irgendein anderer ägyptischer König. Basreliefs in Tempeln erinnern beispielsweise an den Triumph in der Schlacht gegen die Hethiter in Kadesch (s. S. 78f.) und waren Teil eines Personenkultes, der in der Gründung einer neuen Hauptstadt im Nildelta gipfelte. Sie befand sich bei Qantir, doch benutzte man sie beim Bau von Tanis während der

RECHTS Die Herrscher des Neuen Reiches dehnten ihre Macht im Süden bis nach Napata (Djebel Barkal) in Obernubien aus. Unter Thutmosis III. (1479–1425 v. Chr.) reichte der Einfluss Ägyptens bis zum Euphrat, später drängten die Hethiter die Ägypter wieder zurück.

Legend

- ■ Tempel oder Kapelle
- ■ Grabmal oder Friedhof
- ■ anderer Ort des Neuen Reiches
- ▨ maximaler Machtbereich des Neuen Reiches während der frühen 18. Dynastie
- ▨ von den Hohepriestern in Theben kontrolliertes Gebiet
- — Hauptgebiet, das gleichzeitig von der 21.–24. Dynastie und kleineren Reichen kontrolliert wurde
- — Hauptgebiet unter Kontrolle der 25. Dynastie
- — Wüstenpiste

0 ___ 200 km
0 ___ 150 Meilen

Map labels

Mittelmeer

Karkemisch, Aleppo, Ugarit, Hamat, **Kadesch**, Byblos, Damaskus, Sidon, Tyros, Akko, Joppe, Jerusalem, Lachisch, Gaza, Amman, *Totes Meer*, Timna

Nildelta, Sauijet Umm el-Racham, Kom el-Hisn, Tell Abqa'in, el-Balamun, **Tanis**, Tell Nabascha, **Mendes**, **Sais**, Tell el-Moqdam, Tell Abu Seifa, **Qantir**, el-Alamein, el-Ghabanija, Kom Abu Billu, Qaret el-Dahr, Tell el-Maschuta, Tell el-Jahudija, **Bubastis**, Gise, Heliopolis, **Memphis**, **Sakkara**, Kom Medinet Ghurab, el-Riqqa, Herakleopolis, Sidmant el-Gebel, Wadi Sannur, el-Hiba, *Sinai-Halbinsel*, Serabit el-Chadim, Wadi Nasb, Wadi Maghara, el-Siririja, *Golf von Suez*

Westliche Wüste, el-Bawiti, *Oase Bahrija*, Istabl Antar, Hermopolis Magna, **Amarna**, Scheich Ibada, Assiut, *Östliche Wüste*, *Oase Farafra*, OBER-ÄGYPTEN, Achmim, el-Salamuni, *Oase Dachla*, Balat, Mut el-Charab, **Abydos**, Tuch, Wadi Atolla, Wadi Fawachir, Qasr el-Ghueida, **Deir el-Medine**, **Tal der Könige**, Qift, Nag el-Medamud, Armant, **Theben**, Tod, Esna, *Oase el-Charga*, Gebel el-Teir, Bir Menih, Sarnich, Hierakonpolis, el-Kab, Kanajis, Edfu, Bir Abbad, Gebel el-Silsila, Kom Ombo, *Rotes Meer*, *BERGE AM ROTEN MEER*

Quebbet el-Haua, Wadi Abu Agag, Assuan, 1. Katarakt, *Nasser-See*, Beit el-Wali, Gerf Hussein, el-Derr, el-Sebua, Quban, Aniba, Umm Aschira, **Abu Simbel**, Amada, Gebel el-Schams, Qasr Ibrim, Toschka, Faras, Abahuda, Dibeira, Qustul, Akscha, Buhen, Mirgissa, 2. Katarakt, *Wadi Allaqi*, UNTER-NUBIEN, Semna, Uronarti, Kumma, Tangur, *Wadi Gabgaba*, Amara, Sai, Dal-Katarakt, Sedeinga, Gebel Doscha, Soleb, Sesebi, 3. Katarakt, Nauri, OBERNUBIEN, Tumbos, Insel Argo, *Nil*, Kawa, Kurgus, 4. Katarakt, **Napata**, Nuri, el-Kurru, Sanam, 5. Katarakt

Westliche Wüste

Text column

21. und 22. Dynastie als Steinbruch, so dass nichts von ihr erhalten blieb. Der Tempel Sethos' I. in Abydos und zahlreiche weitere Tempel in Nubien, darunter der in Felsen gehauene Tempel von Abu Simbel, sind bedeutende Überreste der Sakralarchitektur des Neuen Reiches.

Zu den aufschlussreichsten und zugleich rätselhaftesten archäologischen Stätten des Neuen Reiches gehört die von Echnaton (1353–1335 v. Chr.) gegründete Stadt Achet-Aton (heute Amarna) in Mittelägypten. Echnaton versuchte die traditionellen Götter Ägyptens durch den Sonnenkult um den Gott Aton zu ersetzen und verlegte die Hauptstadt daher an einen nicht mit Amun verbundenen Ort. Seit der Wiederentdeckung des antiken Achet-Aton im 19. Jahrhundert dauern die Ausgrabungen an der Stätte fast ununterbrochen an. Achet-Aton ist mittlerweile die einzige antike Stadt Ägyptens, die fast vollständig wieder freigelegt wurde.

Neue Machtzentren

Am Ende des Neuen Reiches brach die königliche Zentralmacht zusammen, und die thebanischen Priester übernahmen die Kontrolle über Oberägypten. Sie errichteten ein Erbkönigtum, das bis ca. 770 v. Chr. dauerte und mit der Gründung der 25. Dynastie durch nubische Könige endete. Während der Dritten Zwischenzeit zerfiel Unterägypten in eine Reihe rivalisierender Dynastien (21.–24.), die von der Deltaregion aus teilweise zeitgleich regierten. Die Herrscher der 21. und die 22. Dynastie regierten von dem im östlichen Nildelta gelegenen Tanis aus und wurden mit großem Prunk in einer Nekropole beigesetzt, die Archäologen in den 1940er Jahren freilegten. Auch in Bubastis, Mendes und Sais residierten Pharaonen, die prunkvolle Tempel und Gräber bei ihren Baumeistern in Auftrag gaben ◆

OBEN Der Heilige See im Tempelbezirk des Amun in Karnak, Theben.

Königreiche am Oberen Nil

Ägypten ist zwar die am besten bekannte antike Kultur Nordostafrikas, war aber keineswegs die einzige. Der Nil bot auch anderen Kulturen weiter südlich in Nubien gute Entwicklungsmöglichkeiten. Die älteste neolithische Gruppe existierte zeitgleich mit der ihr ähnlichen Negade-Kultur im prädynastischen Ägypten (s. S. 140f.). Die Einigung Ägyptens (ca. 3050 v. Chr.) stoppte jedoch den Prozess der Staatenbildung südlich des Ersten Kataraktes, da Unternubien im Rahmen mehrerer ägyptischer Feldzüge entvölkert wurde und fortan als Rohstofflieferant diente. Erst im 2. Jahrtausend v. Chr. entstand am Oberen Nil rund um Kerma wieder ein Staat.

Kerma lag unweit des Dritten Kataraktes. Insgesamt gibt es sechs dieser mit Granitfelsen durchsetzten Stromschnellen, die die Schifffahrt auf dem Oberen Nil erschweren oder ganz unmöglich machen. Vermutlich entwickelte sich genau deshalb hier ein Staat: Das Gebiet zwischen dem Ersten und dem Zweiten Katarakt war während der politischen Wirren am Ende des Alten Reiches der direkten Kontrolle Ägyptens entzogen. Ägyptische Quellen sprechen in diesem Zusammenhang von drei nubischen „Stämmen": den Irtjet, den Setjau und den Wawat. Obgleich die Herrscher des Mittleren Reiches eine Grenze am Zweiten Katarakt errichteten und Unternubien annektierten, wuchs das Reich Kerma, das über besonders reiche Rohstoffreserven (insbesondere Gold) verfügte und mit Elfenbein sowie Sklaven handelte, immer weiter. Nach dem Zusammenbruch des Mittleren Reiches dehnte Kerma seine Macht nordwärts bis nach Ägypten hinein aus.

Auf dem Gipfel der Macht, während der Klassischen Periode (1700–1550 v. Chr.) entstanden zahlreiche städtische Zentren, vor allem aber blühte die Stadt Kerma selbst. Der Haupttempel *(Deffufa)* bestand aus einer massiven, 1400 Quadratmeter großen Lehmziegelstruktur. Westlich der Stadt lag ein Friedhof mit vier kreisförmigen Hügeln von ca. 88 Metern Durchmesser. Die Größe der Gräber weist darauf hin, dass sie Königen als letzte Ruhestätte dienten. Gleiches gilt für Hunderte von Menschenopfern, die im Hauptkorridor des Grabes niedergelegt wurden, als man den Herrscher beisetzte.

Das Königreich Kusch

Mit einer Reihe von Feldzügen besiegelten die Ägypter im Neuen Reich den Untergang von Kerma. Die Stadt wurde geplündert, und alle Nubier galten als Untertanen des Pharaos, wie die monumentalen Sitzfiguren von Ramses II. am Tempel von Abu Simbel unmissverständlich demonstrierten. Als die Macht der Ägypter am Ende des Neuen Reiches schwand, bildete sich am Oberen Nil um 750 v. Chr. wieder ein neues mächtiges Reich, Kusch genannt, dessen Hauptstadt Napata unterhalb des Vierten Kataraktes lag. Von 715 bis 664 v. Chr. herrschten die Könige von Napata sogar als 25. Dynastie über Ägypten, wurden dann aber von den Assyrern vertrieben. Um 590 v. Chr. verlegten die Kuschiten ihre Hauptstadt südwärts nach Meroë zwischen den Fünften und den Sechsten Katarakt und errichteten dort prunkvolle Paläste und andere Monumente. Sie führten eine eigene Schrift ein, die bislang nicht ent-

OBEN Diesen überlebensgroßen Bronzekopf des römischen Kaisers Augustus entdeckten Archäologen unter den Stufen eines Tempels in Meroë, der an einen erfolgreichen Einfall in Ägypten im Jahre 24 v. Chr. erinnert. Der Kopf gehörte wahrscheinlich zur Kriegsbeute und wurde zum Zeichen des triumphalen Sieges feierlich unter den Stufen des Tempels begraben.

OBEN ZERBRÖCKELNDE PYRMIDEN KUSCHITISCHER PHARAONEN IN DER NÄHE VON NAPATA.

Napata: Heimat der Kuschiten

Das bedeutendste Heiligtum des Reiches Kusch war der dem ägyptischen Gott Amun geweihte Tempelbezirk Gebel Barkal in Napata. Thutmosis III. ließ den Tempel um 1500 v. Chr. erbauen, um die südliche Grenze Ägyptens in Nubien zu markieren. Nach und nach nahmen die Kuschiten ägyptische Götter in ihren Pantheon auf. Amun wurde besonders stark verehrt. Die kuschitischen Pharaonen der 25. Dynastie restaurierten viele Tempel in Ägypten, um die Legitimität ihrer Herrschaft zu untermauern, darunter den Amuntempel in Karnak. Auch übernahm man in Napata zu jener Zeit ägyptische Sitten, gab Menschenopfer und Hügelgräber auf und errichtete Pyramiden für die kuschitischen Könige, die in Ägypten selbst schon längst aus der Mode gekommen waren. Pyramidenfelder existieren noch in el-Kurru und Nuri unweit von Napata. Nach der Verlegung der Hauptstadt nach Meroë verlor der Tempel von Gebel Barkal zusehends an Bedeutung. Vielmehr begann man nun, Tempel zu Ehren eigener Götter zu errichten. In Musawwarat es-Sufra und Naqa unweit von Meroë entstanden Kultstätten zum Beispiel für den nubischen Gott Apedemak ◆

Legend:

- ■ Kerma (red)
- ■ wichtige königliche Begräbnisstätte der Kuschiten (orange)
- ■ anderer kuschitischer Ort (yellow)
- ■ Aksum-Fundort (blue)
- □ anderer Ort

Rohstoffe in Nubien

- Goldfelder
- Steinbrüche
- andere

- Verteilung der Steinzeit (A)-Gruppen
- Kerngebiet des Königreichs von Kerma
- Kerngebiet des Königreichs von Kusch
- Kerngebiet des Königreichs von Aksum
- Karawanenweg
- Seehandelsweg

0 — 300 km
0 — 200 Meilen

Map labels:

vom Mittelmeer · Nil · BERGE AM ROTEN MEER · Rotes Meer · Assiut · Mersa Gawasis · Wadi Qena · Qift · Theben · Berenice · Assuan · 1. Katarakt · Nasser-See · Sandstein · Abu Simbel · Diorit, Gneis · Karanog · Aniba · Wadi el-Arab · Malachit · Wadi el-Sebua · Gebel el-Schams · Ballana · Faras · Arminna · Kupfer · Qustul · Qasr Ibrim · Wadi el-Allaqi · Argin · Dibeira Ost · UNTERNUBIEN · Sandstein · 2. Katarakt · Semna · Buhen · Wadi Gabgaba · Ukma · Akascha · Amara West · Firka · Amara Ost · Sedeinga · Insel Sai · Soleb · Nubische Wüste · 3. Katarakt · Gneis, Granit · Insel Argo · Kerma · Kawa · Kurgus · 4. Katarakt · OBER-NUBIEN · Wadi el-Amur · Napata · Bugdumbusch · Nuri · Sanam · Gneis, Granit · el-Kurru · Debba · 5. Katarakt · Wadi el-Milk · Baiyuda-Wüste · Eisen · Eisen · Eisen · Suakin · Barka · Eisen · Meroë · Alem · Wad Ban Naqa · Basa · Naqa · Wadi el-Banat · Musawwarat es-Sufra · 6. Katarakt · Wad Madschahan · Defeia · Saba · Gebel Qeili · Atbara · Rora Laba · Kawa · Dicdic · Dählak-Archipel · Adulis · aus Indien und Südarabien · Matara · Sennar · Blauer Nil · Weißer Nil · Atbara · Tekeze · Aksum · Chor Abu Habl

schlüsselt wurde, weshalb wir über die Geschichte von Meroë nur wenig wissen. Zu höchster Blüte gelangte Meroë wohl im 1. Jahrhundert, dann folgte der Niedergang, der sich über drei Jahrhunderte hinzog. Danach erstarkte mit Aksum im Norden des heutigen Äthiopiens eine neue Macht.

Aksum: Wohlstand durch Handel

In Aksum gibt es noch viel zu entdecken, doch lässt sich eine annähernde Chronologie für die Phase von der Zeitenwende bis 630 anhand von Münzen gut rekonstruieren, welche die Könige von Aksum in Umlauf brachten. Aksum verdankte seinen Reichtum der Lage unweit des Roten Meeres. Von hier aus wurden afrikanische Luxusgüter wie Elfenbein, Rhinozeroshörner und Duftstoffe nach Adulis gebracht und ins Römische Reich verschifft. Adulis gehörte auch zu den Zwischenhäfen indischer Schiffe auf dem Weg in den Mittelmeerraum. Die Könige von Aksum bekehrten sich früh zum Christentum (um 350). Im 6. Jahrhundert kontrollierten sie bis zur Ankunft der sassanidischen Perser Südwestarabien. Die Stadt selbst wurde um 630 aufgegeben. An die glanzvolle Vergangenheit erinnern stattliche Obelisken von bis zu 33 Metern Höhe auf dem Königsfriedhof ◆

LINKS Nubien (heute Sudan) gliederte sich in Unternubien (vom Ersten bis zum Zweiten Katarakt) und Obernubien (vom Zweiten Katarakt bis in die Gegend der heutigen Stadt Khartum). In Nubien gab es besonders wertvolle Rohstoffe wie Gold und Edelsteine, auch gelangten exotische Waren wie Tiere, Felle, Straußeneier, Federn, Elfenbein und Ebenholz aus Südafrika über Nubien nach Ägypten und in den Nahen Osten. Nichtsdestotrotz hingen Aufstieg und Fall der nubischen Reiche stark von den Machtverhältnissen in Ägypten ab.

Die Eisenzeit südlich der Sahara

Im Unterschied zu anderen Regionen der Alten Welt erfolgte der Übergang von der Stein- zur Eisenzeit südlich der Sahara ohne Zwischenstufen. Eine Bronze- oder Kupferzeit gab es nicht. Das Verfahren der Eisenschmelze gelangte im ersten Jahrtausend v. Chr. von Norden über die Sahara nach Westafrika. Frühe Eisenarbeiten deuten auf eine beachtliche Innovationskraft einheimischer Handwerker hin. Der Gebrauch von Eisen beschleunigte die Verbreitung der Landwirtschaft, denn nun konnte man Wälder bequemer roden. Zeitgleich entstanden größere Siedlungen und ein Handelsnetz, was wiederum die Entstehung staatlicher Strukturen begünstigte. Vor ca. 2000 Jahren zogen bantusprachige Bauern aus dem Grenzgebiet der heutigen Staaten Nigeria und Kamerun südwärts. Mit ihnen gelangte vermutlich die Eisenverarbeitung ins südliche Afrika.

Zwischen dem 6. und dem 2. Jahrhundert v. Chr. schufen die Nok, ein Volk in Zentralnigeria, das die Technik der Eisenschmelze beherrschte, eindrucksvolle Terrakottafiguren. Ansonsten weiß man nicht genau, welche westafrikanischen Völker wann anfingen, Eisen zu gebrauchen, doch lässt sich im ersten Jahrtausend in der Region ein deutlicher politischer und ökonomischer Wandel beobachten. Bei Grabungen in Igbo Ukwu am Nordrand des Waldgürtels im Südwesten Nigerias entdeckte man in einem Grab eine außergewöhnlich große Zahl an Bronze- und Kupferobjekten aus dem 8. bis 11. Jahrhundert. Diese Funde deuten darauf hin, dass bei den Völkern dieser Region klare hierarchische Strukturen existierten und eine mächtige Eliteschicht die Ressourcen und Reichtümer verwaltete.

Handelsreiche

Zur gleichen Zeit gründeten Bauerngemeinschaften im Savannengürtel südlich der Sahara gut organisierte Staaten. Hierbei spielte die wachsende Nachfrage der arabischen Staaten Nordafrikas nach Gold, Sklaven und Elfenbein, die man gegen Waren wie Salz, Kupfer und Pferde tauschte, eine entscheidende Rolle. Das mächtige Goldhandelsreich Ghana entstand noch vor dem 8. Jahrhundert zwischen den Flüssen Niger und Senegal (also nicht dort, wo sich der gleichnamige Staat heute befindet). Jenne-Jeno, eine Siedlung im landeinwärts gelegenen Delta des Niger in Mali, entwickelte sich zu einer etwa 33 Hektar großen Stadt, in der Anfang des 9. Jahrhunderts bereits bis zu 27 000 Menschen lebten.

In den darauf folgenden Jahrhunderten blühten und verschwanden viele Reiche am südlichen Rand der Sahara. Ab 1200 beherrschte das Reich Mali ein weiträumiges Gebiet, das sich westwärts bis zum Urwald erstreckte; ihm folgte Songhay rund um Gao am Niger. Weiter östlich kontrollierten Kanem und Bornu die Region rund um den Tschad-See.

Ausdrucksvolle Kunstwerke

Zu den eindrucksvollsten frühafrikanischen Kunstwerken, die bei archäologischen Grabungen ans Licht kamen, gehören fast lebensgroße Terrakotta- oder mit dem Wachsausschmelzverfahren hergestellte Bronzefiguren der Ife aus Südnigeria. Sie stammen aus dem frühen 11. Jahrhundert, gehen jedoch möglicherweise indirekt auf die Terrakottafiguren der Nok zurück und zierten vermutlich bei kultischen Handlungen Altäre oder Hausschreine. Die berühmten „Bronze"-Skulpturen (eigentlich Messing) und Platten aus dem Reich Benin (14. Jh.) zeugen ebenfalls von einer reichen und mächtigen höfischen Kultur.

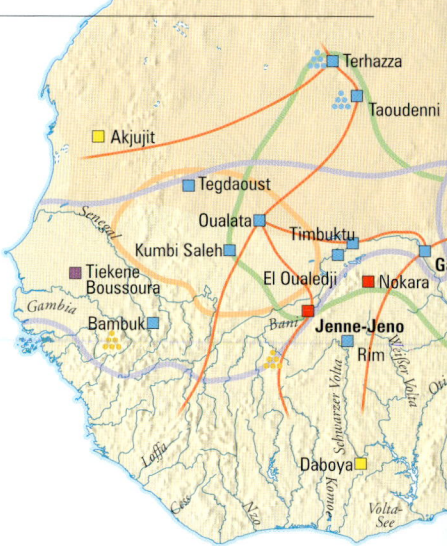

UNTEN Acht dieser geschnitzten Specksteinvögel (100 cm hoch) fanden sich in Groß-Zimbabwe. Möglicherweise galten sie als Botschafter der Ahnen.

LINKS Abschnitt der Einfriedungsmauer von Groß-Zimbabwe. Dieser zwischen 1270 und 1450 entstandene Komplex diente wahrscheinlich als Schule für voreheliche Initiationsriten. Der äußere Wall besteht aus rund 900 000 Steinen. Die Anlage der Stadt zeigt, dass zwischen der herrschenden Oberschicht und dem Volk eine klare Trennung existierte. Der König, seine Familie und hohe Würdenträger lebten auf einem großen, kahlen Granithügel (der Hügelruine), einfache Leute am Fuß der Anhöhe.

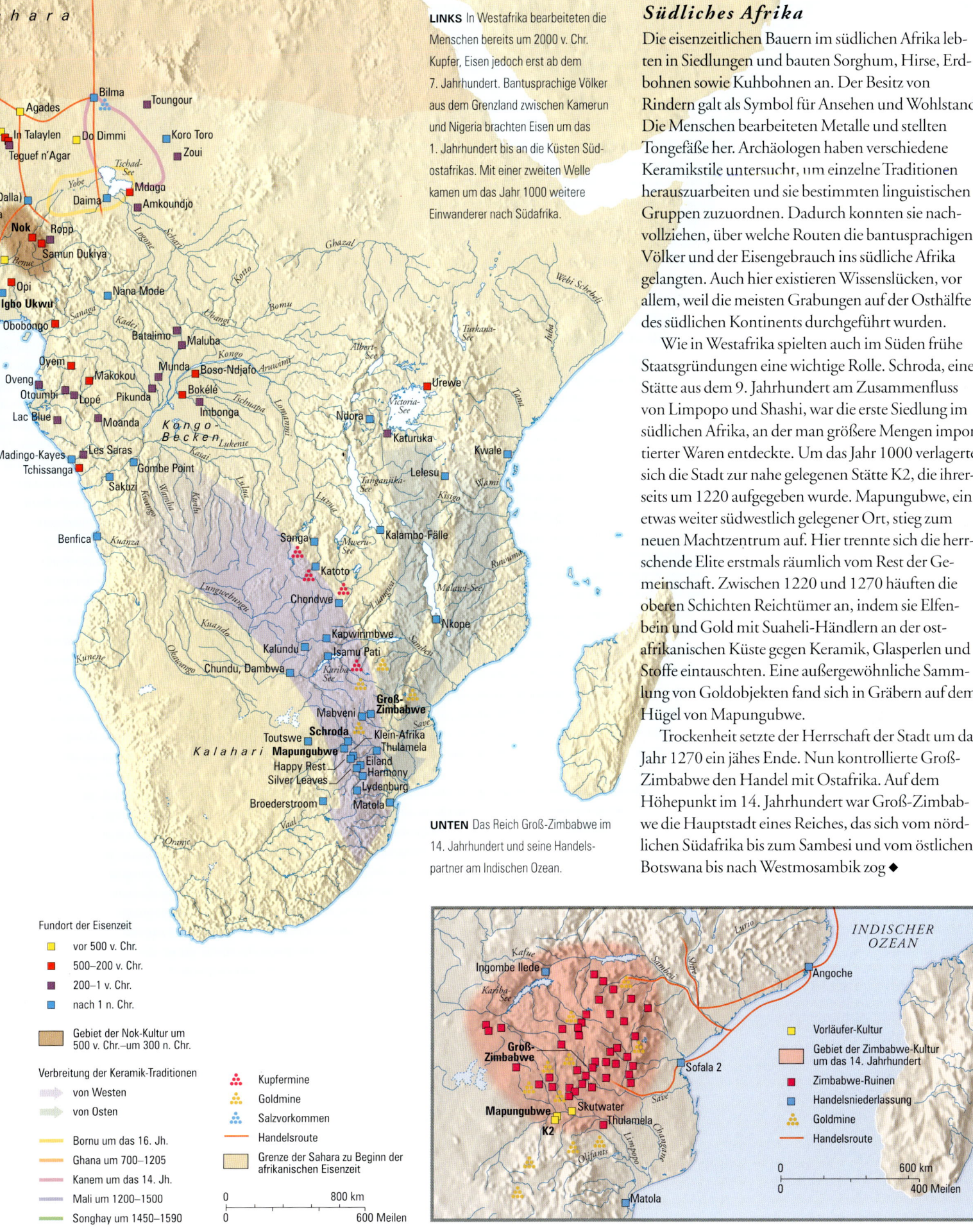

LINKS In Westafrika bearbeiteten die Menschen bereits um 2000 v. Chr. Kupfer, Eisen jedoch erst ab dem 7. Jahrhundert. Bantusprachige Völker aus dem Grenzland zwischen Kamerun und Nigeria brachten Eisen um das 1. Jahrhundert bis an die Küsten Südostafrikas. Mit einer zweiten Welle kamen um das Jahr 1000 weitere Einwanderer nach Südafrika.

Südliches Afrika

Die eisenzeitlichen Bauern im südlichen Afrika lebten in Siedlungen und bauten Sorghum, Hirse, Erdbohnen sowie Kuhbohnen an. Der Besitz von Rindern galt als Symbol für Ansehen und Wohlstand. Die Menschen bearbeiteten Metalle und stellten Tongefäße her. Archäologen haben verschiedene Keramikstile untersucht, um einzelne Traditionen herauszuarbeiten und sie bestimmten linguistischen Gruppen zuzuordnen. Dadurch konnten sie nachvollziehen, über welche Routen die bantusprachigen Völker und der Eisengebrauch ins südliche Afrika gelangten. Auch hier existieren Wissenslücken, vor allem, weil die meisten Grabungen auf der Osthälfte des südlichen Kontinents durchgeführt wurden.

Wie in Westafrika spielten auch im Süden frühe Staatsgründungen eine wichtige Rolle. Schroda, eine Stätte aus dem 9. Jahrhundert am Zusammenfluss von Limpopo und Shashi, war die erste Siedlung im südlichen Afrika, an der man größere Mengen importierter Waren entdeckte. Um das Jahr 1000 verlagerte sich die Stadt zur nahe gelegenen Stätte K2, die ihrerseits um 1220 aufgegeben wurde. Mapungubwe, ein etwas weiter südwestlich gelegener Ort, stieg zum neuen Machtzentrum auf. Hier trennte sich die herrschende Elite erstmals räumlich vom Rest der Gemeinschaft. Zwischen 1220 und 1270 häuften die oberen Schichten Reichtümer an, indem sie Elfenbein und Gold mit Suaheli-Händlern an der ostafrikanischen Küste gegen Keramik, Glasperlen und Stoffe eintauschten. Eine außergewöhnliche Sammlung von Goldobjekten fand sich in Gräbern auf dem Hügel von Mapungubwe.

Trockenheit setzte der Herrschaft der Stadt um das Jahr 1270 ein jähes Ende. Nun kontrollierte Groß-Zimbabwe den Handel mit Ostafrika. Auf dem Höhepunkt im 14. Jahrhundert war Groß-Zimbabwe die Hauptstadt eines Reiches, das sich vom nördlichen Südafrika bis zum Sambesi und vom östlichen Botswana bis nach Westmosambik zog ◆

UNTEN Das Reich Groß-Zimbabwe im 14. Jahrhundert und seine Handelspartner am Indischen Ozean.

Fundort der Eisenzeit
- ◻ vor 500 v. Chr.
- ◼ 500–200 v. Chr.
- ◼ 200–1 v. Chr.
- ◼ nach 1 n. Chr.

Gebiet der Nok-Kultur um 500 v. Chr.–um 300 n. Chr.

Verbreitung der Keramik-Traditionen
- von Westen
- von Osten

- Bornu um das 16. Jh.
- Ghana um 700–1205
- Kanem um das 14. Jh.
- Mali um 1200–1500
- Songhay um 1450–1590

- Kupfermine
- Goldmine
- Salzvorkommen
- Handelsroute
- Grenze der Sahara zu Beginn der afrikanischen Eisenzeit

0 — 800 km
0 — 600 Meilen

INDISCHER OZEAN

- Vorläufer-Kultur
- Gebiet der Zimbabwe-Kultur um das 14. Jahrhundert
- Zimbabwe-Ruinen
- Handelsniederlassung
- Goldmine
- Handelsroute

0 — 600 km
0 — 400 Meilen

NORD- & SÜDAMERIKA

EINIGE DER FRÜHESTEN archäologischen Untersuchungen fanden in der Neuen Welt statt. Bercits 1675 grub man einen Stollen in eine Seite der Mondpyramide von Teotihuacán. Der spätere Präsident der USA, Thomas Jefferson, der 1784 Teile eines Grab-hügels auf seinem Besitz in Virginia freilegte, wird in manchen Schriften noch heute als Vater der wissenschaftlichen Archäologie bezeichnet. In jüngerer Zeit befassen sich Wissenschaftler vor allem damit, wann die ersten Menschen Amerika erreichten.

Manche Ureinwohner der Neuen Welt, etwa in Mesoamerika, glaubten, dass Menschen dort bereits seit Zehntausenden von Jahren lebten. Häufig bewahrten sie Dinge auf, die mit der Vergangenheit zu tun hatten: an Irokesenstätten des 15. und 16. Jahrhunderts fand man jahrtausendealte Pfeilspitzen, Steinpfeifen und Kupferwerkzeuge, und in einem im 15. Jahrhundert aufgegebenen mexikanischen Pueblo entdeckte man Mammutstoßzähne. Eine olmekische Steinmaske war bereits 2000 Jahre alt, als sie im Großen Tempel von Tenochtitlán in Mexiko geopfert wurde, und die Inkaherrscher von Peru besaßen angeblich Sammlungen jahrhundertealter Moche-Gefäße, vermutlich, weil sie mit pornografischen Szenen verziert waren.

Entdecker und Pioniere

Als die ersten Europäer Ende des 15. Jahrhunderts feststellten, dass in der Neuen Welt ihnen völlig unbekannte Menschen lebten, waren sie zutiefst schockiert. Einige spanische Priester beschrieben verschiedene Aspekte indianischer Kulturen und Gesellschaften und leisteten damit der Nachwelt unschätzbar wertvolle Dienste. Natürlich blieb die Entdeckung nicht ohne Konsequenzen für die europäische Archäologie, denn man versucht, trotz aller Unterschiede in Aussehen, Verhalten und Lebensweise, die Ureinwohner Amerikas mit Völkern der Alten Welt in Verbindung zu bringen. Abschläge und polierte Steinwerkzeuge, die Seefahrer aus Amerika mitbrachten, sollten beweisen, dass es sich bei vergleichbaren Objekten in Europa tatsächlich um menschliche Artefakte handelte.

Bereits früh faszinierten Tempelruinen und Grabhügel in der Neuen Welt die Europäer. Sie stellten diverse Theorien zur Identität der Erbauer auf. Thomas Jefferson nahm unter seinen Zeitgenossen eine Sonderstellung ein, denn er schrieb die nordamerikanischen Hügel *(Mounds)* nicht mythischen „Moundbuildern" zu, sondern den leibhaftigen Vorfahren seiner amerikanischen Zeitgenossen. Den Hügel auf seinem Besitz legte er so vorsichtig frei, dass er in ihm verschiedene Schichten unterscheiden konnte. Aus den darin enthaltenen Knochen schloss er richtig, dass es sich um eine immer wieder verwendete Grabstätte handeln musste. Jefferson war seiner Zeit weit voraus, weil er mit Sorgfalt arbeitete und aus dem Befund logische Schlussfolgerungen zog, die zu den Grundlagen der modernen Archäologie gehören. 1848 veröffentlichte Ephraim Squier gemeinsam mit Edwin Hamilton Davis das Buch *Ancient Monuments of the Mississippi Valley*, in dem die beiden die Mounds im Ohio- und Mississippital genau beschrieben. Der Mythos der Moundbuilder lebte dennoch bis Ende des 19. Jahrhunderts fort.

Im 19. Jahrhundert informierten viele Schriften die amerikanische und europäische Öffentlichkeit über archäologische Stätten in Süd- und Mittelamerika. Der deutsche Naturforscher und Diplomat Baron Alexander von Humboldt untersuchte während seiner Südamerikareise (1799–1804) die Überreste des Chimú- und Inkareichs. Frederick Catherwood und John Lloyd Stephen veröffentlichten 1841 einen Bericht über ihre Reisen durch Mittelamerika, die Catherwood mit fantastischen Zeichnungen der Ruinen von Copán, Uxmal und Palenque illustrierte. Diese Werke entfachten in Europa ein ungeheures Interesse an den Hinterlassenschaften der Maya. Ephraim Squiers Bestseller über seine Reise durch die Anden (1877) enthielt detaillierte Beschreibungen bedeutender Stätten wie Ollantaytambo, Sacsayhuaman und Tiwanaku.

Regionaler Zeitstrahl

ca. 30000 J.v.h. Eiszeitkunst in Südwesteuropa

ca. 9000 J.v.h. Keramik im Nahen Osten

ca. 13000 J.v.h. Clovis-Jäger in Nordamerika

ca. 9000–5000 J.v.h. Weltälteste Mumie in Chinchorro (Chile)

ca. 33000 J.v.h. Menschliche Siedlungen in Pedra Furada (Brasilien) und Monte Verde (Chile)

ca. 10000–8000 J.v.h. Kürbisanbau in Guilá Naquitz (Mexiko)

ca. 7500–6500 J.v.h. Keramiken im Amazonastal

10000 J.v.h.

8000 J.v.h.

OBEN Die Felsenwohnungen von Mesa Verde im Südwesten des US-Bundesstaats Colorado werden seit ihrer Entdeckung vor über hundert Jahren untersucht.

OBEN LINKS Mogollon-Keramikgefäß aus New Mexico (10. Jh.).

Neue Standards

Ende des 19. Jahrhunderts lag die Archäologie Nordamerikas fest in den Händen von Organisationen wie der *Smithsonian Institution,* dem *Bureau of American Ethnology* und dem *Harvard's Peabody Museum.* Die Entdeckung der Ruinen von Mesa Verde durch Richard Wetherill 1888 lieferte zusätzliche Informationen über die Ureinwohner Nordamerikas. Nun richteten die Forscher ihre Aufmerksamkeit auf den Südwesten, wo man Grabungen und Feldforschungen in Pueblo-Ruinen der Anasazi mit ethnographischen Untersuchungen moderner Pueblo-Indianer kombinierte. Als in Europa entwickelte stratigraphische Methoden in den USA Verbreitung fanden, verbesserten sich die Grabungstechniken merklich. Zu den Pionieren auf diesem Gebiet gehörte der deutschstäm-

mige Archäologe Max Uhle (1856–1944), der stratigraphische Grabungen an einem Muschelberg in San Francisco, in Peru (Pachacamac), Chile (Chinchorro) und an anderen Orten durchführte. Der chronologische Rahmen, den Uhle für die Andenkulturen erstellte, revolutionierte die südamerikanische Archäologie. Zunächst gab es in Nordamerika Widerstand gegen die von ihm angewandte stratigraphische Methode, er schwand jedoch, nachdem Alfred Kidder (1885–1963) mit derselben Methode eine relative Chronologie für das Pecos-Pueblo bei Santa Fe in New Mexiko erarbeitet hatte.

In den 1920er und 1930er Jahren belegten Stätten in New Mexico und Colorado, dass bereits während des späten Pleistozäns Menschen in Amerika gelebt hatten. Anhand dieser Fundorte, an denen man kannellierte steinerne Speerspitzen, häufig in Verbindung mit Knochen ausgestorbener Büffel und anderer großer Tiere, entdeckte, definierte man die Clovis- und Folsom-Periode (13 500 bzw. 130 000 J.v.h.). Bis vor kurzer Zeit galten sie als älteste Siedlungsspuren in der Neuen Welt.

ca. 4000 J.v.h. Pyramiden in Ägpyten

ca. 2000–1800 J.v.h. Blüte des Römischen Reiches

ca. 4500 J.v.h. Frühe Monumentalbauten in Nord- und Mittelperu

ca. 2750–500 J.v.h. Moundbuilder im östlichen Nordamerika

ca. 1900–1200 J.v.h. Moche-Kultur in Nordperu

ca. 1700–1400 J.v.h. Teotihuacán und Monte Albán, Mexiko

ca. 675–400 J.v.h. Azteken in Mexiko

ca. 5000 J.v.h. Keramiken der Valdivia-Kultur in Ecuador

ca. 3300–2400 J.v.h. Olmeken an der mexikanischen Golfküste

ca. 2000 J.v.h. Pueblo-Bauern in SW-Amerika

ca. 1800–1200 J.v.h. Klassische Maya-Staaten

ca. 800–400 J.v.h. Inkareich in Südamerika

4000 J.v.h.

2000 J.v.h.

1000 J.v.h.

OBEN 1987 entdeckte man in Sipán (Peru) dieses reich ausgestattete Moche-Grab. Es wird Jahre dauern, bis das Grab und alle Beigaben vollständig untersucht sind.

RECHTS 1911 fand Hiram Bingham die sagenumwobene Stätte Machu Picchu, eine der faszinierendsten Hinterlassenschaften der Inka-Kultur.

Weitere Entdeckungen in Lateinamerika

In Mittelamerika konzentrierten sich die archäologischen Grabungen auf das Gebiet der Maya. Systematisch erfasste und klassifizierte man hier Städte und Monumente, fertigte detaillierte Zeichnungen von Glyphen und Reliefs an und beschäftigte sich mit dem Maya-kalender. Lange Zeit hielten die Forscher die Maya für eine friedfertige, von einer Priesterkaste regierte Kultur. Dieses Bild änderte sich, als es in den 1950er und 1960er Jahren gelang, einige Mayainschriften zu entschlüsseln und man erkannte, dass Kriege durchaus eine Rolle gespielt hatten. Arbeiten von Inschriftenforschern wie David Stuart und Linda Schele machten auch die Geschichte der Dynastien einzelner Mayastädte bekannt.

In den 1920er Jahren hatten Archäologen bereits im Tal von Mexiko und in Monte Albán im Oaxaca-Tal gegraben. In den 1930er Jahren führte die Entdeckung von Kolossalköpfen aus Basalt an der mexikanischen Golfküste dazu, dass die Wissenschaft sich mit der Kultur der Olmeken auseinander setzte. In Peru füllte sich die von Uhle erarbeitete Chronologie mit weiteren Daten, während der Archäologe Julio Tello sein Augenmerk auf die Cha-vín- und Wari-Kultur richtete. 1946 erarbeitete ein Team der Universität Havard im peruanischen Virútal erstmals einen archäologischen Gesamtüberblick für eine südamerikanische Region. Luftaufnahmen spielten bei der Entdeckung und Untersuchung der Nazca-Scharrbilder und anderer Kulturen eine entscheidende Rolle.

Neue archäologische Ansätze

Ökologische Studien setzten sich in Nordamerika langsamer durch als in Europa, wenngleich Theodore White mit seiner Analyse der

Knochen von Büffelschlachtstellen bereits in den 1950er Jahren Pionierarbeit leistete. Mit dem Zusammenwirken von Umwelt und menschlichem Verhalten beschäftigten sich besonders Anthropologen wie Julian Steward und Leslie White, und ab den 1960er Jahren führten amerikanische Archäologen verstärkt Analysen von Pollen und anderen Überresten von Tieren und Pflanzen durch. Im Mittelpunkt dieser Studien standen die Ursprünge und die Verbreitung der Landwirtschaft in beiden Teilen Amerikas. In diesem Zusammenhang entstanden einige wegweisende Forschungsarbeiten, etwa von Richard S. MacNeish über die ersten Maiskulturen im mexikanischen Tal von Tehuacán.

Etwa zeitgleich mit dieser Forschungsrichtung fand auch die prozessual orientierte Archäologie viele Anhänger. Sie machte sich die neue Technik der C-14-Datierung zunutze, durch die chronologische Fragen in den Hintergrund rückten, weil man sie nun bequemer und absolut beantworten konnte. Zugleich betonten Forscher wie Walter Taylor, dass Archäologen nicht nur Artefakte analysieren und katalogisieren, sondern vor allem versuchen sollten, die dahinter stehenden Kulturen zu verstehen. Taylors harsche Kritik an der traditionellen Archäologie begeisterte in den 1960er Jahren besonders junge Wissenschaftler in Nordamerika.

Die Vertreter der neuen Schule bemühten sich, aus archäologischen Untersuchungen universelle Gesetze menschlichen Handelns abzuleiten. Dieses Ansinnen scheiterte jedoch letztlich, und schließlich konzentrierte man sich verstärkt darauf, wie archäologische Befunde zustande kamen, welches Licht sie auf das Verhalten ihrer Erzeuger warfen und welche Gründe dabei eine Rolle gespielt hatten. Gerade in den Vereinigten Staaten, wo die Archäologie lange Zeit institutionell wie intellektuell als Unterabteilung der Anthropologie gegolten hatte, löste sich die Disziplin dank der prozessual orientierten Archäologie aus ihren Fesseln und beschritt neue Wege. Die Forscher begannen, traditionelle Theorien und Denkweisen neu zu überdenken und maßen Objektivität und Überprüfbarkeit von Hypothesen mehr Bedeutung bei.

Gegenwart und Zukunft

Erst in jüngerer Zeit erkannte man, dass bereits lange vor den Clovis-Jägern Menschen Amerika betreten haben mussten. Funde aus Monte Verde (Chile) sind mindestens 13 000, vielleicht sogar bis zu 33 000 Jahre alt. Andere Stätten in Süd- und Mesoamerika untermauern diese Annahme, weshalb linguistische und genetische Arbeiten herauszufinden versuchen, wie, wann und in wie vielen Wellen die ersten Menschen den Kontinent erreichten.

In Nordamerika sorgt heute das *Cultural Resource Management* (CRM) dafür, dass Land im Besitz von Bundesstaaten grundsätzlich erst erschlossen werden darf, nachdem eventuell vorhandene archäologische Stätten – zum Beispiel im Rahmen von Grabungen – untersucht wurden. Auch muss zu jeder dieser Arbeiten ein Abschlussbericht erstellt werden. Dank dieser Verfügungen hat sich der Informationsfluss deutlich verbessert, und die Zahl der Veröffentlichungen nimmt stetig zu ◆

Archaische Wild-beuter

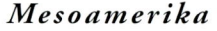

Während des späten Pleistozäns folgten Gruppen von Jägern Herden riesiger Säuger wie Mammuts und Mastodonten (s. S. 34f.) und verbreiteten sich so in allen Teilen der Neuen Welt. Als sich die Eismassen vor 10 000 bis 8000 Jahren zurückzogen, mussten die Menschen in dem nun rasch wechselnden Klima neue Überlebenstechniken entwickeln. Im Archaikum (ca. 8000–1 v. Chr.) lernten die Wildbeuter der Neuen Welt, sich allen Lebensräumen von der arktischen Tundra über Küsten, Ebenen, Waldgebiete, Hochebenen und tropische Wälder bis hin zu Wüsten anzupassen. Sie erfanden Werkzeuge, mit denen sie jagten und essbare Pflanzen verarbeiteten.

Da in den Prärien Nordamerikas riesige Tierherden lebten, spielte die gemeinschaftliche Jagd in diesen Gebieten bis weit ins 19. Jahrhundert hinein eine wichtige Rolle (s. S. 160f.). An anderen Orten führten die klimatischen Veränderungen im frühen Holozän dazu, dass die Menschen eine größere Bandbreite an Tieren und Pflanzen verzehrten und neue Techniken entwickelten, zum Beispiel Mahlsteine, mit denen sie harte Nüsse und Samen zerkleinerten und lagerfähig machten. In einigen Gegenden konnte man sich auf bestimmte Ressourcen fest verlassen, etwa in Südkalifornien, wo im Herbst Eicheln in ausreichender Menge anfielen. Hier genügten den Wildbeutern zum Überleben kleine Territorien, doch in den wüstenhaften Randgebieten mussten die Menschen oft weite Strecken zurücklegen, um an jahreszeitlich verfügbare Nahrung zu gelangen. Sie waren daher meist in kleineren Gruppen unterwegs.

Die Nordwestküste Amerikas (British Columbia und Washington) bot Jägern und Sammlern hingegen zahlreiche Möglichkeiten. Riesige Muschelhaufen belegen, dass der Lachsfang an Bedeutung gewann und die Menschen sesshafter wurden und Gesellschaften mit komplexeren Strukturen bildeten. Besonders gut passte die archaische Lebensweise zu den see- und flussreichen Waldgebieten im Osten, wo Jäger und frühe Bauern einander die Waage hielten. Selbst als sich die Landwirtschaft hier endgültig durchgesetzt hatte (s. S. 158f.), jagten und sammelten die Menschen noch Nahrung zur Ergänzung ihres Speiseplans und als Rücklage für karge Zeiten.

RECHTS Die nacheiszeitlichen Jäger der Neuen Welt fanden sich meist in kleinen, mobilen Gruppen zusammen und spezialisierten sich auf das Jagen und Sammeln der in ihrem Lebensraum verfügbaren Tiere und Pflanzen. In günstigen Regionen entwickelten sie nach und nach einen sesshafteren Lebensstil.

UNTEN Chinchorro-Kindermumie aus Nordchile. Nach Entnahme der inneren Organe wurde der Körper mit Tonerde, Stöcken und Gras gefüllt. Dann bedeckte man ihn mit Schlamm oder Tonerde und bemalte diese. Diese Praxis, die hierarchische Strukturen erkennen lässt, starb um 3000 v. Chr. aus, als die Menschen begannen, größere, festere Häuser zu bauen und die Toten auf Friedhöfen beizusetzen.

Mesoamerika

Zwar entdeckten Archäologen in Ixtapan im Tal von Mexiko Steinwerkzeuge zusammen mit Überresten von Mastodonten und Teile eines weiblichen Skeletts in Tepexpán, doch gibt es ansonsten kaum Spuren von den ersten Menschen in Mexiko und Mittelamerika. An einer Stätte im Valsequillo-Gebiet förderte man ebenfalls Knochen ausgestorbener Tiere und Steinwerkzeuge zutage, und in Guatemala fanden Forscher Clovis-Projektilspitzen.

Nachdem die großen Säuger im frühen Holozän ausgestorben waren, richteten die Jäger ihr Augenmerk auf kleinere Arten und alternative Nahrungsquellen. Vermutlich lebten in der Küstenregion besonders viele Menschen, weil die Artenvielfalt Jägern und Sammlern dort gute Möglichkeiten bot. Da der Meeresspiegel im Laufe der Zeit stieg, liegen heute viele archaische Stätten unter Wasser. Am besten dokumentiert sind Orte im Hochland wie das Tehuacán- und Oaxaca-Tal im Süden Zentralmexikos, wo Untersuchungen von Nahrungsresten belegen, dass die Menschen sich im Laufe der Jahrtausende immer häufiger von jahreszeitlich verfügbaren Pflanzen ernährten.

Jäger der Küste

An den Küsten von Nordchile nutzten kleine Gruppen von Jägern, Sammlern und Fischern um 10 000 v. Chr. das Meer als reiche Nahrungsquelle, wie neuere Untersuchungen in Quebrada Tacahuay und Jaguay bestätigen. Hier entdeckten Archäologen Feuergruben, Abfallhaufen mit großen Mengen an Fisch- und Knochenresten, Knochen von Seevögeln und Muscheln. Da die Gegend genug Nahrungsressourcen bot, wurden die Menschen bis zu einem gewissen Grad sesshaft und lebten um 7000 v. Chr. an Stätten wie Acha II, Camarones-14 und Villa del Mar über einen Teil des Jahres in kleinen Rundhütten. Auf einen ausgeprägten Totenkult deuten die so genannten Chinchorro-Mumien hin, benannt nach der Stätte, an der man sie im 20. Jahrhundert erstmals fand. Sie könnten bis zu 9000 Jahre alt sein.

An der Küste Nordperus fertigten die Wildbeuter zwischen 8000 und 5000 v. Chr. charakteristische

Kogruk, Kayuk
lagher Flint
tion
Engigstciak
Old Crow

Fort Liard

Lind Coulee
MacHaffie Anzick
Danger Cave
velock Cave
Hell Gap Simonsen
Lime Creek
Drake Lindenmeier
Borax Lake
Folsom Dalton Modoc
Santa Rosa-Insel Clovis Hardaway
Ventana Cave Lewisville
Lehner Levi Rockshelter
Bonfire Shelter

Debert

Bull Brook

Poverty Point

Tamaulipas-Höhlen

Ixtapan, Tequixquiac,
Tepexpán
Guilá Naquitz, Oaxaca-Tal Valsequillo
Huehuetenango Tal von Tehuacán
Los Tapiales

El Couri
Cabaret Loíza-Höhle

Cerro Iguanas
Michelena
Muaco Manicuare
El Jobo
Guanacaste Nicoya Puerto Hormiga
Turrialba Canaima Alaka
Monagrillo

El Inga
Salango
Las Vegas

Nanchoc, Pampa de Paijan
Cupisnique La Cumbre, Quirihuac
Guitarrero-Höhle
Lauricocha Pachamachay
La Paloma Pikimachay
Chilca Sumbay
Jaguay Villa del Mar
Quebrada Tacahuay
Ring Site Kilometer 4, Quiani
Asana, Toquepala
Camarones-14 Caleta Huelén
Acha II, Chinchorro Cobija
Taltal Antofagasta

Lago Grande de
Vila Franca
Pedra
Pintada-
Höhle Mina
Paricatuba

Pedra Furada

Hochland von
Brasilien

Intihuasi-Höhle

Tagua Tagua

Monte Verde

Los Toldos
Cueva de las Manos
Eberhardt-Höhle
Palli Aike-Höhle Fell's Höhle
Englefield-Insel

vor 10 000 v. Chr.
10 000–8000 v. Chr.
8000–5000 v. Chr.
5000–3000 v. Chr.
anderer früher Fundort
Gebiet der Chinchorro-Tradition
Gebiet der Paijan-Tradition
Küstenverlauf 10 000 v. Chr.
Eiskappe 10 000 v. Chr.

Vegetationszonen 10 000 v. Chr.
Nordwald/Bergwald
Trockensteppe
Savanne/Grasland
Halbwüste/Wüste
gemäßigtes Waldland/Wald
Tropenwald
Tundra

0 — 2000 km
0 — 1500 Meilen

UNTEN Diese Entenköder blieben im trockenen Ambiente der Lovelock Cave, Nevada, erhalten. In Wüstenregionen bildeten Seen eine wichtige Nahrungsquelle.

Paijan-Speerspitzen. Aufgrund ihrer schmalen Basis eigneten sie sich wohl kaum als Jagdwerkzeuge, weshalb Archäologen darüber streiten, ob sie zum Speerfischen, zur Jagd auf Meeressäuger oder zur Jagd an Land dienten. Forschungen deuten darauf hin, dass die Paijan an Küstensümpfen zu bestimmten Jahreszeiten Lager errichteten und ansonsten in kleinen Dörfern mit Häusern oder Unterständen in den Flusstälern im Landesinnern lebten. Wissenschaftliche Analysen von prähistorischen Muschelhaufen aus diesen Gegenden legen die Vermutung nahe, dass sich die Paijan vorwiegend von Fisch, Krustentieren, Reptilien, Vögeln und Füchsen ernährten.

Kameljäger

Tiefe Abfallgruben in Höhlen wie Guitarrero, Sumbay und Toquepala in der Andenregion belegen, dass hier über lange Zeit archaische Gruppen lebten, die Jagd auf Guanacos, Vikunjas und Hirsche machten. Felsenbilder an einigen dieser Stätten zeigen Jagdszenen und andere Motive. In Asana, einer Stätte im Freien, fand man Spuren kleiner Häuser, die archaische Wildbeuter während der Jagdsaison bewohnten. Im Süden des Kontinents, in Cueva de las Manos und Los Toldos, suchten die Jäger Schutz unter Felsvorsprüngen, fingen Wildkamele sowie Nandus und hinterließen eindrucksvolle Malereien ◆

Die Land-wirtschaft

Die Landwirtschaft in der Neuen Welt begann, als Wildbeuter im Archaikum in verschiedenen Zentren Mittel- und Südamerikas anfingen, Wildpflanzen zu domestizieren. Dieser Prozess dauerte sehr lange. Vermutlich sammelten die Frauen die Wildpflanzen und bereiteten daraus Mahlzeiten zu. Allmählich verstanden die Menschen, wie der Kreislauf von Saat und Ernte funktionierte, wie man jätete, Saatgut verlas und speicherte und den Boden düngte, um eine reiche Ernte zu erhalten. Gleichzeitig erkannte man, dass sich einige Pflanzen besser zur Zucht eigneten als andere und versuchte deren Wachstum bewusst zu fördern. An ca. 12 000 Jahre alten Stätten entdeckten Archäologen die wilden Vorfahren später domestizierter Wildpflanzen. In Monte Verde in Südchile fanden sie zum Beispiel Überreste von Kartoffeln und belegten damit deren lange Geschichte.

Die wilden Vorfahren vieler Pflanzen, die sich zu bedeutenden domestizierten Arten entwickelten, veränderten sich durch diesen Prozess so grundlegend, dass wir von diesen nur noch die hybride Form kennen. Die Ursprünge von Mais, der wichtigsten domestizierten Pflanze Amerikas, liegen zum Beispiel im Dunkeln, doch deuten neuere Untersuchungen darauf hin, dass vor dem 5. Jahrtausend v. Chr. *Teosinte*, ein Wildgras mit kleinem Saatkopf, das an einigen Orten in Südmexiko gedieh, nach einer spontanen Mutation kleine Kolben ausbildete. Durch sorgfältige Selektion erhöhte man den Ertrag, doch dauerte die Transformation ziemlich lange. Zunächst verwendete man Mais wohl vor allem, um daraus ein fermentiertes Gebräu herzustellen.

Groß angelegte Untersuchungen archaischer Stätten im Tal von Tehuacán in der südlichen Puebla-Region zeugen von der allmählichen Domestizierung weiterer Pflanzenarten, darunter Bohnen, Avocados, Kürbisse und Chilis. Morphologisch domestizierte Kürbissamen aus Guilá Naquitz wurden auf 10 000 bis 8 000 Jahre datiert und sind damit um Jahrtausende älter als andere domestizierte Pflanzen in Mesoamerika. Im Laufe der Zeit spielte pflanzliche Kost bei den Menschen in dieser Region eine immer wichtigere Rolle. Als die Produktivität zunahm, begannen sich die Völker während des späten Archaikums auszubreiten. Zwischen 2000 und 1500 v. Chr. kam es zu einem Wan-

RECHTS Nachdem die Wildbeuter Pflanzen domestiziert hatten, erfolgte der allmähliche Übergang zur Landwirtschaft. Zwischen 3000 und 2500 v. Chr. entstanden an vielen Orten Südamerikas und Zentralmexikos sesshafte Bauerngemeinschaften. Später begann man auch im Südwesten und Südosten Nordamerikas Mais, Bohnen und Kürbisse anzubauen.

RECHTS Mais wurde überall in der Neuen Welt angebaut. Das Mochica-Gefäß aus Peru zeigt drei aus einem Kolben wachsende Götter.

OBEN Im nordamerikanischen Südwesten kultivierten die Pueblo-Bauern in erster Linie Mais und Getreide auf den Plateaus der Mesas. Ihre Dörfer (hier der Cliff Palace des Pueblos von Mesa Verde) bauten sie direkt in die Steilfelsen der Canyons.

landwirtschaftliche Siedlung

- 🟨 5000–3000 v. Chr.
- 🟥 3000–1000 v. Chr.
- 🟪 1000 v. Chr.–1200 n. Chr.

- ☐ anderer landwirtschaftlicher Ort
- ▬ Bauernkulturen mit Hügelgräbern
- ▬ Bauernkulturen im SW Nordamerikas
- ▬ Fremont-Kultur
- 🟩 mögliches Ursprungsgebiet des Maisanbaus
- 🟦 mögliches Ursprungsgebiet des Maniokanbaus
- ➡ Ausbreitung der Landwirtschaft

```
0                    1500 km
0                    1000 Meilen
```

del der Siedlungsmuster – die Menschen lebten nun erstmals das ganze Jahr über in festen Dörfern. Doch selbst zu dieser Zeit konnte man Ernteerträge kaum vorausberechnen und war daher immer noch abhängig von Wildpflanzen und Tieren, welche als Nahrungsergänzung dienten.

Südamerika

Vermutlich vor 12 000 bis 10 000 Jahren begannen die Menschen in Südamerika, Pflanzen zu domestizieren. Maniok, Mais und die wilden Vorfahren anderer Sorten tauchten erstmals um 5000 v. Chr. oder sogar etwas früher an Stätten an der Pazifikküste auf. Im darauf folgenden Jahrtausend kamen Bohnen hinzu. Baumwolle, die sich an der peruanischen Küste zu einer bedeutenden Pflanze entwickelte, wurde in ihrer ursprünglichen Form vielleicht bereits um 5000 v. Chr. verwendet.

Zwischen 4000 und 2500 v. Chr. veränderte sich die Lebensweise der Andenbewohner grundlegend. Sie beherrschten nun komplexere Methoden des Fischfangs (unter anderem besaßen sie Netze aus Baumwolle), fingen mehr und größere Fische und ernteten auch andere Meeresfrüchte. Infolgedessen wurden am Meer lebende Gemeinschaften bereits um 3000 v. Chr. sesshaft. Zwischen Küste und Hochland ernährten sich Wildbeuter nun vermehrt von Pflanzen und hatten um 2500 v. Chr. viele Arten, darunter Baumwolle, Bohnen, Kürbisse, Mais, Korn, Kartoffeln und andere Knollengewächse so vollständig verändert, dass Archäologen sie eindeutig als domestizierte Pflanzen identifizieren können. Ein ähnlicher Wandel fand weiter nördlich, an der Küste von Ecuador, in der Valdivia-Kultur statt. In Nordost- und Zentralbrasilien kultivierte man Pflanzen erstmals vor 3500 bis 4500 Jahren, an der Küste und in

anderen Regionen Südamerikas jagte, fischte und sammelte man jedoch weiter wie zuvor.

Im Hochland der Anden domestizierten die Jäger vor etwa 5000 Jahren Lamas, um sie als Fleischlieferanten und Lasttiere zu nutzen, und Alpakas, um deren Wolle zu verwenden. Tierherden erhielten nun eine immer größere Bedeutung, daneben pflanzte man Kartoffeln, Quinoa und Ocas an.

Nordamerikanische Bauern

Vor ca. 3500 Jahren wurde Mais aus Mittelamerika eingeführt. Bereits Jahrtausende zuvor hatten nomadische Jäger und Sammler in günstigen Lebensräumen Nordamerikas einheimische Wildgräser und andere Pflanzen gesammelt und angepflanzt und so zur Entwicklung lokaler Arten beigetragen. Der ursprünglich halbtropische Mais passte sich nach und nach dem nordamerikanischen Klima an und fand schließlich bis North Dakota Verbreitung, wo die Vorfahren der Mandan, Hidatsa und Arikara Maiskulturen unterhielten. Aus dem subtropischen Amerika gelangten auch Bohnen und Kürbisse in nördlichere Breiten und wurden häufig alternierend zum Mais angepflanzt, denn die Bauern erkannten, dass die Bohnen dem Boden den Stickstoff zufügten, den der Mais ihm entzogen hatte. Auch Baumwolle und Tabak gehörten zu den verbreiteten Kulturen. Abgesehen von Hunden waren Truthähne die einzigen Tiere, die Völker im Südwesten domestizierten.

Die Landwirtschaft veränderte das Leben der Menschen zunächst nur im Südwesten und Südosten Nordamerikas, wo sie die Entwicklung komplexer sesshafter Gesellschaften zur Folge hatte. Die Gruppen im Südwesten begannen vermutlich Mais anzupflanzen, als die Bevölkerung zunahm und saisonale Wildpflanzen nicht mehr als Nahrungsquelle ausreichten. Vor rund 2000 Jahren war der Maisanbau bis in den Südwesten von Colorado vorgedrungen, und in den nächsten 1500 Jahren entwickelten Pueblo-Völker Bewässerungssysteme, um die geringen Niederschläge optimal zu nutzen (s. S. 164f.). Weiter nördlich und westlich lebten im Herzen von Utah die Bauern und Wildbeuter der Fremont-Kultur, die – in Abhängigkeit von vorhandener Nahrung – entweder sesshaft waren oder umherzogen.

Im Osten des Kontinents bauten die Menschen Holunder und Sonnenblumen in kleinem Maßstab an. Komplexere Kulturen mit größeren Siedlungen wie Cahokia (s. S. 162f.) entwickelten sich im Ohio- und Mississippital aber erst, nachdem auch hier Mais, Bohnen und Kürbis Einzug gehalten hatten. Wenngleich diese Gesellschaften vor allem von der Landwirtschaft lebten, verloren das Jagen von Hirschen, Waschbären und Truthähnen, der Fischfang und das Sammeln von wilden Beeren und Nüssen doch noch lange nicht an Bedeutung ◆

Die Büffeljäger Nordamerikas

Bereits vor Jahrtausenden siedelten Menschen in den nordamerikanischen Prärien. Im 12. Jahrtausend v. Chr. jagten die nordamerikanischen Ureinwohner hier Großwild wie Mammuts, Mastodonten, Kamele und Vorfahren von Büffeln. Im Laufe der Zeit entwickelten die Menschen effizientere Jagdtechniken, die am Beginn komplexer und facettenreicher Kulturen standen. Bis spanische Eroberer im 16. Jahrhundert das Pferd in der Neuen Welt einführten, jagten und wanderten die Menschen ausschließlich zu Fuß. Die Indianer in den Prärien pflegten ihren traditionellen Lebensstil bis ins 19. Jahrhundert. Dann vernichteten weiße Siedler riesige Büffelherden, schleppten Krankheiten wie die Pocken aus Europa ein und zwangen die letzten Überlebenden mit Militärgewalt, in Reservate umzusiedeln.

Viele Funde, die Aufschluss über prähistorische nomadische Büffeljäger geben, stammen aus den westlichen Staaten Colorado und New Mexico. 1926 stießen Archäologen erstmals auf frühmenschliche Siedlungsspuren, als sie an einer Stätte bei Folsom, New Mexico, ein Exemplar einer ausgestorbenen Büffelart mit einer fein gearbeiteten Speerspitze zwischen den Rippen entdeckten. Wenig später fanden sie in Clovis, New Mexico, einen noch deutlich älteren Projektiltyp. Der Ort diente fortan als Bezeichnung für eine Wildbeuterkultur, die vor ca. 11 500 Jahren in großen Gebieten Nordamerikas bis nach Neuschottland hinauf gelebt hatte.

Die Menschen, die Clovis-Speerspitzen fertigten, beherrschten die Abschlagtechnik ausgezeichnet. Sie jagten heute ausgestorbene Mammuts, Kamel- und Büffelarten wegen ihres Fleisches und ihrer wärmenden Felle. Viele Projektile förderte man an Schlachtplätzen zutage, an denen die Jäger Tiere töteten und zerlegten. Archäologen unterschieden mehrere Werkzeugindustrien und machten sie zur Grundlage einer Chronologie der Region. Vor ca. 7000 Jahren kamen in den Great Plains *Atlatls* (Speerwurfmaschinen) auf. Vor ca. 2500 Jahren verwendeten die Menschen Pfeil und Bogen, mit denen sie noch zielgenauer jagen konnten. Auf ihrem Speiseplan standen mit Sicherheit Wildpflanzen, die auch als Medizin, Färbemittel und zum Flechten von Körben und anderen Gebrauchsgegenständen dienten. Über den Alltag der Paläoamerikaner wissen wir heute allerdings nur wenig.

RECHTS Gut erhaltene Clovis-Speerspitze (ca. 11 000 J.v.h.) für die Großwildjagd.

paläoindianische Stätte um das 10.–9. Jahrtausend v. Chr.
Tierschlachtplatz
Steinbruch für Pfeilspitzen
Medizinräder-Verbreitungsgebiet
Great Plains-Prärieegebiete
Lebensraum des Bison vor dem Kontakt mit Europäern um 1500 n. Chr.

0 — 800 km
0 — 600 Meilen

Golf von Mexiko

Schlachtplätze

Im Laufe der Zeit nahm die Jagd immer komplexere Formen an und wurde gemeinschaftlich organisiert: zahlreiche Jäger und ihre Familien spezialisierten sich auf diese Tätigkeit und trieben beispielsweise gemeinsam eine Büffelherde in eine eigens erbaute Koppel oder auf einen Abgrund zu, um sie dort zu erlegen. Die Jäger nutzten geschickt natürliche Gegebenheiten wie Schluchten ohne Ausgang oder Sanddünen, schichteten dort Steine auf und leiteten die Herde dadurch an die gewünschte Stelle.

Zu den am besten dokumentierten paläoamerikanischen Schlachtplätzen gehört Head-Smashed-In an den Ausläufern der Rocky Mountains im Süden von Alberta, Kanada. Die Stätte umfasst ein natürliches Auffangbecken, das als Pferch diente, Pfade, eine Klippe, über die die Tiere getrieben wurden, ein Lager und einen Schlachtplatz. Archäologen legten am Fuß

LINKS Clovis- und Folsom-Speerspitzen – große, aus Abschlägen gefertigte Waffen zur Jagd auf Tiere wie Mammuts oder Mastodonten – waren während des späten Pleistozäns in Nordamerika bis hinunter nach Panama weit verbreitet. Um das 8. Jahrtausend v. Chr. wurden sie durch kleinere Projektilspitzen ersetzt, die Archäologen in großer Menge an Schlachtplätzen der Great Plains entdeckten.

Debert

Bull Brook

NORD-ATLANTISCHER OZEAN

Ontario-see

Ebene

der Klippe eine neun Meter dicke Knochenschicht mit Tausenden von zerbrochenen Speerspitzen und anderen Artefakten frei. Der Schlachtplatz, der über 5700 Jahre fast kontinuierlich genutzt wurde, gehört zu den heiligen Stätten der Blackfoot.

Meist fanden große Schlachtungen im Herbst statt, wenn die Jäger Wintervorräte anlegten. Nur wenige Teile der Tiere wurden nicht verwertet. Abgesehen von Fleisch und Fellen, die die Frauen zu Zelten und Kleidung verarbeiteten, schnitzte man aus Knochen Küchengerät, stellte Klebstoff aus Blut und Fett her und drehte die Sehnen zu Schnüren. Einige Schlachtplätze suchten die Stämme alljährlich auf, andere nur sporadisch, vermutlich, wenn während der feuchten Jahreszeit das Gras hoch und üppig stand und die Größe der Herden zunahm. Wieder andere Stätten wurden nur in trockenen Perioden genutzt. In erster Linie diente die gemeinschaftliche Jagd der Nahrungsversorgung des Stammes, doch die gewaltige Menge geschlachteter Tiere könnte darauf hindeuten, dass die Menschen mit dem Überschuss Handel trieben. In späteren Zeiten spielten bei den Schlachtungen soziale und religiöse Aspekte eine Rolle, dass dies auch bei den paläoamerikanischen Kulturen der Fall war, kann man nur vermuten.

Nomadenleben

Tipi-Ringe – Kreise aus Steingewichten, welche die Tierhautbespannungen der tragbaren Unterkünfte festhielten – tauchen im archäologischen Befund ab etwa 3500 v. Chr. auf. Erstaunlicherweise entwickelten die nomadischen Jäger der Prärien eine Keramiktradition. Häufig drückten sie mit Netzen oder anderen Gegenständen Verzierungen in den feuchten Ton. Die Gefäße erreichten allerdings nie das technische

oder ästhetische Niveau zeitgleicher Ware aus dem Südwesten oder Südosten von Nordamerika.

Reiche Symbolik

Die Felsenkunst der Great Plains – Petroglyphen und Piktogramme – zeugt dagegen von einer ausgeprägten künstlerischen Tradition. Genau wie bei Darstellungen in anderen Erdteilen erweist sich die Interpretation der Zeichen jedoch als äußerst schwierig.

Zu den einzigartigen Phänomenen der nördlichen Prärien gehören so genannte Medizinräder. Sie bestehen aus riesigen Steinkreisen, die mit einer zentralen Steinsetzung durch speichenähnliche Steinlinien verbunden sind. Sie könnten riesige Sonnen darstellen und stehen vielleicht mit kultischen Ritualen in Verbindung, die verschiedene Stämme der Region im Rahmen von religiösen Zeremonien bei der Sommersonnenwende praktizierten ◆

OBEN In Olsen-Chubbuck in Colorado – einer auf ca. 8200 v. Chr. datierten Stätte – legten Forscher in einem langen *Arroyo* (Schlucht) die Knochen von rund 200 Büffeln frei. Jäger hatten die Tiere über den Rand der Schlucht gejagt und sie anschließend geschlachtet. Die Herde dürfte etwa 22 700 Kilo Fleisch erbracht haben, genug, um 150 Menschen 23 Tage lang zu ernähren. Zu den Tieren gehörten auch wenige Tage alte Kälber, die Jagd fand daher wohl Ende Mai oder Anfang Juni statt.

Moundbuilder in Nordamerika

Zu Beginn des 1. Jahrtausends v. Chr. begannen einige Gruppen in den Eastern Woodlands in Nordamerika, Grabhügel und eingefriedete Tempelbezirke zu errichten. *Mounds* (Hügel) entstanden noch, bis die Europäer das Land besetzten. Später bildeten die großen, abgeflachten Mounds den Unterbau für Zeremonialkomplexe. Euroamerikanische Siedler zerstörten Tausende von ihnen, weshalb sich ihre Zahl nur schwer schätzen lässt. Forscher glauben aber, dass einst 200 000 Mounds existierten.

Die ältesten uns bekannten Erdbauwerke Nordamerikas befinden sich in Poverty Point, westlich des Mississippi im Nordosten von Louisiana. Die Struktur, die archaische Jäger und Sammler zwischen 1730 und 1350 v. Chr. erbauten, umfasst einen großen öffentlichen Platz und mehrere Tempelplattformen. Zu den an der Stätte entdeckten Artefakten gehören gebrannte Tonkugeln, die man anstelle von Steinen zum Kochen verwendete, Tonfigurinen und schlichte Gefäße. Die Funktion von Poverty Point wurde bislang nicht geklärt. Einige Archäologen halten den Ort für ein Zeremonialzentrum, andere glauben, dass hier Handel getrieben wurde.

UNTEN Die Zentren der Adena- und der Hopewell-Kultur lagen am Ohio, die Ursprünge der Hopewell-Kultur jedoch weiter westlich in Illinois. Artefakte deuten auf ein weit verzweigtes Handelsnetz hin. Hopewell-Handwerker importierten Obsidian aus Wyoming, Feuerstein aus dem Yellowstone-Gebiet in Montana, Kupfer von den Ufern des Oberen Sees und Muskovit aus den Blue Ridge Mountains.

- ■ Adena-Hügelgrab (Mound) 700–100 v. Chr.
- ■ Hopewell-Mound 100 v. Chr.–1000 n. Chr.
- ▨ Kerngebiet der Adena–Hopewell–Kultur
- — Verbreitungsgebiet des Hopewell–Komplexes
- — Hopewell–Handelszentrum (Tauschgebiet)
- Feuerstein Handelsware
- → Wareneinfuhr in das Hopewell-Tauschgebiet

Mississippi-Kultur um 800–1500 n. Chr.
- ■ Hügelgrab
- ▨ Kerngebiet (Mittlerer Mississippi)
- □ andere wichtige Fundstätte
- ▨ Ausmaß der Hügelgräber-Bauten 700 v. Chr.–1500 n. Chr.

0 — 600 km
0 — 400 Meilen

Golf von Mexiko

ATLANTISCHER OZEAN

Die Adena-Kultur

Um 750 v. Chr. begannen die Menschen im Gebiet des Ohio River – Wildbeuter, die auch einheimische Arten wie Sonnenblumen und Gänsefuß kultivierten – ihre Toten in flachen Gruben unter kleinen konischen Hügeln zu bestatten. Die Gräber der so genannten Adena-Kultur entwickelten sich um 100 v. Chr. zu Hügeln mit reich ausgestatteten hölzernen Grabkammern. Der mit 21 Metern Höhe größte Mound in Grave Creek hat einen Durchmesser von 90 Metern und war von einem Wassergraben umgeben. Nichts deutet auf eine klare soziale Hierarchie innerhalb der Kultur hin, die Gräber lassen aber vermuten, dass die Menschen ihre Ahnen verehrten.

Die Hopewell-Kultur

Auf die Adena-Kultur folgte die nach einer im 19. Jahrhundert im Süden von Ohio freigelegten Stätte benannte Hopewell-Kultur (ca. 100 v. Chr.–500 n. Chr.). Die Menschen im Gebiet von Ohio und Mississippi errichteten Handels- und Zeremonialzentren und importieren Rohstoffe von weit her, um daraus Objekte wie Platten mit stilisierten Vogel- und Tiermotiven herzustellen. Die komplex strukturierten Hopewell-Stätten umfassen in manchen Fällen zahlreiche Mounds, die durch lange Erdwälle eingefriedet oder miteinander verbunden sind. Einigen Erdbauwerken, z. B. dem berühmten Great Serpent Mound in Ohio, kam vermutlich eine religiöse oder astronomische Bedeutung zu. Die Stätte, die manche Forscher der Adena- und andere der Hopewell-Kultur zuschreiben, könnte auch deutlich jünger sein.

Die Mississippi-Tradition

Jahrhunderte nach dem Verschwinden der Hopewell-Kultur kam in den Eastern Woodlands eine neue Kultur auf. Die Mississippi-Kultur (ca. 800–1500) zeichnete sich durch hierarchisch geordnete Strukturen mit lokalen Stammessitzen aus, die auf dem intensiven Anbau neuer Maissorten basierte. Als Ergänzung pflanzten die Menschen Bohnen und Kürbisse an und sammelten Nüsse und andere Wildpflanzen.

Zu den charakteristischen Merkmalen der Mississippi-Kultur gehören große, abgeflachte Hügel, oft Tempel-Mounds genannt. Die spektakulärste Stätte befindet sich in Cahokia. Die größte altamerikanische Siedlung, die bislang nördlich von Mexiko freigelegt wurde, bedeckt ein Areal von über 810 Hektar. 30 000 Menschen könnten in der Stadt und ihrem Umland gelebt haben. Im Zentrum erhob sich ein 81 Hektar großer, auf drei Seiten von einer Holzpalisade umschlossener Bezirk. An einem Ende steht der noch heute über 30 Meter hohe Monk's Mound hinter einem weiträumigen Platz. Neuere C-14-Analysen zeigen, dass der Hügel in Etappen über mehrere Jahrhunderte (900–1150) erbaut wurde und dadurch seine charakteristische Terrassenform erhielt. In der Nähe liegen die Gruben, aus denen das Erdreich für den Hügel ausgehoben wurde. Ein großes Gebäude, möglicherweise ein Palast für den Häuptling der Gemeinschaft, bildete den oberen Abschluss des Mounds. Die Stätte umfasst noch ca. 100 kleinere Hügel, die zum Teil als Grabstätten, zum Teil als Plattformen für Holzkonstruktionen dienten. In Moundville, Alabama, gruppieren sich 26 Erdhügel mit besonders reich ausgestatteten Gräbern um einen zentralen Platz ◆

OBEN Der Great Serpent Mound in Ohio wurde auf einem Felsvorsprung aufgeschüttet. Der Mund der Schlange (oben rechts) ist geöffnet, als wollte er einen ovalen Grabhügel verschlingen. Links erkennt man den zusammengerollten Schwanz des Tieres. Obwohl es an Informationen mangelte, die eine gesicherte zeitliche Einordnung erlaubten, rechneten Forscher den Mound der Adena- oder Hopewell-Kultur zu. Studien datieren ihn jedoch auf das Ende des 1. Jahrtausends. Dank früher Bemühungen wurde der Hügel nicht zerstört und befindet sich heute im Besitz des Staates Ohio.

LINKS Hopewell-Tabakspfeife in Biberform (4,5 cm hoch). Die Augen der geschnitzten Figur bestehen aus Süßwasserperlen, die Zähne aus Knochen. Den Tabak legte man in ein Gefäß im Rücken des Bibers, den Rauch inhalierte man durch das Loch auf der Vorderseite. Die Pfeife ist eine typische feine Handwerksarbeit, wie sie sich in Gräbern der Hopewell-Kultur fanden. Leider wurden viele Mounds geplündert, bevor Archäologen sie untersuchen konnten, so dass sich die Herkunft zahlreicher Artefakte in Museen und Sammlungen nicht mehr bestimmen lässt. Die Pfeife entdeckten Archäologen in Bedford Mound, Illinois.

Pueblo-Indianer im Südwesten

Die Wüsten im amerikanischen Südwesten boten ebenfalls Raum für spezifische Kulturen. Nomadische Wildbeuter hatten die kargen Gegenden jahrtausendelang durchzogen, doch vor etwa 2000 Jahren kam es zu einem tief greifenden Wandel, als sie sesshaft wurden und Mais, Bohnen und Kürbisse zu züchten begannen. Sie erwiesen sich als geschickte Bauern und nutzten ihr über Jahrhunderte angeeignetes Wissen über den Lebensraum, um die Erträge zu steigern. So legten sie Terrassen an, um Regenwasser zu sammeln und schufen Bewässerungssysteme. Weil sie in Dörfern (span. *Pueblos*) wohnten, bezeichnet man sie auch als Pueblo-Indianer.

Die Pueblo-Indianer waren hoch begabte Handwerker, wie durch das trockene Wüstenklima gut erhaltene Materialfunde (Tongefäße, Körbe und Textilien) belegen. Im 14. Jahrhundert veränderte sich das Klima, weshalb viele Dörfer aufgegeben wurden. Auf die ersten Europäer, die die Gegend erreichten, machten sie gleichwohl den Eindruck gerade verlassener Siedlungen. Die Pueblos weckten deshalb schon früh das Interesse von Archäologen und Ethnographen und wurden intensiv untersucht.

Prähistorische Pueblos

Das Four-Corners-Gebiet erstreckt sich auf dem Colorado Plateau und ist die einzige Stelle in den USA, an der die Grenzen von vier Staaten (Colorado, Utah, Arizona, New Mexico) einander berühren. Die Menschen, die dieses Gebiet einst besiedelten, gelten als Vorfahren der Hopi, Zuni, Zia und Acoma. Die Archäologen unterscheiden heute drei Hauptkulturen, die Anasazi (auch archaische Pueblos genannt), die Hohokam und die Mogollon.

Die Pueblo-Kultur begann mit der frühen Korbflechter-Kultur, die vor ca. 2000 Jahren blühte. Die Korbflechter ernährten sich vornehmlich von selbst angebautem Mais, doch spielten Jagen und Sammeln bei ihnen noch eine wichtige Rolle. Zunächst fertigten sie keine Tongefäße, dafür aber schön gearbeitete Körbe aus Gräsern, Yuccafasern, Zweigen und Rinde. Vor etwa 1500 Jahren lebten sie in kleinen, halbunterirdischen Einfamilienbehausungen und hatten gelernt, Ton zu formen und zu brennen.

Im 9. Jahrhundert errichteten die Anasazi Dörfer auf den Mesas, auf denen sie auch Mais kultivierten. Ihre Häuser bestanden aus Adobe (luftgetrockneten Lehmziegeln). An anderen Orten bauten sie auch mehrstöckige, bienenkorbartige Behausungen unter Felsvorsprüngen in tiefen Canyons, welche die Mesas voneinander trennten. Ihre früheren, halbunterirdischen Wohnungen nutzten sie fortan als *Kivas*, Versammlungsorte der männlichen Clan-Mitglieder bei vermeintlich sozialen oder religiösen Anlässen.

Als die Bevölkerung wuchs, entstanden auf den Mesas weitere Siedlungen. Die Anasazi bauten nun ein weiträumiges Handelssystem auf. Chaco Canyon, heute ein trockener Wüstencanyon, bildete damals das Zentrum eines wirtschaftlichen, sozialen und kulturellen Netzwerkes, das den gesamten nördlichen Teil des Südwestens umfasste. Straßen und natürliche Transportwege, etwa Flüsse, verbanden den Ort mit anderen Dörfern, und die Kontakte reichten bis zur Küste Kaliforniens und nach Mexiko im Süden. Handwerker bearbeiteten importierte Rohstoffe. In dem 24 Kilometer langen Canyon ruhen die überwiegend aus dem 10. bis 12. Jahrhundert stammenden Ruinen von insgesamt 18 größeren Pueblos.

RECHTS Archäologen unterscheiden drei prähistorische Bauernkulturen im Südwesten des amerikanischen Kontinents, die Pueblos, die Hohokam und die Mogollon. Sie teilten eine Reihe von Merkmalen, und ihre Gebiete überschnitten sich vermutlich zum Teil. Innerhalb der drei großen Kulturen lassen sich viele kleinere Traditionen ausmachen. Das Handelsnetz reichte weit über die Grenzen des Gebietes hinaus.

Mogollon-Keramik: stilisierte Gefäße

Zu den typischen Merkmalen der Pueblo-Kultur gehören bemerkenswerte Keramiken. Jede Kultur entwickelte einen charakteristischen Stil, doch am eindrucksvollsten sind die Motive der Mogollon-Kultur, die im Hochland von Zentral- und Südarizona und New Mexico beheimatet war. Die Mogollon waren Bauern, jagten und sammelten daneben aber intensiver als andere Pueblo-Indianer. Im Gegensatz zu anderen Pueblo-Kulturen gaben sie erst im 11. Jahrhundert ihre unterirdischen Behausungen auf. Etwa zur gleichen Zeit kam im Mimbres-Tal in Arizona eine neue Tradition mit schwarz-weißen sowie farbigen Gefäßen auf, die mit geometrischen Mustern und stilisierten Bildern von Menschen und Tieren verziert wurden. Die Schalen dienten zum Teil als Grabbeigaben, wurden dann aber, wie es der Brauch verlangte, in einer religiösen Zeremonie geopfert und zu diesem Zweck am Boden durchlöchert. Aufgrund der klaren Linien wirkt der Mimbres-Stil auf heutige Betrachter sehr modern und ist bei Sammlern heiß begehrt. Leider führte dieser Umstand zur Plünderung oder sogar Zerstörung vieler Mimbres-Stätten ◆

RECHTS KRUG MIT TYPISCHEM MOGOLLON-MUSTER (20 CM HOCH).

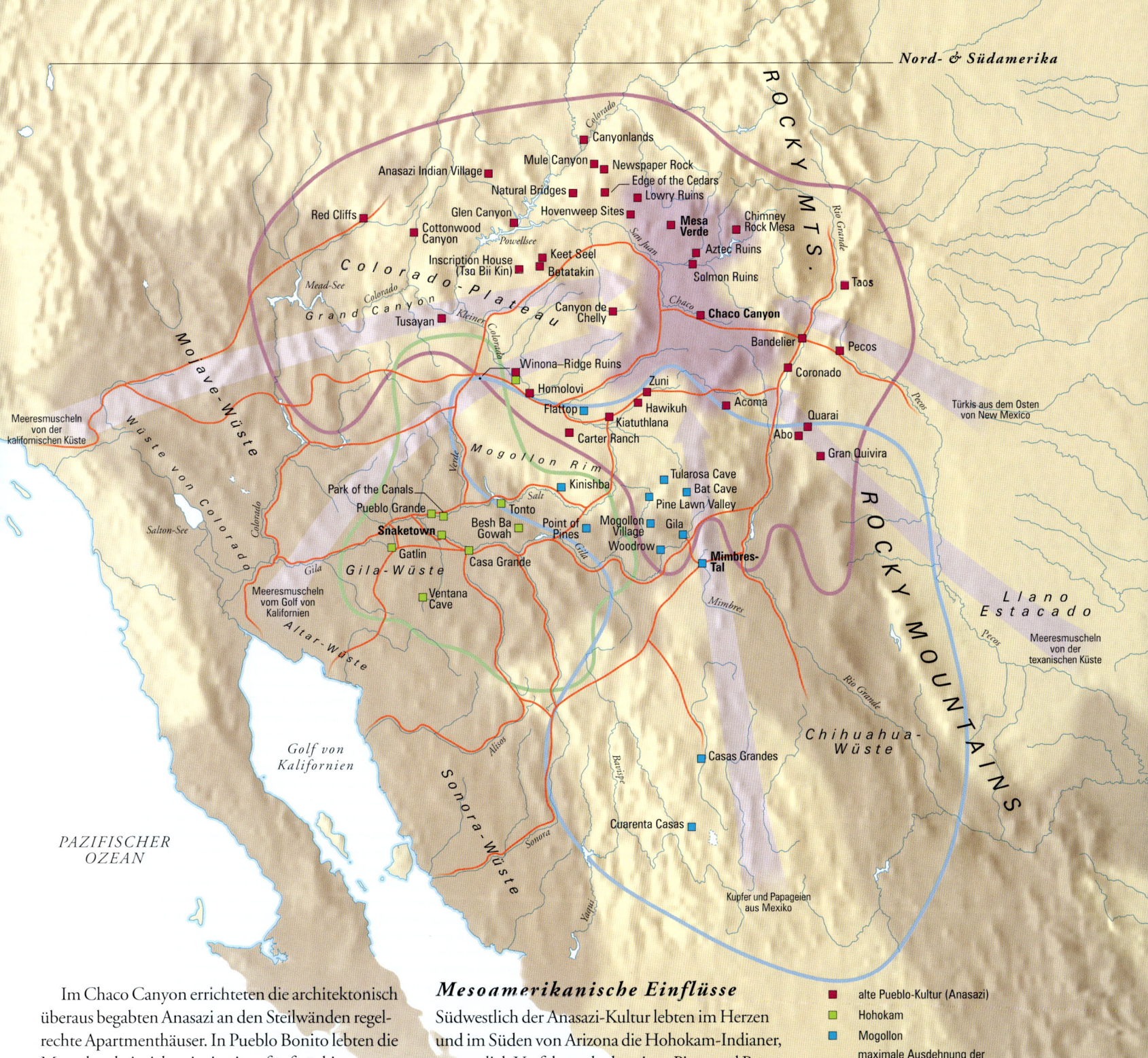

ROCKY MTS.

Canyonlands
Mule Canyon
Anasazi Indian Village
Newspaper Rock
Natural Bridges
Edge of the Cedars
Lowry Ruins
Glen Canyon
Hovenweep Sites
Red Cliffs
Cottonwood Canyon
Mesa Verde
Chimney Rock Mesa
Inscription House (Tsa Bii Kin)
Keet Seel
Betatakin
Aztec Ruins
Salmon Ruins
Grand Canyon
Colorado-Plateau
Canyon de Chelly
Chaco Canyon
Taos
Tusayan
Bandelier
Pecos
Winona–Ridge Ruins
Coronado
Zuni
Homolovi
Flattop
Hawikuh
Acoma
Kiatuthlana
Quarai
Carter Ranch
Abo
Gran Quivira
Mogollon Rim
Tularosa Cave
Bat Cave
Kinishba
Pine Lawn Valley
Park of the Canals
Tonto
Pueblo Grande
Besh Ba Gowah
Point of Pines
Mogollon Village
Gila
Snaketown
Woodrow
Gatlin
Mimbres-Tal
Gila-Wüste
Casa Grande
Ventana Cave

Mojave-Wüste
Wüste von Colorado
Meeresmuscheln von der kalifornischen Küste
Salton-See
Mead-See
Powellsee
Meeresmuscheln vom Golf von Kalifornien
Altar-Wüste
Golf von Kalifornien
Sonora-Wüste
PAZIFISCHER OZEAN

ROCKY MOUNTAINS
Llano Estacado
Türkis aus dem Osten von New Mexico
Meeresmuscheln von der texanischen Küste
Chihuahua-Wüste
Casas Grandes
Cuarenta Casas
Kupfer und Papageien aus Mexiko

Rio Grande
Pecos

Im Chaco Canyon errichteten die architektonisch überaus begabten Anasazi an den Steilwänden regelrechte Apartmenthäuser. In Pueblo Bonito lebten die Menschen beispielsweise in einer fünfstöckigen Konstruktion mit 650 Einzelräumen und 32 *Kivas.* Der Cliff Palace in Mesa Verde im Süden von Colorado umfasste 150 Räume und 23 *Kivas.* Einzelne Gebäude bestanden aus behauenen Steinen, Holz und Gips. In die Steilfelsen wurden darüber hinaus Treppen geschlagen, damit die Bauern ihre auf den Plateaus liegenden Felder erreichen konnten.

Die Klippensiedlungen in der Four-Corner-Region waren nicht sehr lange bewohnt. Die Indianer gaben sie bereits Anfang des 14. Jahrhunderts wieder auf, vermutlich weil mehrere Trockenperioden die Landwirtschaft unrentabel machten. Die Anasazi zogen nach Südosten, zum Rio Grande im Norden von New Mexico und nach Arizona.

Mesoamerikanische Einflüsse

Südwestlich der Anasazi-Kultur lebten im Herzen und im Süden von Arizona die Hohokam-Indianer, vermutlich Vorfahren der heutigen Pima und Papago (O'Odham). Wie ihre Nachbarn bauten sie zunächst unterirdische Behausungen, später jedoch Dörfer über der Erde. Sie unterhielten intensive Kontakte zu Kulturen in Mexiko. Große, kugelförmige Vertiefungen an einigen ihrer Stätten halten manche Forscher für nördliche Versionen mesoamerikanischer Ballspielplätze, doch könnte es sich dabei auch um große rituelle Tanzplätze handeln. Zu den berühmtesten Hohokam-Siedlungen gehört Snaketown südlich von Phoenix. Das rund 1,3 Quadratkilometer große Dorf umfasste zahlreiche Wohnhäuser, einen Ballspielplatz und eines der ausgedehntesten Bewässerungssysteme mit Kanälen und Schleusen, die man bis heute in Nordamerika gefunden hat ◆

■ alte Pueblo-Kultur (Anasazi)
■ Hohokam
■ Mogollon
— maximale Ausdehnung der alten Pueblo-Kultur
— maximale Ausdehnung der Hohokam-Kultur
— maximale Ausdehnung der Mogollon-Kultur
▨ Chaco Canyon und Randbereiche
Kupfer Handelsware
▨ Wareneinfuhr in den Chaco Canyon
— Handelsroute
▨ Wüstengebiet

0 _____ 300 km
0 _____ 200 Meilen

165

Die formative Periode

In Mesoamerika entwickelten sich Staaten mit den für sie typischen sozialen Hierarchien, spezialisierten Handwerken und monumentalen Bauten wesentlich langsamer und vereinzelter als in vielen anderen Teilen der Welt. Es vergingen Jahrtausende, bis die Menschen Mais und andere Feldfrüchte domestiziert hatten (s. S. 158f.). Erst ganz allmählich machten Wildpflanzen bei der Ernährung einen geringeren Anteil aus. Um 1300 v. Chr. bildeten die Jäger, Fischer und Kleinbauern im tropischen Tiefland an der südlichen Golfküste Mexikos komplexere Gesellschaften und gründeten erste städtische Zentren. Während der frühen und mittleren formativen Periode erbauten die Olmeken mächtige Zeremonialplattformen, die sie mit monumentalen Steinskulpturen schmückten. Etwa zur gleichen Zeit begannen sie, erste Handelskontakte zu anderen Kulturen der Region zu knüpfen.

Im feuchten, von Flüssen durchzogenen tropischen Regenwald an der südlichen Golfküste mangelte es nicht an Nahrungsquellen. Hier entwickelte sich zwischen 1300 und 400 v. Chr. die Kultur der Olmeken in Zentren wie San Lorenzo und La Venta. Ansonsten bot das Kernland der Olmeken jedoch wenig Rohstoffe. Insbesondere mangelte es an Basalt, den man für Kolossalskulpturen und Mahlsteine benötigte. Schneidwerkzeuge fertigten sie aus feinkörnigem Obsidian und Feuerstein, die sie aus Zentralmexiko importierten. Eisen für polierte Spiegel kam aus Oaxaca, Jade für Zeremonialmesser sogar aus Costa Rica. Im Austausch für diese Güter boten die Olmeken Urwaldprodukte wie Jaguarfelle und exotische Federn. Mit den Waren gelangten auch Weltvorstellungen und ikonographische Symbole, die auf der mythischen Verbindung der Ahnen mit übernatürlichen Jaguar-Kreaturen basierten, in entfernte Gegenden und beeinflussten die dortigen Kulturen.

Das Oaxaca-Tal

Außerhalb des Kernlandes der Olmeken vollzogen sich ähnliche Prozesse, allerdings in kleinerem Maßstab. Die formative Periode ist besonders in San José Mogote, einer Stätte in einem besonders fruchtbaren Gebiet des Oaxaca-Tals, gut belegt. Um 1200 v. Chr. entstand dort eine erste Siedlung, die nach und nach wuchs, bis kleinere Weiler im Umkreis des Dorfes gegründet wurden. Um 1000 v. Chr. errichteten die Bewohner ein öffentliches Gebäude, das vermutlich zeremoniellen Zwecken diente und die Menschen im Zentrum mittels ritueller Handlungen mit den Bewohnern des Umlands verband. Verzierte Keramiken und Figurinen sowie importierte Güter weisen darauf

hin, dass die Einwohner von San José Mogote in Kontakt mit den Olmeken an der Golfküste standen.

In Zentralmexiko zeigen Wandbilder über einer Höhle in Oxtotitlán eine hoch stehende Persönlichkeit, die nach Art der Olmeken einen Federmantel trägt und auf einem Jaguarthron sitzt. In Tlatilco beinhalteten Grabfunde Keramiken und Figurinen im olmekischen Stil. Flachreliefverzierungen an Steinblöcken der Hügelstätte Chalcatzingo greifen Motive aus der olmekischen Mythologie auf, darunter einen Menschen, vermutlich eine Frau, die im Maul eines Jaguars/einer Erdhöhle sitzt und ein Bündel, vielleicht ein stilisiertes Jaguar-Kind, hält.

Die Hinweise auf die Kultur der Olmeken lassen jedoch nicht darauf schließen, dass Letztere die Kontrolle über ein weiträumiges Reich ausübten. Auch bedeuten sie nicht, dass es in anderen Gebieten an kultureller Komplexität mangelte und die Olmeken diese Lücke ausfüllten. Allerdings übernahmen wohl viele Gruppen religiöse Vorstellungen der Olmeken, wie Motive auf Tongefäßen, Figurinen und monumentale Kunstwerke eindrucksvoll belegen. Auf diese Weise entstanden gemeinsame Stilmuster und Rituale, die in der Kultur der Olmeken wurzelten und die mesoamerikanische Kultur insgesamt prägten. Nicht alle Gruppen griffen aber die Idee der heiligen Königsherrschaft auf und bauten die darin angelegten politischen Strukturen weiter aus. In Costa Rica entdeckte man zum Beispiel Jadeobjekte mit olmekischen Motiven, doch die Menschen lebten nach wie vor in verstreuten Dörfern ohne erkennbare Hierarchie zusammen. Ähnliches gilt für Westmexiko, obgleich sich hier erlesene olmekische Keramikskulpturen in Gräbern fanden. Am Beginn der formativen Periode standen demnach unterschiedliche Ansätze, die erst nach und nach zu einer mesoamerikanischen Kulturtradition zusammenwuchsen ◆

OBEN Das trockene Hochlandtal von Oaxaca im Süden von Mexiko birgt viele Spuren, welche die Entwicklung der mesoamerikanischen Kultur dokumentieren. Eine regionale Studie, die unter der Leitung des US-Amerikaners Kent V. Flannery an mehreren Stätten des Tals durchgeführt wurde, lässt erkennen, wie aus archaischen Wildbeutern sesshafte Bauern wurden, die schließlich einen komplexen Staat um das Zentrum Monte Albán aufbauten.

RECHTS Olmekischer Kolossalkopf aus Basalt (La Venta). Der Kopf trägt einen Helm für das rituelle Ballspiel, einen „Sport", der ein Tor von der realen zur übernatürlichen Welt öffnen sollte. Die monumentalen Skulpturen der Olmeken durchliefen einen mehrstufigen Prozess. Zunächst schuf man rechteckige Altäre oder Throne, häufig mit Darstellungen von Menschen, die aus Jaguarmäulern stiegen. Später formte man die Throne zu Kolossalköpfen um, die verschiedene Individuen, vermutlich hochrangige Persönlichkeiten zeigten. Schließlich „tötete" man die Köpfe, indem man sie verunstaltete und feierlich im Zeremonialbezirk begrub, wo sie vielleicht Herrscher der Unterwelt verkörperten.

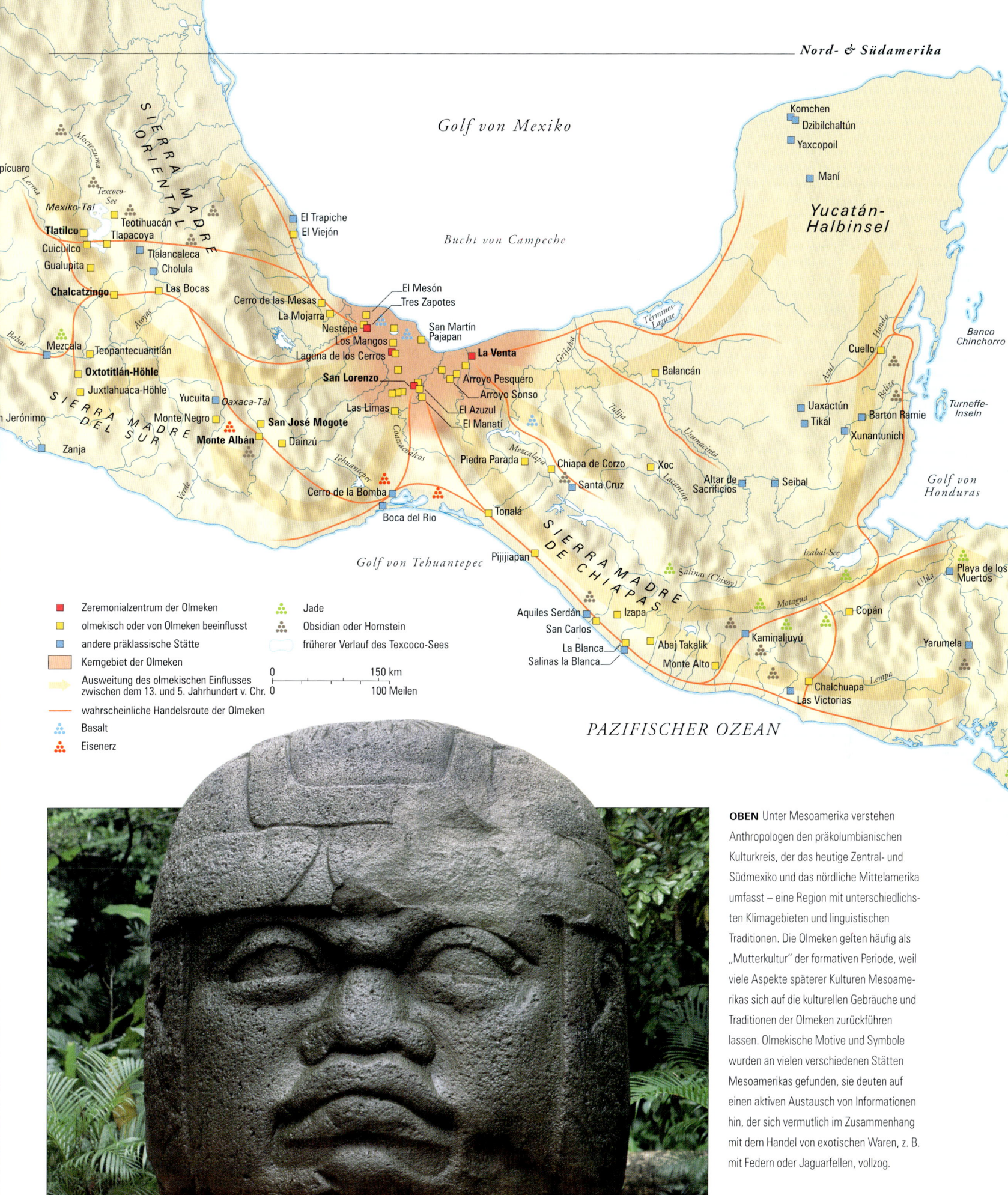

SIERRA MADRE ORIENTAL

Moctezuma

Lerma

Tupícuaro

Texcoco-See

Mexiko-Tal

Tlatilco

Teotihuacán
Tlapacoya

Cuicuilco

Gualupita

Tlalancaleca

Cholula

Chalcatzingo

Las Bocas

Mezcala

Teopantecuanitlán

Oxtotitlán-Höhle

Juxtlahuaca-Höhle

Yucuita

Oaxaca-Tal

Monte Negro

San Jerónimo

SIERRA MADRE DEL SUR

San José Mogote

Monte Albán

Dainzú

Zanja

Verde

Tehuantepec

El Trapiche
El Viejón

Cerro de las Mesas

La Mojarra

Nestepe

San Lorenzo

Los Mangos

Laguna de los Cerros

Las Limas

El Mesón
Tres Zapotes

San Martín
Pajapan

La Venta

Arroyo Pesquero

Arroyo Sonso

El Azuzul

El Manatí

Golf von Mexiko

Bucht von Campeche

Coatzacoalcos

Piedra Parada

Mezcalapa

Cerro de la Bomba

Boca del Rio

Golf von Tehuantepec

Chiapa de Corzo

Santa Cruz

Tonalá

Pijijiapan

SIERRA MADRE DE CHIAPAS

Xoc

Lacantún

Tulija

Usmancinta

Balancán

Grijalva

Términos-Lagune

Yucatán-Halbinsel

Komchen
Dzibilchaltún

Yaxcopoil

Maní

Azul

Cuello

Uaxactún

Tikal

Barton Ramie

Xunantunich

Belize

Hondo

Banco Chinchorro

Turneffe-Inseln

Altar de Sacrificios

Seibal

Golf von Honduras

Izabal-See

Salinas (Chixoy)

Aquiles Serdán

San Carlos

Izapa

La Blanca

Salinas la Blanca

Abaj Takalik

Monte Alto

Kaminaljuyú

Motagua

Copán

Ulúa

Playa de los Muertos

Yarumela

Chalchuapa

Las Victorias

Lempa

PAZIFISCHER OZEAN

Legende:

🟥	Zeremonialzentrum der Olmeken
🟨	olmekisch oder von Olmeken beeinflusst
🟦	andere präklassische Stätte
🟧	Kerngebiet der Olmeken
➡	Ausweitung des olmekischen Einflusses zwischen dem 13. und 5. Jahrhundert v. Chr.
—	wahrscheinliche Handelsroute der Olmeken
⋮	Basalt
⋮	Eisenerz
⋮	Jade
⋮	Obsidian oder Hornstein
▢	früherer Verlauf des Texcoco-Sees

0   150 km
0   100 Meilen

OBEN Unter Mesoamerika verstehen Anthropologen den präkolumbianischen Kulturkreis, der das heutige Zentral- und Südmexiko und das nördliche Mittelamerika umfasst – eine Region mit unterschiedlichsten Klimagebieten und linguistischen Traditionen. Die Olmeken gelten häufig als „Mutterkultur" der formativen Periode, weil viele Aspekte späterer Kulturen Mesoamerikas sich auf die kulturellen Gebräuche und Traditionen der Olmeken zurückführen lassen. Olmekische Motive und Symbole wurden an vielen verschiedenen Stätten Mesoamerikas gefunden, sie deuten auf einen aktiven Austausch von Informationen hin, der sich vermutlich im Zusammenhang mit dem Handel von exotischen Waren, z. B. mit Federn oder Jaguarfellen, vollzog.

Klassische Hochlandkulturen

Archäologen bezeichnen das 3. bis 8. Jahrhundert gewöhnlich als klassische Periode der mesoamerikanischen Kulturen, die in dieser Phase neue und komplexere Strukturen ausbildeten. Die Entwicklung betraf weite Teile der Region, auch das zentrale Hochland von Mexiko und die Gebiete der Maya in Mittelamerika. Letztere werden in der Regel gesondert betrachtet, obgleich die Einflusssphären nicht völlig getrennt voneinander waren, denn neuere Studien liefern Hinweise dafür, dass intensive Handelskontakte bestanden, über die sich auch religiöse und ideologische Konzepte verbreiteten (s. S. 170f.). Die klassischen Kulturen im zentralmexikanischen Hochland umfassten städtische Zentren wie Teotihuacán, Cholula und Monte Albán. Zu den typischen Merkmalen dieser staatsähnlichen Gebilde gehörten dicht besiedelte Städte, monumentale Bauwerke und nach bestimmten Normen gefertigte Gefäße. Ähnliche Charakteristika fanden sich in kleinerem Maßstab in lokalen Zentren wie Yucuita und Cerro de las Minas an den Rändern größerer Reiche. Sie deuten darauf hin, dass diese Kleinstaaten sich die Strukturen ihrer bedeutenderen Nachbarn anzueignen versuchten. Während der klassischen Periode nahm die Bevölkerungszahl ebenso deutlich zu wie die Größe der Bauwerke. Die Blütezeit dauerte rund 500 Jahre, dann erlebten Teotihuacán und Monte Albán aus bislang ungeklärten Gründen einen raschen Niedergang und wurden schließlich aufgegeben.

Anhand der Zapotekenhauptstadt Monte Albán im Oaxaca-Tal lässt sich die Entwicklung eines klassischen Staates gut nachvollziehen. Intensive Untersuchungen der Stätte und des Umlandes erbrachten hier eine Fülle von Informationen zum Bevölkerungswachstum und der Verteilung der Gemeinden innerhalb des Tals. Allem Anschein nach wuchsen verstreute Dörfer um 500 v. Chr. zu einem einzigen regionalen Zentrum, Monte Albán, zusammen. Die Hauptstadt lag auf einer Hügelkette oberhalb von drei miteinander verbundenen Talsystemen. Die mächtigen Verwaltungs- und Tempelgebäude waren von den Tälern aus gut zu sehen. Steinskulpturen gefangener und geopferter Fürsten, die das Zeremonialzentrum von Monte Albán zieren, deuten an, dass die Reichsgründung sich im Rahmen militärischer Eroberungen vollzog.

Kosmologische Architektur

Andere Hochlandkulturen verwendeten weniger gewaltsame Bilder, um ihre Macht zu demonstrieren. Teotihuacán war die größte Stadt der klassischen Periode. Im 4. bis 7. Jahrhundert lebten hier 150 000 Menschen. Die öffentlichen Bauten jener Zeit greifen vor allem kosmologische Themen auf (s. Kasten).

Dasselbe gilt für Cholula, ein um 1000 v. Chr. gegründetes Zentrum, dass zu den ältesten Mesoamerikas gehört und mit der größten Pyramide Amerikas aufwartet. Sie erhob sich über einer Quelle, die als Eingang zur Unterwelt galt und die man über

Teotihuacán: Stadt der Götter

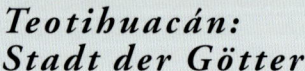

Teotihuacán (wir kennen nur die Aztekenbezeichnung, die „Stadt der Götter" bedeutet) liegt ca. 50 Kilometer nördlich von Mexico City und gehört zu den am vollständigsten untersuchten Stätten Mesoamerikas. An kaum einem anderen Ort der Region kann man so gut nachvollziehen, nach welchen Prinzipien die Bewohner die kulturelle Landschaft gestalteten. Zwischen 250 v. Chr. und 650 n. Chr. errichtete ein bis heute unbekanntes Volk hier einen Stadtstaat, der sich über mehr als elf Quadratkilometer ausdehnte. Der Grundriss und die Bauwerke erhoben Teotihuacán zu einem Zentrum, das als Mittelpunkt des Universums konzipiert war. Teotihuacán ist schachbrettmusterartig angelegt. Am nördlichen Ende der Hauptverkehrsachse, der Straße der Toten, erhebt sich die Mondpyramide, die eine verkleinerte Kopie des dahinter stehenden Cerro Gordo darstellt. Die Sonnenpyramide, auf halbem Weg an der Straße, greift ebenfalls das Profil des Berges da-

hinter auf. Der San Juan, der durch das Stadtgebiet floss, wurde kanalisiert und der strengen Anlage angepasst. Unter den Pyramiden entdeckte man ausgehöhlte Tunnel, aus denen das Baumaterial stammte. Diese Tunnel dienten zugleich als Zugang zur Unterwelt. Ein Tunnel unter der Sonnenpyramide mündet in eine Höhle, aus der die ersten Menschen emporgestiegen sein sollen, andere Gänge besitzen Öffnungen, durch die man astronomische Konstellationen beobachten konnte. Ein riesiger Ritualbezirk, die so genannte Zitadelle, wird von einer rechteckigen Plattform mit weiteren kleinen Pyramidenplattformen umschlossen. In diesem Bereich erhebt sich die Pyramide des Quetzalcoatl mit Darstellungen gefiederter Jaguare/ Schlangen an den Mauern. Bei archäologischen Ausgrabungen entdeckte man hier über hundert Skelette geopferter Krieger und Priester ◆

RECHTS GEFIEDERTER SCHLANGENKOPF AUS TEOTIHUACÁN.

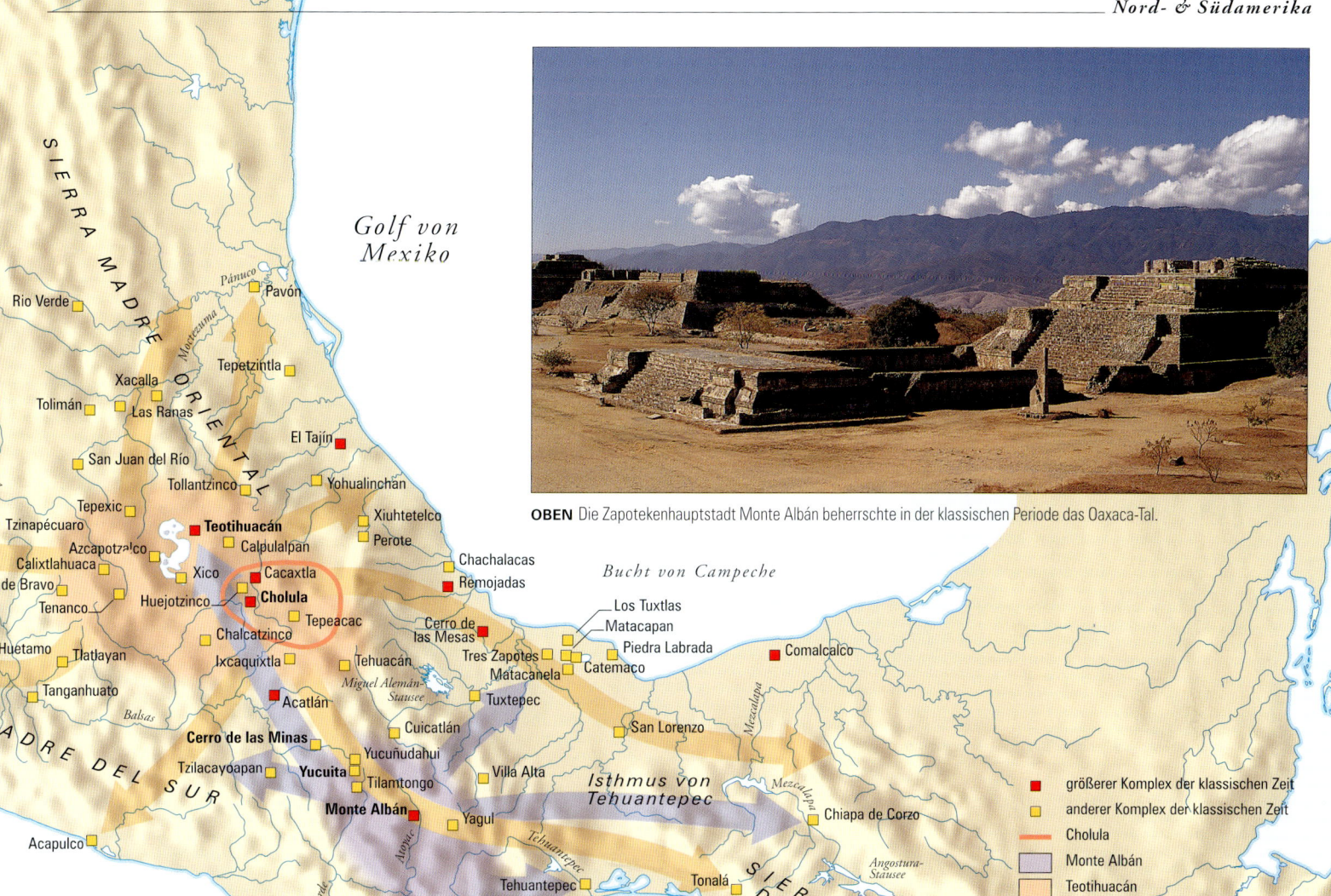

OBEN Die Zapotekenhauptstadt Monte Albán beherrschte in der klassischen Periode das Oaxaca-Tal.

Map labels

Golf von Mexiko

Bucht von Campeche

Isthmus von Tehuantepec

PAZIFISCHER OZEAN

Golf von Tehuantepec

SIERRA MADRE ORIENTAL

MADRE DEL SUR

SIERRA MADRE DE CHIAPAS

Rio Verde · Pavón · Pánuco · Tepetzintla · Xacalla · Las Ranas · Tolimán · San Juan del Río · Tollantzinco · El Tajín · Yohualinchán · Tepexic · Teotihuacán · Xiuhtetelco · Perote · Calpulalpán · Tzinapécuaro · Azcapotzalco · Chachalacas · Calixtlahuaca · Xico · Cacaxtla · Remojadas · lle de Bravo · Huejotzinco · Cholula · Los Tuxtlas · Tenanco · Tepeacac · Matacapan · Chalcatzinco · Cerro de las Mesas · Piedra Labrada · Huétamo · Ixcaquixtla · Tehuacán · Tres Zapotes · Catemaco · Comalcalco · Tlatlayan · Matacanela · Acatlán · Miguel Alemán-Stausee · Tuxtepec · Tanganhuato · Balsas · Cerro de las Minas · Cuicatlán · San Lorenzo · Tzilacayoapan · Yucuñudahui · Villa Alta · Mezcalapa · Yucuita · Tilamtongo · Monte Albán · Yagul · Chiapa de Corzo · Verde · Acapulco · Tehuantepec · Tonalá · Angostura-Stausee · Tehuantepec · Atoyac

Legend

- größerer Komplex der klassischen Zeit
- anderer Komplex der klassischen Zeit
- Cholula
- Monte Albán
- Teotihuacán
- Ausbreitung des kulturellen Einflusses von Monte Albán
- Ausbreitung des kulturellen Einflusses von Teotihuacán
- früherer Verlauf des Texcoco-Sees

0 · 150 km
0 · 100 Meilen

eine innere Kammer erreichte. Außerdem war sie präzise nach dem Sonnenuntergang zur Sommersonnenwende ausgerichtet. Elemente aus einer früheren Bauphase beziehen sich eindeutig auf den Kalenderzyklus, was nicht weiter verwundert, gehörten Zeitkontrolle und astronomische Beobachtungen doch zu den Hauptaufgaben der mesoamerikanischen Priester. Wie in Teotihuacán galt auch in Cholula die Große Pyramide als Zentrum des Universums.

Kommunaler Gemeinsinn

Zeremonialkunst und -architektur weisen darauf hin, wie die klassischen Hochlandkulturen ihre Existenz legitimierten. Dass das Individuum in ihrer Weltvorstellung kaum eine Rolle spielte, belegen standardisierte Geschichtszüge auf Bildern und Reliefs. In Teotihuacán und Cholula entdeckte man keine Gräber hoher Würdenträger. In Teotihuacán lebten fünf bis zehn Familien in einem Gebäude ohne erkennbare soziale

Unterschiede zusammen. Die Adligen von Monte Albán hoben sich deutlicher vom gemeinen Volk ab, wie schön ausgestattete Gräber unter ihren Palästen zeigen. Hier spielte der Ahnenkult als Legitimationsfaktor eine wichtige Rolle. Alle genannten Kulturen versuchten Rangunterschiede überdies durch eine eher schlichte Gebrauchskultur wenigstens vordergründig zu nivellieren. Hoch stehende Persönlichkeiten besaßen gleichwohl exotische Objekte wie Jadeperlen, Ohrscheiben und leuchtende Federn, die aus dem Gebiet der Maya importiert wurden.

Viele Forscher haben sich bemüht, den raschen Niedergang von Teotihuacán und Monte Albán zu erklären. Vielleicht glaubten die Menschen nicht mehr an ihre Götter oder Gottkönige, oder mit Einwanderern aus dem Norden und Osten kamen neue religiöse Ideen. Cholula machte zunächst ebenfalls einen kaum erklärlichen Wandel durch, entwickelte sich dann aber zu einem der bedeutendsten Zentren der nachklassischen Periode (s. S. 172f.). Wie die Kulturen letztlich entstanden und warum sie vergingen, bleibt noch zu klären ◆

OBEN Archäologische Untersuchungen zeigen, dass es in der klassischen Periode im mexikanischen Hochland drei große Zentren – Cholula, Monte Albán und Teotihuacán – mit je eigener Einflusssphäre gab. Der größte und einflussreichste dieser Stadtstaaten war Teotihuacán. Die meisten Bewohner bauten Mais, Bohnen, Kürbisse und Agaven auf Feldern rund um die Stadt an. Handwerker fertigten Obsidianwerkzeuge und -waffen, Tongefäße, Figurinen und Schmuck aus importierten Halbedelsteinen. Mit diesen Waren trieb man auch Handel mit weit entfernten Orten. Typische Artefakte aus Teotihuacán fand man beispielsweise an weit entlegenen Mayastätten wie Tikal und Kaminaljuyú.

Maya-Staaten in Mittelamerika

Seit John Stephens und Frederick Catherwood von den „verlorenen Städten" in den Urwäldern der Halbinsel Yucatán und in den benachbarten Staaten Guatemala und Honduras berichteten, haben sich Wissenschaft und Öffentlichkeit intensiv mit der Kultur der Maya beschäftigt. Bis vor relativ kurzer Zeit prägten aber selbst sachkundige Forscher ein romantisch-verklärtes Bild von einem Staat unter der Leitung schöngeistiger Fürsten, die sich im Wesentlichen mit Kalenderstudien und Sternenbeobachtungen befassten. Als es jedoch in den 1970er Jahren gelang, Inschriften der Maya zu entziffern und die neben ihnen befindlichen Darstellungen zu deuten, präsentierten sich Staat, Herrscher und Volk plötzlich weit weniger friedliebend. Texte an monumentalen Steinstelen und Altären beschreiben wiederholt, wie Städte erobert, Bewohner gefangen genommen und Feinde geopfert wurden. Feldzüge unternahm man nach präzisen Kalenderberechnungen, die besonders den Planeten Venus in den Mittelpunkt stellten. Heute ist das Schriftsystem der Maya weitgehend entschlüsselt und wirft ein Licht auf die politischen Strukturen und die Methoden, mit denen die Oberschicht der Maya ihre Macht behauptete.

UNTEN Graburne in Form einer Göttermaske. In der komplexen Religion der Maya spielten übernatürliche Wesen, kosmische Dimensionen und die Ahnen eine wichtige Rolle. Durch rituelle Blutopfer (die Schamanen stachen sich einen Dorn durch die Zunge) und Tänze versetzten sich die Priester in Trance und konnten dann ein Tor zur Unterwelt öffnen, um mit übernatürlichen Wesen zu kommunizieren. Über die Geister der Ahnen konnte man die Götter ebenfalls um ihre Gunst bitten.

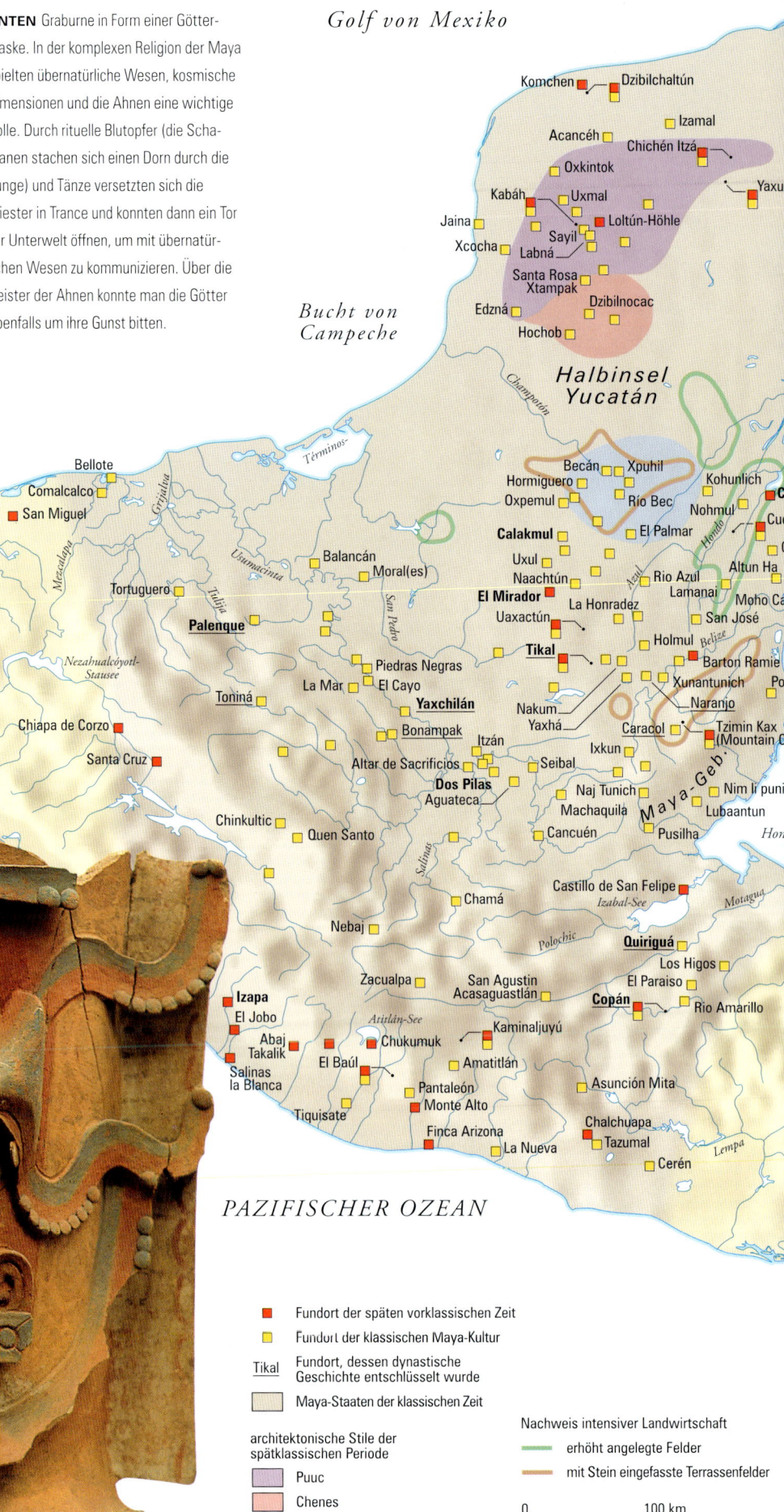

Legende:

- Fundort der späten vorklassischen Zeit
- Fundort der klassischen Maya-Kultur
- *Tikal* — Fundort, dessen dynastische Geschichte entschlüsselt wurde
- Maya-Staaten der klassischen Zeit

architektonische Stile der spätklassischen Periode
- Puuc
- Chenes
- Río Bec

Nachweis intensiver Landwirtschaft
- erhöht angelegte Felder
- mit Stein eingefasste Terrassenfelder

0 — 100 km
0 — 75 Meilen

Dass die klassische Mayakultur in der Kultur der Olmeken wurzelt, belegt die Kunst der Izapa an der Pazifikküste von Guatemala. Sie schufen Steinstelen, auf denen sie übernatürliche Themen mit Darstellungen sterblicher Herrscher verbanden. Bedeutende Zentren waren zu jener Zeit Cerros und El Mirador. Die Maya verbanden Herrschaft *(K'uhul ajaw)* mit göttlicher Autorität und der damit verbundenen Fähigkeit, Naturphänomene wie Regen oder Sternenbewegungen sowie die Zeit kontrollieren zu können.

Die „Lange Zählung", eines der von den Maya verwendeten Kalendersysteme, bezog Ereignisse auf einen Zeitpunkt, der den Beginn der Geschichte markierte. Die weithin anerkannte Goodman-Martinez-Thompson-Korrelation (GMT) setzt hierfür das Jahr 3112 und für das Ende des Zyklus das Jahr 2012 an. Zwei andere Wissenschaftler, Herbert Spinden und David Kelley, gehen jedoch von früheren bzw. späteren Daten aus.

Im Unterschied zu den Staaten in Zentralmexiko herrschte bei den Maya niemals eine einzige Stadt dauerhaft über alle anderen. Zwar gelang es einigen Orten, kurzzeitig eine gewisse regionale Vormachtstellung zu erlangen, doch währte sie niemals lange. Tikal gehörte zu den Staaten, die früh über ein großes Reich herrschten, in einem Krieg jedoch Calakmul unterlagen, wie einer mit Hieroglyphen verzierten Treppe in der besiegten Stadt zu entnehmen ist. Im 6. Jahrhundert gehörte Tikal erneut zu den bedeutenden Zentren. Ein zyklischer Aufstieg und Niedergang kennzeichnete auch andere Stätten, etwa Copán, Quiriguá, Palenque, Cobá, Dos Pilas und Yaxchilán.

OBEN Die Kosmologie der Maya wurde besonders durch Kodizes bekannt, welche in Form von Bildern und Hieroglyphen auf Tierhäute geritzt wurden. Sie lieferten Informationen über Kalender und astronomische Berechnungen sowie Rituale. Hier trägt ein Jäger einen Hirsch zu einer Opferstätte.

LINKS Das Gebiet der Maya umfasste zahlreiche rivalisierende Stadtstaaten. Durch Handel, Eroberungen und Eheschließungen veränderte sich die politische Landkarte ständig. Königreiche dehnten sich aus oder verschwanden gänzlich. Einige Städte wie Tikal oder Calakmul blieben über Jahrhunderte bedeutend und verleibten sich in dieser Zeit Dutzende kleinerer Orte ein.

Der Alltag der Maya

Untersuchungen von Siedlungsmustern der Maya zeigen, dass die Bevölkerung sich überwiegend von der Landwirtschaft ernährte und in den sumpfigen Niederungen rund um die städtischen Zentren Felder mit Hilfe ausgeklügelter Be- und Entwässerungstechniken bestellte. Grabungen in kleineren Zentren und Dörfern deuten darauf hin, dass die Männer Getreide anbauten, jagten und bestimmte Handwerke beherrschten, während die Frauen die Kinder erzogen, kochten und webten. Zu den religiösen Praktiken gehörte wesentlich der Ahnenkult, auch versuchte man, Beziehungen zur Welt des Übernatürlichen herzustellen.

Das Ende der Maya

Im 9. Jahrhundert (GMT) erfolgte der Niedergang der Mayakultur. Zeremonialzentren wurden geplündert und aufgegeben, auf Monumenten finden sich keine offiziellen Daten mehr. Einige Forscher versuchen dieses Ende mit ökologischen Faktoren zu erklären: sie glauben, dass die städtischen Kulturen den empfindlichen tropischen Lebensraum überforderten und es zu einer Umweltkatastrophe kam. Andere gehen davon aus, dass die Unterschicht gegen die immer massiveren Machtansprüche der polygam lebenden Fürsten rebellierte. Neue stilistische Elemente in der spätklassischen Kunst könnten auch auf die Invasion von Gruppen aus der Chontalpa-Region an der südlichen Golfküste hinweisen. Vermutlich führte ein ganzes Bündel von Gründen schließlich zum Zerfall der Kultur ◆

Palenque: Mayastadt im Nebel

Palenque am Westrand des Mayagebietes gehört zu den spektakulärsten Stätten der Maya. Palenques faszinierende Architektur umfasst unter anderem einen Palastbezirk mit vierstöckigem Turm, die Kreuzgruppe mit drei Pyramiden und den berühmten Tempel der Inschriften, eine für den wohl bedeutendsten Herrscher von Palenque, König Pacal (603–683), erbaute Grabpyramide. Ausführliche Inschriften an den Wänden des Tempels dokumentieren die Abstammung und die göttlichen Ursprünge von Pacal. Ein Steinsarkophag in einer Krypta unter dem Tempelboden enthielt die sterblichen Überreste eines erwachsenen Mannes sowie eine wertvolle Mosaikmaske und zahlreiche andere Ritualobjekte aus Jade, dem wertvollen grünen Stein, der für die Maya ewiges Leben symbolisierte ◆

OBEN PALAST UND TEMPEL VON PALENQUE ERHEBEN SICH AUF EINEM BEWALDETEN HÜGEL ÜBER DER USUMACINTA-SCHWEMMEBENE.

Cobá
Tancah

Die nachklassische Periode

Nach dem Ende der klassischen Periode, zwischen dem 8. und dem 12. Jahrhundert, veränderte sich die Situation in Mesoamerika grundlegend. Viele alte Stätten wurden aufgegeben, neue entstanden, darunter Chichén Itzá, El Tajín, Xochicalco, Cacaxtla und Tula. Cholula blieb zwar stets besiedelt, machte aber während dieser Zeit einen tief greifenden Wandel durch. Im Rahmen eines ehrgeizigen Bauprojektes erweiterte man unter anderem die Große Pyramide. Die herrschende Elite öffnete sich zunehmend Einflüssen von außen, die in der Architektur und Ikonographie eine immer größere Rolle spielten.

Zu den großen Rätseln dieser Übergangszeit gehört die Frage nach dem Verhältnis zwischen Chichén Itzá und Tula. Sie lagen geographisch zwar weit auseinander, weisen, was Planung, Architektur und Dekor anbetrifft, jedoch erstaunliche Übereinstimmungen auf (s. Kasten). Lange ging man davon aus, dass Tolteken aus Tula Chichén Itzá eroberten, doch mittlerweile halten manche Forscher die Mayastadt für die ältere der beiden. Möglicherweise nahmen auch einfach beide Städte im Zuge eines Prozesses, der ganz Mesoamerika erfasste, Elemente aus verschiedenen Regionen auf.

Entwicklungen in Cholula veranschaulichen diese neue Synthese. Während der klassischen Periode hatte die Stadt nicht zum politischen Einflussbereich von Teotihuacán gehört. Auch die Architektur des Zeremonialbezirks unterschied sich klar von jener in Teotihuacán. Nach dem Niedergang der Stadt am Texcoco-See erweiterten die Bewohner von Cholula die Große Pyramide, verzierten die Fassade mit typischen Stilmerkmalen aus Teotihuacán und traten damit demonstrativ das Erbe des verlassenen Zentrums an. Zugleich übernahmen sie auch architektonische Elemente aus Monte Albán, Chichén Itzá und El Tajín.

Internationale Bewegungen

Dieser „Internationalismus" entsprach Cholulas Status als Zentrum des Quetzalcoatl-Kultes, der zu jener Zeit in ganz Mesoamerika Verbreitung fand. Vor allem Angehörige der Oberschicht besuchten den Tempel, um ihre Machtansprüche legitimieren zu lassen. In Cholula kam ein neuer Gefäßtyp auf, der mit religiösen Themen in leuchtenden Farben verziert wurde und während der nachklassischen Periode

in vielen Teilen Mesoamerikas zu den Statussymbolen der Elite gehörte. Andere Stätten in Zentralmexiko entwickelten sich ähnlich. Wunderschöne farbige Fresken in Cacaxtla illustrieren ethnische Konflikte zwischen Gruppen aus Zentralmexiko und Mayakriegern, die zur Gründung einer gemischten Dynastie führten. Ein anderes Wandbild zeigt den Mayagott der Händler und verweist auf Fernhandelskontakte. In Xochicalco kann man einen Mayafürsten im

OBEN Dreifüßige Vase aus dünnem, durchscheinenden Alabaster aus Xochicalco. Das farbige Bild des Gefäßes zeigt einen herabstoßenden Vogel mit grünen Federn, vermutlich einen Quetzal aus dem tropischen Tiefland des Mayagebietes. Die Vase fand sich in einem Grab, das Quetzalbild mit der kreisförmigen Glyphe könnte auf den Namen des Verstorbenen verweisen.

Karte/Legende:

- ■ größerer Komplex der nachklassischen Zeit
- ■ anderer Komplex der nachklassischen Zeit
- ▢ nachklassische Maya
- ▢ früheres Ausmaß des Texcoco-Sees

Mexiko-Tal

Teoloyucan
Teotihuacán
Chiconautla
Tepetláoztoc
Tenayucan
Xaloztoc
Texcoco
Los Remedios
Tenochtitlán
Chimalpan
Chapultepec
Huitzquilucan
Culhuacán
Xico

Texcoco See

0 ———— 150 km
0 ———— 100 Meilen

0 ——— 20 km
0 ——— 15 Meilen

Golf von Mexiko

El Meco
Isla Mujeres
Dzibilchaltún
Motul
Izamal
Aké
Balankanché Cave
San Gervasio
Mayapán
Cobá
Cozumel
Chichén Itzá
Uxmal
Mani
Tulum
Xelha
Muyil
Tancah
Champutún (Chakanputun)
Chacmool

Halbinsel Yucatán

Bucht Campeche

Atazta
Xicallanco
Cilvituk
Ichpaatun
Tzibanché
Santa Rita
El Tigre
Azul
Lámanai

Karibisches Meer

Isthmus von Tehuantepec

SIERRA MADRE DE CHIAPAS

Grijalva
Tulija
Nezahualcóyotl-Stausee
Lacantun
Angostura-Stausee
Usumacinta
Salinas
Topoxté
Tayasal
Belize
Wild Cane Cay

Golf von Honduras

Chiapa de Corzo
Chaculá
San Gil de Buena Vista (Nito?)
Izabal-See
Naco
Ulúa
Las Tinajas Pueblo Viejo (Chacujal)
Quiriguá
Zacaleu
Útatlán
Mixco Viejo
Motagua
Iximché
Chináutla
Coatzacoalcos

Golf von Tehuantepec

PAZIFISCHER OZEAN

Lempa

OBEN Während der nachklassischen Periode veränderte sich die politische Landschaft im zentralen Hochland grundlegend. Zahlreiche kleine Stadtstaaten entstanden verteilt über einem riesigen Territorium. Politische Macht spielte eine untergeordnete Rolle, stattdessen verbreitete sich der Quetzalcoatl-Kult. In ganz Mesoamerika versuchten Herrscher, ihren Machtanspruch mit Hilfe der übernatürlichen Kraft der Gefiederten Schlange zu legitimieren. Quetzalcoatl war auch für die wirtschaftliche Entwicklung von Bedeutung, denn Kaufleute (Pochteca) stellten sich unter den Schutz des Gottes Yiacacuhtli (einer Erscheinungsform von Quetzalcoatl). Sie tauschten Luxusgüter wie Quetzalfedern, Kakao und Edelsteine.

zusammengerollten Leib einer riesigen Gefiederten Schlange bewundern. In jener Zeit waren die Maya aber nur noch eine Gruppe unter vielen. Fremdeinflüsse machten sich immer stärker bemerkbar.

El Tajín an der Golfküste übte eine Mittlerfunktion zwischen den Maya und den Kulturen im Hochland aus. Seine Architektur weist deutliche Einflüsse von Chichén Itzá auf. Die Mauern des Hauptballplatzes etwa verweisen auf die symbolische Bedeutung des Ballspiels im Rahmen einer Opfer- und Erneuerungszeremonie. Doch indem El Tajín fremde Ideen mit lokalen Elementen kombinierte, entwickelte die Stadt durchaus eigene Stil- und Identitätsmerkmale. Hier wie an anderen Orten markierte die nachklassische Periode den Übergang von den Einzelstilen der klassischen Periode zu dynamischeren Formen, die zahlreiche Aspekte aufgriffen ◆

Tula und Chichén Itzá: „Zwillingsstädte"

Chichén Itzá im subtropischen Yucatán und Tula im ariden Norden Mesoamerikas haben die Forscher jahrzehntelang beschäftigt, weil die beiden Tausende von Kilometer voneinander entfernten Zeremonialzentren wirken, als habe derselbe Architekt sie geplant. In Chichén Itzá treffen bei den Bauwerken die üppig verzierten Fassaden des Puuc-Stils mit den für Mexiko typischen geometrischen Mustern zusammen. „Mexikanische" Gebäude wie der Große Ballspielplatz und der Tempel der Krieger sind mit Flachreliefs Gefiederter Schlangen verziert. Andere Relieffassaden zeigen Adler und Jaguare, marschierende Krieger oder Szenen, die vermutlich auf die mythischen Ursprünge der herrschenden Elite hindeuten. Der Grundriss und die Architektur des Zeremonialzentrums von Tula weisen hierzu außergewöhnlich viele Parallelen auf. Der Große Tempel, eine Stufenkonstruktion mit Säulen in Form von Kriegern und Gefiederten Schlangen, erinnert an den Tempel der Krieger in Chichén Itzá. Steinerne Opferaltäre in Menschenform (Chac Mool), die sich hier wie dort finden, sind ein weiteres Indiz für einen ähnlichen kulturellen Hintergrund. In anderen Bereichen, etwa bei den Gefäßstilen, gibt es hingegen wenig Übereinstimmungen, so dass man durchaus von kulturellen Unterschieden ausgehen muss. Ob die Ähnlichkeiten aus der zeitgleichen Rezeption des Quetzalcoatl-Kultes resultierten oder andere Gründe haben, bleibt noch zu klären ◆

OBEN KRIEGERSÄULEN IM ZEREMONIALZENTRUM VON TULA.

Die Azteken in Zentralmexiko

Die Azteken tauchten im mesoamerikanischen Kulturkreis erst spät auf. Sie stammten aus dem Norden Mexikos, aus einem mythischen Land namens Aztlan, und wanderten von dort aus wie viele halbnomadische Chichimekenstämme südwärts. Ihrem Ursprungsmythos zufolge ließen sie sich auf einer Insel in der Mitte des Texcoco-Sees nieder, wo sie einen Adler mit einer Schlange im Maul auf einem Kaktus erblickten, genau wie ihr Schutzgott Huitzilopochtli prophezeit hatte. Hier gründeten sie 1325 die Stadt Tenochtitlán, in der 1519, als die Spanier sie eroberten, rund eine Mio. Menschen lebten.

Der Aufstieg der Azteken begann nicht sehr spektakulär. Zunächst standen sie als einfache Söldner im Dienste mächtigerer Stadtstaaten wie Azcapotzalco. Schenkt man ihren Chroniken Glauben, so besaßen sie jedoch ein ausgeprägtes Geschichtsbewusstsein und einen Sinn für Propaganda. Sie schlossen z. B. Ehen mit Toltekenfrauen aus Culhuacán, um beide Dynastien zu mischen und so eine Legitimationsbasis für eigene Machtansprüche zu schaffen. Anfang des 15. Jahrhunderts ging diese Rechnung auf: die Azteken aus Tenochtitlán schlossen ein Bündnis mit den benachbarten Städten Texcoco und Tacuba, um die Azcapotzalco zu überwinden. Nun begann ihr überaus erfolgreicher Eroberungszug. Am Vorabend der spanischen Invasion umfasste das riesige Gebiet, das sie kontrollierten, das zentrale Hochland und die Golfküste. Tributzahlungen in Form exotischer Waren kamen von der gesamten Pazifikküste Mittelamerikas.

Die Religion der Azteken

Die Religion bildete das Fundament der aztekischen Gesellschaft. Ein komplexer Pantheon von Göttern und Göttinnen wachte über Naturgewalten wie Sonne, Wind und Regen. Die oberste Gottheit war der Kriegs- und Sonnengott Huitzilopochtli. Daneben gab es Tlaloc (Regenstürme), Ciahuacoatl (Erde/Fruchtbarkeit), Quetzalcoatl (Wind) und Xochiquetzal (Sexualität/Kunst). Die mit Bildern versehenen Berichte spanischer Priester aus dem 16. Jahrhundert liefern detaillierte Informationen über Götter und Kulthandlungen. Der heilige Kalender gliederte das Jahr in 13 Monate à 20 Tage, die unter dem Schutz bestimmter Gottheiten standen und verschiedene Zeremonien erforderten. Zu den der Nachwelt am besten bekannten Ritualen gehörten Opfer, bei denen man Menschen bei lebendigem Leibe das zuckende Herz herausriss

und es der Sonne darbrachte. Militärkampagnen der Azteken zielten vor allem darauf ab, neue Opfer für diese Kulthandlungen heranzuschaffen. Im Falle der Nachbarreiche Tlaxcala und Cholula nahm der Krieg stark ritualisierte Formen an.

Die Stadt der Chinampas

Tenochtitlán war größer als jede andere Stadt in Mesoamerika. Mehrere Straßen verbanden die Insel im Texcoco-See mit dem Festland, wo zahlreiche Menschen im Umkreis des Zentrums lebten. Darüber hinaus boten die *Chinampas*, künstlich angelegte Plattformen im See, Wohnfläche für die Bevölkerung. Die *Chinampas* dienten auch als Anbaufläche für Obst- und Gemüsegärten, welche die Nahrungsversorgung der Großstadt sicherten. Auf dem Festland kultivierten die Bauern in erster Linie Mais. Waren wurden auf dem Wasserweg zu Märkten in und rund um die Stadt transportiert. Überall herrschte geschäftiges Treiben, verkehrten Kanus mit Lebensmitteln, Handelsgütern und Trinkwasser.

Im Herzen der Stadt erhob sich das Zeremonialzentrum mit dem Großen Tempel. Außerhalb dieses Bereiches gliederte sich die Stadt in Bezirke, in denen Kollektive aus mehreren Familien lebten. Diese *Calpulli* genannten Strukturen bildeten tribut- und wehrdienstpflichtige Einheiten im Staat. In Tempeln und Schulen lernten Kinder und Jugendliche religiöse Praktiken, Kampftechniken und Handwerke kennen. Mädchen konnten in Tempelschulen eintreten, erlernten haushaltspraktische Verrichtungen jedoch in der Familie.

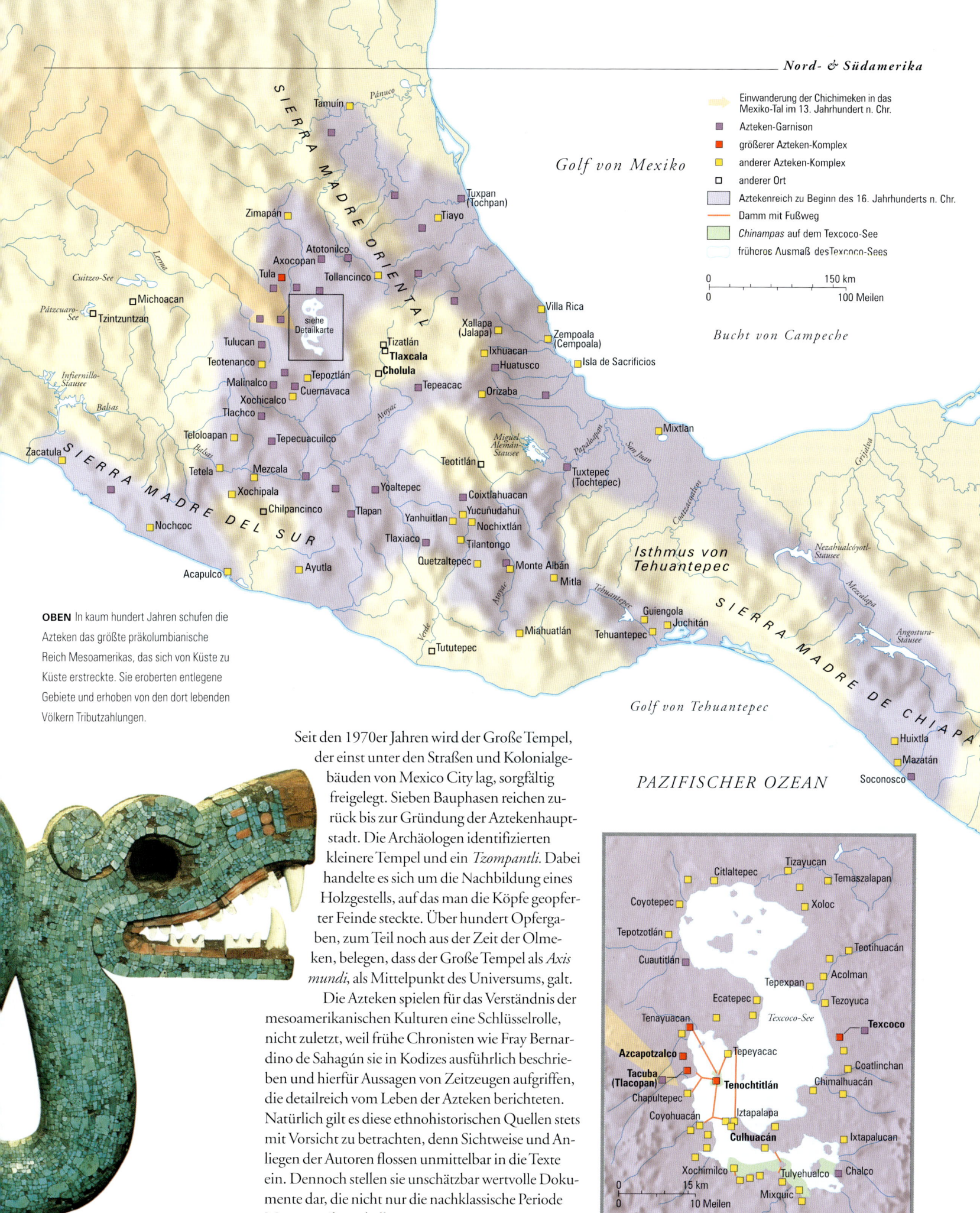

Legend:

- Einwanderung der Chichimeken in das Mexiko-Tal im 13. Jahrhundert n. Chr.
- Azteken-Garnison
- größerer Azteken-Komplex
- anderer Azteken-Komplex
- anderer Ort
- Aztekenreich zu Beginn des 16. Jahrhunderts n. Chr.
- Damm mit Fußweg
- *Chinampas* auf dem Texcoco-See
- früheres Ausmaß des Texcoco-Sees

0 — 150 km
0 — 100 Meilen

Map labels:

Golf von Mexiko
Bucht von Campeche

Pánuco
Tamuín
SIERRA MADRE ORIENTAL
Tuxpan (Tochpan)
Zimapán
Tiayo
Atotonilco
Axocopan
Tula
Tollancinco
siehe Detailkarte
Villa Rica
Xallapa (Jalapa)
Zempoala (Cempoala)
Tizatlán
Tlaxcala
Ixhuacan
Huatusco
Isla de Sacrificios
Cholula
Tulucan
Teotenanco
Tepoztlán
Tepeacac
Orizaba
Malinalco
Cuernavaca
Xochicalco
Tlachco
Mixtlan
Teloloapan
Tepecuacuilco
Teotitlán
Tuxtepec (Tochtepec)
Zacatula
Tetela
Mezcala
Yoaltepec
Coixtlahuacan
Xochipala
Chilpancinco
Tlapan
Yanhuitlan
Yucuñudahui
Nochcoc
Tlaxiaco
Nochixtlán
Tilantongo
Quetzaltepec
Monte Albán
Mitla
Acapulco
Ayutla
Miahuatlán
Tututepec
Isthmus von Tehuantepec
Guiengola
Juchitán
Tehuantepec
SIERRA MADRE DE CHIAPAS
Golf von Tehuantepec
Huixtla
Mazatán
Soconosco
PAZIFISCHER OZEAN

SIERRA MADRE DEL SUR

Cuitzeo-See
Michoacan
Pátzcuaro-See
Tzintzuntzan
Lerma
Infiernillo-Stausee
Balsas
Miguel Alemán-Stausee
Papaloapan
San Juan
Coatzacoalcos
Grijalva
Nezahualcóyotl-Stausee
Mezcalapa
Angostura-Stausee
Tehuantepec
Verde
Atoyac

OBEN In kaum hundert Jahren schufen die Azteken das größte präkolumbianische Reich Mesoamerikas, das sich von Küste zu Küste erstreckte. Sie eroberten entlegene Gebiete und erhoben von den dort lebenden Völkern Tributzahlungen.

Seit den 1970er Jahren wird der Große Tempel, der einst unter den Straßen und Kolonialgebäuden von Mexico City lag, sorgfältig freigelegt. Sieben Bauphasen reichen zurück bis zur Gründung der Aztekenhauptstadt. Die Archäologen identifizierten kleinere Tempel und ein *Tzompantli*. Dabei handelte es sich um die Nachbildung eines Holzgestells, auf das man die Köpfe geopferter Feinde steckte. Über hundert Opfergaben, zum Teil noch aus der Zeit der Olmeken, belegen, dass der Große Tempel als *Axis mundi*, als Mittelpunkt des Universums, galt.

Die Azteken spielen für das Verständnis der mesoamerikanischen Kulturen eine Schlüsselrolle, nicht zuletzt, weil frühe Chronisten wie Fray Bernardino de Sahagún sie in Kodizes ausführlich beschrieben und hierfür Aussagen von Zeitzeugen aufgriffen, die detailreich vom Leben der Azteken berichteten. Natürlich gilt es diese ethnohistorischen Quellen stets mit Vorsicht zu betrachten, denn Sichtweise und Anliegen der Autoren flossen unmittelbar in die Texte ein. Dennoch stellen sie unschätzbar wertvolle Dokumente dar, die nicht nur die nachklassische Periode Mesoamerikas erhellen ◆

Detailkarte (inset map) labels:

Citlaltepec
Tizayucan
Coyotepec
Temaszalapan
Xoloc
Tepotzlán
Teotihuacán
Cuautitlán
Texcoco-See
Acolman
Tepexpan
Tezoyuca
Ecatepec
Texcoco
Tenayucan
Coatlinchan
Azcapotzalco
Tepeyacac
Chimalhuacán
Tacuba (Tlacopan)
Tenochtitlán
Chapultepec
Iztapalapa
Coyohuacán
Ixtapalucan
Culhuacán
Xochimilco
Tulyehualco
Chalco
Mixquic

0 — 15 km
0 — 10 Meilen

Frühe Kulturen in Südamerika

Mächtige Adobemauern in Áspero, El Paraíso, Huaca Prieta und an zahlreichen anderen Stätten an der Küste Nord- und Mittelperus erinnern an die ältesten Kulturen im Andenraum. Lange glaubte man, dass weit entwickelte bäuerliche Gemeinschaften diese eindrucksvollen Strukturen geschaffen hatten, doch in den 1960er und 1970er Jahren stellte man fest, dass Tongefäße völlig fehlten und es dort auch nur wenige Spuren von domestizierten Pflanzen gab. Offensichtlich handelte es sich bei den Erbauern um Fischer, die erst Gefäße herstellten und Getreide anpflanzten, nachdem sich ihre Gesellschaft ausdifferenziert hatte. Ähnlich verlief der Prozess auch bei anderen kleinen Gruppen in verschiedenen Regionen. Sie entwickelten sich zunächst unabhängig voneinander, dann bildeten sich jedoch regionale Traditionen aus, die im 1. Jahrtausend v. Chr. zur Entstehung der ältesten Kulturen Südamerikas führten.

Die ältesten Adobehügel Perus stammen aus der präkeramischen Epoche (2500–1800 v. Chr.). Zu jener Zeit veränderten sich Wirtschaft, Technologien und Gesellschaft, und große Gruppen übernahmen nun immer komplexere Aufgaben. In Áspero errichteten sie zum Beispiel 13 imposante Hügel aus Erde und Schutt mit mehrräumigen Adobekonstruktionen und Innenhöfen auf dem Gipfel. In den Hügeln und rund um sie entdeckten Archäologen kleine ungebrannte Tonfigurinen, Kürbisflaschen mit Einritzungen, Webstoffe aus Baumwolle und Gräber.

Im Andenhochland begann man an Orten wie Kotosh, Huaricoto und La Galgada um dieselbe Zeit, erste Monumentalbauten zu konstruieren. In Kotosh, einer 2000 Meter über dem Meeresspiegel gelegenen Stätte, errichtete man mehrere Gebäude und „bestattete" sie später rituell. Sie waren etwa neun Quadratmeter groß, mit Adobefriesen verziert und dienten offensichtlich als Tempel. Die Bewohner dieser Hochlandstätten trieben Ackerbau und Handel, jagten und hielten zum Teil Viehherden.

Die älteste Gefäßkultur Südamerikas geht auf Valdivia an der Küste Ecuadors zurück, wo etwa 3000 v. Chr. Siedler Mais, Bohnen, Wurzelgemüse und Baumwolle anbauten. Sie lebten in hufeisenförmig angelegten Dörfern und schufen unter anderem Figurinen, Schüsseln und Krüge aus Ton. Erst tausend Jahre

UNTEN Sitzende Tonfigur mit gekreuzten Beinen und Helm aus der Chorrerakultur an der Küste Ecuadors (1800–500 v. Chr.). Die Herstellung von Tonware gehört zu den grundlegenden Errungenschaften in der Entwicklung von Kulturen. Gefäße konnten Normgrößen haben, wenn sie zum Abmessen von Lebensmitteln oder anderen Waren dienten. Sie eigneten sich aber auch als künstlerisches Ausdrucksmittel. Viele frühe Kulturen schufen schön verzierte Gefäße, Figurinen und andere Keramikobjekte. Die Tradition der Chorrera umfasste Formen wie Speigefäße und verschiedene dekorative Elemente, die auffällige Ähnlichkeiten mit dem zur gleichen Zeit in Nordperu vorherrschenden Keramikstil aufweisen. Möglicherweise kam es zwischen diesen Gruppen zu einem kulturellen Austausch.

später, begannen Keramiken an der Küste von Peru jedoch eine wirklich wichtige Rolle zu spielen. Vermutlich wurde die Technik der Gefäßherstellung im Rahmen von Handelskontakten aus dem Norden eingeführt und verbreitete sich dann rasch im gesamten zentralen Andenraum. Zur gleichen Zeit setzten sich auch andere Technologien durch, die die Wirtschaft und Gesellschaft der Völker an der Küste Perus stark veränderten. Zuvor hatten die Menschen sich überwiegend von Fisch und Meeresfrüchten ernährt und in kleinem Maßstab Getreide angebaut, doch nach der Einführung von Bewässerungssystemen gewann die Landwirtschaft rasch an Bedeutung. Fern der Küste wurden in Flusstälern neue Siedlungen gegründet. Die Monumentalarchitektur nahm neue Gestalt an – die Menschen bauten nun U-förmige Strukturen mit vertieften Rundhöfen. Zu den ältesten Komplexen dieser Art gehört El Paraíso, gefolgt von Cardal, La Galgada, La Florida und San Jacinto.

Lokale Kulturtraditionen

Verschiedene Kulturtraditionen, die sich durch bestimmte architektonische Stilelemente und Bildsymbole auszeichneten, kamen während der frühkeramischen Periode (2200–1100 v. Chr.) an der Küste und im zentralen Hochland der Anden auf. An der Nordküste Perus blühte die Cupisnique-Tradition, die vor allem für den Bau von Terrassenhügeln mit farbig verzierten Mauern und schön geformte Tongefäße mit eingeritzten Mustern bekannt ist. Die komplexe, U-förmige Struktur in Caballo Muerto im Moche-Tal in Nordperu (um 1300 v. Chr.) wurde mit Flachrelieffiguren aus Ton verziert, die bereits den Dekor der späteren Chavín-Kultur ankündigt (s. S. 178f.). Besonders eindrucksvolle Beispiele für die Ikonographie der frühkeramischen Zeit entdeckten die Forscher in Cerro Sechín im Casma-Tal in Zentralperu. Die Reliefs zeigen in diesen Zentren Köpfe mit geschlossenen Augen, wehendem Haar und Blut, dass den Hals hinunter läuft – vermutlich ein Hinweis auf geköpfte Kriegsgefangene. Im nördlichen Andenhochland entstanden in Kuntur Wasi und an benachbarten Stätten Terrassenbauten mit Treppen, Plattformen und vertieften Höfen, während sich im zentralen Andenraum in Chiripa und an anderen frühen Stätten auf der Hochebene rund um den Titicacasee, etwa 4000 Meter über dem Meeresspiegel, eine eigene Architekturtradition mit vertieften Höfen entwickelte.

OBEN Einritzungen an den Tempelmauern der Küstenstätte Cerro Sechín. Trophäenköpfe und Körper ohne Gliedmaßen sind hier schauerlich angeordnet neben Figuren von düster blickenden Kriegern.

LINKS An den Westhängen der Anden entwickelten sich zahlreiche dynamische und in zunehmendem Maße komplexe Gesellschaften. Im heutigen Ecuador erreichte der technische Fortschritt, insbesondere was die Herstellung von Keramiken anbetraf, ein beachtliches Niveau. Im zentralen Andenraum schufen einzelne Gruppen erste Monumentalbauten mit ausgesuchtem Dekor, bevor sie anfingen, Tongefäße herzustellen. Am Titicacasee in den Südanden entstanden ebenfalls Kulturen. Im 6. Jahrhundert gewann hier die große Stadt Tiwanaku zunehmend an Einfluss.

Map labels:

Chacras, Sequita, **Chorrera**, Alausi, **Valdivia**, Real Alto, Playas, Cerro Narrio, Descanso, Pechiche, Loja, Paita

ANDEN

Macanón

Chongoyape, Pacopampa, **Kuntur Wasi**, Huacaloma, Tolon, **Cupisnique**, **Huaca Prieta**, **Caballo Muerto (Huaca de los Reyes)**, Alto Salaverry, **La Galgada**, **Tutishcainyo**, Huaca Negra, Los Morteros, Cerro Blanco, Toril, **Huaricoto**, Cueva de las Lechuzas (Eulenhöhle), Sechín Alto, Huaynuna, Moxeke, **Kotosh**, Waywaka, **Cerro Sechín**, Culebras, Shillacoto, Las Haldas, Los Gavilanes, Lauricocha

PAZIFISCHER OZEAN

Áspero, Piedra Parada, Bandurria, Panalagua, Rio Seco, Ancón, Telarmachay-Höhle, **San Jacinto**, Chancay, **La Florida Cardal**, **El Paraíso**, Chilca, **Garagay**, Curayacu, Chira Villa, Asia, Canete, Wichquana, Chupas, Chanapata, Marcavalle

Ucayali, *Erie*, *Urubamba*, *Maraño*, *Apurímac*, *Beni*

ANDEN

Pukara, Qaluyu, *Titicacasee*, **Chiripa**, **Tiwanaku (Tiahuanaco)**, Wankarani, Warakani, Hacha, Ilo, *Desaguadero*

Legend:

- 🟨 späte vorkeramische Periode
- 🟥 frühe Keramik-Periode
- 🔺 Monumentalbauwerk
- ⎯ Valdivia-Keramik
- Kulturtradition von Ecuador
- Hauptgebiet der Kulturtraditionen in den Zentralanden
- Kulturtraditionen der südlichen Zentralanden
- ⎯ möglicher Handels- oder Verbindungsweg

0 — 400 km
0 — 250 Meilen

Das obere Amazonasgebiet

Außerhalb des zentralen Andenraums treten die typischen Merkmale, technischen und sozialen Veränderungen, welche die späte präkeramische und die frühkeramische Epoche prägten, an einigen Orten auf, fehlen jedoch an anderen. Im Amazonasgebiet scheinen die Menschen bereits Tongefäße hergestellt zu haben, lange bevor dies in den Andenkulturen der Fall war. In der Orinocogegend und an der Amazonasmündung entdeckte man Keramiken aus der Zeit um 3600 bis 3100 v. Chr. Im oberen Amazonasgebiet entstand im tropischen Urwald eine auf dem Anbau von Wurzelpflanzen basierende Kultur. Um 2000 v. Chr. schufen Handwerker in Tutishcainyo Gefäße mit Einritzungen.

Auf dem Wasserweg gelangten sie vom oberen Amazonas zu den Ausläufern und ins Hochland der Anden, ab 1600 v. Chr. sogar an die Pazifikküste. Offenkundig existierte ein weit verzweigtes Handelsnetz im Bereich der Flüsse Ucayali und Urubamba, das bis zur Ankunft der Spanier gut funktionierte. Händler brachten exotische Waren wie tropische Vögel, Federn und halluzinogene Pflanzen, mit denen Schamanen Trancezustände auslösen konnten, vom Amazonas in die Andenregion ◆

Staaten und Reiche im Andenraum

Im 1. Jahrtausend v. Chr. entstanden im zentralen Andenraum erste Kulturen, die ihren Einfluss über die lokalen Grenzen hinaus ausdehnten. Um 800 v. Chr. blühte die Chavín-Kultur, deren Zentrum in einem kleinen Tal an den Osthängen der Anden lag. In der Küstenregion Nord- und Südperus gewannen die Moche, Paracas und Nazca an Bedeutung. Alle hinterließen Zeugnisse ihrer kulturellen und künstlerischen Traditionen. Die Moche gehörten zu den begabtesten Handwerkern im präkolumbianischen Amerika, sie stellten eindrucksvolle Keramiken, Textilien und Metallarbeiten her. Nach den frühen Küstengesellschaften gelangten mit Tiwanaku am Titicacasee im Süden und Wari in der Ayacucho-Region im zentralen Andenhochland im 5. bis 7. Jahrhundert zwei große Staaten zu Macht und Ansehen. Beide führten Eroberungszüge durch, um ihre Vorherrschaft in dem riesigen Gebiet der Anden auszudehnen. Sie gründeten Städte, deren Basis die Landwirtschaft bildete, und bauten weit verzweigte Handelsnetze auf, weshalb man sie mit Recht als die ersten Reiche Südamerikas bezeichnen kann. Ihre Bedeutung für spätere Andenkulturen steht außer Frage. Die Gründe für ihren Niedergang liegen bis heute im Dunkeln, doch Wari brach im 10., Tiwanaku im 12. Jahrhundert vollständig zusammen. An ihre Stelle trat eine Reihe von Militärstaaten mit kleineren regionalen Machtzentren. Eine besondere Rolle fiel in diesem Zusammenhang dem Reich Chimú zu. Alle Staaten gingen schließlich im 15. Jahrhundert in dem riesigen Reich der Inka auf.

LINKS Der Paracas-Stoff zeigt eine mythische Kreatur mit heraushängender Zunge und Katzenschnurrhaaren.

Die Stadt Chavín de Huantar, das Zentrum des Staates Chavín, liegt ca. 3200 Meter über dem Meeresspiegel am Kreuzpunkt der Nord-Süd- und der Ost-West-Route durch die Anden bzw. zur Küste und ins Amazonasgebiet. Der U-förmige Tempel und der vertiefte Rundhof knüpfen an die Tradition älterer peruanischer Ritualzentren an, doch finden sich an der Stätte darüber hinaus um 300 v. Chr. entstandene unterirdische Galerien und Durchgänge. Verzierte Steinstelen in den Galerien zeigen mythische Kreaturen mit den Zügen von Raubkatzen, Schlangen, Greifvögeln und Menschen. Diese Motive, die zum Teil auf ältere peruanische Kulturen wie Cerro Sechín zurückgehen, kennzeichnen den so genannten Chavín-Stil, der sich im gesamten zentralen Andenhochland verbreitete.

Weiter nördlich übten die Moche oder Mochica zwischen dem 1. und dem 8. Jahrhundert starken Einfluss aus. Sie errichteten Zeremonialzentren mit großen Terrassenplattformen in jedem Flusstal. Mit 40 Metern Höhe und 350 Metern Länge ist die Sonnenpyramide das größte Bauwerk dieser Art in ganz Amerika. Landwirtschaft und Fischfang bildeten die ökonomische Grundlage der Siedlungen in den Tälern, Rituale und religiöse Zeremonien spielten eine wichtige Rolle in der Tradition der Moche. Auch bauten die Bewohner Gold und andere Metalle ab. Ausgrabungen in Sipán und an anderen archäologischen Stätten förderten Gräber von Moche-Herrschern zutage, die Kleidung mit zahlreichen Gold- und Silberperlen trugen. Zu den Beigaben der reich ausgestatteten Gräbstätten gehörten wunderschöne Metallarbeiten, Edelsteine, Textilien und Gefäße, viele davon mit rituellen Handlungen, Schlacht- und Opferszenen bemalt. Exotische Objekte wie Federn aus dem Amazonas belegen, dass die Moche Zugang zu einem ausgedehnten Handelsnetz hatten.

Chan Chan: Stadt der Chimú

Hunderte von Kilometern nördlich der peruanischen Hauptstadt findet sich unmittelbar an der pazifischen Küste, unweit der heutigen Stadt Trujilo, eine der größten Stadtanlagen des vorspanischen Amerika: Chan Chan. Mit geschätzten 100000 Einwohnern war Chan Chan ohne jeden Zweifel die größte und bedeutendste Siedlung der Chimú, eines mächtigen Reiches, das vom 11. bis zum 15. Jahrhundert einen über tausend Kilometer langen Streifen an der Pazifikküste beherrschte. Im trockenen Wüstenklima blieben die Adobemauern der sechs Quadratkilometer großen Stadt gut erhalten und wurden zum großen Teil freigelegt. Den Kern bildeten sechs *Ciudadelas* (Zitadellen) mit Straßen, Gärten, Pyramiden und einer Nekropole. In jeder Zitadelle lebte vermutlich ein Chimú-Herrscher mit seinem Hofstaat. Bei seinem Tod verschloss man die Zitadelle und machte sie zum Mausoleum. Außerhalb der Zitadellen befanden sich Wohnviertel, in denen Handwerker, Bauern und Fischer lebten. Kaufleute brachten mit Lamakarawanen exotische Waren aus dem Hochland in die Stadt. Die Chimú bauten ein ausgeklügeltes Bewässerungssystem (u. a. einen 65 km langen Kanal), um in der Wüste Land fruchtbar zu machen ◆

OBEN ADOBEMAUERN EINER ZITADELLE IN CHAN CHAN.

ANDEN

Piura
Cerro Vicus
Loma Negra
Chongoyape
El Purgatorio
Kuelape
Sipán
Pacopampa
Pampa Grande
Otuzco
Cajamarca
Pacatnamú
Farfan
Galindo
Chiquitoy
Huamachuco
Tomaval
Chan Chan
Gallinazo
Moche
Nepena
Pañamarca
Willkawain
Chavín de Huantar
Casma
Recuay
Cerro Sechín
Purgatorio (La Leche)
Manchán
Kotosh
Paramonga
Supe
Teatino
Ataura
Chancay
Ancón
Cajamarquilla
Wariwillka
Lurín
Pachacamac
Cerro del Oro
Wari (Huari)
Wichqana
Conchopata
Canete
Nawimpukyo
Chupas
Paracas-Halbinsel
Dos Palmos
Pikillacta
Ocucaje
Cerrillos
Pampa Ingenio
Yanamarca
Palpa
Pachéco
Pucara
Pampa de Nazca
Chocavento
Tambo Viejo
Chuquibamba
Cahuachi
La Victoria
Cerro Baul
Omo

ANDEN

Marañón
Huallaga
Ucayali
Urubamba
Ene
Mantaro
Apurímac

Titicacasee
Sonneninsel
Chiripa
Pajchiri
Tiwanaku (Tiahuanaco)
Desaguadero
Alto Ramirez
Azapa
Poopó-See
Salar de Coipasa
Salar de Uyuni

PAZIFISCHER OZEAN

Atacama-Wüste
Salar de Atacama
San Pedro de Atacama
Salinas Grandes
Humahuaca
Bermejo
Pilcomayo
ANDEN
Aguada
Hualfin

Ursprung und die Funktion dieser Scharrbilder. Oberflächenuntersuchungen belegen jedoch, dass die meisten Bilder auf die Nazca zurückgehen, ein Teil jedoch früher oder später entstand.

Hochlandkulturen

In der Mitte des 1. Jahrtausends war Tiwanaku (Tiahuanaco) die bedeutendste Macht im zentralen Andenraum. Zeitweise umfasste der Staat ein 350 000 Quadratkilometer großes Gebiet. Zur dicht bevölkerten gleichnamigen Stadt gehörten eine riesige Plattform, die Akapana, und mehrere andere Gebäude, die mit riesigen, monolithischen Menschenfiguren verziert waren. Im Umland erstreckten sich Felder und Terrassenhänge. Nördlich des Titicacasees kam im 7. Jahrhundert mit den Wari (Huari) ein weiterer Staat auf, der seine Macht über weite Teile des peruanischen Hochlandes ausdehnte und eine noch größere Region mit Hilfe von Bündnissen und Handel kontrollierte. Wirtschaft, Kunst und Ikonographie von Tiwanaku und Wari ähneln einander zwar, doch weiß man über das Verhältnis der beiden Staaten zueinander nur wenig. Sicher ist nur, dass beide Reiche im 12. Jahrhundert zerfielen. Die genauen Gründe für ihren Untergang liegen jedoch weiterhin im Dunkeln ◆

RECHTS In den Anden und im südamerikanischen Küstengebiet blühten viele Kulturen und entwickelten eigene künstlerische, architektonische, ökonomische und religiöse Traditionen, deren Einfluss bis heute andauert.

Paracas und Nazca

An der Südküste Perus bestellten die Bauern der Paracas-Kultur zwischen 400 v. Chr. und 300 n. Chr. Land in den Flusstälern südlich von Lima und gründeten mehrere große Siedlungen auf künstlichen Hügeln. Bedeutende Persönlichkeiten bestattete man in Gemeinschaftsgräbern auf der nahe gelegenen Halbinsel Paracas. Dank des trockenen Klimas blieben die mumifizierten Körper und die Stoffe, in die sie gewickelt waren, gut erhalten. Letztere zeigen komplexe Muster zweibeiniger Kreaturen in Ritualkostümen mit Masken, die zu den eindrucksvollsten Beispielen alter Textilkunst überhaupt zählen.

Auf die Paracas-Kultur folgte die Kultur der Nazca (100 v. Chr.–700 n. Chr.), bekannt für erlesene polychrome Tongefäße. Um die trockenen Täler der südlichen Wüste bewohnbar zu machen, legten die Nazca Aquädukte an, die Wasser aus unterirdischen Flüssen an die Oberfläche brachten. Von dort floss es durch ein System von Kanälen, das zum Teil heute noch verwendet wird, auf die Felder.

Die Nazca schufen auch Tausende von oft kilometerlangen Linien und geometrischen Mustern im Wüstensand. Die eindrucksvollsten Motive zeigen Tierfiguren. Da man sie am besten vom Flugzeug aus erkennt, waren sie bis in die 1930er Jahre unbekannt. Seit dieser Zeit diskutieren die Archäologen über den

Legend:
- ■ Einfluss der Chavín-Kultur erkennbar
- ■ Moche
- ■ Paracas
- ■ Nazca
- ■ Tiahuanaco
- ■ Wari (Huari)
- ■ Chimú
- □ anderer Ort
- kultureller Einfluss von Chavín
- Ausmaß der Moche-Kultur
- kultureller Einfluss von Paracas und Nazca
- Einflussbereich von Tiahuanaco
- Einflussbereich von Wari (Huari)

0 — 400 km
0 — 250 Meilen

Das Reich der Inka

Das Inkareich, der größte präkolumbianische Staat der Neuen Welt, umfasste weite Teile der heutigen Länder Peru, Bolivien, Ecuador und Chile. Seine Ursprünge langen in der Gegend von Cuzco im südperuanischen Hochland. Im 13. Jahrhundert hatten sich die Inka als beherrschende Macht der Region durchgesetzt und die übrigen Staaten, die nach dem Zusammenbruch von Wari aufgekommen waren, besiegt. Im Gebiet von Cuzco schlossen die Inka Bündnisse mit ihren ehemaligen Feinden und sicherten sich ihre Hilfe beim Aufbau eines mächtigen Reiches, welches den Namen Tawantinsuyu, „Land der Vier Viertel", erhielt. Die Inka machten sich Hunderte von Völkern mit unterschiedlichen Sprachen, Traditionen und Sitten untertan, die ganz verschiedene Lebensräume bewohnten – Küstenwüsten, das Hochland, fruchtbare Flusstäler, windgepeitschte Ebenen, Wälder und Urwälder. Ende des 15. Jahrhunderts überwanden die Inka auch das mächtige Reich Chimú, erstmals drang damit eine Macht von außen in das nordpazifische Küstengebiet vor. Ein halbes Jahrhundert später wurden die Inka schließlich selbst von den Spaniern vernichtet.

RECHTS Gold stand bei den Inka hoch im Kurs, denn es galt als „Schweiß der Sonne". Diese Goldmaske mit Türkiseinlagen, die von Chimú-Künstlern gefertigt wurde, zeugt von deren hohen handwerklichen Fähigkeiten. Mehrere Chroniken, die kurz nach der spanischen Eroberung erschienen, beschreiben, wie die Inka Chimú unterwarfen, und nennen verschiedene Grundmerkmale der Chimú-Gesellschaft. Die Inka zerstörten die Strukturen des mächtigen Reiches, indem sie zum Beispiel Handwerker von Chan Chan (s. S. 178) nach Cuzco brachten. Auch gründeten sie im Chicama-Tal ein neues Zentrum, Chiquitoy, das Chan Chan ersetzen sollte. Fischer, Bauern, Handwerker und Beamte wurden umgesiedelt. Trotz aller Bemühungen und Auflagen der Inka lebten viele alte Traditionen in den eroberten Gebieten fort. Die Inka übernahmen andererseits auch einige Verwaltungsstrukturen von den Chimú, die einst den Bestand des Reiches gesichert hatten.

Cuzco: das Zentrum der Welt

Die Inka hielten die heilige Stadt Cuzco für den Mittelpunkt der Welt. Der Name bedeutet auf Quechua „Mitte". Mündlichen Überlieferungen zufolge gründete Manco Cápac als erster Inkaherrscher die spätere politische, religiöse und kulturelle Hauptstadt des Inkareiches. Im Herzen lag ein offener Platz für Rituale und Siegesfeiern. Die Vier Viertel des Reiches trafen hier zusammen, und hier begannen die großen Straßen. Wichtige Sakralbauten säumten den Platz:

der *Coriconacha* oder Sonnentempel, in dem Standbilder der wichtigsten Inkagötter verehrt wurden, sowie die Paläste lebender und verstorbener Herrscher. Bedeutende Verwaltungsgebäude bildeten einen Ring um diesen Kern, denn Cuzco war auch die politische Hauptstadt der Inka und Sitz der Statthalter der Vier Viertel. Die Stadtanlage beruhte auf sorgfältiger Planung – angeblich entsprachen die Straßen und Stadtmauern dem Umriss eines Pumas, dessen Kopf die Festung Sacsahuaman bildete. Reste der Inkabauten erkennt man noch heute zwischen den Mauern vieler Gebäude in Cuzco ◆

OBEN DIE STEINMAUERN DER FESTUNG SACSAHUAMAN OBERHALB VON CUZCO.

Die Inka waren Militärherrscher, die die eroberten Ländereien mit eiserner Hand regierten, um sich Erträge und Arbeitskraft zu sichern. Das Land gehörte zum Teil dem Staat, zum Teil den Göttern und zum Teil der vor Ort lebenden Gemeinde. Männer und Frauen entrichteten Steuern in Form von Arbeitskraft und Waren (u. a. Tiere und Stoffe). Die Zwangsarbeit *(Mit'a)* umfasste in erster Linie Feldarbeit (Kartoffel- und Maisanbau), Viehzucht, Wehrdienst, Handwerksarbeit sowie die Arbeit auf Baustellen und in Bergwerken.

Zentralmacht

Historische Quellen aus der Anfangsphase der Konquista geben Aufschluss über die staatliche Organisation des Inkareichs. Neu eroberte Gebiete gliederte man in Provinzen, die zu den Verwaltungseinheiten, den „Vier Vierteln" des Reiches (Chinchasuyu, Cuntisuyu, Antisuyu und Collasuyu), gehörten. Wenn ein besiegter Herrscher kapitulierte, durfte er als Provinzgouverneur im Dienst bleiben und erhielt manchmal sogar zusätzliche Privilegien. Widerspenstige Herrscher wurden hingegen durch willigere Mitglieder ortsansässiger Gruppen oder durch loyale Gouverneure der Inka ersetzt. Die Söhne der Statthalter erhielten ihre Ausbildung in der Hauptstadt der Inka, Cuzco (s. Kasten), wo man ihnen nicht nur die Sitten und Gebräuche der Inka, sondern auch deren Idiom, Quechua, beibrachte, das im gesamten Reich als offizielle Geschäftssprache galt.

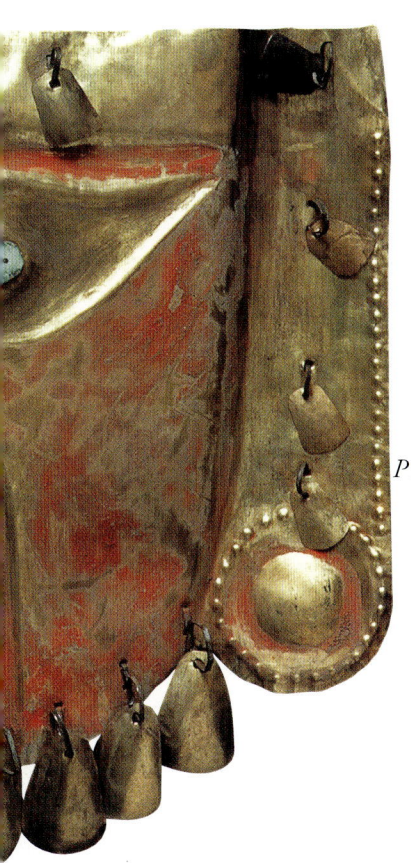

LINKS Das Inkareich umfasste riesige Gebiete mit Wäldern, Urwäldern, Hochebenen und Küstenwüsten. Ein Netz von Straßen durchzog die unterschiedlichen Regionen. Die Inka verbanden alte und neue Eroberungen miteinander und gründeten Städte, wo immer sie von Nutzen waren. Als 1532 die Spanier ankamen, gab es im Reich der Inka Tausende von Städten und Dörfern, die durch Straßen und Pfade miteinander verbunden waren und alle von Cuzco, der Hauptstadt des riesigen Inkareiches, aus verwaltet wurden.

Legende:
- ■ Inka-Hauptstadt
- ■ bekannte Inka-Provinzhauptstadt
- ■ anderer Inka-Ort
- Kerngebiet der Inka im 13. Jh.
- Inka-Reich zur Zeit seiner max. Ausdehnung im frühen 16. Jh.
- Inka-Straße
- Grenze eines Reichsviertels

Die Inka nutzten ethnische und kulturelle Unterschiede und daraus resultierende Streitigkeiten zwischen lokalen Gruppen zu ihrem Vorteil. Wenn eine Region gegen die neuen Herrscher aufbegehrte, siedelten sie die Menschen kurzerhand in Gegenden um, in denen anderssprachige Gruppen mit völlig unterschiedlichen Traditionen lebten, und vergaben das nun ungenutzte Land an loyalere Untertanen.

Die Andenvölker betrachteten ihre Umgebung als spirituelle Landschaft mit zahlreichen heiligen Orten (*Huaca*), zu denen Berge, Flüsse und einzelne Berge gehörten. Religion und Rituale der Inka konzentrierten sich auf Cuzco, wo sich der Sonnentempel erhob. Sie gestatteten den Untertanen, ihre eigenen Götter zu verehren, verfrachteten aber viele Haupttempel nach Cuzco, damit die Menschen lange Wege auf sich nehmen mussten, um sie zu erreichen.

Errungenschaften der Inka

Die „Ingenieure" der Inka veränderten die Landschaft der Anden. Um die landwirtschaftlichen Erträge zu steigern, legten sie ein Netz von Kanälen an, die neu gewonnene Felder bewässerten. Auch brachten sie ihre architektonischen Fähigkeiten ein und schufen Terrassenkulturen, die Hochlandbauern in den Anden noch heute bestellen. Den Andentälern rund um Cuzco und an anderen bedeutenden Inkastätten gaben sie dadurch eine völlig neue Gestalt.

Gebäude bestanden aus mächtigen Steinquadern, die die Arbeiter ohne Mörtel zusammensetzten.

Diese gewaltigen Blöcke brachte man mit Hilfe von Muskelkraft, Rollen, Hebe- und Schubwerkzeugen an Ort und Stelle. Die Mauern waren so fest ineinandergefügt, dass viele von ihnen Erdbeben überstanden, in denen spanische Kolonialgebäude wie Kartenhäuser zusammenfielen. An keiner Stelle wirken die künstlich angelegten Terrassen so eindrucksvoll wie in Machu Picchu, jener Stadt, die Hiram Bingham erst im Jahre 1911 wiederentdeckte.

Die Inka konstruierten ein Netz – insgesamt rund 40 000 Kilometer – von Straßen, Pfaden und Verbindungswegen, die das Reich in alle Richtungen durchzogen. Die meisten Straßen waren schmal, denn Lamas, die Lasttiere in den Anden, konnten keine allzu schweren Güter transportieren und benötigten wenig Platz. Menschen beförderten ebenfalls schwere und voluminöse Lasten zu Fuß. In regelmäßigen Abständen fanden sich an den Hauptstraßen *Tambos* – Rasthöfe mit großen Lagerräumen. Staatliche Läufer, die *Chaski*, waren auf den Straßen mit wichtigen Nachrichten unterwegs.

Als die Spanier 1532 Peru erreichten, herrschten im Gebiet der Inka große Unruhen. Der Inkaherrscher Huayna Cápac war einige Zeit zuvor gestorben. Der nach seinem Tod um die Vormachtstellung ausgebrochene Bürgerkrieg ging gerade zu Ende. Viele ethnische Gruppen unterstützten die Spanier, die die Inka dadurch leicht besiegen konnten ◆

AUSTRALIEN & DER PAZIFIK

ENDE DES 18. JAHRHUNDERTS begannen die Europäer, Australien und den Pazifikraum zu erkunden. Sie erforschten die eindrucksvolle Natur und spekulierten über die Ursprünge der Völker, die in dieser Region lebten und sich seit der „Steinzeit" nicht verändert zu haben schienen. Die Debatten von Wissenschaft und Kirche über die biologische und soziale Evolution des Menschen erhielt durch diese Beobachtungen neue Nahrung. Erst in den 1950er Jahren gewann man dank absoluter Datierungsmethoden neue Einsichten.

Vor allem die australischen Aborigenes galten als „lebende Fossilien" und deshalb als Quelle für ethnographische Informationen, mit denen Wissenschaftler prähistorische Überreste an anderen Orten zu interpretieren versuchten. Gleichzeitig hielt man die Ureinwohner Australiens für primitiv, und obwohl man verschiedene Werkzeugindustrien identifizierte, führte man diese lediglich auf die Verfügbarkeit unterschiedlicher Materialien, nicht aber auf eine kulturelle und soziale Entwicklung zurück.

In den 1950er Jahren ging man davon aus, dass in Australien höchstens seit 10 000 Jahren Menschen lebten. Dank der C-14-Methode und Feldforschungen von John Mulvaney und Anderen wurde dieses Bild inzwischen zurechtgerückt. 1962 fand Mulvaney in der Kenniff Cave, Queensland, erste Hinweise auf ältere Siedlungsspuren; 1970 standen bereits 30 000 Jahre, ein weiteres Jahrzehnt später 40 000 Jahre menschlicher Besiedlung für Australien und für Neuguinea fest, das in Phasen mit niedrigem Meeresspiegel mit Australien verbunden gewesen war. Heute steht fest, dass an einigen Orten vor mindestens 60 000 Jahren Menschen lebten.

Da keine Landverbindung zwischen Australien und Südostasien existierte, mussten die ersten Menschen über das Meer gekommen sein. Es gilt als gesichert, dass die ersten modernen Menschen beachtliche Seefahrer waren, und da man auf der indonesischen Insel Flores abermals ältere Spuren entdeckte, waren diese Fähigkeiten vermutlich zu einem noch früheren Zeitpunkt ausgeprägt als bislang angenommen. Im Norden Australiens stießen Archäologen auf 20 000 Jahre alte geschliffene Klingen, was wiederum die These umstieß, dass Techniken wie das Schleifen und Polieren von Steinwerkzeug in der Jungsteinzeit in der Alten Welt aufkamen. Auch dass die Ureinwohner Australiens um dieselbe Zeit unterirdisch lagernden Feuerstein abbauten, überraschte die Wissenschaftler. Andere Untersuchungen zeugen von der Komplexität der traditionellen Aborigenes-Gesellschaft. Ihre Kunst ist wahrscheinlich so alt wie die frühesten Siedlungsspuren auf dem Kontinent und damit die älteste der Welt. Erkenntnisse darüber, wie die Aborigenes ihre Umwelt, zum Beispiel durch den Einsatz von Feuer, zu beherrschen lernten, machten der Auffassung ein Ende, die Jäger und Sammler hätten lediglich mühsam ums Überleben gekämpft.

Inselarchäologie

Auch in Neuguinea verlagerte sich das Datum der Erstbesiedlung durch Forschungen in den 1960er und 1970er Jahren nach hinten. Offenkundig lebten vor 30 000 Jahren in Melanesien bis hin zu den Salomonen bereits Menschen. 10 000 Jahre alte Bewässerungssysteme in Kuk im Hochland von Neuguinea belegen, dass die dortigen Ureinwohner bereits Pflanzen domestiziert hatten.

Mit Hilfe der C-14-Methode ließen sich auch Untersuchungen im Pazifikraum durchführen. In den 1950er Jahren gelang es, die menschliche Erstbesiedlung der Osterinsel einzugrenzen. Auch für einen Unterstand auf Hawaii konnte man ein erstaunlich frühes Datum festlegen. Nach wie vor debattieren Fachleute darüber, wie und wann die weit über den Pazifik verstreuten Inseln besiedelt wurden. Von besonderem Interesse sind die Ursprünge der Gesellschaften in diesem Gebiet, die von komplexen Stammesverbänden auf Hawaii bis zu Handelsgemeinschaften ohne soziale Unterschiede in Melanesien reichten. Neue Erkenntnisse gibt es derweil zu den ersten Maori-Siedlungen in Neuseeland.

ca. 90 000 J.v.h. Moderne Menschen wandern aus Afrika

Regionaler Zeitstrahl

ca. 40 000 J.v.h. Besiedlung Melanesiens

ca. 13 000 J.v.h. Eiszeitfriedhof in Kow Swamp (Victoria)

ca. 60 000–50 000 J.v.h. Erste Menschen in Australien

ca. 26 000 J.v.h. Rituelle Verbrennung von Toten am Lake Mungo (New South Wales)

ca. 9000–5500 J.v.h. Landwirtschaft in Kuk (Neuguinea)

50 000 J.v.h.

10 000 J.v.h.

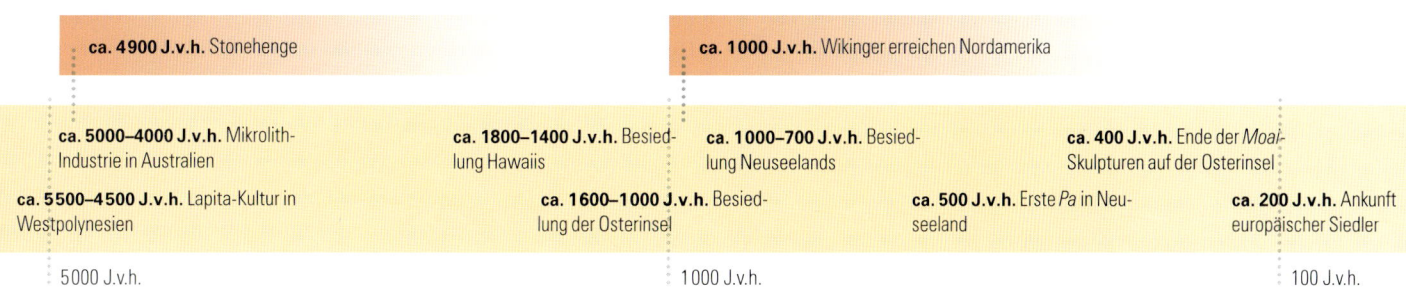

Wem gehören die Stätten?

In der postkolonialen Epoche hat die Archäologie in vielen neuen Staaten der Region, z. B. in Papua-Neuguinea, zur Ausbildung nationaler Identitäten beigetragen. In den Siedlergesellschaften Neuseelands und Australiens, in denen die Ureinwohner immer entschlossener für ihre politische Anerkennung und für Landrechte kämpften, machten sich die Archäologen dagegen wenig beliebt. Die Ankunft der Europäer bedeutete für die Ureinwohner eine Katastrophe, denn die neuen Siedler zerstörten die traditionellen Gesellschaften. Die Nachfahren der Ureinwohner meinen, dass die Archäologen wesentlich zu dieser Situation beigetragen haben, weil sie sie lange Zeit als primitive und zum Aussterben verurteilte Gruppe darstellten. Den Gedanken, dass archäologische Stätten zum Kulturerbe der gesamten Menschheit gehören sollten, lehnen sie ab, sie betrachten diese Vorstellung vielmehr als neuerliche

OBEN Die „Chinesische Mauer", erodierte Dünen am Rand des Lake Mungo. Die Entdeckung von Gräbern in dieser Region revolutionierte die Archäologie Australiens.
GANZ LINKS Muschelhaken zum Fischen in den Küstengewässern Südostasiens.

Demontage ihres Rechtsanspruches auf eine eigene Kultur. Für viele Aborigenes steht die Wissenschaft ohnehin grundsätzlich im Widerspruch zu traditionellen religiösen Vorstellungen. Der Streit um Ausgrabungen wird zum Teil sehr erbittert geführt.

Diese Kontroverse ist nur ein Aspekt im radikalen Wandel, der sich im Verhältnis zwischen Ureinwohner und ihrem Umfeld abzeichnet. Immerhin bemühen sich die Regierungen in Australien und Neuseeland mittlerweile, die Nachfahren der Ureinwohner aktiver in die Verwaltung der Stätten und die Forschungsarbeiten einzubeziehen. Auch die Archäologen bauen heute verstärkt auf Zusammenarbeit und gegenseitiges Verständnis ◆

ca. 4900 J.v.h. Stonehenge

ca. 1000 J.v.h. Wikinger erreichen Nordamerika

ca. 5000–4000 J.v.h. Mikrolith-Industrie in Australien

ca. 1800–1400 J.v.h. Besiedlung Hawaiis

ca. 1000–700 J.v.h. Besiedlung Neuseelands

ca. 400 J.v.h. Ende der *Moai*-Skulpturen auf der Osterinsel

ca. 5500–4500 J.v.h. Lapita-Kultur in Westpolynesien

ca. 1600–1000 J.v.h. Besiedlung der Osterinsel

ca. 500 J.v.h. Erste *Pa* in Neuseeland

ca. 200 J.v.h. Ankunft europäischer Siedler

5000 J.v.h.

1000 J.v.h.

100 J.v.h.

Die Eiszeit in Australien

Während der letzten Eiszeit des Pleistozäns lag der Meeresspiegel deutlich tiefer als heute, und Australien, Neuguinea und Tasmanien bildeten eine einzige große Landmasse, Sahul genannt. Vermutlich vor etwa 40 000 Jahren überquerten moderne Menschen das Wasser, das diesen Kontinent von Asien trennte (s. S. 188). 40 000 bis 35 000 Jahre alte Stätten fanden sich überall auf dem Kontinent von Neuguinea bis Tasmanien, doch glauben einige Archäologen, dass die Besiedlung durch den Menschen noch weit früher begann. Mit Hilfe von Thermolumineszenz (TL) ermittelte Daten von 60 000 bis 50 000 Jahren für zwei Fundorte im Norden Australiens bleiben umstritten. Gleiches gilt für eine frühe Begräbnisstätte am Lake Mungo (s. Kasten), die aufgrund von archäologischen Untersuchungen mindestens 60 000 Jahre alt sein soll. Vor rund 30 000 Jahren wohnten aber vermutlich Menschen in allen großen Lebensräumen Australiens.

In der Archäologie Australiens gilt es noch viele Rätsel zu lösen – nicht zuletzt bleibt zu klären, wann der moderne Mensch den Kontinent erreichte. Einige Forscher akzeptieren die Datierungen von 60 000 bis 50 000 Jahren nicht, die Wissenschaftler für die beiden Stätten Nauwalabila und Malakunanja im Norden Australiens ansetzen. Veränderungen der Vegetation und größere Mengen an Holzkohle, die auf die Anwesenheit von Menschen hindeuten könnten, werden nicht von allen Archäologen als Argumentationsbasis anerkannt. Neuere Untersuchungen am Lake Mungo deuten aber darauf hin, dass hier tatsächlich bereits vor 60 000 Jahren Menschen lebten.

Verschiedene Gesellschaftsformen

Vor etwa 30 000 Jahren hatten sich Menschen den unterschiedlichsten Lebensräumen angepasst, vom tropischen Norden Australiens und Neuguineas bis hin zu den eisigen Höhen Südwesttasmaniens. Stätten wie Puritjarra und Kulpi Mara zeigen, dass selbst im ariden Herzen des Kontinents bereits vor etwa 30 000 Jahren Menschen lebten. Die Menschen an den Willandra Lakes aßen viele Dinge (s. Kasten), während sich die Jäger im Südwesten von Tasmanien auf wenige Arten spezialisiert hatten.

Als die ersten Menschen Australien erreichten, lebten dort noch Riesenbeuteltiere. Ob diese ausstarben, weil sie zu intensiv bejagt wurden, oder weil das Klima sich veränderte, bleibt zu klären. Nur wenig deutet auf ein massives Einwirken von Menschen hin. Die detailliertesten Informationen stammen von einer 30 000 Jahre alten Stätte in Cuddie Springs, New South Wales, wo Forscher Steinwerkzeuge neben Knochen von *Diprotodonten*, Wombats von der Größe eines Rhinozerosses, und Riesenkängurus entdeckten. Mahlsteinreste belegen, dass man zu dieser Zeit auch schon Pflanzen verarbeitete.

Im Pleistozän verfügten die Menschen über eine Reihe von Steinwerkzeugen zum Kratzen, Schneiden und Hacken. Meist verwendeten sie vor Ort vorhandene Steine, doch im Südwesten Tasmaniens stieß man auch auf Artefakte aus Darwinglas, einem durch Meteoriteneinschlag entstandenen, natürlichen Glas, das die Ureinwohner an bis zu hundert Kilometer entfernte Orte brachten. Im Südwesten Australiens und in Tasmanien legten Archäologen auch Knochenspitzen frei. Einige dienten wahrscheinlich als Speerspitzen, andere als Ahlen, vermutlich um damit Fellkleidung herzustellen. Äxte mit geschliffenen Klingen, die sich in den übrigen Erdteilen meist im Zusammenhang mit bäuerlichen Gemeinschaften fanden, gehörten ebenfalls zum eiszeitlichen Werkzeug der australischen Ureinwohner. Sie waren im tropischen Norden und in Neuguinea verbreitet.

Höhle oder Felsüberhang

- 🟨 vor mehr als 30 000 Jahren
- 🟥 vor 30 000–15 000 Jahren
- 🟪 vor 15 000–10 000 Jahren

offenes Lager

- 🔺 vor mehr als 30 000 Jahren
- 🔺 vor 30 000–15 000 Jahren
- 🔺 vor 15 000–10 000 Jahren

- △ Panaramittee-Ritzzeichnungen
- ➡ hypothetischer Besiedlungsweg
- ◯ Küstenverlauf vor etwa 18 000 Jahren

Vegetation vor 18 000 Jahren

- trockenes Grasland und Buschbewuchs
- halbtrockenes Grasland und Buschbewuchs
- Waldland
- Wald

| 0 | | 600 km |
| 0 | | 400 Meilen |

LINKS Petroglyphen mit typischen Panaramitee-Motiven (hier beispielsweise Tiere und Kreise). Panaramitee-Muster fanden sich an vielen verschiedenen Stätten des Pleistozäns und tauchen auch in der jüngeren Aborigenee-Kunst auf.

Map labels:

Ceram · Misool · bi · anda-See · Timor-See · Neuguinea · Admiralitäts-Inseln · Bismarck-See · Neuirland · Taritatu · Kepulauan Kai · Kepulauan Aru · Arafura-See · Yos Sudarso · Salomonen-See · Trobriand-Inseln · New Georgia-Inseln · Bougainville · Neubritannien · Tagula

Melville-Insel · **Malakunanja** · Malangangerr · **Nauwalabila** · Miriwun · Argyle-See · son-iste · Groote Eylandt · Korallenmeer · Sandy Creek · Early Man Shelter · Ngarrabullgan · Fern Cave · Walkunder Arch · **GREAT DIVIDING RANGE** · Colless Creek · *Tanami-Wüste* · Flinders · Georgina · Cuckadoo · Diamantina · **Puritjarra** · **Kulpi Mara** · *Simpson-Wüste* · **Kenniff Cave** · Native Well 1 und 2 · Fraser-Insel · *Creek* · Cooper · Eyre-See · Warrego · Wallen Wallen · Puntutjarpa · *oße Victoria-Wüste* · Darling · Barwon · *Nullarbor-Ebene* · Torrens-See · Frome-See · **Cuddie Springs** · Lime Springs · *SÜD-PAZIFISCHER OZEAN* · Allen's Höhle · **Koonalda-Höhle** · Gairdner-See · Tandou Lake · Loggers · King's Table · Shaw Creek · **Lake Mungo** · **Willandra Lakes** · Murrumbidgee · Bass Point · *Große Australische Bucht* · Roonka Flat · Seton · Känguru-Insel · Kow Swamp · Birrigai · Burrill Lake · Drual · Keilor · Cloggs Höhle · Wyrie Swamp · Bridgewater · King-Insel · *Bassstraße* · Flinders-Insel · Cave Bay-Höhle · Mannalargenna · Parmerpar Meethanar · Warragarra · Kutikina · ORS 7 · Nunamira · Warreen · Bone Höhle · *Tasmanien*

Lake Mungo: eiszeitliche Siedlungsspuren

Lake Mungo, eine Stätte bei den Willandra Lakes in New South Wales, spielt in der Geschichte der australischen Archäologie eine herausragende Rolle. 1968 entdeckte man hier die verbrannten Überreste einer 25 000 Jahre alten Frau. Dieser bemerkenswerte Fund ist das weltweit älteste Beispiel einer Feuerbestattung. 1974 stießen Forscher in der Nähe auf das vollständige Skelett eines erwachsenen Mannes. Man hatte ihn rituell bestattet und seinen Körper mit rotem Ocker besprenkelt. Zunächst hielt man ihn für ca. 30 000 Jahre alt, doch neuere Datierungen lassen vermuten, dass er rund 60 000 Jahre alt ist. Falls dieses Datum sich bestätigt, kann man von einer sehr frühen Besiedlung Australiens ausgehen. Mit Sicherheit war Lake Mungo im Pleistozän eine wichtige Zeremonialstätte. Urzeitliche Abfallhaufen in dem Gebiet zeigen, dass Menschen hier vermutlich mit Netzen große und kleine Tiere jagten und Frösche, Süßwassermuscheln sowie Krebse sammelten, bis die Willandra Lakes vor etwa 15 000 Jahren schließlich austrockneten. Mit Steinwerkzeugen kratzten sie Fleisch von Knochen und säuberten Knollengewächse. In jüngerer Zeit überließ man den Aborigenes einige Skelettreste, wodurch sich das Verhältnis von Archäologen und Nachfahren der Ureinwohner etwas entspannte ◆

OBEN VOLLSTÄNDIG ERHALTENES SKELETT AM LAKE MUNGO.

Eiszeitkunst

Felsenkunst lässt sich nur schwer datieren, doch gehörte sie mit Sicherheit zu den Ausdrucksformen im eiszeitlichen Australien. Man entdeckte in den ältesten Schichten einiger Stätten Ockerstücke und fand Einritzungen unter Siedlungsschichten aus dem Pleistozän, die belegen, dass Menschen bereits vor mindestens 20 000 Jahren Bilder und Einritzungen schufen. Einige Einritzungen in der Olary-Region in Südaustralien sollen bis zu 40 000 Jahre alt sein. Die ältesten Kunstwerke Australiens bestehen aus Wellenlinien und geometrischen Figuren im weichen Sandstein der Koonalda Cave und anderen Stätten am Mount Gambier in Südaustralien. Geometrische Motive und Tierzeichnungen im Panaramitee-Stil entdeckte man an Felswänden in vielen Gebieten. Knochenperlen aus Devil's Lair und Muschelketten aus Mandu Mandu Creek beweisen, dass Schmuck im eiszeitlichen Australien bereits eine Rolle spielte ◆

OBEN Eiszeitliche Stätten entdeckte man in unterschiedlichen Lebensräumen von Tasmanien bis hin zum ariden Zentrum Australiens. Die weite Verbreitung der Fundorte belegt, dass die Menschen sich rasch über den Kontinent verbreitet haben müssen. Der Nachweis, dass in Australien seit über 40 000 Jahren Menschen leben, gehört zu den herausragenden Leistungen der modernen Archäologie. Bevor der australische Archäologe John Mulvaney 1962 die erste eiszeitliche Stätte in Kenniff Cave, Queensland, entdeckte, ging die Wissenschaft von maximal 10 000 Jahren aus, seit denen Menschen den australischen Kontinent bevölkert haben sollen.

Spätere Wild-beuterkulturen

Australien ist insofern einzigartig, als hier bis zur Ankunft europäischer Siedler Ende des 18. Jahrhunderts ausschließlich Jäger und Sammler lebten. Untersuchungen zu ethnographischen und historischen Informationen aus den letzten beiden Jahrhunderten und eine differenziertere Betrachtung des archäologischen Befundes ergaben, dass die Wildbeutergesellschaften sich im Laufe der Zeit durchaus veränderten. Die rund 500 Stämme sprechen mindestens 250 verschiedene Sprachen und haben sich den unterschiedlichsten Lebensräumen angepasst. Das reiche spirituelle Leben orientiert sich vor allem an Naturphänomenen. Erst seit man die dynamische Natur der Aborigenee-Gesellschaft erkannt hat, weiß man, dass das Leben der Wildbeuter in Zeit und Raum die verschiedensten Formen annahm.

UNTEN Menschliche Gestalten im typischen „Röntgenstil" in Nourlangie Rock, Arnhem Land (heute Teil des Kakadu-Nationalparks), Northern Territory. Die Vielschichtigkeit der Aborigenee-Gesellschaft spiegelt sich in der Bandbreite unterschiedlicher Felsenkunststile wider. Während die ältesten australischen Kunstwerke meist abstrakte, geometrische Muster umfassen, sind jüngere Arbeiten oft figürlich und zeigen Menschen, Tiere und Pflanzen. Traditionelle Felsenbilder spielten bis vor kurzer Zeit in einigen Regionen Australiens eine wichtige Rolle; Bilder wurden jahrhundertelang verändert und übermalt. Die zeitgenössische Kunst der Aborigenes greift traditionelle Themen mit neuen Medien auf. Dem spirituellen Leben kommt nach wie vor hohe Bedeutung zu.

Als am Ende der letzten Eiszeit der Meeresspiegel deutlich stieg, wurde die Verbindung zwischen Australien, Tasmanien und Neuguinea unterbrochen. Auch lagen zuvor besiedelte Küstenebenen nun vollständig unter Wasser. Vor rund 6000 Jahren glichen die klimatischen Bedingungen jedoch bereits den heutigen. An einigen Stätten in Australien setzte nun eine Entwicklung ein, in der Gesellschaften komplexere Formen annahmen. Allerdings könnte es sich bei manchen Merkmalen auch lediglich um eine Reaktion auf die veränderten Umweltbedingungen handeln. In vielen Gegenden gaben die Menschen ihr Nomadenleben jedoch auf. Vor etwa 10 000 Jahren legten sie z. B. am Murray River erste Friedhöfe an, die auf eine sesshafte Lebensweise innerhalb abgegrenzter Territorien hinweisen. Im Südosten entdeckte man rund 4000 Jahre alte Erdhügel, die ebenfalls von einer sesshaften Existenz zeugen.

Die Menschen erfanden nun neue Werkzeuge. Im südöstlichen Teil des Kontinents kamen kleine Steinwerkzeuge mit einer stumpfen Seite auf, an der vermutlich ein Stab befestigt wurde. Wahrscheinlich handelte es sich um Speerspitzen. In der Mitte des Kontinents verfügten die Jäger über eine Bandbreite von Projektilspitzen. In der Kimberley-Region im Nordwesten konnten diese sogar aus Glas oder Porzellan bestehen und dienten als Tauschobjekte. Dechsel (beilähnliche Abschläge), mit denen man Bäume fällte, verbreiteten sich über den Kontinent und erhielten unterschiedliche Formen je nach Funktion. Steinbeile fanden sich nahezu überall in Australien.

Dingos, australische Wildhunde, erreichten den Kontinent vor etwa 4000 bis 3500 Jahren. Sie stammten vermutlich aus Südostasien und gelangten mit Fischern aus Indonesien nach Australien. Etwa um dieselbe Zeit und möglicherweise in direktem Zusammenhang damit starben auf dem Festland Beutelwölfe (Fleisch fressende Beuteltiere) aus, während sie in Tasmanien bis in die Neuzeit überlebten. Dingos spielten in der Mythologie der Aborigenes eine außergewöhnlich wichtige Rolle und wurden sogar beigesetzt, was ihren hohen Status belegt.

Australiens Wildbeuter benutzten häufig Feuer, um Grasflächen wieder fruchtbar zu machen und Wild anzuziehen. In vielen Gegenden entwickelten die Menschen ausgeklügelte Fischfangsysteme. Am Lake Condah im Südwesten von Victoria sind noch Reste von Steinfallen, Kanälen und Wehren zu erkennen, mit denen sie vor rund 4000 Jahren, vielleicht aber auch schon deutlich früher, Aale fingen. Auch erfanden die Jäger und Sammler neue Methoden, um Nahrung zu verarbeiten. So wussten sie, wie man den nahrhaften Kernen von Palmfarnen das in ihnen enthaltene Gift entzog, um sie essbar zu machen. Hierzu musste man die Kerne mehrere Monate lang in Gruben gären lassen oder sie über längere Zeit wässern.

RECHTS Der Anthropologe A. W. Howitt, zeichnete die Handelswege von Äxten nach, die vom Mount-William-Steinbruch im Südosten Australiens ausgingen. Durch Mikroskopuntersuchungen von Steinen aus unterschiedlichen Brüchen konnte Isabel McBryde in den 1980er Jahren zeigen, dass einige Äxte bis zu 800 Kilometer weit gereist waren (die vorliegende Karte beruht auf ihren Ergebnissen).

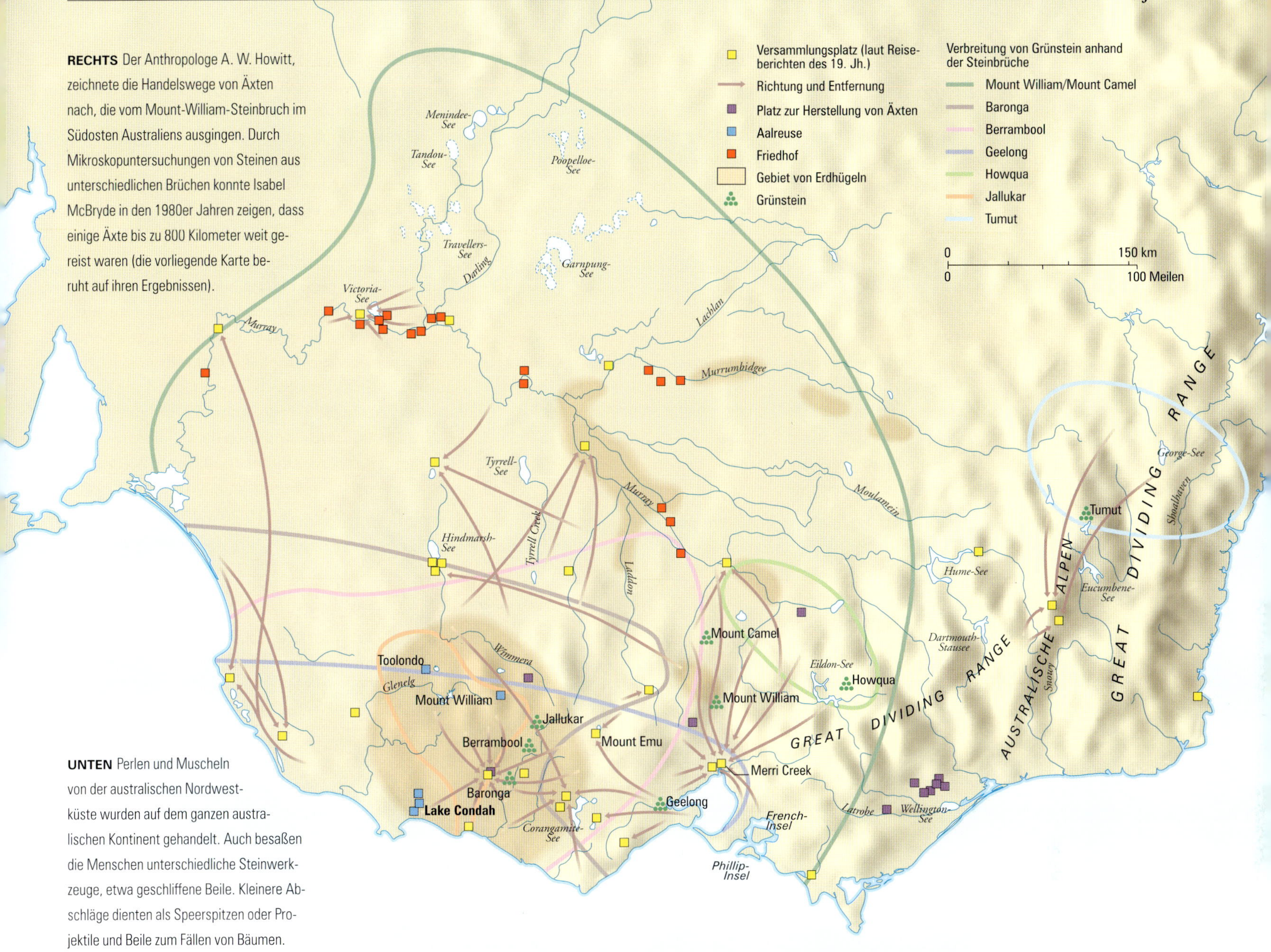

■ Versammlungsplatz (laut Reiseberichten des 19. Jh.)
→ Richtung und Entfernung
■ Platz zur Herstellung von Äxten
■ Aalreuse
■ Friedhof
▭ Gebiet von Erdhügeln
⁂ Grünstein

Verbreitung von Grünstein anhand der Steinbrüche
— Mount William/Mount Camel
— Baronga
— Berrambool
— Geelong
— Howqua
— Jallukar
— Tumut

UNTEN Perlen und Muscheln von der australischen Nordwestküste wurden auf dem ganzen australischen Kontinent gehandelt. Auch besaßen die Menschen unterschiedliche Steinwerkzeuge, etwa geschliffene Beile. Kleinere Abschläge dienten als Speerspitzen oder Projektile und Beile zum Fällen von Bäumen.

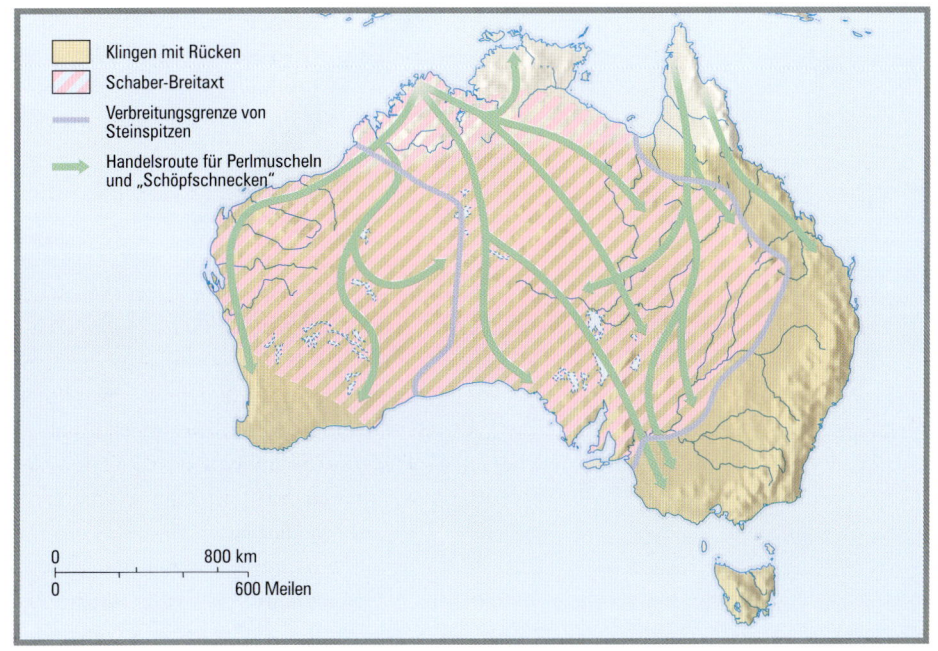

Klingen mit Rücken
Schaber-Breitaxt
Verbreitungsgrenze von Steinspitzen
Handelsroute für Perlmuscheln und „Schöpfschnecken"

Warenaustausch

Der Austausch von Geschenken hatte bei den Aborigenes eine wichtige soziale und rituelle Funktion. Regelmäßig trafen sie sich hierzu an festgelegten Plätzen. Manche Objekte, etwa Muschelperlen aus dem Nordwesten Australiens und *Pituri* (Tabak), eine narkotisierende Pflanze, die in Queensland und im Herzen Australiens wächst, reisten historischen Quellen zufolge dabei über weite Strecken. Andere Güter, etwa Nahrungsmittel, Ocker und der Saft von Büschelgräsern *(Spinifex)*, der zum Befestigen von Klingen und Spitzen an Schäften diente, wurden ebenfalls häufig getauscht, doch fanden sich an archäologischen Stätten hiervon nur wenige Überreste. Für die Werkzeugproduktion geeignete Steine gelangten an verschiedene Orte, auch bauten die Menschen Grünstein in Südostaustralien ab. Allerdings wechselten nur Rohlinge die Besitzer, die Fertigstellung übernahm der jeweilige Endnutzer ◆

Frühe Besiedlung Melanesiens

Melanesien, neben Polynesien und Mikronesien eine der drei großen Kulturregionen im Pazifikraum, umfasst Neuguinea, die Salomonen, Vanuatu, Neukaledonien und Fidschi. Im Pleistozän gehörte Westmelanesien zum australischen Kontinent und war über den Indonesischen Archipel mit Südostasien verbunden. Über diesen schmalen Korridor gelangten vermutlich erstmals moderne Menschen nach Australien. Selbst als der Meeresspiegel seinen niedrigsten Stand erreichte, konnte man nur mit dem Boot von einer Insel zur nächsten gelangen. Archäologischen Erkenntnissen zufolge gelang dies den Menschen jedoch bereits vor 40 000 Jahren. Winde und Strömungen lassen sich in dieser Region leicht vorausberechnen, und bei den meisten Überfahrten hatte man das Ziel stets vor Augen.

UNTEN Die frühesten Stätten Melanesiens an der Nordküste von Papua-Neuguinea sind etwa so alt wie Orte auf dem australischen Festland. Die Besiedlung von Küstenstätten auf Inseln des Bismarck-Archipels geht ebenfalls auf das Pleistozän zurück. Die Inseln gehörten nicht zum australischen Kontinent, ihre rasche Kolonisation zeugt eher davon, dass sie per Schiff erobert wurden. Vor etwa 25 000 Jahren lebten auch im Hochland von Neuguinea bereits Menschen und hatten sich den verschiedenen Lebensräumen angepasst. Vermutlich wurden viele frühe Stätten überschwemmt, als am Ende der letzten Eiszeit der Meeresspiegel dramatisch anstieg.

Zwar erkannten Archäologen bereits vor längerer Zeit, dass der moderne Mensch Australien im Pleistozän nur auf dem Wasserweg erreicht haben konnte, doch gingen sie lange davon aus, dies sei eher selten und zufällig geschehen. Ende der 1980er Jahre zeichnete sich jedoch ein neues Bild ab, als man im Westen von Melanesien mehrere 40 000 bis 30 000 Jahre alte Stätten entdeckte. Der erste Fundort liegt auf der Huon-Halbinsel an der Ostküste von Neuguinea. Dort haben Erdbeben und vulkanische Aktivitäten mehrere Terrassen (Überreste ehemaliger Korallenriffe) zutage gefördert. 1985 entdeckten Forscher hier in rund 40 000 Jahre alten Vulkanascheschichten Steinwerkzeuge. An der Nordküste von Neuguinea stieß man unter Felsvorsprüngen auf 35 000 Jahre alte Spuren menschlicher Besiedlung. In Matenkupkum und Buang Merabak, Felsenhöhlen auf Neuirland, lebten vor über 30 000 Jahren Menschen, während man die Stätte Kilu auf

Höhle oder Felsüberhang

- 🟨 vor mehr als 30 000 Jahren
- 🟥 vor 30 000–15 000 Jahren
- 🟪 vor 15 000–10 000 Jahren
- 🟦 vor weniger als 10 000 Jahren

offenes Lager

- 🔺 (gelb) vor mehr als 30 000 Jahren
- 🔺 (rot) vor 30 000–15 000 Jahren
- 🔺 (violett) vor 15 000–10 000 Jahren
- 🔺 (blau) vor weniger als 10 000 Jahren

- ▫ jüngerer Ort bedeutsam für den Küstenhandel
- Obsidian
- *Kula*-Tauschring
- anderes Küstenhandelssystem
- früherer Küstenverlauf vor etwa 18 000 Jahren

Gebiet in der Hauptkarte

0 ——— 200 km
0 ——— 150 Meilen

Buka, der nordwestlichsten Salomonen-Insel, auf ca. 29 000 Jahre datierte. All diese Funde bestätigen die Hypothese, dass sich vor ca. 40 000 bis 30 000 Jahren Menschen rasch im Westen Melanesiens verbreiteten und die frühen Siedler das Navigieren von einer zur nächsten Insel zuverlässig beherrschten. Zwar sahen die Reisenden ihr Ziel in der Regel in der Ferne, doch vermochten sie das Meer wohl auch ohne diesen Anhaltspunkt erfolgreich zu überqueren.

Anpassung und Differenzierung

Es überrascht nicht weiter, dass die Bewohner der Küstenstätten in Neuguinea und auf den Bismarck-Inseln sich zunächst von den in den Korallenriffen lebenden Fischen und Meeresfrüchten ernährten. Im Landesinnern, z. B. in Yombon im Westen von Neubritannien, lebten vor ca. 35 000 Jahren aber auch Menschen im Regenwald. Nombe und Kosipe im Hochland von Neuguinea waren vor rund 25 000 Jahren besiedelt. An diesen Orten hatten die Menschen sich auf die Jagd spezialisiert. Pollenuntersuchungen belegen, dass sie zu einem sehr frühen Zeitpunkt Lichtungen rodeten. Mit Äxten und Beilen schlugen sie Bäume an Waldrändern, auch gibt es Hinweise auf Gartenbau in geringem Umfang, mit dem sich vielleicht bereits die unabhängige und sehr frühe Entwicklung der Landwirtschaft ankündigte, die im Hochland von Neuguinea bereits vor 10 000 Jahren erfolgte. Es ist denkbar, dass der steigende Meeresspiegel am Ende der Eiszeit die Menschen in die Berge trieb, wo sie Pflanzen anzubauen begannen. Bei Spuren von 9000 bis 5500 Jahre alten Rinnen, Mulden und Aufschüttungen an der Stätte Kuk am Mount Hagen könnte es sich um Überreste von Ent- und Bewässerungssystemen handeln, die man zum Anbau von Taro, einer aus Südostasien eingeführten, stärkehaltigen Sprossknolle angelegt hatte.

Geoff Irwin, der die traditionellen Segeltechniken in der Region untersuchte, glaubt, dass letztlich die Entwicklung von Navigationsmethoden die Besiedlung des Pazifikraums ermöglichte. Die Verbreitung von Obsidian veranschaulicht, bis zu welchem Punkt ein regelmäßiger Schiffsverkehr zwischen den Inseln herrschte. Obsidian, ein vulkanisches Gesteinsglas, das sich zu rasiermesserscharfen Klingen schlagen ließ, spielte in der Werkzeugindustrie eine wichtige Rolle. Mit spektrographischen Analysen kann man die Herkunft einzelner Obsidianfundstücke feststellen. Talasea auf Neubritannien gehörte über Jahrtausende zu den wichtigen Lagerstätten von Obsidian, der von hier aus in den Pazifikraum bis nach Fidschi gelangte. Vor 20 000 Jahren reiste Obsidian aus Talasea 350 Kilometer weit bis nach Matenbek auf Neuirland. Einige Anzeichen sprechen dafür, dass Menschen gegen Ende der letzten Eiszeit Beuteltiere wie Kuskus und Filander auf Neuirland einführten, möglicherweise eher zufällig, vielleicht aber auch absichtlich, um eine größere Vielfalt an möglichen Nahrungsquellen auf einer Insel zu schaffen, auf der nur wenige Tiere lebten.

Handelsverbindungen

Innerhalb von Melanesien reisten die Menschen nach wie vor häufig, wie das komplexe Handelssystem zeigt, dass sich im Küstengebiet von Neuguinea und den benachbarten Inseln entwickelte. Am bekanntesten ist vermutlich der *Kula*-Ring der Trobriand- und D'Entrecasteaux-Inseln, doch existierten auch andere Verbindungen. Die Siassi hatten sich beispielsweise als Mittelsmänner im Handel zwischen Neuguinea und dem Bismarck-Archipel etabliert. Andere Netze verbanden Gemeinschaften aus Milne Bay an der Südküste von Papua mit dem Golf von Papua. Die Menschen tauschten unter anderem wertvolle Güter wie Muscheln, Gefäße und Nahrung ◆

OBEN Hochlanddorf bei Kosipe im Owen Stanley-Gebirge auf Papua-Neuguinea. Menschen siedelten erstmals vor ca. 25 000 Jahren in dieser Gegend. Hinweise auf landwirtschaftliche Aktivitäten im Hochland von Neuguinea gehören zu den ältesten der Welt. Abflussrinnen und Auffangmulden deuten auf Feuchtlandkulturen wie Taro hin. Pollenanalysen verschiedener Stätten weisen auf umfangreiche Rodungen und Bodenerosion und damit auch auf Trockenkulturen hin.

LINKS Mörser in Vogelform (30 cm hoch, heute Australisches Museum) aus der Westprovinz von Papua-Neuguinea. Mörser und Mörsergefäße aus Stein, verzierte Keulen und Skulpturen fanden sich überall in Neuguinea, vor allem aber im Hochland. Einige datierte Objekte sind mindestens 3500 Jahre alt. Ihre Funktion ist unbekannt. Als die Europäer die Region im 19. Jahrhundert erreichten, stellten die Ureinwohner keine Steinmörser mehr her, verwendeten sie aber noch zu rituellen Zwecken. Heute bestehen solche Mörser in der Regel aus Hartholz.

Die Besiedlung des Pazifikraums

Der Pazifische Ozean bedeckt etwa ein Drittel der Erdoberfläche und umspült über 20 000 Inseln. Im 19. Jahrhundert gliederten Anthropologen ihn in drei Kulturzonen: die Inselketten Melanesiens am Westrand, die verstreuten Inseln Mikronesiens im Norden und das große Dreieck Polynesien, dass sich von Tonga und Samoa ostwärts bis nach Hawaii im Norden sowie nach Neuseeland und zur Osterinsel im Süden zieht. Die westlichen Inseln, die vor ca. 30 000 Jahren besiedelt wurden, sind Gipfel unterseeischer Berge mit einer großen Bandbreite an Böden, Pflanzen und Tieren. Zu Mikronesien gehören hohe Vulkane sowie flache Korallen- oder Kalksteininseln und Atolle – ringförmige Korallenriffe, die eine Lagune umschließen. Sie liegen weit verstreut und verfügen kaum über natürliche Ressourcen. Die Besiedlung dieses extrem weiträumigen Gebietes erforderte hohes nautisches Können. Archäologen gehen heute davon aus, dass der Mensch den Pazifikraum vor rund 3500 Jahren sehr rasch eroberte.

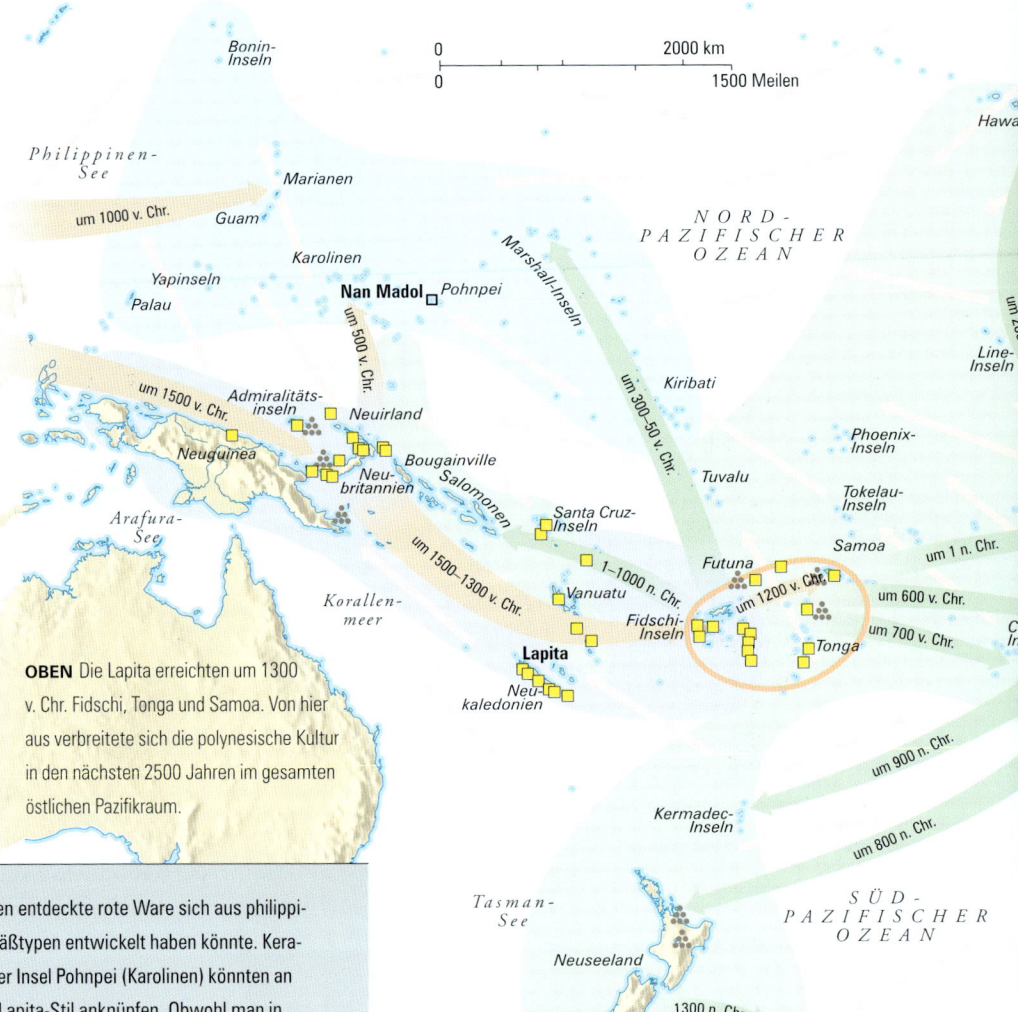

OBEN Die Lapita erreichten um 1300 v. Chr. Fidschi, Tonga und Samoa. Von hier aus verbreitete sich die polynesische Kultur in den nächsten 2500 Jahren im gesamten östlichen Pazifikraum.

Nan Madol: mikronesische Gräber

Über die komplexe Siedlungsgeschichte Mikronesiens wissen wir nur wenig. Der archäologische Befund ist gering, doch sprachliche Aspekte legen nahe, dass die Region sowohl von südostasiatischen Inseln als auch von Melanesien aus besiedelt wurde. Die Sprachen von Palau und den Marianen ähneln den westaustronesischen Idiomen Indonesiens und der Philippinen, während jene der meisten anderen mikronesischen Inseln enger mit den Sprachen der Salomonen und Vanuatus verwandt sind. Einige Archäologen glauben, dass auf den Marianen entdeckte rote Ware sich aus philippinischen Gefäßtypen entwickelt haben könnte. Keramiken auf der Insel Pohnpei (Karolinen) könnten an den späten Lapita-Stil anknüpfen. Obwohl man in Mikronesien keine Lapita-Ware fand, gehörten die ersten Siedler vermutlich zu dieser Kultur. Begräbnisstätten auf Pohnpei umfassen Plattformen und Gräber innerhalb mächtiger Einfriedungsmauern. Sie stammen vermutlich aus dem 9. Jahrhundert v. Chr. und wurden bereits vor Ankunft der Europäer aufgegeben. Am eindrucksvollsten sind die Gräber von Nan Madol. Sie wurden auf etwa hundert verschiedenen künstlichen Inseln in einer seichten Lagune, dem „Venedig des Pazifiks", angelegt ◆

OBEN EINFRIEDUNGSMAUER AUS BASALT IN NAN MADOL.

Ein bestimmter Typ dekorierter Tongefäße, die so genannte Lapita-Ware, gibt Aufschluss über die Besiedlung des Pazifikraums. In den 1950er Jahren fand man Beispiele dafür in Neukaledonien, später auch an anderen Stätten Melanesiens und sogar auf Fidschi, Tonga und Samoa. Die ältesten Stücke sind 3500 Jahre alt, insgesamt waren Keramiken dieser Art etwa 1000 Jahre lang in Gebrauch.

Einige Archäologen glauben, dass Lapita-Ware sich zunächst auf dem Bismarck-Archipel entwickelte und von dort aus verbreitete. Andere nehmen an, dass der Stil von Südostasien aus nach Westmelanesien gelangte. Mit Sicherheit steht die Ausbreitung der Lapita-Kultur im direkten Zusammenhang mit jener der austronesischen Sprachen in der Region. Letztere werden auf dem malaischen Archipel, auf den Philippinen, in Indonesien, Taiwan, Vietnam und Kambodscha gesprochen. Sie finden sich auch in Melanesien, Mikronesien und überall in Polynesien. Archäologen gehen davon aus, dass die Sprache vor ca. 6000 oder 5000 Jahren mit den Menschen von Südostasien in den westlichen Pazifikraum gelangte.

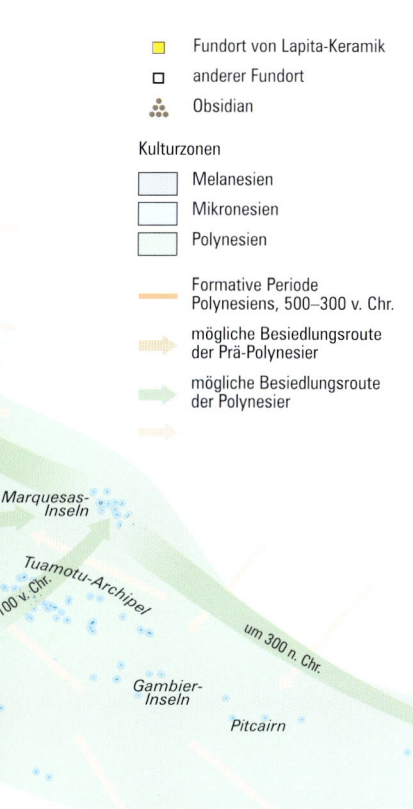

Die Lapita-Kultur

Die Lapita verbreiteten sich ostwärts über die Inselketten im westlichen Pazifikraum und ließen sich dort an den Küsten nieder. Möglicherweise errichteten sie Pfahlsiedlungen über dem Wasser. Sie führten Hausschweine, Hunde und Hühner ein und bauten Taro, Yams und Baumfrüchte an. Auch Fisch und Meeresfrüchte spielten eine wichtige Rolle. Häufig finden sich an Lapita-Stätten Muschelschmuck, Angelhaken, Knochenahlen, Tätowiernadeln und Beile aus Muscheln und Stein. Mit Sicherheit existierte ein ausgedehntes Handelsnetz. Obsidian aus Manus, der am weitesten entfernten Admiralitätsinsel, fand sich auf Vanuatu, Obsidian aus Neubritannien entdeckte man auf Borneo und Fidschi.

Die meisten Lapita-Gefäße sind mit aufwändig geprägten Mustern verziert. Untersuchungen zeigen, dass bestimmte Motive im gesamten Lapita-Kulturraum verbreitet waren. Im Laufe der Zeit verwendeten die Menschen immer weniger Mühe auf das Dekor oder ließen es schließlich ganz weg. Vor etwa 2000 Jahren verschwanden Keramiken aus Polynesien. Archäologen zweifeln aber nicht daran, dass die Polynesier die Nachfahren der Lapita-Leute sind und dass die polynesische Kultur im Dreieck Fidschi-Tonga-Samoa entstand.

Polynesische Seefahrer

Vor etwa 2000 Jahren begannen die Polynesier den weiter entfernten Pazifikraum zu erobern. Zunächst besiedelten sie die Marquesas-Inseln, von dort aus

OBEN Nachbau eines polynesischen Doppelrumpfkanus. 1976 fuhr ein solches Boot, die Hokule'a, von Hawaii nach Tahiti und stellte die Fähigkeiten traditioneller Pazifikseefahrer unter Beweis.

erreichten sie die Gesellschaftsinseln und die Cook-Inseln, Hawaii und die Osterinsel (s. S. 192f.). Neuseeland und die Chatham-Inseln folgten zwischen dem 11. und dem 14. Jahrhundert. Einige entlegene Inseln wie Pitcairn waren vermutlich nur zeitweise bewohnt. Die im Andenraum heimische Süßkartoffel wurde auf den östlichen Inseln Polynesiens kultiviert, was vermuten lässt, dass die Seefahrer sogar die südamerikanische Küste erreichten.

Lange Zeit nahmen die Wissenschaftler an, dass die Menschen neue Inseln eher zufällig erreichten und dann nicht mehr an ihre angestammten Plätze zurückkehren konnten. Nach Computersimulationen von Kanureisen, die Informationen über Winde und Strömungen verwerteten, gilt es jedoch als eher unwahrscheinlich, dass die Boote einfach auf die Inseln zugetrieben wurden. Heutige Seefahrer aus dem Pazifikraum verfügen über genaue Kenntnisse der Sterne und anderer Naturphänomene (etwa Vogelflug und Wolkenbewegungen), um ihren Kurs zu bestimmen. Einfache Karten aus Stöcken und Muscheln oder Kieseln halten das nautische Wissen fest. Mit derlei Hilfsmitteln konnten die Menschen durchaus nach Belieben Inseln ansteuern und wieder verlassen. In die großen polynesischen Kanus mit doppeltem Rumpf passten Getreide, Tiere und andere Ausrüstungsgegenstände, und die ausschwärmenden Gruppen waren so groß, dass sie problemlos in einer neuen Gegend überleben konnten. Warum die Menschen die Reise antraten, ist ungeklärt. Überbevölkerung, Umweltveränderungen, fehlende Ressourcen und Stammesrivalitäten kommen als Motive in Betracht. Vielleicht waren die Polynesier aber auch einfach seit jeher begabte Seefahrer und neugierige Forscher ◆

UNTEN Rekonstruktion eines Lapita-Gefäßes (45 cm Durchmesser) aus Neukaledonien mit eingedrücktem Linienmuster und rot gefärbtem Hals.

Die Osterinsel

Die Osterinsel, die im Südpazifik 3765 Kilometer vor der südamerikanischen Küste liegt, gehört zu den isoliertesten Orten der Erde. Dennoch wurde das nur 166 Quadratkilometer große Eiland aus Vulkanfelsen von polynesischen Seefahrern besiedelt, die vermutlich zwischen dem 5. und dem 11. Jahrhundert von den weit im Nordwesten liegenden Marquesas-Inseln kamen. Weitere kulturelle Einflüsse gab es vermutlich nicht. Abgeschieden vom Rest der Welt entwickelte sich hier eine einzigartige Steinzeitkultur.

Vermutlich kamen ein Dutzend Männer, Frauen und Kinder in einem oder mehreren großen Zweirumpfkanus über das Meer gefahren. Mit sich führten sie die Tiere und Pflanzen, die sie stets auf ihre Entdeckungsreisen mitnahmen. Brotfrüchte vermochten im kühlen, subtropischen Klima der Insel nicht zu gedeihen, aber Bananen und Kartoffeln wuchsen gut. Schweine und Hunde überlebten nicht, dafür aber Hühner und Polynesische Ratten, die als Proteinlieferanten auf dem Speiseplan standen. Ausgrabungen belegen, dass auf der Insel zunächst viele einheimische Land- und Seevögel lebten, die aber nach und nach ausstarben.

Die Hüter der Insel

Die Inselbewohner lebten in kleinen Dörfern in ovalen Hütten, die umgedrehten Booten glichen. An wind- und salzgeschützten Orten bestellten sie Felder und Gärten. Kurz nach ihrer Ankunft begannen sie *Ahu*, rituelle Steinplattformen, am Rand der Insel anzulegen. Nach dem 10. Jahrhundert entstanden immer mehr und immer größere Plattformen. Schließlich richteten die Menschen auf knapp der Hälfte der Plattformen mächtige *Moai* – aus weichem Vulkantuff geformte Ahnenfiguren – auf.

Alle Statuen zeichnen sich durch lang gezogene Köpfe aus und sind am Unterleib abgeschnitten. Ihre Arme liegen eng an den Seiten an, und ihre verlängerten Finger enden an einem stilisierten Lendentuch. Die Ohren sind ebenfalls verlängert und überdies durchbohrt. Insgesamt zählte man über 800 zwei bis zehn Meter hohe und bis zu 82 Tonnen schwere Statuen. Sie wurden im Steinbruch bearbeitet, denn dort entdeckten Archäologen Tausende von Basaltmeißeln und Hunderte unvollendeter Skulpturen.

Über 230 fertige Standbilder brachten die Künstler zu den Plattformen. Ursprünglich nahm man an, sie seien liegend an Ort und Stelle geschleppt worden, doch fand man bei Experimenten heraus, dass der aufrechte Transport auf einem hölzernen Schlitten

UNTEN Teil einer Reihe von *Moai*-Statuen auf dem Ahu Tongariki. Eine Skulptur trägt einen Haarknoten. Auf der Plattform, der größten und eindrucksvollsten der Insel, stehen 15 Statuen unterschiedlicher Größe. Mitte des 19. Jahrhunderts waren sie wie alle anderen umgestürzt. 1960 beschädigte ein Tsunami (Meereswelle) die Plattform und Standbilder schwer. Eine japanische Krangesellschaft richtete in den 1990er Jahren alle Statuen wieder auf und gab der Insel damit ihre berühmtesten Monumente zurück. Auf dem Foto sind die lang gezogenen Ohren gut zu erkennen. Alle *Moai* zeigen menschliche Figuren. Sie kehren dem Meer den Rücken zu und bilden eine Art Schutzschild gegen die Außenwelt. Das Geheimnis der bis zu zehn Meter hohen mythologischen Tuffsteinfiguren konnte jedoch bis heute nicht restlos gelöst werden.

RECHTS Die Materialien für die Statuen stammen aus unterschiedlichen Steinbrüchen. Den weichen Vulkantuff für die meisten *Moai* baute man im Krater des Rano Raraku ab, die Vulkanschlacke für den zylindrischen Kopfschmuck am Puna Pau, während Obsidian für die Pupillen der weißen Korallenaugen und für Dolche und Speerspitzen von zwei Stätten am Krater des Rano Kao und von der vorgelagerten Insel Motu Iti kam. Der schönste *Moai* überhaupt, bekannt als Hoa Hakananai's (Freund, der gestohlen wurde), wurde in einem Haus im Zeremonialhügeldorf Orongo freigelegt. Sein Basaltkörper ist mit feinen Basreliefs geschmückt. Die Verzierungen der Statuen entspringen derselben Tradition wie die der Ahnenfiguren auf den Marquesas und anderen polynesischen Inseln. Statuen wurden zwischen dem 11. und dem 17. Jahrhundert hergestellt, dann mangelte es an Bäumen für Rollen, Hebekränen und Schlitten.

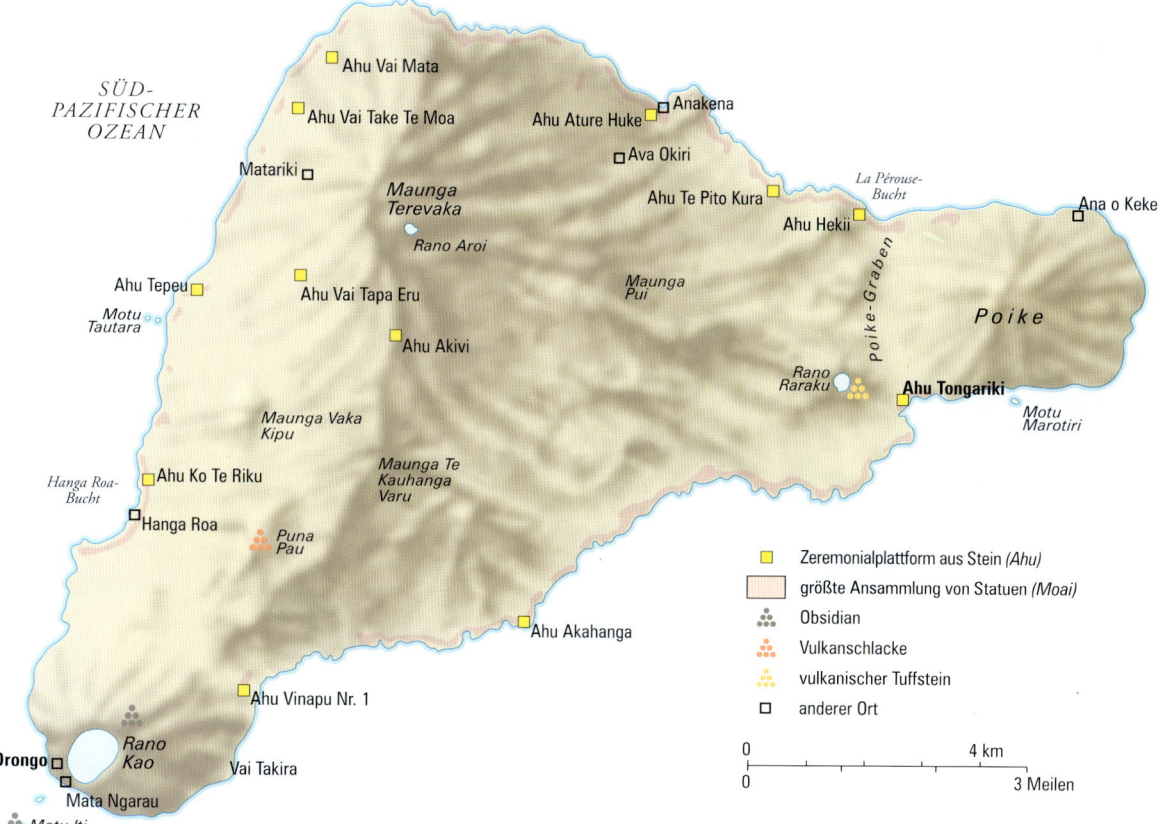

sich mühelos bewältigen ließ. Dann wurden die Statuen auf den Plattformen aufgerichtet – mindestens 15 in einer Reihe und stets mit dem Rücken zum Meer, mit Blick auf die Siedlungen. Einige *Moai* tragen einen zylindrischen Kopfschmuck aus roter Vulkanschlacke. Vermutlich setzte man den Figuren bei bestimmten Anlässen Augen aus weißen Korallen mit Pupillen aus schwarzem Obsidian in die Augenhöhlen ein.

Rodungen und Niedergang

Allem Anschein nach lebten die Inselbewohner etwa tausend Jahre friedlich zusammen, ehe sich Gewalt breit machte und die Menschen *Mataa* – Speerspitzen und Dolche aus Obsidian – in großen Mengen herstellten. Durch Pollenanalysen von versteinerten Samen, die man in den Süßwasserseen der Inselkrater fand, ließ sich der wahrscheinlichste Grund für dieses Verhalten ableiten. Die Untersuchungen ergaben, dass bis vor etwa 1200 Jahren Wälder mit den größten Palmen der Erde und anderen Bäumen und Büschen die heute baumlose Insel bedeckten. Während der jahrhundertelangen Besiedlung hatten die Menschen immer mehr Bäume gerodet, vermutlich um Platz für Felder zu schaffen und weil sie Holz als Brennstoff und Baumaterial für die Schlitten benötigten, welche die Statuen transportierten. Diese Entwaldung beschleunigte die Bodenerosion, die wiederum die Produktivität der Äcker minderte, während es zeitgleich an Baumaterial für Kanus und damit an Möglichkeiten zum Fischfang mangelte. Auch klimatische Faktoren wie eine Dürreperiode

oder eine „kleine Eiszeit" könnten eine Rolle gespielt haben, doch da die einheimische Vegetation die 30 000 Jahre während Phasen der Eiszeit überlebt hatte, dürfte wohl eher der Mensch seinen eigenen Lebensraum vernichtet haben.

Die Zahl der Inselbewohner war schließlich auf mehrere Tausend angewachsen, und als die Nahrung knapp wurde, kam es zu Auseinandersetzungen zwischen verschiedenen Dörfern. Man stürzte Statuen verfeindeter Siedlungen um. Der alte Ahnenkult starb aus und wurde schließlich durch einen Kult ersetzt, bei dem die Kriegerelite der Inselclans alljährlich einen „Vogelmann" wählte, der für ein Jahr regierte. Viele Bewohner fielen den Umweltbedingungen und Konflikten zum Opfer, und als die ersten Europäer 1722 die Osterinsel erreichten, lebten dort insgesamt nur noch 2000 Menschen ◆

UNTEN Felsen mit Vogelmenschfiguren an einem Felsen in Orongo, dem Zeremonialzentrum des Vogelmannkultes, der erst spät in der Inselgeschichte aufkam. An einem bestimmten Tag im September sprang eine Gruppe junger Krieger, Vertreter der rivalisierenden Clans, die um die Herrschaft kämpften, von dem steilen Felsen in Orongo ins Meer und schwamm durch die starke Strömung und die haiverseuchten Gewässer zur größten vorgelagerten Insel, Motu Nui, um ein Ei einer Hemprichmöwe zu holen. Wer zuerst mit dem Ei nach Orongo zurückkehrte, entschied, welcher Clan für ein Jahr den Vogelmenschen stellte und in dieser Zeit die übrigen Inselbewohner ungestraft ausrauben durfte.

Die Maori in Neuseeland

Neuseeland, die größte pazifische Insel, wurde vermutlich Mitte des 13. Jahrhunderts als Letzte von Menschen besiedelt. Mit Hilfe von archäologischen Funden sowie linguistischen und genetischen Informationen lassen sich die Ursprünge der Maori, der Ureinwohner Neuseelands, bis in den westlichen Pazifikraum (s. S. 190f.) genauestens zurückverfolgen. Die polynesischen Vorfahren der Maori waren geniale Seefahrer, die die Inseln nach und nach per Schiff entdeckten. Neuseeland liegt südlich von Polynesien, jedoch in einer ganz anderen Richtung, was den späten Zeitpunkt der Besiedlung erklären könnte. Maori-Überlieferungen erzählen von der Ankunft einer Kanuflotte, deren Kapitäne in den *Whakapapa* (Genealogien) verschiedener Stämme namentlich genannt werden. Einer Legende zufolge sichtete ein Mann namens Kupe die Nordinsel und taufte sie Aotearoa (Land der langen weißen Wolke).

GANZ RECHTS Der Inselstaat Neuseeland liegt etwa 1600 Kilometer südöstlich der australischen Küste. Neuseeland ist eine kontinentale Landmasse und größer als alle polynesischen Inseln zusammengenommen. Das Klima ist im äußersten Norden subtropisch, im Süden gemäßigt bis kalt. Auf Neuseeland gibt es aktive Vulkane, hohe, alpine Faltengebirge, Ebenen und eine stark zerklüftete Küste. Die Südinsel wurde ab dem 13. Jahrhundert in der archaischen Periode erstmals besiedelt. Vermutlich empfanden diese Menschen Neuseeland mit seinem natürlichen Reichtum als überaus attraktiv. In den Stieleibenwäldern und den Büschelgrasebenen im Innern lebten Moas und andere Laufvögel, die Jäger leicht erbeuten konnten. Vor den Küsten gab es Robben, Fische und Schalentiere in Hülle und Fülle. Viele Vogelarten starben in den ersten 300 Jahren der Besiedlung aus.

Über den Entdeckungszeitraum von Neuseeland wurde lange gestritten. Betrachtet man C-14-Analysen kritisch, so dürften die ersten Menschen die Insel Ende des 12. Jahrhunderts erreicht haben. Pollenuntersuchungen bestätigen diese These, denn zu jener Zeit nahm die Zahl großer Bäume, vermutlich durch Brandrodung, deutlich ab. Einige Vorgeschichtler setzen jedoch ein deutlich früheres Datum an. Noch kontroverser werden neuere Datierungen von Knochen Polynesischer Ratten, einer von Menschen eingeführten Art, diskutiert, da das gesamte Knochenmaterial aus unberührten Höhlen stammte. Knochen von unstrittig datierten menschlichen Siedlungsplätzen lassen keine vergleichbaren Schlüsse zu, weshalb man sehr frühe Altershypothesen mit Vorsicht behandeln sollte. DNA-Untersuchungen von Rattenknochen legen aber immerhin nahe, dass es mehr als eine Siedlungswelle gab, die Menschen also in mehreren, zeitlich getrennten Gruppen von Polynesien aus kamen. Auch hierfür fehlen allerdings noch abschließende Beweise.

Frühe Moa-Jäger

Neuere DNA-Untersuchungen von Maori lassen vermuten, dass zunächst nur eine kleine Gruppe polynesischer Seefahrer Neuseeland erreichte, darunter etwa 70 Frauen. Die ersten Siedler brachten wahrscheinlich keine Schweine und Hühner mit, die häufigsten Fleischlieferanten der Polynesier, führten aber Hunde und Ratten ein. Dafür lebten auf und um Neuseeland zahlreiche Tierarten: Küsten- und Waldvögel, große Meeressäuger (insbesondere Seehunde) und Schalentiere aller Art. Die ältesten archäologischen Stätten befinden sich an Flussmündungen und waren zumeist weniger als 50 Jahre besiedelt. Grabungen deuten auf Wildbeuterkulturen hin, die vor allem Moas, neuseeländische Laufvögel, jagten, von denen es damals elf Arten gab. Die großen Vögel (der *Dinornis giganteus* wurde über zwei Meter groß) hatten das Fliegen verlernt, da sie keine natürlichen Feinde besaßen. Innerhalb von etwa 300 Jahren rotteten die Menschen sie jedoch vollständig aus.

Zu den bedeutendsten frühen Stätten auf Neuseeland gehört Wairau Bar, ein zwischen 1950 und 1964 freigelegter Fundort. Forscher entdeckten über 40 Gräber *(Koiwi)*, dazu zahlreiche Objekte wie Beile im typisch ostpolynesischen Stil, vollständige Moa-Eier, beschnitzte Moa-Knochen, Ketten aus Imitationen von Walfischzähnen sowie Schmuck aus Haifischzähnen. Der Begriff Moa-Jäger beschreibt in erster Linie die in Wairau Bar ansässige Kultur. Neuere C-14-Untersuchungen von Moa-Eischalen aus zehn der zwölf Gräber deuten darauf hin, dass der Ort vom späten 13. Jahrhundert an für wenige Jahrzehnte besiedelt war.

Maungakiekie: ein Terrassen-Pa

Maungakiekie, auch als One Tree Hill bekannt, ist einer von vielen eindrucksvollen *Pa* auf den Gipfeln der zumeist erloschenen Vulkane, welche sich nahe der heutigen Stadt Auckland City erheben. An solchen Orten im Tamaki-Vulkanfeld von Auckland und an anderen Stellen in Neuseeland errichteten die Maori ihre typischen Hügelfesten. Maungakiekie wurde zwischen drei Vulkankegeln erbaut, die aus weicher Vulkanschlacke bestehen. Die Überreste der Verteidigungsmauern, Terrassen für Häuser *(Whare)* und Lagergruben für Getreide sind noch heute deutlich erkennbar. Die Stätte bedeckt ein 46 Hektar großes Areal und gehört damit zu den größten *Pa* von Auckland City. Bei archäologischen Grabungen fand man heraus, dass Menschen hier wiederholt über mehrere Jahrhunderte siedelten. Die Verteidigungsstrukturen stammen vornehmlich aus dem 16. Jahrhundert, einer Zeit mit vielen kriegerischen Konflikten. Dank der fruchtbaren Böden der Tamaki-Vulkanfelder zählte diese Region bis zur Ankunft der Europäer zu den fruchtbarsten Gebieten Neuseelands. Heute reichen die Vororte der Stadt bis an den Fuß des Hügels, an dem sich einst die wunderschönen Maori-Gärten ausdehnten. Rund 20 Prozent der Stätte wurden durch Straßenbau zerstört oder beschädigt, doch Maungakiekie gilt nach wie vor als einer der am vollständigsten untersuchten *Pa* Neuseelands ◆

OBEN LUFTAUFNAHME VON MAUNGAKIEKIE, DER *PA* WURDE UM EINEN ERLOSCHENEN VULKAN ERRICHTET.

Barn B

Owens Ferry
Wakātip

Te Anau See

Takahe Valley
Breaksea Sound
Doubtful Sound
Chalky Inlet
Pahi
Wakapatu
Tiwai Po

Legende

traditioneller Kanu-Landeplatz

alter Platz vor etwa 1400 n. Chr.

wichtige *Pa*-Hügelfestung

andere *Pa*-Hügelfestung

anderer Platz der klassischen Periode nach etwa 1400 n. Chr.

Moa-Jagdgebiet

Robben-Jagdgebiet

Anbaugrenze für Süßkartoffeln

wichtige Steinbrüche

Argillit

Basalt

Hornstein

Jade

Obsidian

Orthoquarzit

Kartenbeschriftungen

Twilight Beach
Houhora
Pouerua
Pouto
Otakanini
Motutapu-Insel
Hahei
Tairua
Aotea (Great Barrier-Insel)
Maungakiekie (One Tree Hill)
Tuhua (Mayor-Insel)
Mataatua
Oruarangi
Kauri Point
Te Arawa
Aotea
Kohika
Lake Mangakaware
Lake Ngaroto
Kawerau
Tainui
Tokoroa
Tokomaru
Orongo Bay
Taupo-See
Kumara-Kaiamo
Takitimu
Kurahaupo
Kaupokonui
Otatara
Waingongoro
Black Head
Foxton
Porangahau
Tasman-See
Paremata
Heaphy River Mouth
Palliser Bay
SÜD-PAZIFISCHER OZEAN
Rotokura
Wairau Bar
Maitai River
Buller
Clarence River Mouth
Takahanga
Avoca Point, Kaikoura
Hurunui River Mouth
Teviotdale
Moabone Point-Höhle
Pa Bay
Banks-Halbinsel
Rakaia River Mouth
Tekapo-See
Killermont
Ahuriri
Waitaki River Mouth
Awamoa
Tairua
Shag River Mouth
Pleasant River Mouth
Long Beach
Purakaunui
Mapoutahi
Little Papanui
Pounawea
Papatowai
SÜDLICHE ALPEN

Werkzeuge und Gartenbau

Auf Neuseeland gibt es eine deutlich größere Bandbreite an Gesteinstypen als auf den übrigen Inseln Polynesiens. Die ersten Siedler fanden rasch heraus, für welche Werkzeuge sich diese Materialien eigneten. Zunächst stellten sie Werkzeuge im typisch ostpolynesischen Stil her, doch wenig später begannen sie mit neuen Typen, etwa Beilen aus Argillit, zu experimentieren. Schon früh trieben die Menschen über weite Strecken Handel mit Steinen. Obsidian von Tuhua im Norden galt als besonders wertvoll. Der charakteristische schwarz-grüne Obsidian findet sich fast überall auf Neuseeland und müsste daher eigentlich an Polynesischen Stätten auftauchen, wenn die Siedler dorthin zurückgekehrt wären.

Die ersten Siedler aus Polynesien brachten auch Süßkartoffeln *(Kumara)* und Taro mit. Allerdings lag Neuseeland am Rand des für diese Kulturen geeigneten Klimagebietes, so dass sie südlich der Banks-Halbinsel nicht gediehen. *Kumara*-Knollen lagerte man in unterirdischen Gruben, um sie für die Aussaat in der darauf folgenden Saison aufzubewahren. Man entdeckte einige dieser Gruben. Die Bauern konstruierten auch Entwässerungsrinnen und reicherten die Böden mit Kieseln an. Bis zur Einführung der Kartoffel im 19. Jahrhundert spielte der Gartenbau in einigen Regionen jedoch eine untergeordnete Rolle.

Klassische Maori-Kultur

Im 16. Jahrhundert veränderte sich die Maori-Gesellschaft. Nun errichteten die Menschen Hügelfesten *(Pa)* und lebten nicht mehr in offenen Siedlungen. Archäologen fanden Tausende dieser Festungen, die vermutlich gegründet wurden, weil die Bevölkerungszahlen stiegen und immer mehr Menschen um die Nahrungsressourcen konkurrierten. Die meisten *Pa* liegen auf der Nordinsel, vielleicht, weil man dort urbares Land besonders heftig verteidigen musste. Einer anderen These zufolge handelt es sich um eine architektonische Tradition, die mit dem Häuptlingsstatus in Verbindung stand.

Die soziale Ausdifferenzierung der Gesellschaft vollzog sich zeitgleich mit der Entwicklung der klassischen Maori-Kultur, wie sie zum Beispiel in stilisierten Schnitzarbeiten und Tätowierungen zum Ausdruck kam. Die Reiseberichte von Tasman, Cook und anderen frühen europäischen Besuchern enthalten darüber hinaus wichtige Informationen, die auf die Lebensweise der Maori vor der Ankunft europäischer Siedler im 19. Jahrhundert schließen lassen ◆

RECHTS Grünstein-Schmuckstück *(Pounamu Hei Matau)* in der Form eines Angelhakens aus Pahia, Neuseeländische Südinsel (8,6 cm lang).

GLOSSAR

Abschlag Steinsplitter, der mit einem scharfkantigen Werkzeug von einem Steinkern abgeschlagen wurde.

Achämeniden Persische Stämme, die im 1. Jahrtausend v. Chr. in den westlichen Iran einwanderten und sich in Fars niederließen. Von hier aus expandierten die Herrscher im 6. Jahrhundert v. Chr. und gründeten ein Weltreich, dass sich von Zentralasien und Nordindien bis Thrakien und Ägypten erstreckte. Kyros, Darius und Xerxes waren Achämeniden.

Agora Marktplatz, Zentrum des öffentlichen Lebens in antiken griechischen Städten (in römischen Städten Forum genannt). Regierungsgebäude, manchmal auch Märkte und Orte für sportliche oder festliche Aktivitäten säumten die Agora.

Akkadisch Gruppe SEMITISCHER Sprachen in MESOPOTAMIEN, bekannt durch Texte in KEILSCHRIFT aus der Mitte des 3. Jahrtausends v. Chr. aus dem nördlichen Teil Mesopotamiens, dem alten Akkadien (Sumer). Akkadisch spaltete sich später in zwei Dialekte, Assyrisch und Babylonisch, auf. In der politischen Geschichte Mesopotamiens bezieht sich der Begriff auf die von Sargon I. begründete akkadische Dynastie (ca. 2330–2150 v. Chr.), und die Kultur jener Zeit.

Amphore Großer, zweihenkliger Krug zum Aufbewahren von Öl, Wein oder anderen Flüssigkeiten.

Aramäer Mehrere kleine, eisenzeitliche Staaten in Syrien, die schließlich im Assyrischen Reich aufgingen. Im 1. Jahrtausend v. Chr. löste die aramäische Sprache, die eine Alphabetschrift verwendete, das AKKADISCHE als Verwaltungssprache des Nahen Ostens in Assyrien, Babylonien und den ACHÄMENIDENreichen ab.

archaisch (1) In der nordamerikanischen Archäologie Kulturen von Jägern und Sammlern, die über GESCHLIFFENE STEINWERKZEUGE verfügten und langsam sesshaft wurden. (2) In der griechischen Kunst die Epoche der ersten Stadtstaaten (um 650 v. Chr.). Der Angriff der Perser auf Griechenland (480 v. Chr.) markiert das Ende der Archaik.

archaischer Mensch Allgemeine Bezeichnung für HOMINIDEN-Fossilien aus der Zeit zwischen 800 000 und 200 000 J.v.h. Das Hirnvolumen der kräftig gebauten Kreaturen nahm stetig zu, bis es ungefähr die heutige Größe erreichte. Typisch waren die fliehende Stirn und die Augenwülste sowie breite Gesichter mit großen, vorstehenden Zähnen. Der archaische Mensch gilt als Vorfahre sowohl des modernen *H. sapiens* als auch des *H. sapiens neanderthalensis* oder des *H. neanderthalensis* (s. Neandertaler).

Archäologie Wissenschaft von den Relikten der Vergangenheit.

Ardipithecus Frühe HOMINIDEN-Gattung, bekannt durch 4,4 Mio. Jahre alte Fossilien der Spezies *Ardipithecus ramidus* aus Aramis in Äthiopien, die ältesten bis heute gefundenen Hominidenfossilien überhaupt. Ardipithecus ging möglicherweise auf zwei Beinen (s. Bipedie).

Argon-Argon-Methode Absolute Datierungsmethode, bei der das Alter der Gesteinsschichten bestimmt wird, in das Funde eingebettet sind. 10 000 bis 1 Mio. Jahre alte Materialien können mit unterschiedlicher Präzision datiert werden. Die Methode eignet sich zur Bestimmung von Mineralisation und vulkanischen Aktivitäten und um stratigraphische Beziehungen innerhalb der Geochronologie des QUARTÄRS herzustellen.

Artefakt Jedes bewegliche Objekt, das Menschen hergestellt, benutzt oder verändert haben.

Artefaktreihe Sammlung von ARTEFAKTEN, die eine analysierbare Einheit bilden. Die Größe einer solchen Reihe schwankt von Fall zu Fall. Es kann sich um Artefakte handeln, die für bestimmte Zwecke verwendet wurden, oder um Überreste einer KULTUR, die man an einer Stätte freilegte.

Assyrien s. MESOPOTAMIEN

Ausgrabung Systematische Erhebung von archäologischen Daten durch Freilegung von Stätten und Artefakten. Grabungen können entweder vollständig oder partiell sein, wenn nur ein Teil einer Stätte untersucht wird. Zu den Hauptzielen jeder Grabung gehört es, die STRATIGRAPHIE der Stätte zu erfassen. Grabungen zerstören Stätten immer in gewissem Maße, weshalb man so viel Material und so viele Informationen wie möglich zu erhalten versucht und alle verwendeten Techniken genau dokumentiert. Nur so können zukünftige Archäologen die Resultate der Arbeit exakt einschätzen. Grabungen sind überdies sehr teuer. Aus diesem Grunde greift man heute nur noch bedingt auf sie zurück.

Australopithecus Aufrecht gehender HOMINIDE mit kleinem Gehirn, bekannt durch Stätten, die sich in einem Gürtel von Ost- nach Südafrika erstrecken und von einer einzelnen Stätte im Tschad. Einige Australopithecusarten gelten als Vorfahren des Menschen. Am häufigsten vertreten ist *A. afarensis,* bekannt durch vier bis drei Mio. Jahre alte Stätten in Ostafrika. *A. afrarensis* und *A. africanus* waren klein und leicht gebaut. Größere, robustere Australopithecinen tauchten erst später auf.

Babylonien s. MESOPOTAMIEN

Bandkeramikkultur Früheste NEOLITHISCHE Kultur in Mitteleuropa (ca. 5600–5000 v. Chr.), die sich von der Westukraine bis nach Ostfrankreich erstreckte. Der Name bezieht sich auf die für die Kultur typischen Keramiken mit eingeritzten Ornamenten in Bandform. Die ältesten Gefäße sind mit einfachen Mäandern und Spiralen verziert, spätere mit komplexen Mustern und mit kleinen Vertiefungen.

Basrelief (auch Flachrelief) Flache Steinreliefarbeit, bei der die Darstellung sich nur mäßig vom Hintergrund abhebt und mit diesem verbunden ist.

Beschleunigungs-Massenspektrometer Schnelles, aber teueres Verfahren zur RADIOCARBONDATIERUNG, bei dem die Zahl der vorhandenen C-14-Atome in einer winzigen Probe bestimmt wird. Dies geht deutlich schneller als die Berechnung des Alters über die Zerfallszeit radioaktiver C-14-Isotope in gewöhnlichen Proben. Beide Methoden eignen sich für maximal 50 000 Jahre alte Materialien.

Bipedie Fähigkeit, auf zwei Beinen mehr oder weniger aufrecht zu gehen.

Bronzezeit In der Altweltarchäologie prähistorisches Zeitalter, in dem die Menschen vorrangig Bronze als Material für Werkzeuge und Waffen verwendeten. In Europa dauerte die Bronzezeit von ca. 2200 bis 800 v. Chr. In Ostasien fiel der Bronzegebrauch auf dem chinesischen Festland mit der SHANG- und ZHOU-Dynastie (2. u. 1. Jahrtausend v. Chr.) zusammen.

Chronologie Datierungssystem. Relative Zeiteinteilungen orientieren sich an Erdschichten oder TYPOLOGIEN, um eine Abfolge von Ereignissen für eine bestimmte Stätte oder Region zu bestimmen. Die absolute Chronologie bezieht sich dagegen auf Messmethoden wie die RADIOCARBONDATIERUNG oder auf Kalenderdaten.

Clovis-Kultur Älteste nachweisbare Kulturgruppe der PALÄOINDIANER in den nordamerikanischen Prärien, die sich durch Clovis-Spitzen (symmetrische, sorgfältig bearbeitete Spitzen), Kratzer und Knochenwerkzeuge auszeichnete. Die Clovis-Kultur begann vermutlich um 13 500 v. Chr.

Dendrochronologie Datierungsmethode, die auf Baumringsequenzen beruht. Mit diesem Verfahren lässt sich das Alter von Holz bei archäologischen Strukturen und Stätten bestimmen. Bäume bilden in trockenen Jahren dünnere und in feuchten Jahren dickere Ringe aus. Artgleiche Bäume ein und desselben Alters in Gebieten mit ähnlichen klimatischen Bedingungen weisen ähnliche Ringsequenzen auf. Mit Hilfe älterer und jüngerer Bäume, deren Sequenzen sich überlagern, kann man eine relative CHRONOLOGIE erstellen und Ringmuster bei Fundstücken aus Holz mit dieser Modellreihe vergleichen. Das absolute Alter lässt sich dort berechnen, wo die bekannte Sequenz einer bestimmten Baumart bis in die Gegenwart reicht. Die längsten (ältesten) Sequenzen basieren auf der in Westamerika heimischen Grannenkiefer (9000 Jahre).

Diffusionismus Nicht allgemein anerkannte Theorie, nach der alle großen Errungenschaften früher Kulturen, von MEGALITHEN bis zur Metallverarbeitung, vom Nahen Osten und von Ägypten aus nach Europa gelangten.

Dryas Nach einer Tundrapflanze benannter Zeitabschnitt des Spätglazials mit mehreren kalten Phasen im Norden Eurasiens, in dem die Temperaturen nahezu auf das Niveau der Eiszeit zurückfielen. Die Dryas I dauerte von 16 000 bis 14 000 v.h., die ältere Dryas (Dryas II) von 12 300 bis 11 800 v.h. und die jüngere Dryas (Dryas III) von 11 000 bis 10 000 v.h.

Einkorn Wilde (*Triticum boeoticum*) und domestizierte (*T. monococcum*) Form von Weizen, die man an Siedlungen im Nahen Osten entdeckte.

Eisenzeit Phase, in der die Menschen verstärkt Eisen anstelle von Bronze gebrauchten. In Europa tauchen die ersten Eisenartefakte um 1100 v. Chr. auf, doch der Übergang von der BRONZEZEIT zur Eisenzeit wird generell für das beginnende 1. Jahrtausend v. Chr. angesetzt. In Westeuropa endete die Eisenzeit mit dem Römischen Reich, jenseits seiner Grenzen dauerte sie bis zur Völkerwanderungszeit im 4. bis 6. Jahrhundert. In Ostasien kam Eisen um 500 v. Chr. in China auf. Das Verfahren der Eisenschmelze verbreitete sich im 8. Jahrhundert v. Chr. von Westasien nach Afrika.

Eiszeit Allgemeine Bezeichnung für Phasen, in denen sich kontinentale und alpine Gletscher ausdehnten. Häufig für letzte Eiszeit des QUARTÄRS verwendet (s. auch GLAZIAL).

Emmer Wilde (*Triticum dicoccoides*) und domestizierte (*T. dicoccum*) Form von Weizen, die sich häufig an frühen Bauernsiedlungen im Nahen Osten fand und die sich in ihrer domestizierten Form nach Europa verbreitete.

Faustkeil Auf zwei Seiten bearbeitetes Steinwerkzeug mit scharfer Schneide, das sich aus afrikanischen Geröllwerkzeugindustrien entwickelte und im frühen und mittleren PALÄOLITHIKUM nach Europa, Indien und Südwestasien gelangte. Faustkeile waren dreieckig, birnenförmig oder oval und 8 bis 20 cm lang.

Fayence Im alten Ägypten, im Nahen Osten und der Ägäis für Figurinen und Schmuck verwendetes Material, bestehend aus Quarzsand, Ton und Mineralien. Durch besonders starke Erhitzung beim Brand schmolz das silikathaltige Material an der Oberfläche und bildete eine Art Glasur, die grün, grünblau oder farbig leuchtete.

Fossil Überreste, Abdrücke oder Spuren lebender Organismen, die in Steinen oder Sedimenten erhalten blieben.

Gebrauchsanalyse Mikroskopuntersuchung der Beschädigungen und Abnutzungen an Rändern von Steinwerkzeugen. Diese Analyse liefert wertvolle Informationen zur Verwendung des Werkzeuges.

Glazial Zeitraum der Erdgeschichte mit sehr kaltem Klima in den nördlichen Breiten und höheren Lagen der Erde, die zu einer Ausdehnung der von Eis bedeckten Gebiete und dadurch zur Veränderungen von Bodenstruktur, Flora und Fauna führen können (s. ZWISCHENEISZEIT)

Grabstichel Typisches Werkzeug der Altsteinzeit mit scharfer, meißelähnlicher Spitze, besonders geeignet zum Verzieren von Knochen, Elfenbein, Geweihenden, weichem Stein oder Holz. Neuere GEBRAUCHSANALYSEN legen nahe, dass es sich um ein Multifunktionswerkzeug handelt.

Han Historische Periode und Dynastie in China (206 v. Chr.–220 n. Chr.), die zwei durch ein Interregnum (9–25 n. Chr.) getrennte Phasen, die Frühe (Westliche) und die Späte (Östliche) Hanzeit, umfasste.

Hellenismus Zeit vom Tod Alexanders des Großen (323 v. Chr.) bis zur Entstehung des Römischen Reiches im 1. Jahrhundert v. Chr. Die hellenistische Welt umfasste die Königreiche, die aus dem zerfallenen Perserreich entstanden waren, sowie das griechische Festland. Der Begriff hellenistisch wird auch auf nachklassische Funde außerhalb dieses geographischen Bereiches, etwa in Etrurien und Süditalien, angewandt.

Hieroglyphen (von griech. „heiliges, eingraviertes Schriftzeichen") Bildschriftzeichen, die in Ägypten ab dem Beginn des 3. Jahrtausends v. Chr. bis Ende des 4. Jahrhunderts für religiöse Texte und auf öffentlichen Monumenten verwendet wurden. In diesen Kontexten lebten sie auch noch fort, als man im Alltag und in der Verwaltung die kursive hieratische und demotische Schrift benutzte. Der Begriff wird auch für andere, auf Piktogrammen basierende Schriften gebraucht.

Holozän Phase nach dem PLEISTOZÄN, jüngere Abteilung des QUARTÄRS, die etwa um 8000 v. Chr. begann und bis zur Gegenwart dauert.

Hominide Mitglied der Familie der Hominidae, aufrecht gehender Primaten (s. BIPEDIE) mit relativ großem Gehirn, zu denen unter anderem auch die AUSTRALOPITHECINEN und die Menschen gehören.

Homo erectus „Aufrechter Mensch", Bezeichnung für Hominiden-Fossilien mit gedrungenem Körperbau und schwerem Gesicht mit dicken Brauenwülsten. Das früheste Beispiel wurde 1891 auf Java entdeckt und ist das älteste außerhalb Europas gefundene menschliche Fossil. *H. erectus* galt als erster Hominide, der sich vor 1 Mio. Jahren über Afrika hinaus verbreitete und als direkter Vorfahre von *H. SAPIENS*. Heute werden jedoch viele zunächst als *H. erectus* klassifizierte Fossilien *H. ergaster* zugeordnet. Möglicherweise war der ostasiatische *H. erectus* eine lokale Entwicklung.

Homo ergaster Frühe afrikanische *Homo*-Art (griech. „Arbeiter"), bekannt durch 1,8 bis 1,5 Mio. Jahre alte FOSSILIEN. *H. ergaster* wird mit Stein-Artefakten in Verbindung gebracht, hatte ein großes Gehirn, kleine Zähne und Kiefer. Deshalb und aufgrund seines Körperbaus und seiner Fortbewegungsweise ähnelt er späteren *Homo*-Arten und gilt als deren Vorfahre.

Homo habilis HOMINIDE („geschickter Mensch"), der bis vor kurzem als älteste *Homo*-Art galt. Erstmals 1964 in der Olduwai-Schlucht in Tansania entdeckt, gilt er als ältester *Homo* Afrikas. Fossilien dieser Art sind zwischen 1,9 und 1,6 Mio. Jahre alt und von Stätten in Ost- und Südafrika bekannt. H. HABILIS war klein und leicht gebaut, besaß jedoch ein größeres Gehirn als die zierlichen AUSTRALOPITHECINEN.

Homo heidelbergensis, Menschenart, die vor 800 000 bis 200 000 Jahren lebte. Die aus Europa, Afrika und möglicherweise China bekannte Art wird von manchen als Vorfahre des NEANDERTALERS und des modernen *H. sapiens* betrachtet.

Homo sapiens Unsere eigene Art. Fossilien des ältesten, zwischen 130 000 und 80 000 Jahren alten modernen *H. sapiens* oder *H. sapiens sapiens* fanden sich an zahlreichen Stätten in Afrika und im Nahen Osten. S. auch ARCHAISCHER MENSCH und NEANDERTALER.

Hügelgrab Erdhügel mit darunter liegender Grabstätte, die entweder in den Erdboden gegraben oder im Hügel selbst platziert wurde. Im 18. und 19. Jahrhundert war das Aufstöbern und Freilegen von Hügelgräbern in England ein beliebter Zeitvertreib.

indo-europäisch Große Sprachgruppe, die die meisten modernen europäischen Sprachen (romanische, germanische, slawische, baltische Sprachen, Griechisch und Albanisch) außer Baskisch, Finnisch und Ungarisch, sowie die modernen indo-iranischen Sprachen (Persisch, Hindi), Armenisch und zahlreiche tote Sprachen wie das Hethitische einschließt. Viele Versuche wurden unternommen, um diese Sprachmuster auf Migrationen oder Invasionen in prähistorischer oder frühhistorischer Zeit zurückzuführen. Anerkennung findet am ehesten die Theorie, nach der das Kerngebiet der Indo-Europäer im 5. Jahrtausend v. Chr. in den südlichen russischen Steppen im Gebiet nördlich des Schwarzen und des Kaspischen Meeres lag.

Jäger und Sammler Mitglieder kleiner nomadischer oder halbsesshafter Gruppen, die sich von der Jagd auf wilde Tiere und vom Sammeln wilder Pflanzen ernährten.

Jomon Nacheiszeitliche Jäger- und Sammlerkultur in Japan (10 000–300 v. Chr.), zeitgleich mit dem Jomon-Keramikstil. Die Kultur zeichnete sich vor allem durch die Nutzung von Ressourcen aus dem Meer und durch SESSHAFTIGKEIT aus.

Kalium-Argon-Methode Datierungsmethode für Gesteine, basierend auf dem Verhältnis von radioaktivem Kalium-40 zu stabilem, nicht radioaktivem Argon-40. Die Methode wird in erster Linie verwendet, um das Alter von Lavaflüssen und Tuffgestein zu bestimmen. Mit dem Zerfall von radioaktivem Kalium 40 zu Argon 40 können Gesteine mit einem Alter von 200 bis 800 Mio. Jahren datiert werden. Die Methode wird vor allem bei 100 000 bis 30 Mio. Jahre altem Vulkangestein an frühen HOMINIDENstätten in Afrika angewandt.

Kammergrab Aus Steinen, häufig MEGALITHEN, errichtetes Grab, meist über lange Zeit als Gemeinschaftsgrab genutzt. Kammergräber hat man in vielen Teilen der Welt und sehr unterschiedlichen Formen entdeckt.

Kanaaniter Ethnische Gruppe mit ausgeprägter städtischer Kultur in der BRONZEZEITLICHEN Levante.

Keilschrift In Westasien vor über 3000 Jahren typische Schriftform, bei der Schilfrohr keilförmig in weiche Tontafeln gedrückt wurde. Das Schriftsystem kam im 4. Jahrtausend v. Chr. im Süden MESOPOTAMIENS auf und blieb bis zum Ende des 1.

Jahrtausends v. Chr. für zahlreiche verschiedene Sprachen gebräuchlich.

Kern Teil eines Steines, von dem durch Bearbeiten mit einem anderen Werkzeug Abschläge hergestellt wurden. Der Kern selbst konnte zu einem Kernwerkzeug, etwa einem FAUSTKEIL geformt werden, oder diente lediglich als Rohstoff für die Produktion von ABSCHLÄGEN, die dann weiter zu Werkzeugen bearbeitet wurden.

Klinge Langer Abschlag mit parallelen Seiten, der durch die Abschlagtechnik von einem größeren Kern gewonnen wurde. Klingen wurden entweder selbst als Werkzeuge verwendet oder weiter verarbeitet, zum Beispiel zu einem GRABSTICHEL.

Kultur In der Archäologie Konstellation bestimmter Artefaktmerkmale (s. MATERIALKULTUR), die auf eine spezifische Gruppierung hinweisen.

Kupferzeit Periode im 5. bis 3. Jahrtausend v. Chr., in der in weiten Teilen des Nahen Ostens und Europas (besonders in Südosteuropa) Kulturen mit ansonsten überwiegend NEOLITHISCHEM Charakter Kupfer zu bearbeiten begannen.

Linearbandkeramik (LBK) s. BANDKERAMIKKULTUR.

Materialkultur Gebäude, Werkzeuge und andere ARTEFAKTE, die zu den materiellen Überresten vergangener Gesellschaften gehören.

Megalith Großer, frei stehender Stein, der Teil eines Grabes oder einer Steinsetzung sein kann (von griech. *megas,* „groß", und *lithos* , „Stein").

Mesolithikum Mittlere Steinzeit, Periode des Übergangs zwischen jungpaläolithischen JÄGER- UND SAMMLERGESELLSCHAFTEN der letzten EISZEIT und der Entwicklung von Bauern- und Gefäßkulturen im frühen HOLOZÄN, dem nacheiszeitlichen NEOLITHIKUM. Im frühen Holozän veränderte sich das Klima nach dem Rückzug der Eismassen um 8500 v. Chr. Mesolithische Werkzeugindustrien zeugen von der Anpassung der Menschen an die veränderte Umwelt. Typisch für diese Zeit sind MIKROLITHE und Steinäxte oder Beile.

Mesopotamien Zweistromland, Region in Westasien zwischen Euphrat,

Tigris und ihren jeweiligen Nebenflüssen. Mesopotamien gliederte sich in das nördliche Hochland, das in etwa dem Gebiet von Assyrien entsprach, und das südliche Schwemmland (Sumer und Akkad, später Babylonien). Diese beiden Zonen bildeten das Kerngebiet der westasiatischen Kulturen von dem Aufkommen komplexer Gesellschaften im 4. Jahrtausend v. Chr. bis zum Ende der mesopotamischen Tradition am Ende des 1. Jahrtausends v. Chr.

Mikrolith Kleiner Stein-ARTEFAKT (ca. 1–5 cm lang) aus dem späten PALÄOLITHIKUM oder MESOLITHIKUM, der als Pfeilspitze oder mit einer anderen Waffe verwendet wurde.

mitochondriale DNA oder **mtDNA** Genetische Informationen, die über die mütterliche Linie vererbt werden. Deoxyribonukleinsäure (DNA) ist ein Molekül, das genetische Informationen von Eltern an deren Kinder weitergibt und sich im Zellkern findet. Bei Arten, die sich durch Verschmelzung von Samen- und Eizelle vermehren, erbt jedes Kind etwa gleich große Anteile des Erbgutes von beiden Elternteilen. Ein kleiner Teil der DNA findet sich aber auch in einer anderen Struktur innerhalb der Zellen, den Mitochondrien, die Energie für die Zelle liefern. Diese DNA wird nur über die mütterliche Linie vererbt. Untersuchungen der mitochondralen DNA bei modernen Menschen belegen, dass die größte genetische Vielfalt in Afrika vorkam und die übrigen Gruppen sich erst später verzweigten.

Neandertaler ARCHAISCHE MENSCHEN, die während des späten PLEISTOZÄNS in Europa, Zentralasien und im Nahen Osten lebten. Sie werden als separate *Homo*-Art *(H. neanderthalensis)* klassifiziert. Die ältesten Neandertaler lebten im Mittleren Pleistozän, vor ca. 200 000 Jahren, die letzten vor etwa 30 000 Jahren in Spanien und Kroatien. Vor 40 000 bis 30 000 Jahren ersetzte der moderne Mensch *(H. sapiens)* den Neandertaler, könnte sich in einigen Gegenden aber auch mit ihm vermischt haben.

Neolithikum In der Jungsteinzeit begannen die Menschen polierte, geschärfte Steinwerkzeuge zu verwenden, Pflanzen zu kultivieren und Vieh zu halten (im Unterschied zum PALÄOLITHIKUM, der Altsteinzeit). In vielen Teilen der Erde, unter anderem in

Westeuropa, lernten die Menschen in jener Zeit auch, Ton zu verarbeiten. Im Nahen Osten begann das Neolithikum im 9. Jahrtausend v. Chr., in den nördlichen Teilen Europas dauerte es bis zum 2. Jahrtausend v. Chr.

Obsidian Natürlich vorkommendes vulkanisches Steinglas, dass sich leicht abspalten lässt und dann extrem scharfe Abschläge ergibt. Deshalb eignete es sich hervorragend für Werkzeuge. In Westasien gab es in Zentral- und Ostanatolien, im benachbarten Kaukasus und in Südwestarabien große Vorkommen. Obsidian war ein wichtiges Handelsgut in Mesoamerika. Viele wichtige Werkzeuge der Vorgeschichte bestanden aus Obsidian. Auch auf den Pazifischen Inseln wurde damit Handel getrieben.

Oldowai-Kultur Frühpaläolithische WERKZEUGINDUSTRIE mit 2,5 bis 1,4 Mio. Jahre alten und jüngeren Funden aus der Olduwai-Schlucht und von anderen afrikanischen Stätten. Zumeist handelt es sich um Werkzeuge aus Geröllsteinen und kleine ABSCHLÄGE, die in der Regel dem *Homo habilis*, aber auch anderen frühen *Homo*-Arten wie dem *H. rudolfensis* oder sogar AUSTRALOPITHECINEN zugeschrieben werden.

Paläoanthropologie Multidisziplinärer Ansatz zur Untersuchung der menschlichen Evolution.

Paläobotanik Untersuchung von Pflanzenresten aus prähistorischen Bodenschichten und Ablagerungen, die Aufschluss über das Klima, die Verwendung bestimmter Pflanzen, die Nahrung der Menschen und den Übergang vom Sammeln wilder Pflanzen zur Kultivierung domestizierter Pflanzen geben können.

Paläoindianer Bewohner Amerikas im späten PLEISTOZÄN, die von der Jagd auf große Säuger wie Mammuts und Büffel lebten und CLOVIS-Waffen verwendeten.

Paläolithikum Altsteinzeit, Teil der Steinzeit, der mit dem ersten Auftauchen von Hominiden begann, die Steinwerkzeuge verwendeten, und bis zum Rückzug der Eismassen in der nördlichen Hemisphäre (um 8500 v. Chr.) und dem Beginn des MESOLITHIKUMS dauerte. Die Menschen der Altsteinzeit bildeten Gruppen von JÄGERN UND SAMMLERN, die keine Landwirtschaft trieben und keine Ton-

gefäße in größerem Umfang herstellten. Das Paläolithikum wird meist in drei aufeinander folgende Abschnitte gegliedert, die sich an WERKZEUGINDUSTRIEN orientieren. Im Altpaläolithikum verwendeten die frühen HOMININEN Geröll- und Kernwerkzeuge. Im Mittelpaläolithikum kamen neue Technologien auf, auch entwickelten sich ästhetische und religiöse Vorstellungen. Der moderne Mensch, *HOMO SAPIENS sapiens,* tauchte im Jungpaläolithikum auf, einer Periode mit Stein- und Knochenwerkzeugen und eigenständiger Kunst. In Ostasien gliedert man die Altsteinzeit in Frühes (1 Mio.–75 000 J.v.h.), Mittleres (75 000–42 000 J.v.h.) und Spätes (42 000–12 000 J.v.h.) Paläolithikum.

Panaramitee Felsenkunst-Tradition in Australien, besonders bekannt aus dem ariden Zentrum, die sich durch Figuren und Motive, zumeist Vögel, Tiere und Kreise, auszeichnet. Wie jede Art der Felsenkunst lässt sie sich schwer datieren, geht aber zum Teil bis auf die EISZEIT zurück.

Parther Bewohner von Khorasan im Nordosten des Iran. Sie gründeten im 2. Jahrhundert v. Chr. ein Reich, das den Iran und weite Teile MESOPOTAMIENS umfasste. Bekannt sind die Kriege der Parther gegen die Römer. Ihr Reich wurde im 3. Jahrhundert von den SASSANIDEN erobert.

Pazyryk Komplex EISENZEITLICHER Gräber im Altai-Gebirge im Südwesten Sibiriens, der auf das 5. bis 3. Jahrhundert v. Chr. zurückgeht. Viele Gräber bargen Überreste hochrangiger Persönlichkeiten und enthielten außergewöhnlich gut erhaltene Beigaben.

Phönizier Auch KANAANITER genanntes SEMITISCHES Volk, das insbesondere im 1. Jahrtausend v. Chr. durch Handel von Hafenstädten wie Byblos, Sidon und Tyros aus zu Reichtum gelangte.

Pleistozän Ältere Abteilung des QUARTÄRS, des jüngsten geologischen Systems, identisch mit der letzten EISZEIT. Das Altpleistozän begann vor 1,8 Mio. Jahren, das Mittelpleistozän vor 780 000 Jahren und das Jungpleistozän vor 127 000 Jahren. Dieses endete vor ca. 10 000 Jahren. Danach folgte das HOLOZÄN.

Polis Stadt oder Stadtstaat, insbesondere im antiken Griechenland.

Pollenanalyse Untersuchung der Entstehung, Verbreitung und Verwendung von FOSSILIEN und lebenden Pollen und Sporen. Die äußere Hülle der Pollen und Sporen von Pflanzen, Moosen und Farnen bleibt in anaeroben Umgebungen wie Seen und Mooren sowie in bestimmten sauren und trockenen Böden, etwa in Höhlen, gut erhalten. Wenn man Pollen und Sporen in einer Bodenprobe identifiziert und anschließend zählt, kann man Rückschlüsse auf die Umgebung ziehen, den Übergang von Wildpflanzen zu Kulturpflanzen nachweisen und relative CHRONOLOGIEN aufstellen.

Prozessarchäologie Theorie aus den 1960er Jahren, die die dynamische Beziehung zwischen sozialen und ökonomischen Aspekten einer Kultur und ihrer Umwelt hervorhebt und von dort ausgehend kulturellen Wandel als Prozess zu erklären versucht.

Quartär Jüngste, auf das Tertiär folgende Periode des Känozoikums, die vor etwa 1,8 Mio. Jahren begann.

Radiocarbondatierung Datierungsmethode zur Altersbestimmung von kohlenstoffhaltigen Materialien (darunter Holz, Pflanzen, Knochen, Torf und Muscheln) aus dem späten QUARTÄR. Die Methode basiert auf dem gleichmäßigen Zerfall radioaktiver Kohlenstoffisotope zu Sauerstoff, der mit dem Tod eines Organismus beginnt. Die Menge des noch in einem Material enthaltenen radioaktiven Kohlestoffisotops C-14 gibt Aufschluss über den Todeszeitpunkt. Die Methode eignet sich vor allem für bis zu 50 000 Jahre, in manchen Fällen bis zu 75 000 Jahre alte Fundstücke.

Sahul Kontinentalsockel, der Australien, Tasmanien und Neuguinea umfasst. Bei niedrigem Meeresspiegel konnten die Menschen ungehindert auf dem Landweg zwischen diesen Gebieten hin- und herwandern.

Sassaniden Persische Dynastie, die im Jahre 224 die PARTHER nach einem Aufstand überwand und bis zum Einfall der Araber im Jahre 651 weite Teile Westasiens kontrollierte. Auf dem Höhepunkt seiner Macht zog sich das Reich von Transkaukasien und dem westlichen Zentralasien im Norden bis zum Indus und nach Südarabien im Osten und Süden und zur Grenze des Römischen und Byzantinischen Reiches im Westen.

Semitisch Sprachgruppe mit Ursprung in Westasien, die Akkadisch, Kanaanäisch, Aramäisch, Phönizisch, Hebräisch und Arabisch umfasst.

Sesshaftigkeit Lebensform, die auf festen Dörfern im Unterschied zum Nomadentum basiert. In Westasien war Sesshaftigkeit in der Regel mit dem Beginn der Landwirtschaft verbunden, in anderen Teilen der Welt, etwa in Peru und Ostasien, wo es genügend Meeresfrüchte und Pflanzen gab, gründete man Siedlungen, ohne zugleich Felder anzulegen.

Shang Zweite chinesische Dynastie, die zwischen dem 16. und dem 11. Jahrhundert v. Chr. regierte. Die Shang entstanden aus einem Volk der BRONZEZEIT, das sich durch den Gebrauch von Bronzewaffen, Ritualgefäßen und Orakelknochen mit Inschriften auszeichnete.

Skythen Berittene Steppennomaden, die im 1. Jahrtausend v. Chr. Südrussland und die Ukraine beherrschten und Kontakte mit den Griechen über deren Handelskolonien am Schwarzen Meer unterhielten.

Staat Komplexeste Form der sozialen Organisation, gekennzeichnet durch eine starke, zentralisierte Regierung, sozio-ökonomisch gegliederte Bevölkerungsgruppen und Handel. Hinzu kommen in der Regel eine vielköpfige Bevölkerung, Städte und monumentale Bauwerke.

Stamm Gesellschaftsform, die auf bestimmten Rangstufen basiert. Häufig führt die Gruppe ihre Herkunft auf einem gemeinsamen Ahnen zurück. Der Rang bestimmt sich nach der Verwandtschaftsbeziehung zum Anführer oder Häuptling.

Stele Aufrecht stehende Steinsäule, häufig mit Inschriften oder Reliefs verziert, manchmal bemalt. In Ägypten bestanden Stelen aus oben abgerundeten oder flachen Steinen und Texten oder Illustrationen, die für die Nachwelt bestimmt waren. In Mesoamerika handelt es sich meist um mit Reliefs verzierte Steinsäulen in Tempeln. Häufig geben Inschriften und Bilder auf Stelen die Taten oder die Genealogie von Herrschern wieder.

Stratigraphie Untersuchung der Zusammensetzung, Sequenz und Korrelation von Sedimenten, Böden und Steinen. Die Schichtenbeschreibung gehört zu den wichtigsten Instrumentarien, mit denen die Archäologie Datierungen vornimmt und Sequenzen erstellt. Verschiedene Grundsätze helfen bei der Anordnung von Materialien und Ereignissen in Zeit und Raum. Es gilt das Gesetz der zeitlichen Schichtenabfolge, nachdem tiefere Schichten immer älter sind als höher liegende. Die Stratigraphie einer archäologischen Stätte ist von unschätzbarem Wert für die Interpretation und Altersbestimmung der ARTEFAKTE.

Sumerer Sumerisch sprechende und schreibende Volksgruppe. Sumerisch wurde im Süden MESOPOTAMIENS verwendet und ist mit keiner anderen bekannten Sprache verwandt. Über die Ursprünge debattiert die Wissenschaft bis heute. Die Tradition der sozialen und politischen Organisation, Kunst, Literatur und Religion der Sumerer sowie AKKADISCHsprachige Elemente, die im späten 4. und im 3. Jahrtausend v. Chr. in Südmesopotamien einflossen, prägten entscheidend den mesopotamischen Kulturkreis bis zum Ende seines Bestehens.

Teosinte Im mexikanischen Hochland heimisches Wildgras, aus dem sich vermutlich Mais entwickelte.

Thermolumineszenzdatierung Verfahren der Altersbestimmung für gebrannte archäologische Fundstücke, insbesondere Keramiken. Sedimente und in ihnen eingeschlossene Materialien sind ionisierenden Strahlen zerfallender radioaktiver Isotope ausgesetzt. Durch sie entsteht Energie in Form von freien Elektronen, die in Elektronenfallen in Mineralkristallgittern fest gehalten werden. Wird ein Tongefäß erneut gebrannt, so kehren die Elektronen in ihren Ausgangszustand zurück. Dabei wird Licht freigesetzt. Aus der Temperatur, der Intensität und dem Spektrum der Thermolumineszenz und anderen Parametern lässt sich das Alter der Probe ermitteln. Durch Lumineszenz kann man also die Zeit berechnen kann, die seit dem Brennvorgang vergangen ist.

Typologie Klassifizierung einer ARTEFAKTREIHE durch Gliederung in Typen und Untertypen anhand bestimmter Eigenschaften wie Form, Funktion, Herstellungstechnik usw. Typologien helfen häufig bei der Erstellung von Chronologien sowie der Erforschung der Kulturgeschichte.

Umweltarchäologie Bereich der Archäologie, der sich mit Prozessen, Faktoren und Bedingungen biologischer und physikalischer Umweltsysteme der Vergangenheit und deren Auswirkungen auf frühe Kulturen befasst.

Wachsausschmelzverfahren Verfahren zur Metallverarbeitung. Dabei wird ein Wachsmodell mit einer Tonschicht überzogen und gebrannt, wobei das geschmolzene Wachs ausfließt. In die Hohlform gießt man flüssiges Metall, dass nun die Form des Modells annimmt. Nach dem Härten schlägt man den Ton ab, jedes Modell findet daher nur einmal Verwendung. Der früheste Gebrauch ist für das 4. Jahrtausend v. Chr. im Nahen Osten nachgewiesen. Das Verfahren wurde in der Alten Welt (vor allem in Südostasien) in erster Linie für Bronze, in Süd- und Mesoamerika für Gold benutzt.

Wandkunst Prähistorische Kunstwerke auf nicht beweglichen Oberflächen, etwa auf Felsen und Decken sowie an Mauern.

Werkzeugindustrie ARTEFAKTREIHE eines WERKZEUGTYPS, dessen Produktion sich auf eine bestimmte Gesellschaft zurückführen lässt.

Zhou Name einer ethnischen Gruppe der BRONZEZEIT, die um 1027 v. Chr. die SHANG überwand und die Zhou-Dynastie in China begründete. Die Herrschaft der Zhou gliedert sich in jene der Westlichen Zhou (1027–771 v. Chr.) und der Östlichen Zhou (770–221 v. Chr.) sowie in Frühling und Herbst (770 bis 476 v. Chr.) und die Zeit der Streitenden Reiche (475–221 v. Chr.). Zu den großen Errungenschaften der Zhou-Periode gehören die Entdeckung und Entwicklung der Eisenverarbeitung, der Bau der Chinesischen Mauer, die Münzprägung und die Teilung des Landes in Provinzen. Allerdings kam es häufig zu Kriegen zwischen rivalisierenden Kleinstaaten. Unter Qin gelang im Jahre 220 v. Chr. schließlich die Einigung Chinas.

Zwischeneiszeit Relativ warme Phase zwischen zwei Kälteperioden, die sich durch wenige oder überhaupt keine Gletscher, hohe Temperaturen, Anwachsen von Flora und Fauna und Bodenveränderungen in bestimmten Gebieten auszeichnet. Im QUARTÄR waren Zwischeneiszeiten deutlich kürzer als EISZEITEN.

LITERATURHINWEISE

DEUTSCHSPRACHIGE LITERATUR
ALLGEMEIN
Finley, Moses I. *Atlas der Klassischen Archäologie.* München: List, 1979.
Henke, Winfried und Hartmut Rothe *Paläoanthropologie.* Berlin: Springer, 1994.
Hölscher, Tonio (Hg.) *Klassische Archäologie. Grundwissen.* München: Theiss, 2000.
Scarre, Chris (Hg.) *Weltatlas der Archäologie.* München: Südwest Verlag, 1990.
Sinn, Ulrich *Einführung in die klassische Archäologie.* München: Beck, 2000.
Vollkommer, Rainer *Sternstunden der Archäologie.* München: Beck, 2000.

DIE ERSTEN MENSCHEN
GEO Wissen *Die Evolution des Menschen.* Hamburg: Gruner + Jahr, 1998.
Leakey, Richard *Die ersten Spuren. Über den Ursprung des Menschen.* München: Goldmann, 1997.
Schrenk, Friedemann *Die Frühzeit des Menschen.* München: Beck, 1997.

POSTGLAZIALE REVOLUTIONEN
Cavalli-Sforza, Luca und Francesco *Verschieden und doch gleich.* München: Droemer Knaur, 1994.
Lorblanchet, Michel *Höhlenmalerei.* Stuttgart: Thorbecke, 1997.

EUROPA & WESTASIEN
Europa
Baatz, Dietwulf *Der Römische Limes. Archäologische Ausflüge zwischen Rhein und Donau.* Berlin: Mann, 2000.
Bechert, Tilmann *Römische Archäologie in Deutschland*, Ditzingen: Reclam, 2003.
Jahrbücher für Geschichte Osteuropas. Wiesbaden.
Schliemann, Heinrich *Bericht über die Ausgrabungen in Troja in den Jahren 1871 bis 1873.* Düsseldorf: Artemis und Winkler, 2000.

Naher Osten
Deuel, Leo (Hg.) *Das Abenteuer Archäologie. Berühmte Ausgrabungsberichte aus dem Nahen Osten.* Bergisch Gladbach: Bastei Lübbe, 1991.
Stierlin, Henri *Kleinasiatisches Griechenland. Klassische Kunst und Kultur von Pergamon bis Nimrud Dagh.* Stuttgart: Belser, 1996.
Viehweger, Dieter *Archäologie der biblischen Welt.* Stuttgart: UTB, 2003.

MITTEL- SÜD- & OSTASIEN
Franke-Vogt, Ute *Die Glyptik von Mohenjo-Daro.* Mainz: Zabern, 1991
Koch, Heidemarie *Persepolis. Glänzende Hauptstadt des Perserreichs.* Mainz: Zabern, 2001.
Pirazzoli-t'Serstevens, Michcle *China zur Zeit der Han-Dynastie.* Stuttgart: Kohlhammer Verlag, 1982.
Rolle, Renate *Die Welt der Skythen.* München: C. J. Buchner, 1991.

AFRIKA
Siliotti, Alberto *Ägypten. Entdeckungsreise ins Land der Pharaonen.* Köln: K. Müller Verlag, 1998.
Willeitner, Joachim *Nubien. Antike Monumente zwischen Assuan und Khartum.* München: Hirmer, 1997.

NORD- & SÜDAMERIKA
Bruggmann, Maximilien *Die Pueblos. Prähistorische Indianerkulturen des Südwestens.* Zürich: U. Bär Verlag, 1989.
Coe, Michael D. (Hg.) *Weltatlas der Alten Kulturen. Amerika vor Kolumbus.* München: Christian Verlag, 1993.
Köhler, Ulrich (Hg.) *Altamerikanistik. Eine Einführung in die Hochkulturen Mittel- und Südamerikas.* München: Dietrich Reimer Verlag, 1990.
Longhena, Maria *Mayas und Azteken.* Köln: K. Müller Verlag, 1998.
Parker, Geoffrey (Hg.) *Weltbild – Atlas zur Weltgeschichte.* Augsburg: Bechtermünz Verlag, 1998.
Stierlin, Henri *Die Kunst der Azteken und ihrer Vorläufer.* Stuttgart: Belser, 1997.

Stierlin, Henri *Die Kunst der Maya* Stuttgart: Belser, 1981.
Stingl, Miloslav *Indianer vor Kolumbus.* Leipzig: Urania Verlag, 1987.

AUSTRALIEN & DER PAZIFIK
Caruana, Wally *Die Kunst der Aborigines.* München: Lichtenberg, 1997.
Cook, J., Grenfell, A. P. (Hg.) *Entdeckungsfahrten im Pacific. Die Logbücher der Reisen von 1768 bis 1779.* Stuttgart: Edition Erdmann, 2000.
Gatermann, Horst *Die Osterinsel, eine Insel im Einflussbereich zweier Kulturen. Besiedlung der Insel und Entwicklung der Megalithkultur.* Frankfurt am Main: DuMont Reiseverlag, 1996.
Treide, Barbara *In den Weiten des Pazifik – Mikronesien. Ausgewählte Objekte aus den Sammlungen der Museen für Völkerkunde zu Leipzig und Dresden.* Wiesbaden: Reichert, 1997.

ENGLISCHSPRACHIGE LITERATUR
ALLGEMEIN
Aitken, M. J. *Science-based Dating in Archaeology.* London: Longman, 1990.
Bahn, P. G. (ed.) *The Cambridge Illustrated History of Archaeology.* Cambridge, UK: Cambridge University Press, 1996.
Clark, A. *Seeing Beneath the Soil: Prospecting Methods in Archaeology.* London: Routledge, 1996.
Hester, T. N. et al. *Field Methods in Archaeology.* Palo Alto: Mayfield, 1997.
Hodder, I. *The Archaeological Process.* Oxford: Blackwell, 1999.
Renfrew, C. & Bahn, P. *Archaeology: Theories, Methods and Practice* (3rd edn.). New York: Harry N. Abrams/London: Thames & Hudson, 2000.
Trigger, B. *A History of Archaeological Thought.* Cambridge, UK: Cambridge University Press, 1989.
Willey, G. & Sabloff, J. *A History of American Archaeology* . San Francisco: W.H. Freeman/London: Thames & Hudson, 1993.

DIE ERSTEN MENSCHEN
Bahn, P. G. & Vertut, J. *Journey Through the Ice Age.* Berkeley: University of California Press/London: Weidenfeld & Nicolson, 1997.
Derevanko, A. P. et al (eds.) *The Paleolithic of Siberia: New Discoveries and Interpretations.* Urbana: University of Illinois Press, 1998.
Fagan, B. *The Journey from Eden: The Peopling of Our World.* New York: Harry N. Abrams/London: Thames & Hudson, 1990
Gamble, C. *The Palaeolithic Settlement of Europe.* Cambridge, UK: Cambridge University Press, 1986.
Gamble, C. *Timewalkers: The Prehistory of Global Colonization.* Cambridge, Mass: Harvard University Press, 1993.
Johanson, D. & Edgar, B. *From Lucy to Language.* New York: Simon & Schuster, 1996.
Klein, R.G. *The Human Career* (2nd edn.). Chicago: University of Chicago Press, 1999.
Otte, M. *Le Paléolithique Inférieur et Moyen en Europe.* Paris: Armand Colin, 1996.
Roebroeks, W. & van Kolfschoten, T. (eds.) *The Earliest Occupation of Europe.* Leiden, Netherlands: University of Leiden, 1995.
Shreeve, J. *The Neandertal Enigma: Solving the Mystery of Modern Human Origins.* New York: William Morrow & Co., 1995.
Soffer, O. *The Upper Paleolithic of the Central Russian Plain.* San Diego, California: Academic Press, 1985.
Soffer, O. & Gamble, C. (eds.) *The World at 18,000 BP, vols 1 & 2.* London: Unwin & Hyman, 1990.
Soffer, O. & Praslov, N. (eds.) *From Kostenki to Clovis: Upper Paleolithic – Paleo-Indian Adaptations.* New York: Plenum Press, 1993.
Tattersall, I. "Out of Africa again ... and again?", *Scientific American* 276 (4), pp.46-53, 1997.
Trinkhaus, E. & Shipman, P. *The Neandertals: Of Skeletons, Scientists, and Scandal.* New York: Vintage Books, 1994.
West, F. H. (ed.) *American Beginnings: The Prehistory and Paleoecology of Beringia.* Chicago: University of Chicago Press, 1996.
Wu, R. & Olsen, J. W. (eds.) *Palaeoanthropology and Palaeolithic Archaeology in the People's Republic of China.* Orlando, Florida: Academic Press, 1996.

POSTGLAZIALE REVOLUTIONEN

Bogucki, P. *The Origins of Human Society.* Oxford: Blackwell, 1999.

Harris, D. (ed.) *The Origins and Spread of Agriculture and Pastoralism in Eurasia.* Washington, DC: Smithsonian Institution Press, 1996.

Maisels, C. K. *The Emergence of Civilization: From Hunting and Gathering to Agriculture, Cities, and the State in the Near East.* London: Routledge, 1990.

Price, T. & Gebauer, A. (eds.) *Last Hunters, First Farmers: New Perspectives on the Prehistoric Transition to Agriculture.* Santa Fe, New Mexico: School of American Research, 1995.

Robinson, A. *The Story of Writing.* London & New York: Thames & Hudson, 1995.

Stein, G. & Rothman, M. (eds.) *Chiefdoms and Early States in the Near East.* Madison, Wisconsin: Prehistory Press, 1994.

EUROPA & WESTASIEN

Europa

Audouze, F. & Bchsenschtz, O. *Towns, Villages and Countryside of Celtic Europe.* Indianapolis: Indiana University Press/London: Batsford, 1992.

Balfour, M. *Megalithic Mysteries.* London: Parkgate Books, 1992.

Biers, W. R. *The Archaeology of Greece: An Introduction* (2nd edn.). Ithaca & London: Cornell University Press, 1996.

Boardman, J. (ed.) *The Oxford History of Classical Art.* Oxford & New York: Oxford University Press, 1993.

Boardman, J. *The Diffusion of Classical Art in Antiquity.* Princeton, NJ: Princeton University Press/London: Thames & Hudson, 1994.

Bogucki, P. *Forest Farmers and Stockherders.* Cambridge, UK: Cambridge University Press, 1988.

Bonsall, C. (ed.) *The Mesolithic in Europe.* Edinburgh: John Donald, 1989.

Bradley, R. *The Significance of Monuments.* London: Routledge, 1998.

Brendel, O. J. *Etruscan Art.* Pelican History of Art, reprinted New Haven & London: Yale University Press, 1995.

Burl, A. *Great Stone Circles.* New Haven & London: Yale University Press, 1999.

Cadogan, G. *Palaces of Minoan Crete.* London: Routledge, 1991.

Camp, J. M. *The Athenian Agora: Excavations in the Heart of Classical Athens.* London & New York: Thames & Hudson, 1986.

Collis, J. *The European Iron Age* (new edn.). London: Routledge, 1997.

Cunliffe, B. (ed.) *The Oxford Illustrated Prehistory of Europe.* Oxford & New York: Oxford University Press, 1994.

Darvill, T.C. *Prehistoric Britain* (new edn.). London: Routledge, 1997.

Dickinson, O. T. P. K. *The Aegean Bronze Age.* Cambridge, UK: Cambridge University Press, 1994.

Dolukhanov, P. *The Early Slavs.* New York: Addison Wesley/London: Longman, 1996.

Ehrich, R. *Chronologies in Old World Archaeology.* Chicago: University of Chicago Press, 1992.

Favro, D. *The Urban Image of Augustan Rome.* Cambridge UK: Cambridge University Press, 1996.

Fitton, J. L. *The Discovery of the Greek Bronze Age.* Cambridge, Mass: Harvard University Press/London: British Museum Press, 1995.

Goodman, M. *The Roman World 44 BC–AD 180.* London: Routledge, 1997.

Hodder, I. *The Domestication of Europe.* Oxford: Blackwell, 1990.

Hood, M. S. F. *The Arts in Prehistoric Greece.* Pelican History of Art, reprinted New Haven & London: Yale University Press, 1992.

James, S. *The World of the Celts.* New York: Harry N. Abrams/London: Thames & Hudson, 1993.

Macnamara, E. *The Etruscans.* Cambridge, Mass: Harvard University Press/London: British Museum Press, 1990.

Midgley, M. S. *TRB Culture: the First Farmers of the North European Plain.* Edinburgh: Edinburgh University Press, 1992.

Mohen, J. P. *Megaliths: Stones of Mystery.* New York: Harry N. Abrams, 1999.

Moscati, S., (ed.) *The Celts.* New York: Harry N. Abrams/London: Thames & Hudson, 1991.

Myers, J. W. et al. *Aerial Atlas of Ancient Crete.* Berkeley: University of California Press, 1992.

Price, T. D. (ed.) *Europe's First Farmers.* Cambridge, UK: Cambridge University Press, 2000.

Scarre, C. *Exploring Prehistoric Europe.* Oxford & New York: Oxford University Press, 1998.

Sherratt, A. *Economy and Society in Prehistoric Europe. Changing Perspectives.* Princeton, NJ: Princeton University Press, 1997.

Smith, R. R. R. *Hellenistic Sculpture.* New York: Harry N. Abrams/London: Thames & Hudson, 1991.

Spivey, N. *Etruscan Art.* London & New York: Thames & Hudson, 1997.

Strong, D. et al. *Roman Art.* Pelican History of Art, reprinted New Haven & London: Yale University Press, 1992

Taylour, W. D. *The Mycenaeans* (rev. edn.). New York: W. W. Norton, 1990.

Warren, P. M. *The Aegean Civilisations.* Oxford: Phaidon, 1989.

Whittle, A. *Europe in the Neolithic.* Cambridge, UK: Cambridge University Press, 1996.

Zanker, P. *The Power of Images in the Age of Augustus.* Ann Arbor, Michigan: University of Michigan Press, 1988.

Naher Osten

Kuhrt, A. *The Ancient Near East, c. 3000-330 BC.* London & New York, Routledge, 1997.

Macqueen, J. *The Hittites and Their Contemporaries in Asia Minor* (revised edn.). London & New York: Thames & Hudson, 1996.

Mazar, A. *Archaeology of the Land of the Bible 10,000–586 BCE* (reprint edn.). Garden City, NY: Doubleday, 1992.

Meyers, E. M. (ed.) *The Oxford Encyclopedia of Archaeology in the Near East* (5 vols). Oxford & New York: Oxford University Press, 1997.

Mitchell, S. *Anatolia: Land, Men and Gods: (1) The Celts in Anatolia and the Impact of Roman Rule.* Oxford & New York: Oxford University Press, 1993.

Moscati, S. *The Phoenicians.* Milan: Bompiani, 1988.

Nissen, H. *The Early History of the Ancient Near East 9000-2000 BC.* Chicago: University of Chicago Press, 1988.

Postgate, N. *Early Mesopotamia. Society and Economy at the Dawn of History.* (reprint edn.). New York & London: Routledge, 1994.

Potts, D. *The Arabian Gulf in Antiquity.* Oxford: Clarendon Press,1991.

Roaf, M. *Cultural Atlas of Mesopotamia and the Ancient Near East.* New York: Facts on File, 1990.

Roux, G. *Ancient Iraq* (3rd edn.). New York & London: Penguin Books, 1993.

Saggs, H. *The Might that Was Assyria.* New York: St Martins Press, 1990.

Sasson, J. et al. (eds.) *Civilizations of the Ancient Near East.* New York: Charles Scribners Sons, 1995.

Stern, E. (ed.) *The New Encyclopedia of Archaeological Excavations in the Holy Land.* New York: Simon & Schuster, 1993.

van de Mieroop, M. *The Ancient Mesopotamian City.* New York: Oxford University Press, 1997.

Yadin, Y. *Masada: Herod's Fortress and the Zealots' Last Stand.* New York: Random House/London: Phoenix, 1997.

MITTEL- SÜD- & OSTASIEN

Allchin, B. & Allchin, R. *The Rise of Civilization in India and Pakistan.* Cambridge, UK: Cambridge University Press, 1992.

Allchin, R. *The Archaeology of Early Historic South Asia.* Cambridge, UK: Cambridge University Press, 1995.

Barnes, G. L. *China, Korea and Japan: The Rise of Civilization in East Asia.* London & New York: Thames & Hudson, 1993.

Chakrabarti, D. K. *Archaeology of Ancient Indian Cities.* Delhi: Oxford University Press, 1995.

Debaine-Francfort, C. *The Search for Ancient China.* New York: Harry N. Abrams/London:Thames & Hudson, 1999.

Frye, R. *Heritage of Central Asia from Antiquity to the Turkish Expansion.* Princeton, NJ: Markus Weiner Publishers, 1996.

Ghosh, A (ed.) *Encylopaedia of Indian Archaeology.* Leiden, Netherlands: E. J. Brill, 1991.

Higham, C. F. W. *The Bronze Age of Southeast Asia.* Cambridge, UK: Cambridge University Press, 1996.

Higham, C. F. W. "Archaeology, linguistics and the expansion of the East and Southeast Asian Neolithic" in *Archaeology and Language* (Blench, R. M. & Spriggs, M. eds.) London: Routledge, 1998.

Higham, C. F. W. & Glover, I. C. "New evidence for early rice cultivation in South, Southeast and East Asia" in Harris, D. R. ed. *The Origins and Spread of Agriculture and Pastoralism in Eurasia* (op. cit.).

Higham, C. F. W. & Thosarat, R. *Prehistoric Thailand. From First Settlement to Sukhothai.* Bangkok: River Books, 1998.

Imamura, K. *Prehistoric Japan.* Honolulu: University Press of Hawaii 1995.

Kenoyer, J. M. *Ancient Cities of the Indus Valley Civilization.* Karachi: Oxford University Press, 1998.

Nelson, S. M. *The Archaeology of Korea.* Cambridge, UK: Cambridge University Press, 1993.

Nelson, S. M. (ed.) *The Archaeology of Northeast China, Beyond the Great Wall.* London: Routledge, 1995.

Possehl, G. (ed.) *Harappan Civilization.* Delhi: Oxford University Press, 1993.

Rawson, J. (ed.) *Mysteries of Ancient China. New Discoveries from the Early Dynasties.* New York: Braziller/London: British Museum Press, 1996.

Sherwin-White, S. & Kuhrt, A. *From Samarkhand to Sardis. A New Approach to the Seleucid Empire.* Berkeley: University of California Press/London: Duckworth, 1993.

AFRIKA

Baines, J. & Malek, J. *Atlas of Ancient Egypt* (revised edn.). New York: Checkmark Books, 2000.

Connah, G. *African Civilisations.* Cambridge, UK: University of Cambridge Press, 1987.

Deacon, H. J. & Deacon, J. *Human Beginnings in South Africa. Uncovering the Secrets of the Stone Age.* Cape Town: David Philip, 1999.

Edwards, I. E. S. *The Pyramids of Egypt.* New York & London: Penguin, 1991.

Huffman, T. N. *Snakes and Crocodiles. Power and Symbolism in Ancient Zimbabwe.* Johannesburg: Witwatersrand University Press, 1996.

Kemp. B. J. *Ancient Egypt: Anatomy of a Civilisation.* London: Routledge, 1989.

Midant-Reynes, B. *The Prehistory of Egypt.* Oxford: Blackwell, 1999.

Phillipson, D. W. *African Archaeology.* Cambridge, UK: Cambridge University Press, 1995.

Redford, D. *Egypt, Canaan and Israel in Ancient Times.* Princeton, NJ: Princeton University Press, 1992.

Reeves, C. N. & Wilkinson, R. H. *The Complete Valley of the Kings.* London & New York: Thames & Hudson, 1996.

Robertshaw, P. (ed.) *A History of African Archaeology.* Portsmouth, New Hampshire: Heinemann/London: James Currey, 1990.

Shaw, T. et al (eds.) *The Archaeology of Africa. Food, Metals and Towns.* London & New York, Routledge, 1995.

Solomon, A. "Rock art in southern Africa" in *Scientific American* 275 (5), pages 86–93, 1996.

Welsby, D. *The Kingdom of Kush.* Princeton, NJ: Markus Wiener Publishers/London: British Museum Press, 1996.

NORD- & SÜDAMERIKA

Baudez, C. & Picasso, S. *Lost Cities of the Maya.* New York: Harry N. Abrams/London: Thames & Hudson, 1992.

Bernand, C. *The Incas. People of the Sun.* New York: Harry N. Abrams/London: Thames & Hudson, 1994.

Bruhns, K. O. *Ancient South America.* Cambridge, UK: Cambridge University Press, 1994.

Burger, R. L. *Chavín and the Origins of Andean Civilization.* New York & London: Thames & Hudson, 1992.

Cordell, L. S. *Archaeology of the Southwest* (2nd edn.). San Diego, CA: Academic Press, 1997.

Donnan, C. B. (ed.) *Early Ceremonial Architecture in the Andes.* Washington DC: Dumbarton Oaks Research Library and Collection, 1985.

Fagan, B. M. *Kingdoms of Gold, Kingdoms of Jade, The Americas before Columbus.* London & New York: Thames & Hudson, 1992.

Fagan, B. M. *Ancient North America* (2nd edn.). London & New York: Thames & Hudson, 1995.

Fash, W. L. *Scribes, Warriors and Kings. The City of Copán and the Ancient Maya.* London & New York: Thames & Hudson, 1991.

Gruzinski, S. *The Aztecs: Rise and Fall of an Empire.* New York: Harry N. Abrams/London: Thames & Hudson, 1992.

Hagen, A. von & Morris, C. *The Cities of the Ancient Andes.* London & New York: Thames & Hudson, 1998.

Jennings, J. D. *Prehistory of North America.* Palo Alto, CA: Mayfield, 1989.

Keatinge, R. W. (ed.) *Peruvian Prehistory: An Overview of Pre-Inca and Inca Society.* Cambridge, UK: Cambridge University Press, 1988.

Lavallé, D. *The First South Americans: From Origin to High Culture.* Salt Lake City: University of Utah Press, 2000.

Marcus, J. & Flannery, K. *Zapotec Civilization.* London & New York: Thames & Hudson, 1996.

McEwan, C. et al. *Patagonia.* Princeton, NJ: Princeton University Press, 1997.

McGhee, R. *Ancient Canada.* Ottawa: Canadian Museum of Civilization, 1989.

Moseley, M. E. *The Incas and their Ancestors.* London & New York: Thames & Hudson, 1992.

Plog, S. *Ancient Peoples of the American Southwest.* London & New York: Thames & Hudson, 1997.

Sabloff, J. A. *The Cities of Ancient Mexico. Reconstructing a Lost World.* New York: Harry N. Abrams/London: Thames & Hudson, 1989.

Sabloff, J. A. *The New Archaeology and the Ancient Maya.* New York: Scientific American Library, 1990.

Schele, L. & Freidel, D. *A Forest of Kings. The Untold Story of the Ancient Maya.* New York: William Morrow, 1990.

Silverberg, R. *The Moundbuilders.* Columbus: Ohio University Press, 1986.

Thomas, D. H. *Exploring Ancient Native America.* London: Routledge, 1999.

Townsend, R. F. *The Aztecs.* New York & London: Thames & Hudson, 1992.

Wood, W. R. (ed.) *Archaeology of the Great Plains.* Lawrence, Kansas: University Press of Kansas, 1998.

AUSTRALIEN & DER PAZIFIK

Allen, J. & Gosden, C. (eds.) *Report of the Lapita Homeland Project.* Canberra: Research School of Pacific Studies, Australian National University, 1991.

Anderson, A. J. *Prodigious Birds. Moas and Moa-hunting in Preshistoric New Zealand.* Cambridge, UK: Cambridge University Press, 1989.

Bahn, P. & Flenley, J. *Easter Island, Earth Island.* London & New York: Thames & Hudson, 1992.

Flood, J. *Archaeology of the Dreamtime* (3rd edn.). Sydney: Angus & Robertson, 1995.

Flood, J. *Rock Art of the Dreamtime.* Sydney: Angus & Robertson, 1997.

Frankel, D. *Remains to be Seen: Archaeological Insights into Australian Prehistory.* Melbourne: Longman Cheshire, 1991.

Goodenough, W. (ed.) *Prehistoric settlement of the Pacific.* Transactions of the American Philosophical Society 86 (5), 1996.

Irwin, G. *The Prehistoric Exploration and Colonisation of the Pacific.* Cambridge, UK: Cambridge University Press, 1992.

Lourandos, H. *Continent of Hunter-gatherers: New perspectives in Australian Prehistory.* Cambridge, UK: Cambridge University Press, 1997.

Mulvaney, D. J. & Kamminga, J. *Prehistory of Australia.* St Leonards: Allen & Unwin, 1999.

Orliac, C. & Orliac, M. *Easter Island: Mystery of the Stone Giants.* New York: Harry N. Abrams/London: Thames & Hudson, 1995.

Smith, M.A. et al. *Sahul in Review: Pleistocene Archaeology in Australia, New Guinea and Island Melanesia.* Canberra: Australian National University, 1993.

Spriggs, M. *The Island Melanesians.* Oxford: Blackwell, 1997.

Spriggs, M. et al (eds.) *A Community of Culture: The People and Prehistory of the Pacific.* Canberra: Australian National University, 1993.

Trotter, M. & McCulloch, B. *Unearthing New Zealand.* Wellington: Government Printer of New Zealand, 1989.

ABBILDUNGSNACHWEIS

1 WFA/National Museum, Copenhagen; 3 National Museum of India, New Delhi/BAL; 4 Charles Higham; 5 WFA/Private Collection; 6 © BM/TAA; 7 National Museum, Belgrade/TAA; 9 AKG/Erich Lessing; 10t James King-Holmes/SPL; 10c York Archaeological Trust; 10b Volker Steger/SPL; 11 Keith Kent/SPL; 12 Ron Wagter; 13 Margaret S. Watters; 14–15 Jean Vertut; 16 C/Buddy Mays; 17,18 John Reader/SPL; 20t Peter Davey/Bruce Coleman Collection; 20b NHM; 21 C.K. Brain; 22 F. Jack Jackson/RHPL; 22–23 John Reader/SPL; 24t Jane Taylor/Sonia Halliday Photographs; 24b Javier Trueba/Madrid Scientific Films; 25 NHM; 26 John Reader/SPL; 28 Institute of Human Origins/Donald C. Johanson; 29 Anthropological Institute, Turin/TAA; 30 C.M. Dixon; 30–31 NHM; 32 C.M. Dixon; 32–33 French Ministry of Culture and Communication, Regional Direction for Cultural Affairs – Rhône-Alpes, Regional Department of Archaeology; 33 Jean Vertut; 34 Robert Frerck/Odyssey/Chicago/RHPL; 35 J.M. Adovasio/Mercyhurst Archaeological Institute; 36–37 © BM/BAL; 38 AKG/Erich Lessing; 38–39 P. Colombel; 40 Aleppo Museum, Syria/TAA; 41t Michael Holford; 41b Photobank Photo Library; 42 WFA; 43 IAA/© The Israel Museum, Jerusalem; 44–45 © BM/BAL/AAA; 45 C/Randy Faris; 46 AM/BAL; 47t AKG; 47b Art Exhibitions, China; 48–49 EHPL; 50 Scala, Florence; 51 National Monuments Record/© English Heritage; 52 © Silkeborg Museum, Denmark; 53 C/Nik Wheeler; 54 The National Museum of Denmark; 56t IAA/© The Israel Museum, Jerusalem; 56b Z. Radovan, Jerusalem; 58t Photostock-Studio Kontos; 58b H. Lilienthal/Rheinisches Landesmuseum, Bonn; 59 Archeologický Ústav; 60 C/Nik Wheeler; 61 Louvre, Paris/BAL; 62t WFA/National Archaeological Museum, Madrid; 62b Michael Jenner/RHPL; 64t EHPL; 64b TAA; 65 B. Gibbons/Eye Ubiquitous; 66 Paul Hanny/Gamma/Frank Spooner Pictures; 66–67 AM/BAL; 67 AAA; 68 B. Norman/AAA; 69 Louvre, Paris/BAL; 70t WFA; 70b C/Nik Wheeler; 71 AM/BAL; 72 Scala, Florence; 73 Louvre, Paris/BAL; 74, 75 C.M. Dixon; 76 RHPL; 77 C.M. Dixon; 78t Jane Taylor/Sonia Halliday Photographs; 78b © BM/RHPL; 80 AKG/Erich Lessing; 81 Courtesy of the Institute of Nautical Archaeology; 82 IAA/© The Israel Museum, Jerusalem; 83 AKG/Erich Lessing; 84 WFA/Iraq Museum, Baghdad; 85 Louvre, Paris/BAL; 86 Louvre, Paris/Giraudon/BAL; 88 WFA; 89 © BM; 90 © BM/BAL; 92 Louvre, Paris/BAL; 93 AKG/Robert O'Dea; 94t EHPL/Skyscan Balloon Photography; 94b Landesdenkmalamt Baden-Württemberg; 96 Roy Rainford/RHPL; 97 © G. Dagli Orti, Paris; 98t Michael Short/RHPL; 98b Stephane Compoint/Sygma; 100t Philip Craven/RHPL; 100b Alfredo Foglia; 102 © BM; 103 Rheinisches Landesmuseum, Bonn; 104t The Stock Market; 104b © BM; 106 Art Exhibitions, China; 107 Adam Woolfitt/RHPL; 108 Rex Features Limited; 109 The British Library; 110 AM; 112t C/Michael S. Yamashita;

112b Photobank Photo Library; 113 Charles Higham; 114t RHPL; 114b National Museum of India, New Delhi/BAL; 116 Tom Ang/RHPL; 116–117 Arthur M. Sackler Museum, Harvard University Art Museums, USA/BAL/Bequest of Grenville L. Winthrop; 118 Photobank Photo Library; 119 Charles Higham; 120 RHPL; 122 C/Robert Holmes; 123 C/Kimbell Art Museum; 124 Charles Higham; 125 © BM; 126 C/Adam Woolfitt; 128 C/Charles O'Rear; 129 Archaeological Institute of the National Academy of Science, Kiev/TAA; 130 Louvre, Paris/BAL; 131 Powerstock/Zefa Photo Library; 133t Adam Woolfitt/RHPL; 133bl AM; 133br AAA; 134t WFA; 134b © Photo RMN/Richard Lambert; 136 RHPL; 137 John Reader/SPL; 138 Mary Jelliffe/Hutchison Library; 140 WFA/Egyptian Museum, Cairo; 141t Axiom/Chris Caldicott; 141b WFA/AM; 142 GettyOne Stone; 143 Photo Archive/Jürgen Liepe; 144 C/G. Dagli Orti; 144–145 Photo Archive/Jürgen Liepe; 146 Bode Museum, Berlin/BAL; 147 Ellen Rooney/RHPL; 148t © BM; 148b C/Jonathan Blair; 150l RHPL; 150r Private Collection/Heini Schneebeli/BAL; 152 WFA/MMA; 153 Courtesy of National Park Service; 154 C/Kevin Schafer; 155 Christopher Rennie/RHPL; 156 Enrico Ferorelli/Colorific; 157 Smithsonian Institution, National Museum of the American Indian/David Heald; 158 © BM/BAL; 159 WFA; 160 © BM; 161 University of Colorado Museum, Joe Ben Wheat Photo; 162–163 Thomas Gilcrease Institute of American History and Art, Tulsa; 163 C/Richard A. Cooke; 164 WFA/MMA; 166 South American Pictures/Tony Morrison; 167 C/Danny Lehman; 168–169 Teotihuacan, Valley of Mexico/Sean Sprague/Mexicolore/BAL; 169 Axiom/Chris Caldicott; 170 South American Pictures/Tony Morrison; 171t Mireille Vautier; 171b Robert Frerck/RHPL; 172 Mireille Vautier; 173 GettyOne Stone/Robert Frerck; 174–175 WFA/© BM; 176 Museo Banco Central de Quito/TAA; 177 Walter Rawlings/RHPL; 178t WFA/David Bernstein Fine Art, New York; 178b RHPL; 180t, 180b Robert Frerck/RHPL; 182 Anthony Farr/Nature Focus; 183 A.N.T. Photo Library/Natural History Photographic Agency; 184, 185 J. Flood; 186 GettyOne Stone/Penny Tweedie; 189t I. Griffiths/RHPL; 189b Ric Bolzan/Nature Focus; 190 C/Douglas Peebles; 191t Peter Crawford; 191b Carl Bento/Nature Focus; 192 A.N.T. Photo Library/Natural History Photographic Agency; 193 N.J. Saunders; 194 K. Jones; 195 Otago Museum, Dunedin, New Zealand.

Grafische Darstellungen auf Seite 18 und 27 von Karen Hiscock.

Die Abbildungen des Werkes stammen aus vielen Quellen und nicht immer war es möglich, die entsprechenden Rechteinhaber ausfindig zu machen. Hinweise auf berechtigte Ansprüche von Einzelpersonen oder Institutionen nimmt der Verlag Andromeda Oxford Ltd. (Großbritannien) entgegen.

MITWIRKENDE

Paul BAHN, Hull, Großbritannien.
Caroline BIRD, Greenmount, Australien.
Peter BOGUCKI, School of Engineering and Applied Science, Princeton University, New Jersey, USA.
Philip DUKE, Department of Anthropology, Fort Lewis College, Durango, Colorado, USA.
Christopher EDENS, University of Pennsylvania Museum of Archaeology, Philadelphia, und the American Institute for Yemeni Studies, Sana'a, Jemen.
David GILL, Department of Classics and Ancient History, University College of Swansea, Großbritannien.
Charles HIGHAM, Department of Anthropology, Otago University, Neuseeland.
Tom HIGHAM, Radiocarbon Dating Laboratory, University of Waikato, Neuseeland.

John HOFFECKER, Institute of Arctic and Alpine Research, University of Colorado at Boulder, USA.
Simon KANER, Cambridge, Großbritannien.
Geoffrey G. McCAFFERTY, Department of Anthropology, University of Calgary, Kanada.
Jane McINTOSH, Tenbury Wells, Großbritannien.
Steven SNAPE, School of Archaeology, Classics and Oriental Studies, University of Liverpool, Großbritannien.
Louise STEEL, Department of Archaeology, University of Edinburgh, Großbritannien.
Anne THACKERAY, Department of Archaeology, University of Witwatersrand, Südafrika.
Karen WISE, Department of Anthropology, Natural History Museum of Los Angeles County, California, USA.

REGISTER